权威·前沿·原创

皮书系列为

“十二五”“十三五”国家重点图书出版规划项目

吉林文旅绿皮书

GREEN BOOK OF
CULTURE AND TOURISM IN JILIN

吉林省文化和旅游发展报告（2019）

ANNUAL REPORT ON CULTURE AND TOURISM OF JILIN
(2019)

主　编／丁晓燕
副主编／刘　炬　朱立春　陈春生　唐冰开

社会科学文献出版社
SOCIAL SCIENCES ACADEMIC PRESS (CHINA)

图书在版编目(CIP)数据

吉林省文化和旅游发展报告.2019 / 丁晓燕主编
. --北京：社会科学文献出版社，2019.7
（吉林文旅绿皮书）
ISBN 978 -7 -5201 -5003 -3

Ⅰ.①吉… Ⅱ.①丁… Ⅲ.①文化发展 - 研究报告 - 吉林 - 2019②旅游业发展 - 研究报告 - 吉林 - 2019 Ⅳ.①G127.34②F592.734

中国版本图书馆 CIP 数据核字(2019)第 117736 号

吉林文旅绿皮书
吉林省文化和旅游发展报告（2019）

主　　编 / 丁晓燕
副 主 编 / 刘　炬　朱立春　陈春生　唐冰开

出 版 人 / 谢寿光
组稿编辑 / 任文武
责任编辑 / 王玉霞　李艳芳
文稿编辑 / 刘如东

出　　版 / 社会科学文献出版社 · 城市和绿色发展分社（010）59367143
地址：北京市北三环中路甲 29 号院华龙大厦　邮编：100029
网址：www.ssap.com.cn
发　　行 / 市场营销中心（010）59367081　59367083
印　　装 / 天津千鹤文化传播有限公司

规　　格 / 开　本：787mm × 1092mm　1/16
印　张：26.5　字　数：398 千字
版　　次 / 2019 年 7 月第 1 版　2019 年 7 月第 1 次印刷
书　　号 / ISBN 978 -7 -5201 -5003 -3
定　　价 / 128.00 元

《吉林省文化和旅游发展报告（2019）》
编　委　会

主要编撰者简介

丁晓燕 吉林省社会科学院（社科联）党组成员、副院长，研究员，国务院特殊津贴获得者、吉林省有突出贡献的中青年专业技术人才、吉林省拔尖创新人才、吉林省政府决策咨询专家、吉林省文化和旅游厅专家委员会专家。长期从事产业经济、文化经济研究。近年来，主持、承担各级各类课题50余项，发表论文和研究报告近百篇，主编《东北振兴与产业转型升级》《吉林省文化产业发展解析》等。作为课题负责人，主持国家社科基金项目“振兴东北老工业基地战略跟踪研究”，相关研究成果得到中央政治局有关领导批示。先后完成了一批关于吉林省文化与旅游发展方面的课题研究，主要有省科技厅科技规划项目“吉林地域文化对经济发展的影响”，省“十三五”智库项目“东北地区文化软实力的比较研究”，省发改委委托项目“吉林省文化产业发展报告”，省社科院重大项目“吉林省文化产业发展的制约因素研究”，省文旅厅委托项目“吉林省全域旅游发展研究”和“吉林省乡村旅游发展的思路与对策研究”等，多项成果得到省领导的肯定性批示。

刘 炬 吉林省高句丽研究中心研究室主任，研究员。长期从事唐史、东北史、高句丽史的研究。著有《唐征高句丽史》《海东大外交》《高句丽王国史话》等，合著《高句丽政治制度研究》《高句丽战争史》等。在《社会科学战线》等期刊上发表学术论文40余篇。主持国家社科基金项目1项，参与国家重大委托项目1项，主持吉林省社科规划项目、高句丽研究中心课题10余项。2016年获得吉林省有突出贡献中青年专业技术人才称号。

朱立春 吉林省社会科学院民族所所长，研究员，兼任吉林省非物质文化遗产工作评审专家组副组长、吉林省政协民族宗教委员会特邀委员、吉林省文旅厅文化产业智库专家、吉林艺术学院东北民间文化研究中心硕士生导师、吉林省满族说部学会会长等职务。代表著作有《满族说部文本研究》《走遍吉林》《吉林省民俗节庆研究》《北方民族民俗文化初探》《东北民族历史与现状研究》等，发表《中国萨满文化研究述评》《满族传统说部的传承特征》等学术论文，先后有多篇调查报告获得省级主要领导肯定性批示。

陈春生 吉林省文化企业商会常务秘书长、吉林省外国人文化服务基地秘书长，高级政工师，辽宁大学国际教育学院客座教授。吉林省文化和旅游厅“新时代文明实践中心”文旅专家服务小组组长。长春市委宣传部、长春市文化广播电视新闻出版局、吉林省体育局、吉林省残疾人联合会专家智库成员，吉林教育电视台《时代先锋》栏目策划。先后承担吉林省教育厅国家“十二五”社会科学省级重点课题研究，长春市国家文化消费试点城市“文化艺术进店堂对文化消费的促进作用”专项课题研究，参加省、市多项重大项目论证，包括特色小镇、田园综合体、休闲度假村等文旅项目的论证。

唐冰开 长春工业大学公共管理学教授，吉林省教学名师、教育部新世纪人才。吉林省旅游发展研究会副会长、吉林省东北抗联研究会副会长。主要从事政府政策、公务员制度、行政人才测评等领域的研究。近年来，出版《中国行政思想史》《政府层级管理》专著5部，主持参与“中国公开选拔领导干部的制度设计与操作模式研究”等各级各类研究项目20余项，发表论文30余篇。

摘 要

近年来，吉林省认真贯彻省委、省政府改革发展的决策部署，牢固树立“创新、协调、绿色、开放、共享”的五大发展理念，全省文化和旅游事业取得长足发展，旅游经济保持了持续快速增长的强劲态势。本书在吉林省文化和旅游厅的支持下，由吉林省社会科学院、吉林省旅游发展研究会、吉林省文化企业商会组织编撰，汇集政、学、企资源，依托吉林省相关研究机构、大学和企业，团结吉林文化和旅游研究领域专家，综合运用大数据分析、调查问卷、深度采访、个案研究等多元研究方法，对全省文化和旅游发展的总体情况，以及各领域的发展情况进行深入系统研究，总结经验教训，把握吉林文化和旅游发展重点，并提出建设性的建议与对策，为吉林文化和旅游管理部门提供决策参考，为相关从业人员提供解决问题的思路，对于促进“政—研—学—产”的真正融合，具有重要的理论与实践意义。

全书分为总报告、文化篇、旅游篇、区域篇、企业篇、专题篇六个部分，从吉林省文化和旅游业发展的实际出发，密切关注发展中的热点和难点问题，是关于吉林省文化和旅游发展的深度思考和前瞻性探索，为推进全省文化建设和旅游发展提供了新的视角。通过年度时间维度的观察，进行横纵两向的动态比较，发挥科学性、实证性、创新性、前沿性、时效性的社会影响力和智库咨政力。总报告篇聚焦吉林省文化软实力和全域旅游发展，点面结合，更全面地反映吉林省文化和旅游发展状况，有深度，有思考。文化篇从文化资源开发利用、文化产业发展、公共文化服务等方面，研究文化建设中的重点问题。旅游篇关注避暑休闲旅游、乡村旅游、工业旅游、红色旅游等主题，均是吉林省旅游产业发展的热点。区域篇突出吉林省各地文化和旅游的特色，有针对性地探讨文化和旅游的开发。企业篇从发展经验和创新上，展现了吉林省文化和旅游企业的现状。专题篇对吉林省文化和旅游中的一些特殊主题，进行了不同广度与深度的研究。总之，全书从实践的角度探讨文化和旅游需要解决的一些重要理论问题和战略问题，这一系列问题的破解，都将文化和旅游发展提升到促进全省高质量发展的新高度，具有重要的理论、战略和商业应用三重价值。

关键词： 吉林　文化　旅游

Abstract

In recent years, Jilin province has earnestly implemented the decision-making and deployment of the reform and development of provincial party committee and provincial government, and firmly established the five development concepts of "innovation, coordination, green, open and sharing" . Under the support of culture and tourism in Jilin province hall, This Book was written by Jilin Academy of Social Sciences, Jilin Tourism Development Research Institute and Jilin Cultural Enterprises Association, relying on the Jilin province related research institutes, universities and enterprises, united Jilin culture and tourism research experts, synthetically used of big data analysis, questionnaire, depth interview, case study and the research methods, for the culture and tourism development overall situation, as well as the further development in the field of system research, summing up experience and lessons, and grasp the key on culture and tourism development, and puts forward constructive suggestions and countermeasures. It is of great theoretical and practical significance for Jilin cultural and tourism management department to provide decision-making reference and relevant practitioners with ideas to solve problems, and for promoting the real integration of "politics, research, learning and industry" .

The book is divided into general reports, culture articles, tourism articles, regional articles, enterprise articles, project articles, based on the reality of Jilin province culture and tourism development, pay close attention to the hot and difficult problem of development. It is thinking about the depth of the culture and tourism development in Jilin province and forward-looking exploration, to promote the cultural construction and tourism development provides a new perspective. Through the observation of the annual time dimension, it makes a dynamic comparison in both horizontal and vertical directions, exerting the social influence of scientific, empirical, innovative, frontier and timeliness as well as the political capacity of think tanks. The general article focuses on the soft power of culture and the development of tourism in Jilin province, combines points and areas, and reflects the development of culture and tourism in Jilin province in a more comprehensive way. The culture section studies the key issues in cultural construction from the aspects of the development and utilization of cultural resources, the development of cultural industry and public cultural services. The tourism section focuses on summer leisure tourism, rural tourism, industrial tourism, red tourism and other topics, all of which are hot spots in the development of tourism industry in Jilin province. The regional section highlights the characteristics of culture and tourism in Jilin province, and discusses the development of culture and tourism. The enterprise section shows the Jilin province culture and tourism enterprise status from the development experience and innovation. The project studies some special topics of culture and tourism in Jilin province in different breadth and depth. In a word, the book discusses some important theoretical and strategic problems to be solved by culture and tourism from the perspective of practice. The solution of these problems will elevate the development of culture and tourism to a new height to promote the high-quality development of Jilin province, which has important theoretical, strategic and commercial values.

Keywords: Jilin; Culture; Tourism

目 录

Ⅰ 总报告

Ⅱ 文化篇

Ⅲ 旅游篇

Ⅳ 区域篇

Ⅴ 企业篇

Ⅵ 专题篇

CONTENTS

I General Reports

II Culture Articles

Ⅲ Tourism Articles

Ⅳ Regional Articles

Ⅴ Enterprise Articles

Ⅵ Project Articles

总　报　告

General Reports

G.1

吉林省文化软实力发展研究*

吉林省社会科学院课题组**

摘　要： 伴随着国民经济发展，吉林省文化事业日趋繁荣，文化软实力逐年提升。培育与践行相辅相成，社会主义核心价值观教育路径不断拓展，民族文化资源丰富且极具特色，影视产业带动文化产业发展，“吉刊”成为打造文化品牌的成功范例，公共文化服务取得了可喜的进步。在看到成绩的同时，也存在明显的不足。该研究提出要做出符合文化软实力发展要求的制度安排和政策扶持，进一步优化社会主义核心价值观在吉林省的培育和践行路径，大力加强民族文化产业园区建设，加大文化产业发展和文化品牌培育扶持力度，转变文化观念，

* 本文为吉林省社会科学院重大项目“吉林省文化软实力研究”成果。

** 课题组成员：丁晓燕、刘辉、朱立春、周笑梅、李倩、李丽莉、王艳丽、杨阳、隋滨竹；执笔人：刘辉，吉林省社会科学院马克思主义研究所研究员，研究方向为中国哲学与中国文化。

大力发展公共文化服务。

关键词： 吉林省 文化软实力 文化产业

吉林省历史悠久，人文荟萃，文化底蕴较为深厚。伴随着国民经济发展，文化投入逐步增加，吉林省的文化事业日趋繁荣，文化软实力逐年提升。文化软实力是衡量一个地区核心竞争力的重要指标，对吉林省的文化软实力做出总体的概括和总结，对发展现状做出评估，是一件很有意义的工作。然而，文化软实力的内涵十分广泛，同时如张国祚先生所论，由于文化软实力的“无形”、“难以计量”和仁者见仁、智者见智的意识形态属性，所以对文化软实力发展现状进行定量研究和评价很困难，甚至在可预见的未来，我们都无法对我国文化软实力做出全方位的精准评价。吉林省也是一样，我们只能就对影响吉林经济社会发展和综合实力提升的若干重要领域文化软实力发展做出调研考察。

一 吉林省文化软实力发展现状

软实力一词最早是由美国学者约瑟夫·奈（Joseph S. Nye）在1990年出版的《注定领导世界：美国权力性质的变迁》（*Bound to Lead: The Changing Nature of American Power*）著作中第一次提到。他的观点是，软实力主要包括三个方面：一是文化（包括价值观）的吸引力，二是制度和价值观的吸引力，三是掌握话语权的能力。可以看出，约瑟夫·奈主要从国际战略和外交的角度来解读“软实力”，带有工具主义倾向，在这里，“文化”只是一种国际战略和外交政策的手段和工具。而我们把“软实力”当作是综合国力的重要构成要素，不只可以在全球交流中扮演一定角色，而且着眼于整个国家的精神文明建设和思想文化建设；不是从工具理性而是从价值理性看待文化，文化在“软实力”的构建中扮演着独特且重要的角色，是软实力的精髓和经纬。我们国家注重文化软实力，突出文化在“软实力”中的特殊地位和作用，赋予了软实力以中国特色。我们关注软实力，以达到国内安定、团结、和谐，国际上和平、合作、共赢的良好局面。

（一）培育与践行相辅相成，不断拓展社会主义核心价值观教育新路径

2013 年，中共中央办公厅印发《关于培育和践行社会主义核心价值观的意见》，对社会主义核心价值观建设工作进行了总体部署，给出了原则要求。2015 年，中宣部、中央文明办印发了《培育和践行社会主义核心价值观行动方案》，对下一步要采取的行动做出了明确安排。2014 年初，为贯彻落实中央精神，吉林省出台了《关于培育和践行社会主义核心价值观的实施意见》，2015 年，又出台了《吉林省培育和践行社会主义核心价值观行动方案》。吉林省的各级各类政府部门（主管宣传部门、文明办、主管文化部门、主管教育部门、团省委等）采取了宣传教育和实践活动相结合的方式，不断拓展社会主义核心价值观教育的新路径。

1. 充分发挥教育机构的职能，开展多样化教育

在基础教育领域，2015 年 3 月，吉林省各地市的中小学开展了“明德知礼工程”，该工程旨在系统培育处于价值观形成关键阶段的青少年，使包括优秀传统文化在内的社会主义核心价值观融入青少年的学习生活。

在高等教育领域，吉林省各高校结合校情，开展了各具特色的培育和践行社会主义核心价值观教育活动。比如，吉林大学根据学生实际需求，提供多样化的志愿活动与勤工俭学机会，并在本科生学分上予以体现；长春工业大学把社会主义核心价值观教育融入文化活动中，每年组织文化艺术活动 200 余项；东北师范大学利用思政学科优势，回应社会焦点问题，增加了社会主义核心价值观的说服力、领导力。

在职业教育领域，四平市职业技术教育中心深入挖掘与职业学校学生年龄特点和思想实际相适应的活动内容，创新了培育和践行社会主义核心价值观的“四专”载体。开展“四专”载体活动以来，该校校风明显好转：学

生之间的和睦程度显著提升，拉帮结派、打架斗殴现象明显减少；学生上课纪律明显好转，学生学习文化和技能的积极性大大提高。

2. 合理利用有效载体，积极搭建教育平台

1994 年以来，为促进群众性爱国主义教育活动的顺利展开，吉林省委、省政府陆续命名了 5 批共 88 个省级爱国主义教育基地，其中 9 个被中宣部确认为国家级示范基地。近年来，作为基层的爱国主义教育基地，积极培育和践行社会主义核心价值观，使爱国主义教育基地成为传承优秀民族文化传统、弘扬爱国主义精神的重要载体，已成为对广大群众特别是对未成年人进行爱国主义教育、培养爱国主义情操的主要阵地。仅长春一地，现已培育市级以上爱国主义教育基地 32 个，打造主题公园 27 个、主题城市广场 25 个、主题街道 51 条、主题社区（村）962 个、农村主题文化小广场 328 个，通过公益广告、城市景观展示、主题活动践行等多种形式，使社会主义核心价值观具象化、生活化。

3. 有效发挥新闻媒体传播社会主流价值观的主渠道和主阵地作用

吉林省直主要新闻媒体，以自己的形式和力量，积极投入到社会主义核心价值观宣传中去，掀起阵阵热潮，形成了广播、电视、报纸、网络等的全覆盖。“感动吉林”等标志性栏目贴近生活，亮点频出，起到了很好的传播正能量、弘扬主旋律的作用，让社会主义核心价值观的 24 个字随处可见，入脑入心。《吉林日报》长期设有“吉林好人”“身边的感动”等专栏，吉林人民广播电台保持每日不少于 50 次滚动播出“讲文明树新风”公益广告。2014 年以来，吉林省各级电视台纷纷设立“好人发布厅”，按月发布，栏目化运作。截止到 2016 年底，全省已经涌现出 4. 1 万名好人，覆盖所有城乡基层。好人评选已经从最初推出“好人典型”进入全面建设“好人社会”的新阶段。

4. 新媒体领域作用不容低估

积极利用微博、微信等新媒体平台，设立“微访谈”“微感动”等栏目。省委宣传部、团省委在广大青年中开展“和你在一起 · 吉林好青年”的发掘活动，以微电影大赛等形式，使点滴感动不断汇聚，形成了白山松水间的强大正能量。2015 年 9 月 1 日，由吉林省委宣传部主办、中国吉林网承办的吉

林省爱国主义教育基地网上展馆正式上线。网上展馆开设“实景滚动”、“基地总览”、“影音观赏”、“高清图片”、“新闻纵览”、“最新资讯”、“互动专区”等一级栏目，通过文字、图片、视频等传播手段，运用虚拟动画和360°实景技术，结合吉林省地理详图，全方位、多角度、多终端对省内各爱国主义教育基地进行展示，不仅可读、可看、可听、可评，同时还能“探秘”部分基地珍藏的史料和文物，使网民足不出户就可以通过鼠标键盘领略爱国主义教育基地的风貌。

5. 主题实践活动丰富多彩

2014年以来，吉林省委宣传部、省文明办牵头组织开展了“吉林好人引领风尚——培育和践行社会主义核心价值观”主题实践活动，通过省、市、县、乡、村五级联动，采取自下而上、逐级推荐的方式进行。省妇联依托“幸福吉林·从家庭出发”行动，积极培育和传播优秀家风，将社会主义核心价值观建设落实、见效。广泛开展“好家风好家训”宣传展示活动，覆盖到全省“妇女之家”，方便群众随时参与。建立“和美家风流动学校”，在“妇女之家”“文化大院”等活动阵地开展相应活动，潜移默化地影响群众生活习惯。

6. 志愿服务制度化、社会化、常态化

普及志愿理念，传播志愿精神，扩大志愿者人数。2014年，吉林省志愿者人数为216.3万，注册志愿者人数为142.7万；2015年，吉林省志愿者人数为247.63万，注册志愿者人数为183.43万，志愿者数量显著增长。同时完善志愿服务机制，推进学雷锋志愿服务活动制度化、常态化，建立省内志愿活动表彰机制，营造了志愿光荣的良好氛围。在此氛围推动下，在校大学生参与社区、支教等志愿活动人数不断增多。

（二）吉林省民族文化资源丰富且极具特色

吉林省是一个多民族的边疆省份，主要世居和代表性的民族除汉族外，还有朝鲜族、满族、蒙古族、锡伯族和回族。共有4个民族自治地区，分别是延边朝鲜族自治州、长白朝鲜族自治县、伊通满族自治县和前郭尔罗斯蒙古族自治县。吉林省蕴含着丰富且极具特色的少数民族文化艺术资源，主要有以下几个方面。

1. 长白山下的满族文化资源

满族在历史上先后建立过渤海国、金国和清朝政权，一直把长白山视作“龙兴之地”和祖先的发祥地，将其尊为神山圣地，对其四时祭祀，以求保佑国运昌隆，并积淀了悠久灿烂的长白山文化、满族文化，包括长白山的神话与传说、大唐王朝和渤海国、大明王朝和松花江、大清王朝和长白山、东北亚丝绸之路、康熙东巡、祭祀文化、打牲乌拉、满族说部、萨满文化、关东三宝、木帮马帮、鹰猎文化、渔猎文化等。遗留下来的有渤海国贞惠公主墓碑和贞孝公主墓碑、金代完颜希尹神道碑、清代贡江碑、清末至近代的依克唐阿碑、龙虎刻石、土字界碑和龙潭山城、罗通山城、和龙西古城、珲春八连城、桦甸苏密城等古城址。这些众多的文明成果，反映出历史上东北人民在长白山地区曾经有过的辉煌。

2. 东北亚丝绸之路

渤海时期朝贡道（大驿路）是东北亚丝绸之路的重要节点。渤海国为加强与中原的联系，自其都城上京龙泉府（今黑龙江省宁安市东京城），开辟“朝贡道”（也叫登州道）直通唐朝都城长安。经考，朝贡道从渤海国都上京龙泉府经旧国（敦化）南下至兴州（宝马城），西行至丰州（抚松），再西南行至西京鸭绿府神州（临江），顺鸭绿江入海，沿海行至旅顺，至登州（今山东蓬莱），再沿陆路西行直达大唐都城长安，以丝绸为纽带形成了一条丝绸之路。此后虽经辽、宋、金、元，此丝绸之路未曾中断。15 世纪，明成祖朱棣称帝后，沉寂了近百年的东北亚丝绸之路进入巅峰时期，这种交易持续到清朝中叶。中国丝绸极富魅力，是我国古代文明的重要符号之一，随着丝绸之路的开通，影响力遍及东西方。然而这条“东北亚丝绸之路”，却已淹没于历史的尘埃和史料文献之中。

3. 吉林市成为东北民族活动的大舞台

吉林市是东北民族活动的大舞台，历史上是古夫余族的旧都，持续 500 余年。有高句丽文化遗迹神秘的龙潭山文化，有天主教堂、四大清真寺、北山庙会，所谓“千山庙会甲东北，北山庙会甲千山”，体现着民族大融合。

还有哈什达摩崖石刻、明清造船基地、亦失哈家族造船世家、萨哈连船王记，以及近代东北工业的摇篮——吉林机械局。尤其是乌拉街古镇在国内是较早被关注保护和恢复建设的城镇，曾经获得多项荣誉，并于2008年被国务院命名为“中国历史文化名镇”。该镇历史悠久，最早可追溯到“汉四郡”时期，以后历代政权均设立机构，素有“先有乌拉、后有吉林”的说法。特别是清朝从1648年到1911年这260多年时间里，乌拉街满族镇设“打牲乌拉总管衙门”，位居四大贡品基地之首，盛极一时。乌拉街位于长吉图发展核心位置，民族文化悠久绵长，发展意义重大。

4. 东北民族走廊

民族走廊在我国民族融合的历史中扮演过重要的角色，对于文化交流、民族融合与凝聚力的提升，都有重要意义，但目前发展却相对缓慢。20世纪80年代，在费孝通“中华民族多元一体格局”理论体系中，三个“民族走廊”都具有重要地位。

松花江流域也是相当重要的一段民族走廊，地跨吉林、黑龙江和内蒙古三省区，流域面积大约55万平方千米，孕育了众多的少数民族，包括肃慎族系，满族、赫哲族、锡伯族，东胡族系的蒙古族、鄂伦春族、鄂温克族、达斡尔族，秽貊族系的夫余族、朝鲜族，以及汉族、回族等。

吉林省地区的松花江流域文明具有鲜明的地域特色和悠久的历史变迁，其资源的丰富性、地域的广袤性和文化遗存的多样性，被誉为东北少数民族文化的摇篮。有打牲乌拉贡品文化圈，柳条边绿色生态文化圈，流人迁徙文化与东北本土文化的交流、碰撞与融合，鹰猎、渔猎、采摘、行帮文化，有原始信仰萨满文化，九台、乌拉街“萨满之乡”口传文化，包括满族说部、乌力格尔、伊玛勘、莫日根，有长白山神崇拜文化圈，金代女真人到清代满族的祭祀封禅，始祖神话、民间传说，蒙古人的白衣仙人传说。

（三）依托深厚的影视文化资源与积淀，影视产业带动了吉林文化产业发展

近年来，吉林省因地制宜，突出亮点，提升软环境，先后制定了《中

共吉林省委、吉林省人民政府关于大力发展文化产业的意见》、《吉林省支持文化体制改革和文化产业发展的若干政策》和人才队伍建设等一系列指导性文件。“十二五”期间，吉林省积极贯彻落实中央精神，把发展文化产业列入全省规划，作为调结构、促发展的重要着力点。

2006 年以来，全省文化产业增加值占 GDP 比重增幅在 20% 以上，2010 年达到 4.9% 左右，超过全省 GDP 增速，文化产业发展势头强劲。同时，重点规划建设了一批特色文化创意园区（基地）、公园、街区，大力开展文化产业招商，促进产业集聚发展。目前，全省共有 60 家文化产业园区和 23 家文化产业基地，其中投资超 10 亿元的园区达 14 家。

在吉林省的文化企业中，有三家国有骨干型企业，分别为长影集团、吉林东北亚出版传媒集团、吉视传媒股份有限公司，是吉林省国有文化企业的代表和领军者。同时，对于民营文化企业的政策和资金支持也没有放松，促进了吉广传媒、宇平工艺、禹硕动漫等一批中小型民营文化企业迅速成长，成为吉林省文化产业发展的新兴力量。

1. 长影集团双轮驱动，多元发展

自 1945 年成立以来，长影集团创造了中国电影史上的六个第一，改革开放以前，长影共拍摄故事片 600 多部、戏曲片 50 多部、译制片 800 多部，还生产了大量的科教片、美术片、电视片等。20 世纪 80 年代末，长影的创作已经显现出颓势。2003 年，长影被批准为全国文化体制改革试点单位，改革全面展开。集团锐意改革，走出电影创作和电影产业“双轮驱动、多元发展”的道路，总资产由 1997 年末的 2.5 亿元增长到 130 多亿元，增长 52 倍。“十二五”期间，长影集团在影片数量、票房成绩和社会效益等方面都取得了一定突破，生产影视作品 170 部，其中 26 部影片先后荣获“五个一工程”奖、中国电影华表奖、金鸡百花奖等 89 个国内外重要专业奖项。商业影片的票房收入和海外发行都达到了历史新高，为央视电影频道译制影片的数量居全国前列。

目前长影集团形成了电影旅游、电影博览、影视演艺等电影后资源开发多元发展的新格局。2014 年，投资近 400 亿元的长影海南“环球 100”大型主题公园开工建设；同年，长影旧址博物馆、长影电影院、长影音乐厅相继投入运营；长影乐团、长影频道运行良好；长影世纪城被认定为国家5A级旅游景区。这些有益尝试都为吉林的文化产业发展提供了可供借鉴的经验。

2. 吉视传媒多产业推进、多元化发展

吉视传媒股份有限公司是2009年在吉林省广播电视信息网络集团公司的基础上组建的，注册资本11亿元，总资产30亿元。2012年，公司成功上市，是吉林省第一家上市的文化类企业。公司在做强主业的同时，坚持多产业推进、多元化发展，2014年末，吉视传媒总资产达93.6亿元，市值196亿元，营业收入20.49亿元，净利润4.097亿元。同时确立了“建设跨区域、多元化经营的大型文化产业集团”的战略目标，将业务延伸到房地产、艺术投资、影院建设等多个领域，由单一主业向主业突出、多业并举迈出了坚实步伐。

3. 影视剧制作集团立足地域文化特色，开拓式整合、开放式经营和全方位推进

吉林省影视剧制作集团公司于2006年组建完成，吉林省的广电格局呈现出四位一体的新格局：以吉林人民广播电台、吉林电视台、吉林省广播电视信息网络集团公司、吉林省影视剧制作集团公司为框架四位一体，四轮驱动。

集团公司坚持面向市场，整合省内资源，全面实施“开拓式整合、开放式经营和全方位推进”的发展战略，创作出一系列贴近生活、贴近群众、弘扬主旋律的本土题材影视剧精品，取得了很好的社会效益和经济效益。集团成立后，相继拍摄制作和联合制作电视连续剧共10部262集，其中《刘老根1》《插树岭》《交通警察》《没完没了的爱》等在央视一套黄金时段播出，《静静的白桦林》《希望的田野》等也在中央电视台电视剧频道播出。

集团公司在生产创作中坚持立足吉林地域文化特色。“地域的就是全国的，民族的就是世界的”，东北黑土地上的风俗文化、风土人情早在20世纪90年代初就曾经在全国范围内引起广泛关注，《篱笆、女人和狗》《女人不是月亮》等都在浓郁的东北乡村风情中展示了农村女性成长的心路历程，

细腻而且层次感丰富，获得业内外的一致好评。这股强劲的“东北风”不但丰富了我国当代电视剧的表现内容，而且为后来形成的“吉林电视剧现象”奠定了良好的基础。可以说，反映关东风俗文化、反映吉林地域特点这一认知已成为集团公司生产创作的重要关注点。

4.“四高四多”的“吉林电视剧现象”

吉林省于1960年开始拍摄电视剧，至今已生产出近500部作品。20世纪80年代吉林电视剧不断在题材内容方面进行尝试，对电视剧艺术形式的把握和对人物性格、心理的挖掘也越来越深入，尤其是进入20世纪90年代以后，电视剧的创作生产机制不断完善，制作手段也不断改进，吉林省的电视剧创作不断走向成熟，涌现出一大批反映现实和人生的现实主义力作。娱乐元素的加入，艺术性的不断提升，思索力度的不断深入，以及剧集中已有的东北地域风格的展现，在国内引起了一些关注的目光，也成了吉林电视剧的成功经验和艺术标签。据统计，21世纪之初，中央电视台一套每年有600个左右播放电视剧的黄金时段，2005年和2006年，其中的1/5时间段用于播出吉林摄制的电视剧；我国每年大约有1/3的电视剧拍摄后不能同观众见面，吉林省的电视剧每年有1/3在中央电视台播出；我国的电视剧大约有30%盈利，吉林省的电视剧绝大多数盈利。吉林电视剧的这种势头在引起了关注之后被归纳总结为“吉林电视剧现象”，时任吉林省委宣传部副部长的陈蔷总结归纳了“吉林电视剧现象”的“四高四多”：“四高”即高成功率、高盈利率、高收视率和高获奖率，“四多”即主旋律作品多、现实题材作品多、“三贴近”作品多、富有地域文化特色的作品多。

（四）“吉刊现象”得到全国出版界、期刊界的认同，成为打造文化品牌的成功范例

“十二五”期间，经过全省上下的辛勤耕耘，吉林文化产业拥有了“长影”“吉版图书”“吉林期刊”“吉林歌舞”等地方特色文化品牌，长影世纪城、吉广传媒、净月潭等一批知名品牌荣获“中国驰名商标”称号。此外还有吉林动漫集团全行业整体推进、全产业链集群发展，吉林省宇平工艺

品制造有限公司打造国际工艺品领域知名品牌，吉广传媒集团以广告创意为龙头、广告制作为支撑协同发展，中筝文化集团弘扬国乐、普及国琴、让筝声响遍全球，琵琶产业集团精教笃学、德优艺卓、根系中华、乐扬世界，东北风文化传播有限公司全心全意为老百姓服务，精心打造吉林特色文化品牌，其中"吉刊现象"有突出的代表性。

所谓"吉刊现象"，是指吉林省学术期刊整体的学术水平较高，吉林省市场类期刊市场占有率高，发行量大，一些专业类期刊在全国同类期刊的排名位次居于榜首的现象。目前"吉刊现象"已得到全国出版界、期刊界的认同，成为打造文化品牌的范例。

在2016年全国"两会"期间，吉林省委书记巴音朝鲁为吉林为东北正名说："在吉林，每一万人中科学家、工程师、在校大学生占比排在全国前列，中科院长春光机所、中科院长春应化所、吉林大学、东北师范大学等近60个科研院所和知名高校落户在吉林省。"可以说，吉林省科研实力强劲，有良好的学术氛围与学术研究基础。同时，吉林省作为全国最早的东北解放区的重要一部分，有着红色文化特别是中国共产党领导文化建设的历史积淀和文化传统。多年来，党领导下的文化建设传统和吉林省深厚的学术科研实力相结合，促进了吉林省期刊业的发展繁荣，"吉刊现象"甚至在国内被广泛宣传和推广，新华网、人民网、《中国期刊年鉴》等均有相关报道。

1. "吉刊现象"引起业内瞩目

吉林省共有属地管理的期刊238种，其中学术类期刊150种，综合性市场消费类期刊42种，其他时政类、工作指导类期刊46种。在42种综合性市场消费类期刊中，有15种发行量在10万册以上；出版单位资产超过1000万元的期刊有5个，并且拥有如《演讲与口才》《意林》《杂文选刊》等在国内有相当知名度的品牌近20个。在学术类期刊中，《分析化学》《社会科学战线》等几十种在国内有相当大的影响力。经济效益、社会效益相得益彰的"吉刊现象"，已成为出版业中不可小觑的产业力量。相关专家一致认为"吉刊现象"值得重视，吉刊模式值得推广，吉刊经验值得学习，希望吉刊经验在全国开花结果。

2. 经营类期刊品种渐多

《杂文选刊》《幽默与笑话》等杂志长销不衰，未受期刊市场总体不景气影响，发行量稳步增长。2005 年以后，吉林又涌现出一批新的期刊品牌，如《意林》发行量 170 万册，《女人坊》发行量 50 万册，《作文与考试》发行量 25 万册，受到市场认可。

3. 学术类期刊影响力逐年增大

吉林省现有学术类期刊 150 种，其中，进入北大核心的有 47 种，接近总数的 32%。在专项评比的 42 种化学类期刊中，吉林的《高等学校化学学报》和《分析化学》被评为权威期刊。《中国学术期刊综合引证报告》数据显示，吉林省参评的 149 种期刊，总被引频次和影响因子排名全国同类期刊前 10 位的有 72 种，占总数的近 50%。

4. 形成了集群化的期刊方阵

吉林省的多类期刊形成了特色鲜明的集群化效应，如以大刊、名刊领军的综合性期刊集群，以精品学术期刊为核心的学术类期刊集群，以“专家办刊”为特点的专业类期刊集群。专家评价，在化工科技、医药卫生、光学机械、高校学报等领域，吉林省的学术期刊都处于领先水平。在期刊界长期受到冷遇的学术与专业类期刊，在吉林省都以群体崛起的姿态，显示出了勃勃生机。这样几个集群，共同构成了吉林省的期刊方阵。

二 吉林省文化软实力发展存在的问题和不足

（一）社会主义核心价值观教育中，培育对象重中小学生轻高校大学生，重城镇居民轻乡村农民，培育方法有待创新

1. 吉林省高校和职业学院在培育社会主义核心价值观中缺乏长期有效的机制

在领导层面，很多高校虽然在教育引导、实践养成和开展活动等方面花费很多精力，但是学校高层领导对培育大学生社会主义核心价值观的长期性和战略性认识不足，重视不够，导致学校没有建立起培育社会主义核

心价值观的长效机制。在教师层面，一些思想政治理论课一线教师政治信仰淡化、学科专业背景弱化、学历学位低化、教学方式程式化；辅导员素质参差不齐，以身作则感召力不强，开展思想教育工作能力不足，工作作风粗暴。

2. 在农村，一些地区的非法宗教活动日益猖獗，农村赌博活动屡禁不止，拜鬼求神的迷信之风死灰复燃

尤其是部分因征地或拆迁补偿获利的农民，在一夜暴富之后更是花天酒地、颓废不堪。由于党支部与村委会的工作互有交叉重合，难免产生一些模糊地带，形成双不管状态，很多地区的党组织对文化教育事业不感兴趣，不少基层干部在片面政绩观的驱使下，将绝大部分精力放在农村经济问题上，忽视思想教育工作。一些村干部违法乱纪、贪污腐败，这些错误的观念和行为严重阻碍了广大农民群众对社会主义核心价值观的认同与培育进程。

3. 在培育方法方面，传统方式的宣传铺天盖地，新媒体的应用明显不足，入脑入心的文化产品严重缺乏

目前，吉林省培育社会主义核心价值观的方式方法仍然主要依靠宣传画、布告栏、报纸专栏、广播电视专题节目等传统的宣传教育手段，对微博、微信、微电影等新媒体应用不够。虽然吉林省的多数政府部门和媒体部门都开设了微博、微信公众号，但是民众的关注度不高，影响力很低，在传递价值观方面的作用不强。公共文化服务方面，省级的图书馆、文化馆、博物馆、科技馆、艺术馆、纪念馆等公共文化服务场所利用率较高，但是市级、县级、村级的公共文化服务场所，其提供的文化服务的规模小、内容陈旧，从中获得文化滋养的人群数量少，对培育社会主义核心价值观的作用不大。高雅文化产品未能满足受众需求，听音乐会，看话剧，参观书画展、摄影展等高雅艺术活动在吉林省的民众文化生活中还很少。

4. 市场监管乏力，审查标准“禁止”多、“倡导”少

注重对违背法律法规的市场行为进行惩罚，忽视对“无害但也无益”的部分进行监管，缺乏对纯粹搞笑娱乐、没有思想品位的文化产品和作品进

行引导和管控。文化市场缺乏高品质的文化产品，思想性强、价值观正的文化作品，也需要恰当的、新颖的表达方式来配合，太过浅白直接的内容，简单片面的人物形象，虽然主题鲜明但难以引发共鸣，走入人心。

（二）少数民族文化艺术“资源丰富，前景堪忧”

1. 少数民族文化艺术资源传承保护的濒危状况持续加重，而对优秀民族文化资源的开发利用则显得后劲不足

许多国家级的非遗传承项目面临传承人断续、“抢活口”的实际问题。一些少数民族原生态的艺术形式、文化品牌掌握在少数人手里，仅靠家族师传进行传承；省市级非遗传承人的地方补贴经费一直没有被纳入财政计划，在很大程度上制约了保护项目的传承和影响力。少数民族语言文字流失速度加快。

2. 许多优势特色的生态资源没有整合利用，一些优秀的历史文化遗址遗迹作用没有得到充分合理的发挥

许多优势特色的生态资源没有整合利用，比如西部河湖连通工程实施后，没有充分发挥西部生态湿地的旅游优势。从前郭尔罗斯的查干湖到大安嫩江湾湿地公园，到镇赉的莫莫格湿地，再到通榆的向海，最后是乾安的泥林大布苏湖和春捺钵遗址，如果把这些生态优势资源整合起来，完全可以打造一条吉林省西部湿地生态旅游“黄金圈”。一些优秀的历史文化遗址遗迹作用没有得到充分合理的发挥，比如延边地区的“二十四块石”“罕王山”“敖东古城”，长白山地区的“圆池”“清代刘建峰踏查长白山遗迹”，乌拉街的“三府”“旧街”，西部草原地区的“泥林”“春捺钵遗址”，月亮泡的“古人类文化圈”。

3. 特色优势资源彰显不足

全省 31 个少数民族特色村寨中，在特色方面体现不足。一是文化积淀挖掘不够，各民族都有其悠久的历史和灿烂的文化，但在少数民族特色村寨保护与发展中并没有对这些历史和文化进行充分的挖掘和展示。二是在少数民族特色村寨建设过程中，有的特色村寨在民居式样方面民族特色没有得到

较好的传承，这种现象在散居地区表现较为突出。三是在特色村寨保护与发展过程中，民族文化的传承过于拘泥于原生态，活化不够。

4. 资源整合力度不够，机制不够完善

比如抚松县锦江满族木屋村在特色村寨保护与发展工作中，涉及文物、林业、环保等部门，而各部门均有自己的政策规定，由于没有相应的组织机构和健全的工作机制，致使在建设过程中，规划不够系统、完整，影响了吉林省民族文化产业的保护与发展工作。

5. 人才匮乏

少数民族文化艺术发展急需的各类专业人才极其匮乏，人才短缺、断层现象严重，尤其是复合型的文化产业人才、展览人才、少数民族中青年艺术创作人才、语言师资人才缺乏严重。人才缺乏、人才结构不合理在很大程度上制约着民族文化艺术的保护、传承和利用。

此外，各级政府对民族文化艺术资源的重视程度仍有待进一步提高，传统文化发展体制和财税体制仍旧困扰和制约着文化艺术的发展。

（三）文化产业和文化品牌培育发展存在明显不足

以影视产业为代表的吉林省文化产业虽然得到了很大的发展，取得了很大的突破，但是仍存在一些问题。一是吉林省经济基础薄弱，以致其文化产业的发展与国内文化产业发展强省相比还有很大差距，文化产业增加值的比重还非常小，距成为经济社会支柱性产业的目标还有一定距离。二是吉林省文化产业市场虽然有了初步的规模，却远远不够繁盛。以电影市场为例，后电影产业的开发严重不足，电影的主要收益仍然来自院线收入，这与美国的电影产业的发展差距是巨大的，美国每年的电影票房收入仅占美国电影产业的 27%，“电影后收入”占 73%。三是吉林省经济不发达，人才流失严重。人才数量不足，尤其是专业人才数量严重不足，已经成为制约吉林文化企业发展的重要因素。吉林影视专业的教育培训机构数量不足，教材以及教学体系不够完备，影视专业人才缺乏将书本知识与实践联系起来的中间环节，导致吉林影视市场缺乏创意策划人才。四是吉林的文化产业从整体上来看，科技水平与国际先进水平还存在较大差距，技术创新不足，研发力量薄弱，文化信息资源的管理水平和利用水平落后。

三 提升吉林省文化软实力的对策和建议

（一）解放思想，更新观念，创新体制机制，做出符合吉林文化软实力发展要求的制度安排和政策扶持

文化软实力发展的主要问题是要有激励文化发展的制度安排。习近平总书记在吉林调研时强调，抓创新就是抓发展，谋创新就是谋未来。不创新就要落后，创新慢了也要落后。要激发调动全社会的创新激情，持续发力，加快形成以创新为主要引领和支撑的经济体系和发展模式。要积极营造有利于创新的政策环境和制度环境，对看准的、确需支持的，政府可以采取一些合理的、差别化的激励政策。创新发展理念，培育龙头企业；创新品牌战略，实施精品工程；创新文化发展业态，拓展市场空间；创新投资体制，拓展融资渠道；创新经营模式，延伸产业链条。

（二）优化吉林省社会主义核心价值观培育和践行路径

1. 针对不同的群体采取差异化方式培育和践行社会主义核心价值观

对于在校大学生，要注重发挥大学生践行社会主义核心价值观的主体作用，充分调动青年学生的自主性和积极性，引导大学生自我教育、自我发展。对于农民，根据农民重感性、重实际、重眼前的特点，省政府要加大对农村的投入力度，降低农业成本，增加对农业的资金扶持，加强对农村寺庙等传统文化场所的保护，新建文化站、图书馆、健身房等文化场所。帮助农民群众摒弃传统落后思想的束缚和影响，转变生活方式、思维方式，树立适应时代发展的新观点、新理念。发挥广大基层党员干部的带头作用。

2. 充分运用新媒体，拓宽宣传途径

面对网络社会信息发达的特点，宣传部门必须要变革过去“你说我听”

的一对多、点对面的传统价值观教育方式，把理论知识用短文、视频等新形式表现出来，利用碎片化和娱乐化的阅读习惯，提升宣传效果。建立网络价值观教育的新思维，遵循网络世界规律，防止社会主义核心价值观培育中的用力错位。

3. 结合中华优秀传统文化、吉林地域文化培育和践行社会主义核心价值观

吉林省地处东北，受农耕文化影响很重，建议将弘扬中华传统文化，发扬东北地域文化，与培育和践行社会主义核心价值观相结合，使其内涵解读更加贴近吉林人的价值取向，使其物化形式更加符合吉林人的审美偏好。

（三）大力加强民族文化产业园区建设

1. 加强长白山区域民族生态文化产业示范园区建设

建设大长白山以满族文化为核心内容的生态文化示范园区，依托“四大载体”——秀美风光、遗迹遗址、祭祀礼仪、朝贡之路——打造三条精品黄金旅游线路：长白山西坡、南坡、松花江、鸭绿江旅游线路，长白山北坡旅游线路，长白山南部民俗旅游线路，将景点与历史文化串珠成线，开发以点带面的长白山满族文化旅游项目，使长白山和满族文化日益深入人心，成为东北亚地区历史文化底蕴深厚、满族风情淳朴厚重、地域文化特色鲜明的历史文化旅游精品。

2. 加强西部环湿地生态观光旅游区建设

打造查干湖（前郭）—莫莫格湿地（镇赉）—向海湿地（通榆）—嫩江湾、月亮泡（大安）—春捺钵遗址、泥林（乾安）环湿地生态圈。加强灾害性洪水治理，严守资源环境生态红线，强化生态保护和修复。

3. 加强中南部松花江流域朝贡道与皇贡文化生态农业园区建设，大力打造中南部多种文化融合的生态文化示范区

以清代盛京围场为原型，打造辽源的狩猎骑射文化体验园区。依靠通化的森林特色产业资源，打造长白山采集文化体验示范园区。依靠吉林市乌拉街古镇的皇贡文化，打造松花江流域东北亚古丝绸之路、古夫余文化生态体验园区。

（四）加大文化产业发展和文化品牌培育扶持力度

1. 加强宏观指导

鼓励和引导文化企业提升品牌意识及知识产权意识，积极打造企业品牌和文化产品品牌。支持文创和设计服务发展，支持动漫产业发展，拓展对外文化贸易，提升会展业精细化服务能力，健全会展服务产业链等。

2. 大力引进和培养文化产业人才

为防止人才外流，促进吉林省文化产业发展，应该建立完善的人才机制，一方面要完善人才的选拔、培养和任用机制，另一方面要加大吸引外来优秀人才的力度。

3. 深入挖掘吉林特色文化

吉林省的独特地域文化给影视创作提供了大量的素材，长影又培养和吸收了一大批优秀的影视创作人员，再加上长影优秀的创作传统，吉林的影视创作有着非常大的优势和非常成熟的经验。工农兵题材的一贯传承，融合当今现实的深度思考，在影视创作领域，吉林主旋律和农村题材的优势和特色已经逐步形成。吉林影视工作者应继续挖掘吉林特色文化，致力于影视精品的打造，争取以更多的优秀剧目、更好的红色精品电影打动观众、影响观众。

4. 加大影视产业发展中的数字技术研发与应用

吉林省的影视文化产业要获得快速持续的发展，就必须依托省内众多科研机构，在对相关产业发展深入研究的基础上制定发展规划，对影视产业发展中的关键技术和核心技术不断进行创新。数字技术在我国已进入了广泛使用阶段，数字技术在电影制作中的应用不仅革新了传统的电影制作工艺，更使得电影的发行、放映过程焕然一新。数字影院的模块化运营模式打破了原有的单一影院模式，为电影业的蓬勃发展带来了很大的优势。

5. 继续深化体制创新

中国影视产业的体制创新已经进行了一段时间，取得了可喜的成绩，下一步要在明确文化产业价值的基础上，明确发展思路，确定战略目标。要加快现代企业制度的建立步伐，不断完善各类影视集团的组织机构、运行机制、管理章程、岗位职能；要积极搭建电影事业发展的新平台，将电影、电视剧、音像出版、影视集团等资源不断整合，充实提高；要将吉林省的文化资源优化重组，扩大规模，逐步完善电影公司、影业院线、影视制作、影视发行、电视剧制作、传媒公司等链条。

G.2
吉林省全域旅游发展研究

马克　丁晓燕*

摘　要： 近年来，吉林省旅游业呈现出较快增长态势。如何立足丰富的资源优势，从战略层面科学谋划全域旅游发展？针对此问题，本研究从吉林省旅游发展的实际出发，深入研究全域旅游发展的重点与思路，并提出切实的对策建议，即加强综合治理、强化要素支撑、加大资金投入、推进依法治旅、加强人才建设。

关键词： 吉林省　全域旅游　旅游产品　旅游品牌

近年来，吉林省高度重视旅游业的发展，旅游业综合实力明显增强，地位显著提升，旅游产品体系全面构建，旅游品牌竞争力不断提高。进一步加快全域旅游发展，是吉林省走好加快转型、绿色发展、跨越提升新路的战略选择，对推动全省实现新旧动能转换、实现全面振兴具有重要意义。

一　全域旅游的概念

（一）全域旅游的概念界定

2008年，全域旅游的提法首次出现。作为一种全新的发展理念、全新

* 马克，吉林省社会科学院原院长，研究方向为经济学；丁晓燕，吉林省社会科学院副院长，研究员，研究方向为区域经济、产业经济、文化经济。

的发展导向、全新的发展路径，在全域旅游实践中，对其概念的认知，从最初“全域旅游是一种新的旅游发展模式”，到“全域旅游是一种新的旅游产业整合”，再到“全域旅游是一种新的旅游治理方式”“全域旅游是一种新型生活方式”“全域旅游是一种新型国土功能”等，其概念得到快速充实，对其认知也快速加深。总体来说，全域旅游由各行业广泛参与，多部门齐抓共管，为游客提供全方位的旅游体验。全域旅游所追求的，是提高旅游质量，提高人们对高品质生活的认知，提高旅游的价值影响。全域旅游强调融合，使参与者将旅游目的地当成家园，而不仅仅是“主题公园”。相应地，全域旅游目的地，包含区域内的全部范围，以全部的旅游资源作为吸引物，具备旅游整体形象突出的特征，同时旅游设施服务较为完备，拥有丰富多样的旅游业态，能给相当规模的旅游者提供旅游体验与服务的空间。全域旅游目的地是配置了完备的旅游相关要素、为游客提供全面旅游体验服务的开放式旅游目的地。

（二）全域旅游概念的核心

1. 全新的资源观

全域旅游的核心，首先意味着具有全新的资源观。全域旅游的吸引物类型多种多样，既包括自然人文吸引物，也包括社会的旅游吸引物，更能将众多的吸引物要素，同自身所处的环境结合在一起。而孤立的、彼此之间没有深度融合的吸引物要素，将难以具有鲜活的生命力，不能形成持久的吸引力。整体来看，我国拥有众多具有丰厚文化底蕴的旅游目的地，然而其潜能没有得到充分发挥。因此，应进一步厘清现有的文化要素资源，加快文化整理及重建的步伐，推动文化同地域背景、社会自然环境相融合。

2. 全新的产品观

全域旅游的核心和重点，包括全新的产品观。全域旅游产品体系，既包括各类旅游吸引物，也包括吸引物所在的地区环境，更重要的是身处其中的居民。全域旅游目的地的文化吸引，既包括建筑与文物的吸引，也包括地方语言、民俗生活与行为方式、传统优势文化等。其中，居民的参与是全域旅游全新产品观的重要组成部分，为游客深刻理解和体验目的地提供了重要的媒介和信息来源。

3. 全新的产业观

全域旅游离不开全新的产业观。全域旅游不能孤军奋战，产业融合是全域旅游重要的承载和体现。这些产业之间，既有交叉，更有互相渗透。在不同产业之间相互渗透的过程中，新的产业业态从中诞生。例如，旅游与农业日益走向深度融合，进而形成了以生态观光农业园为代表的新型业态；文化与旅游业相互渗透，快速形成了众多主题文化酒店；旅游与食品加工业相互融合，极大地促进了农林特产及旅游纪念品等的发展。

4. 全新的市场观

全域旅游的核心，还包括全新的市场观。在全域旅游领域，游客与居民的身份并非一成不变；全域旅游的市场主体，也绝不仅限于外来游客，还有同样有着休闲消费需求的当地居民。可见，全域旅游的客源不受约束和限制，城乡居民均可享受休闲、体验高品质生活情趣，而在休闲中感受生活的居民，其本身也为外来游客提供了新的旅游体验。因此，全域旅游同时为外来游客和“生于斯、长于斯”的当地人提供优质的体验服务。

（三）全域旅游概念的构成

1. 全要素

全域旅游的“全要素”，即拥有目的地的全部要素作为吸引物。显然，全域旅游把依附在整个目的地的全部要素动员起来，凡是可以利用的资源，都可以构成吸引物。全域旅游意味着全方位拓展旅游吸引物涵盖的范围，全面、深入、持续地挖掘、塑造、维护自然、人文及社会旅游资源，要站在“跳出景区看旅游”的高度，以“跳出旅游看旅游”的自觉，做到在实践中“跳出旅游目的地看旅游目的地”。发展全域旅游必须放大视野，要跳出旅游业自身，持续关注其他经济社会要素，要充分利用现代农业与信息化工业等产业资源，并采取“飞地式”利用的模式，关注临近地区旅游资源的合作。全域旅游的要素吸引力，既应该包括物化的元素，如文化遗存形成的独特魅力，也包括非物化的元素，如旅游目的地的氛围等。值得注意的是，为确保全域旅游走向可持续发展，还需高度重视资源的利用方式。新时期全域旅游的全要素理念意味着，必须从强调塑造具有视觉震撼力的景观要素，向景观要素与环境要素并重的思路上转变。随着休闲时代的到来，提高全域旅游游客的停留时间与回游率，就必须全面打造具有持久感染力、深度渗透力的环境。

2. 全行业

全域旅游的“全行业”，即突出旅游业在区域内的突出地位，与区域内包括一、二、三产在内的所有相关行业携手，彼此之间共同参与、相互融合、相互促进。随着经济发展不断走向新阶段，目的地产业结构必将不断发生动态调整，此时全域旅游目的地范围内，包括现代农业与工业、房地产行业及特色手工业等，众多产业都可以与旅游业实现深度融合，以旅游业为重要抓手和切入点，全面提高其他产业的附加值和竞争力，通过产业之间的深度融合，推动旅游业与其他产业共同进步。

3. 全过程

全域旅游的“全过程”，意味着自游客来到旅游目的地，到其离开，在全部体验时间内，目的地为游客体验的整个过程提供服务，确保在各个体验节点之间提供标准规范的服务，使得游客拥有“无缝衔接”的旅游体验。这就意味着，全域旅游提供“体验点—体验线—体验面—体验场”的全过程立体体验经历，既重视对体验过程的规范把控，又兼顾了体验的先期介入，还照顾到了体验的后期调控。在实践中，全域旅游目的地任何一个体验环节上的特色创新，都可以成为提升游客旅游体验的“节点”。无数个这样的“体验点”叠加，将联合构成不同的“体验线”；无数条“体验线”相互汇聚交织，又构成了很多的“体验面”；再由多个“体验面”相互融合，构建出立体的“体验场”。而“体验场”所带来的，正是游客的完整体验。

4. 全时空

全域旅游的“全时空”，打破了旅游的季节性区分。这就意味着，无论是四季带来的淡季还是旺季，无论是燥热的白天还是清寂的夜晚，无论身处核心旅游区域内，还是置身核心旅游区之外，全域旅游都能够给游客提供良好的旅游体验，让游客带着希望来，带着再次体验美好的希冀再来。在全域旅游的基础支撑方面，随着我国以航空、高铁、公路为代表的高效立体化交通体系的不断完善，细密如织的网格化交通体系，使得不同的旅游目的地之间形成相互竞争的格局，必将广泛、深刻而持久地影响全行业的发展，影响旅游目的地的发展空间。受四季变化明显的影响，众多旅游目的地缺少夜间休闲产品，而增强这部分功能，无疑是提高游客停留意愿的重要方面。必须指出的是，全域旅游的全空间发展，绝不意味着鼓励全面撒网，搞大水漫灌式的全面开发，而是要重视旅游格局的构建，通过建设“区块—廊道”式旅游格局，以四通八达、高效运作的交通体系为基础依托，增加相应的产业节点，全面延伸产业链条，广泛拓展产业之间的联系，构建相互促进的产业集群，形成若干具有较强辐射带动作用的旅游产业聚集区，打造具有一定品牌效应的旅游主体功能区。

5. 全方位

全域旅游的“全方位”，意味着满足游客方方面面的旅游需求。这就意味着，全域旅游在满足游客基本的“吃住行游购娱”需求之外，还能为游客提供特色文化、科普教育、实时资讯等相关要素服务。全域旅游通过提供全方位的服务，增强了自身的投资吸引力，增强了游客体验，增强了市场竞争力，进而推动从旅游产业转向旅游目的地、转向旅游经济等功能的实现。具体来讲，全域旅游从主题化、舞台化、场景化等多个角度和层次，给游客提供全方位、全要素、全过程、全行业的旅游体验，从而推动全域旅游目的地经营目标实现质的提升，从传统意义上的“到此一游”，变为获得沉浸式的旅游体验，甚至实现“设计旅游者的人生回忆”的品质飞跃。全域旅游重视“互联网 +”手段的运用，重视发展智慧旅游，利用先进的信息数字技术手段，在导览解说、休闲消费等多个环节下工夫，为游客提供便捷的服务体验。

6. 全社会

全域旅游的“全社会”，主要包括两层含义。一方面，全域旅游最大程度地吸引目的地居民，动员当地居民广泛参与到旅游服务和经营活动各个环节中来，通过发展全域旅游，使得更广范围的群众享有同等机会，使其能够凭借自己的技能和才华，参与到旅游经营活动各个环节，进而从中获得相应的利益。同时，全民参与的重要好处之一，在于活跃旅游目的地整体社会氛围，从而为目的地的好客度带来质的提升，给游客带来更好的旅游体验。另一方面，“全社会”意味着在撬动旅游发展最关键的要素，即投资层面，通过吸引全社会投资，扩大投资者范围，使其参与到旅游业的开发建设中来，提升旅游目的地的投资吸纳能力与旅游开发承载能力，从而快速适应市场需求变化，快速提供多样化的产品与服务，从而提高全域旅游收入与旅游附加值。

7. 全部门

全域旅游的“全部门”，主要是从全域旅游的政府、企业、个人等不同参与主体角度出发，将各个旅游参与部门统筹协调到一个体系内，各部门有机配合、协同发力，共同参与全域旅游开发、建设、管理的多个环节，在推动旅游业健康持续发展的同时，进一步拓展本部门的核心价值。以税务部门为例，积极支持旅游业健康发展，至少有两方面好处：一是可强化税基，更好地发挥税务部门的作用；二是能提升服务于民的价值。在目的地开发建设中，从制度体系的构建上，明确界定不同部门的责任义务，清晰定位各自的角色分工。尤其是在全域旅游战略理念的推广方面，要对不同部门的定位与权责做出清晰的规定。要在战略层面，统一制定推广全域旅游的规范性文本，以在推广中塑造统一的目的地旅游品牌形象。

8. 全游客

全域旅游的“全游客”，意在推动游客与居民之间的沟通交流与相互融合，要站在融合共进的角度，推动“游客即居民、居民即游客”“人人为旅游、旅游为人人”的可持续发展理念。从表面看来，游客的旅游行为，是短暂停留在异国他乡，仅发生短暂居住行为。但从本质上来讲，无论旅客停留时间多么短暂，在这一时间内，除“游客”的标签和身份之外，每个游客都是当地居民的一员。这就意味着，唯有真正突破对游客的身份认知与定位，使其深度融合到居民的身份中，才在真正意义上强化了游客的深度体验，增强了游客的归属感，才更有可能延长游客的停留时间。与此同时，居住在当地的旅游服务人员也身体力行地参与其中，既为游客提供服务、创造环境，自身也享受着各方协同维护的良好的人文、自然及休闲环境，全体旅游参与人员的生活质量均得到改善，提升参与旅游的幸福感。

二　全域旅游发展的时代背景

改革开放以来，在长达40年时间里，我国经济长期实现高速增长。与经济高速增长相伴相随的，是资源环境的承载压力日益加大，生态和生活环境日益恶化，遍及各地的雾霾天气增多、空气质量堪忧、水土污染时有发生。密集显现的社会问题达到了必须马上解决的程度，推动经济实现转型发展，加大生态文明建设和保护力度刻不容缓，发展资源节约型和环境友好型的旅游产业，也被推到了前台。近年来，随着我国经济发展进入新时期，全球贸易保护主义抬头，传统汽车和房地产业等进入调整期，工业产品出口下滑，我国经济发展进入亟须培育新动能的阶段。在此时代背景下，随着旅游业快速增长、势头强劲，我国各地各级党政部门转变思路，高度重视旅游业发展，逐渐推动旅游业走向支撑国民经济发展的核心地带。作为现代服务业的重要体现，旅游业已被定位为国民经济的战略支柱产业。

自20世纪80年代开始，我国旅游业开始起步，以入境旅游为主，允许其适度超前于经济社会发展步伐，采取“定点式购物、定点式住宿、定车式交通、定点式游览”的模式。应该说，这种发展模式属于“气泡真空”式，与大的社会环境是脱节的。进入20世纪90年代，国内旅游进入蓬勃发展阶段，而封闭定点式的旅游思维与模式的惯性力量强大，亟须实现突破。这一阶段，人民群众对景区高昂的门票价格、拥挤的旅游体验、购物经常挨宰的问题等多有不满。大量散客开始寻求突破“到此一游”“上车睡觉、下车拍照”的模式，转而拥抱那些城郊和乡村等无门票却拥有良好环境的地方，在亲近自然中放松身心，进而获得全新的旅游体验。这种具有多元经济特征的旅游模式，昭示着休闲度假旅游时代快速到来，基本实现了对传统旅游模式下门票经济的替代，成为休闲时代的主流。这使得景区不得不从供给侧入手，改变传统的经营思路，开发新的旅游产品，拓展新的旅游空间。

在新的休闲时代背景下，受到需求增长的强烈感召，“全域旅游”的提法应时而生。尽管一开始影响较小，但随着国家旅游局接受这一提法，全面推广全域旅游的概念，发展全域旅游在全国各地迅速得到热烈响应。国家旅游局提出建设“国家全域旅游示范区”，制定“全域旅游示范区创建的验收标准”等措施，使得全域旅游在全国迅速铺开。就目前情况来看，全国多个省、市、县（区）都规划编制了全域旅游相关规划，积极争创“国家全域旅游示范区”，为全域旅游创建运动开了好头。

三　吉林省全域旅游发展现状

（一）吉林省旅游业发展状况

近年来，随着全国旅游业进入快速增长期，吉林省旅游业也呈现出较快增长态势。目前，吉林省已经将旅游业确定为需要重点发展的新兴支柱产业、现代服务业龙头产业。吉林省立足丰富的资源优势，从战略层面进行科学谋划，从实干角度勇于创新，抓住旅游市场快速增长的新机遇，以推进供给侧结构性改革为重要抓手，重点推出和打造“22℃的夏天”“冬季到吉林来玩雪”两个具有吉林特色的优势品牌，下大力气提升并改善旅游供给端效率和质量，全方位推进“旅游+”以推动旅游业与相关产业实现深度融合发展，全省旅游业在改革创新中呈现出持续稳定的发展态势。2018年，全省旅游接待创下新高，旅游总人数达2.1亿人次，同比增长15.16%；全年全省创造旅游总收入达到4210.87亿元，同比增长20.07%，分别比全国平均水平高4.65个和9.17个百分点，成为推动全省国民经济发展的新动能。

1. 产业体系不断完善

坐拥“绿水青山”“冰天雪地”双重资源优势，吉林省夏季避暑休闲旅游持续火热，冬季冰雪旅游快速升温，“冷”资源快速走向火热，“凉”资源升温步伐加快，基本形成“联动冬夏、带动春秋、驱动全年”的产业发展新格局，深度挖掘特色资源优势，快速将其转化成特色产业优势，市场反响良好。值得注意的是，吉林省拥有四季分明的气候资源，经过多年努力，冬季冰雪旅游产业已然上升了一个新台阶，已经稳步跻身国内一流，拥有领先的市场地位，在国际市场上的竞争潜力也在逐步提升。近年来，吉林省的冰雪产业打造驶上了快车道，现已形成以冰雪为主题的“休闲度假、温泉养生、观光体验、民俗史迹”四大产品体系，冬季到吉林来滑雪、泡温泉、赏雾凇等，成为享誉全国的消费热点。当然，坐拥夏季凉爽的气候条件，“来吉林体验22℃的夏天”“大美长白山经典游”“长吉都市环线休闲游”等旅游线路，已经成为吉林省夏季避暑休闲旅游的亮丽名片，在“绿水青山就是金山银山”的时代，夏季旅游的经济能量得到有效释放。仅2018年避暑季，吉林省旅游接待游客人数就达到1亿人次左右，同比增长14.09%；同期实现旅游总收入达2093.49亿元，同比增长19.02%，夏季旅游增长喜人。同时，吉林省乡村旅游也得到了极大发展，逐渐形成了多种发展模式，包括资源依托型、区位依托型、政府推动型、市场依托型及产业依托型等多种模式的多元化发展格局。例如，延边安图县和白山临江市就是资源依托型模式的典型代表，吉林丰满区是区位依托型的典型代表，四平铁西区是政府推动型的典型代表，长春双阳区是市场依托型的典型代表，长春九台区则是产业依托型的典型代表之一。另外，吉林省独具民族特色的乡村旅游发展势头良好，包括吉林神农庄园、舒兰二合雪乡、延边金达莱朝鲜族民俗村、白山临江松岭雪村等，都是吉林省乡村旅游的知名典型代表。2018年吉林省乡村旅游接待游客数量和旅游收入分别同比增长27.47%和31.76%。依托独特的历史资源，吉林省红色旅游开始以其承载的弘扬红色文化、实现爱国科普教育等功能，受到了市场欢迎。吉林省成立了红色旅游发展联盟，动员63所高校参与，启动“红色旅游行·大学生筑梦之旅”活动，深入挖掘和弘扬抗联精神，推广红色研学游，与市场需求高效对接，2018 年重点红色旅游景区接待人次实现翻番。

2. 品牌效应更加凸显

吉林省旅游品牌影响力日益提升。长春市蝉联“全国最佳避暑旅游城市”称号，长春、吉林、延边三市获得“中国十佳冰雪旅游城市”称号，长白山国际度假区、吉林万科松花湖旅游度假区、北大壶滑雪度假区获评“中国十佳冰雪旅游度假区”称号，吉林国际雾凇冰雪节、查干湖冰雪渔猎文化旅游节、长春冰雪旅游节暨净月潭瓦萨国际滑雪节被评为“中国十大最具影响力冰雪旅游节事”，“长白山之夏”“长白山之冬”“长白山雪节”等新兴品牌崭露头角。为宣传推广冰雪旅游文化，近年连续举办“中国·吉林国际冰雪旅游产业博览会”，推动冰雪产业与相关文化旅游项目实现有机融合，全面提升吉林省冰雪旅游品牌的市场影响力。

3. 改革创新亮点纷呈

吉林省高度重视旅游领域改革创新及试点推进工作，先后出台若干规划文件和相关法规等，以支持和引导旅游业、全域旅游及乡村旅游的发展，相继申请和获批一大批国家级试点示范区、旅游示范区及示范村镇等，推动乡村旅游试点落实。推出一批省级旅游综合改革与专项改革试点村镇，在各地掀起争创旅游试点的高潮。随着全省旅游业改革试点推进，提出“旅游兴州”的延边州、倡导“旅游强市”的通化市等市州，充分发挥各自优势，不断提高地区范围内旅游产业的首位度。从吉林省空间布局来看，东、中、西三大主体功能区互为支撑，以东部长白山生态旅游区为一个核心，以中部长吉旅游经济区为另一个核心，形成了双核驱动的态势。另有四条精品旅游带贯穿吉林省全域，包括长吉图休闲度假旅游区、鸭绿江边境风情旅游度假区、南部文化康养旅游度假带、草原湿地生态旅游度假区，热门旅游景点遍地开花，旅游精品多彩绽放。

4. 区域合作进一步加强

近年来，吉林省下大力气推动旅游创新实践，南联北合，推动省际旅游合作不断走向纵深。为加强与发达地区合作，吉林省深化与浙江省的旅游联结与互动，开展“千万游客互换”活动，发布“冰雪令”，推出多项旅游优惠政策措施。在2017年举办的第二届雪博会期间，促成“诗画浙江”号旅游包机，携浙江游客赴吉林旅游。为加强与兄弟省份合作，与黑龙江省携手打造“旅游共同体”，从政府层面力推冰雪文化旅游产品，打通东北地区的冰雪旅游大通道。同时，重视拓展国际旅游交流，由政府率团远赴瑞士、瑞典等冰雪旅游强国，开展冰雪旅游交流推介。另外，吉林省抓住香港回归20周年的历史契机，率代表团赴港开展“精彩吉林·温暖相约——冬季到吉林来玩雪”旅游交流周活动，以香港为向南方和东南方向开放的机遇窗口，进一步开拓港澳及东南亚客源，破解吉林省入境游增长的瓶颈。

5. 政策支持力度加大

吉林省委、省政府高度重视旅游业发展，高起点谋划吉林大旅游，出台加快培育旅游业的一系列政策措施，为吉林省旅游业发展创造了更优环境。2015年，吉林省政府办公厅发布《关于促进旅游业改革发展的实施意见》，成为推动全省旅游业综合改革具有针对性、指导性和操作性的文件。为紧紧把握吉林省冰雪文化旅游产业“白雪换白银”的黄金增长期，充分释放“白色经济”的巨大增长空间与市场潜力，2016年，吉林省委、省政府发布《关于做大做强冰雪产业的实施意见》，提出建设以“冰雪旅游、冰雪体育、冰雪文化”为核心的“3+X”冰雪文化旅游全产业链，这在全国属于首创，抢占了三个“全国第一”：首个省政府层面专门研究冰雪文化旅游产业的政策意见，首次搭建了相对完善的冰雪文化旅游产业架构，首次提出了科学合理的冰雪文化旅游目标体系。2017年，省旅发委起草了《关于壮大避暑休闲产业的实施意见》（征求意见稿），目前正在论证中，这将是全国首个关于避暑休闲产业发展的政策文件。为推动乡村旅游走向标准化、规范化，首次引入通行的行业标准规范，更加科学合理地评定乡村旅游经营单位及乡村旅馆的经营服务等级，标志着吉林省乡村旅游走向成熟的发展道路，逐步从零散走向系统，从无序走向规范，从自发走向统筹。

6. 经济社会效益显著

长期以来，在以增长为关键目标的理念影响下，发展旅游业是一项有利可图的事业，变成了地方经济发展的“摇钱树”，缺乏科学规划的自主开发现象不胜枚举。诚然，在旅游业高速增长时期，受旅游业带动，大量相关经济活动如雨后春笋般涌现，关联产业因此得到很大提升。旅游业大发展，对提高全民消费水平、扩大旅游相关投资，对生态环境保护与旅游文化传承保护，对提高人民生活水平、改善人民生活品质、促进人的全面发展等，都作出了积极贡献。尤其是乡村旅游成为扶贫富民的新渠道，为乡村振兴注入澎湃活力。当然，在旅游业发展壮大的同时，一系列社会问题相伴而生，给生态环保、文化传承等带来不小的挑战。

（二）吉林省全域旅游发展状况

2015 年 8 月，国家旅游局发布《关于开展“国家全域旅游示范区”创建工作的通知》，为全域旅游示范区创建设置若干条主要考核指标；2016 年 2 月，国家旅游局公布了首批入选成为示范区的 262 家单位名单，吉林省有 15 家上榜；2016 年 8 月，国家旅游局公布《关于新增百家国家全域旅游示范区创建单位的通知》，当年 10 月选取第二批示范点，共有 238 家创建单位，吉林省有 4 家上榜。

目前，吉林省共有 19 家全域旅游示范区创建单位，分别是吉林市、长白山、长春净月国家高新技术产业开发区、长春市九台区、长春市双阳区、通化市辉南县、通化市柳河县、通化市集安市、通化市通化县、白山市临江市、白山市抚松县、延边州敦化市、延边州延吉市、延边州珲春市、延边州梅河口市、四平市伊通县、通化市东昌区、延边州和龙市、延边州安图县。

1. 积极推进全域旅游创建工作

一是搭建吉林省全域旅游示范区创建联盟。组织各创建单位签署联盟协议，各级政府将创建工作纳入绩效考核，设立专项经费，制定政策文件，共同推进全域旅游创建。二是围绕全域旅游创建工作，各创建单位都做了具体安排。成立组织机构。双阳、集安、辉南、柳河、敦化、延吉、珲春、伊通、安图等地，分别成立了以党委、政府主要领导任组长，相关部门和单位为成员的全域旅游创建工作领导小组。建立考核机制。长春市将全域旅游示范区创建工作列入全市重点督办工作内容；集安市将全域旅游工作纳入全市绩效考评体系；敦化市调整绩效考核体系，细化考核目标，合理分配各部门单位的创建任务，开展各部门、单位为全域旅游办实事活动；柳河、安图将全域旅游工作任务纳入各部门年度工作目标考核。

2. 全面构建现代旅游治理体系

一是推动建立旅游综合管理机构。构建完善的旅游综合管理机构体系，进一步完善“1+3+X”的旅游管理体制，“1”就是一个旅游发展委员会，“3”包括旅游警察、旅游巡回法庭、工商旅游分局，“X”是相关组织机构及行业组织等。

二是加强规划引领。单位高标准编制和实施全域旅游规划，做好全域旅游顶层设计。目前，吉林市、九台、抚松、珲春、敦化、安图等地完成了编制工作，正在组织实施。

三是不断完善政策支撑。省委、省政府高度重视旅游业发展，不断为全域旅游提供政策支持。各全域旅游创建单位以省委、省政府政策为指引，结合本地实际，出台支持全域旅游发展的综合性政策文件。长春市以市委、市政府名义制定下发《关于做大做强冰雪和避暑旅游产业的实施意见》；吉林市出台了《关于促进旅游业快速发展的若干意见》《推进旅游业快速发展三年行动计划》《吉林市促进旅游业发展奖励规定》等政策；集安市发布《集安市推进国家全域旅游示范区创建工作实施意见》等政策；抚松县出台了《抚松县促进绿色转型发展的实施意见》，涉及旅游共有6类21项旅游资金扶持政策；敦化市出台了《敦化市促进全域旅游发展奖励办法》；双阳区、九台区起草制定了《加快推进全域旅游发展的实施意见》；延吉市出台《创建国家全域旅游示范区工作台账》《促进旅游产业提升发展的扶持奖励意见》。同时，伊通、延吉、珲春、梅河口等地，也分别制定了创建全域旅游示范区的具体实施方案，进一步细化目标、分解任务、落实责任，全力推动创建工作。

四是加大财政支持力度。省政府加大政府性资金投入，安排旅游产业发展引导资金，采取贷款贴息、事后奖补、直接补助等方式，支持旅游项目建设；吉林省财政厅加大资金投入，增加面向全省的旅游引导资金，支持全域旅游发展。各全域旅游创建单位统筹资金支持全域旅游建设，设立旅游发展专项资金（引导资金），其中吉林市5000万元、抚松县3000万元、集安市2000万元、安图县1000万元；敦化市财政列支1亿元全域旅游示范区创建资金，2017年出台了《促进全域旅游发展奖励办法》，市财政列支5000万元，并视财力状况逐年增加，奖励那些在创建旅游品牌、宣传旅游形象、发展特色旅游等领域取得突出工作成绩的单位。

五是创新旅游投融资机制。集安市组建了吉林集安旅游发展集团，对全市旅游资源高站位统一整合，高规格统一规划，全方位统筹招商，统一包装推介；在现有的11个乡镇中，有7个乡镇相继组建了旅游公司，乡镇旅游业正在悄然兴起。临江市出资5000万元成立了鸭绿江旅游投资发展公司，整合全市旅游资源，科学开发旅游项目，推行PPP模式，旅游投资公司增资已达10亿元；2016年成立鸭绿江旅游发展集团，进一步提高其融资能力。珲春市与北京东方园林文旅集团签署《珲春市全域旅游投资建设运营项目战略合作协议》，正式合作后，双方将采取PPP等模式，对全市旅游资源进行包装打造，推动旅游产业全域化发展。

3. 强化旅游设施建设

一是推动“厕所革命”覆盖城乡全域。全省上下联动、综合施策，按照“一年打基础、二年上台阶、三年见成效”的建设目标，制定并实施了2015～2017年三年旅游厕所建设计划。2015年，全省新建、改扩建旅游厕所1449座。2016年，全省共改造完成709座旅游厕所，成为当年旅游厕所改造的全国先进典型。首创旅游厕所档案制度，实现扶持资金精准测算。2018年，全省建设旅游厕所600座。

二是加快推进旅游交通建设。集安市积极推进旅游大交通建设，各景区间实现了客运班车和旅游公交的通行；实施了“美丽公路”行动计划，以辖区内主要公路沿线为改造对象，按照建设“生态路”“景观路”“旅游路”的标准，对主要公路沿线10米之内的荒地荒坡等，实施绿化美化工程；结合正在建设的“集安—通化”高速公路，提升公路沿线旅游交通标识标牌密度，改进服务区建设设计等，并适当融入特色民俗文化元素，力争打造成全省最美高速。抚松县对抚松高速抚松镇至松江河镇段进行了美化绿化，完成了旅游自驾车营地、旅游集散中心、游客服务中心等项目的包装和项目地选址工作。

三是完善旅游集散咨询服务体系。长春市旅游集散中心于 2016 年 8 月在净月高新区农博园正式揭牌，可提供多功能厅、咖啡厅、纪念品商店、游客休息阅读区、医疗救助室等高品质服务功能。吉林市旅游集散中心建成运营，集游客咨询、集散、大数据监测、名特优旅游商品展示展卖、特色餐饮、满族历史文化等功能于一体，为广大游客提供全方位、全要素一站式旅游服务。集安市累计投资 9574 万元，新（改）建辖区内标准化游客服务中心 4 处，按照设施完备、功能齐全的标准，改造通化—集安公路线 5 个游客服务区，完善其咨询服务功能。敦化市成立全域旅游服务中心，下设 30 个全域旅游服务站，建立纠纷调解机制，加快纠纷审理，全面改进景区消费维权机制，深化维权联动机制，进一步畅通消费投诉受理机制，为游客带来系统化服务，同时减少景区（点）审批环节和压缩审批时限，为投资者快速办理有关报批手续。珲春市结合实际，旅游高峰期间在高速公路出口处设立游客服务中心，在高铁站设置临时游客咨询中心，为游客提供免费咨询服务。九台区土们岭街道的长吉游客服务中心启动建设。

四是推进旅游设施和服务智能化。各创建单位大力推进旅游数据改革。2017 年初，吉林市建成省内首个旅游大数据监测平台，地点设在市旅游集散中心（北山）内，是市旅游局与企业共同创建的旅游信息采集、分析平台，为服务游客、精准营销、政府决策等，提供了方便、快捷、准确、翔实的智慧服务和科学数据。敦化市建设全域旅游大数据中心，成为集监管、营销、服务为一体的数据平台。抚松县启动旅游大数据平台建设，完成抚松旅游 App 平台建设，开通旅游门户网站、微信平台，OTO 智慧旅游信息管理实现精品景区全覆盖。集安市正在推进旅游大数据信息平台建设，即将投入使用，建成后可实时进行全市旅游信息和数据的传送、共享。长白山管委会已建成长白山大数据中心。

4. 大力实施“旅游 +”战略

一是“旅游 + 体育”互融共进。2016 年，在中国北方首次举办中国（吉林）汽车房车穿越集结赛，全国 200 多名选手 100 辆赛车参赛，总体规模在全国同级别赛事中位居前列；国际马拉松、国际冬季龙舟赛、热“雪”大赛等丰富多彩的群众体育运动在全省遍地开花；启动“百万学生逐雪嬉冰”等青少年冰雪运动工程，冰雪体育课程和冰雪运动知识走进校园。2017 年，经过国家旅游局和国家体育总局认定，吉林市北大壶体育旅游经济开发区和长春净月潭“瓦萨”国际滑雪节分别被评为“国家体育旅游示范基地”和“国家体育旅游精品赛事”。

二是“旅游 + 农业”特色鲜明。以节庆展会活跃市场氛围，举办长春乡村旅游节，开幕式当天盛况空前，首日接待游客超过 4 万人次；乡村旅游示范村发展状况喜人，以吉林市丰满孟家村、安图县红旗朝鲜族民俗村等为代表，极具民族特色的农家乐、民俗旅馆等遍地开花；长春市深入研究并科学编制《全域旅游乡村示范点评定标准》，长春市共有 9 家全域旅游乡村示范点通过评选，发挥了创建工作示范引领作用，拓展了创建工作覆盖领域；推动县（市）区加快精品民宿、农耕体验、果蔬采摘、康体养生、民俗节庆等特色产品开发，建设一批各具特色的旅游小镇。

三是“旅游 + 工业”优势互补。积极开展工业旅游示范点和创建单位评定工作，根据《工业旅游景点服务规范》地方标准，先后评定长白山（抚松）矿泉城、吉林市东福米业等两批共 13 家吉林省工业旅游示范点和 13 家工业旅游示范点创建单位，推动建立工业旅游的活动场所，完善相应服务设施，初步形成工业旅游产品体系。

5. 建立综合监管长效机制

近年来，吉林省深入完善旅游市场综合监管体制机制。坚持属地管理原则，明晰执法主体职责范围，依法依规执行管理任务，落实监管责任，站在全省一盘棋的高度统筹规划，完善旅游管理的综合协调、旅游案件的联合查办、旅游投诉的统一受理等旅游监管长效机制，全面推进全省旅游市场秩序整治工作。同时，不断增强执法检查的联合联动机制，协同管控扰乱市场秩序的行为，妥善处理侵害旅游者权益等市场乱象和突出问题，持续深入规范旅游市场秩序，保持市场平稳和谐；加快旅游支柱产业培育的步伐，带动全省服务业快速发展。长白山面向海内外游客发布了《旅游诚信宣言》，出台《长白山旅游环境综合整治工作方案》《长白山保护开发区旅游诚信“红黑榜”发布制度》《长白山旅游环境社会监督员选聘实施方案》。抚松县实行行业管理包保责任制，旅游局每名工作人员包保旅行社 3～4 家，星级宾馆、A 级旅游景区 1～2 家，负责进行日常的市场监管、营销宣传、安全检查等工作；加强投诉受理，在 12301 旅游服务平台基础上，同步专设抚松县 6312301 旅游投诉热线，截至目前，受理的电话投诉全部协商解决。

6. 打造全域旅游品牌形象

长白山池北区二道白河镇先后荣获全国特色景观旅游名镇、国家人居环境范例奖、中欧绿色和智慧城市创新奖等多项荣誉，被列为“国家新型城镇化试点”，并入选由联合国人类住区规划署、中国城市和小城镇改革发展中心联合公布的中国五个可持续发展国际试点的城市。集安市在央视《味道》《地理中国》《生财有道》等多个栏目播出了旅游专题节目。

四　吉林省旅游业发展存在的问题

近年来，随着旅游业各项关键指标连年快速增长，旅游业已经成为吉林省重要的龙头产业，成为支撑国民经济平稳运行的重要产业之一。然而必须指出的是，吉林省旅游业起步相对较晚，旅游业基础并不雄厚，旅游综合实力及市场竞争力相对较弱。尤其是与我国南方一些发达省份和地区相比，吉林省旅游业整体发展规模仍然偏小，发展质量和水平依然偏低，人民群众日益增长的美好生活需要与不平衡不充分的发展之间的矛盾，在旅游领域依然比较突出，实现全省旅游业高质量和高效益发展任重道远。

（一）旅游产品有效供给不足

吉林省旅游产业发展严重依赖自然生态遗产和现有的农业景观资源，旅游业与相关产业之间融合度相对较低，旅游产品种类相对单一，旅游供给不尽如人意。面对急剧变化的市场环境，不能更好地满足多样、多元、变化多端的市场需求。旅游资源深度挖掘不够，产品内涵不足，参与性、互动性差，游客的精神体验不强，生态资源与文化资源的融合还不到位。以长白山景区为例，消费者旅游时段过于集中，多数公共节假日都人满为患，景区大有过载之忧，且短途观光游客居多，停留时间较短。实际上，长白山拥有多样化旅游资源与发展潜力，不仅能够满足传统意义上的生态观光需求，更能提供休闲度假、康体养生、特色文化等多种需求，具备打造成世界级旅游度假区的潜质。因此，其产品形态亟须进行深度创新设计。

（二）旅游产品开发程度较低

受气候、资源等因素的限制，吉林省旅游活动显得非常不均衡。景点分散，旅游产品空间覆盖度不高，未形成规模。旅游的特色在于文化，但是其文化附加值较低。旅游产品、业态类型单一，不同空间区域同质化严重。缺少高端休闲度假和复合型旅游产品，多数景区缺少夜间体验功能，游客只能“白天观景，晚上睡觉”，夜间活动设计严重不足，无法有效延长旅游停留时间。考虑到旅游安全因素，旅游活动空间的扩展也受到很大限制。旅游产品种类相对单一，旅游产品的空间拓展不够，空间与时间的组合度相对较低，存在明显的淡旺季。由吉林省所处的地理位置、气候环境决定，吉林省四季分明，开展旅游活动有着明显的淡季和旺季之分，每年阳历3~6月，吉林省旅游资源出现“断档”，冰雪已化，植物未生，这种青黄不接的状态持续达3~4个月之久，此段时期严重缺乏旅游活动，亟须开发有创意的节庆赛事及文化艺术等活动，突破“半年闲”的产业发展痛点。

（三）旅游创新步伐缓慢

整体来看，吉林旅游产品层次不高，农家乐占据市场上旅游景点的

80%左右，多数处于相对低端；旅游的产品创新、业态创新、模式创新仍然滞后于旅游消费需求；相关产业与旅游业融合发展的深度与广度不足，旅游产品缺乏深层次开发，高端品牌少，产业产品创新不够。旅游新业态发展相对薄弱，除常规旅游观光产品外，在养老养生、户外运动等旅游新业态发展上比较缓慢，难以满足新时期不断变化的市场需求。以吉林省温泉产品为例，产品种类和功能都相对单一，整体仍然处于发展“洗浴”项目的初级阶段；客源市场来源单一，主要为省内游客提供服务，另有少部分是周边市场来客，对国内市场的开拓不足，远未达到开拓国际市场的地步；温泉资源开发欠缺科学合理的规划，资源浪费现象严重，部分甚至导致了环境污染。同样不容乐观的是，吉林省的旅游住宿发展不合理，存在严重的同质化及恶性竞争的现象。由于缺乏敏锐的市场触觉，对创新主题酒店、高档民宿等能够带来高附加值的项目，缺乏足够关注。度假旅游产品严重供给不足，需求外溢。每年从吉林赴三亚及普吉岛、马尔代夫等度假胜地旅游的游客众多，消费热情经久不衰。反观吉林省内，除了极少数规划相对成熟的景区，如长白山国际旅游度假区，其他能够对游客形成持续吸引力的度假产品凤毛麟角。另外，常规意义上的“旅行社＋景区”模式的前景堪忧。来自各大旅行社的数据表明，吉林省游客团队接待量整体呈现下降趋势。与此形成明显对比，全省散客接待量上升幅度较大，表明“旅行社＋景区”模式不再“一家独大”。值得注意的是，吉林省从产品设计到专业服务能力等均有欠缺，致使在新兴旅游领域，如个性定制游、高端商务游、展会旅游等，都缺少优势，而大批充斥市场的“小、散、弱”项目，亟待进行转型调整与品质升级。

（四）旅游资源缺乏有效整合

毋庸置疑的是，吉林省拥有得天独厚的资源基础，自然环境、农业景观及人文旅游资源极为丰富。但从现实角度来看，吉林省缺乏对现有资源的统一规划与深度整合，难以形成集聚优势，整体缺乏市场竞争力。旅游资源的开发相对独立，发展多是各自为主，各地旅游资源开发程度参差不齐。受旅游资源缺乏整体性、系统性规划的制约，资源难以进行有效整合，资源转化率相对较低，整体收益率偏低，辐射带动作用不理想。旅游发展的城乡差异和区际差异明显，旅游中心城市的组织带动作用不够强，旅游资源的比较优势尚未真正变成产品优势和竞争优势，旅游业对全省经济社会发展和吉林振兴的带动作用有待进一步增强。

（五）旅游产品缺乏品牌特色

在整体布局零散、多数旅游景点规模偏小、产品业态相对单一、重量级产品项目缺乏的同时，吉林省旅游产品开发还存在层次较低、开发模式单一、产品缺乏拓展等问题。从现实需求出发，现阶段旅游市场出现许多新的热门需求，吉林省都难以迎合，日益多样化的市场需求潜能难以转化为实实在在的旅游效益。以吉林省乡村旅游发展现状为例，充斥市场约 80% 左右的项目是低端农家乐产品，主要提供餐饮住宿等初级服务。吉林省乡村旅游存在缺乏统一科学的产品规划、产品开发层次较低、旅游体验不佳等问题。最为核心的问题是，吉林省缺乏叫得响、具有相当市场号召力的旅游品牌。吉林省不同地市州具有不同的自然文化民俗特色，但这些特色没能得到有效发挥，缺乏可识别度较高的“城市名片”。与此形成鲜明对比的是，很多城市都有唱响全国的城市名片，如哈尔滨的“中央大街”、成都的“宽窄巷子”等。应该承认，吉林省拥有很多独具潜能的旅游景区与资源，如长白山休闲旅游度假区、温泉旅游资源、冰雪文化旅游资源等，都是优秀的代表。但整体来讲，很多产品与优势资源都没有真正形成知名品牌，个性化旅游知名品牌更是屈指可数。即使是部分市场知名度较高的旅游产品，如长白山旅游度假区、坐落在长春市的伪满皇宫等，其品牌形象也有待进一步提升。

（六）旅游相关产业缺乏联动

相对而言，吉林省旅游业起步较晚，产业层次不高、结构不合理，产业链相对较短，延展性差，旅游业与相关产业融合水平较低。从旅游业与现代农业的相互融合情况来看，尚处于起步阶段，以农业采摘为主要表现形式，尚未实现更大范围的融合，现代农业资源优势没有充分发挥，特色农业资源潜能没有得到充分发掘；旅游业与工业联系不够密切，农产品加工业的产品附加值不高，特色小镇建设也处于起步阶段，特色小镇观光业的发展尚需时日；与服务业联动发展情况更是差强人意，无法真正实现与现代商业、金融服务、健康疗养、体育赛事、科技信息与文化创意等产业深度融合。从现实情况来看，具有吉林特色的产品专卖店市场经营状况不佳，许多特色产品的市场接受度不高，旅游产品的用户黏性较低。

（七）基础设施和公共服务体系有待完善

旅游基础设施和公共产品的供给仍是全省旅游业供给侧的短板，亟待夯实和打通旅游大通道等基础设施，疏通并完善旅游小交通设施。旅游接待设施尚不够健全，旅游公共服务设施等方面的建设资金投入不足。道路交通方面，由于景点分散，没有形成联动机制，严重缺乏景区之间的旅游专线交通体系，相邻景区景点之间的交通往来相当不便；旅游标识配备方面，缺乏统一的形象定位与设计，无法充分体现吉林旅游的特色品牌形象，标识标牌系统缺乏吉林特色的文化内涵，旅游形象塑造不到位，信息传递不通畅，难以给消费者提供特色鲜明、服务周全的旅游体验；旅游设施方面，旅游住宿设施与服务难以及时跟上市场变化，多数景区住宿设施档次不高，缺少地域特色，同时缺少综合性的旅游购物场所或休闲场所。景点体系建设不完善，面向自驾游、自助游的旅游配套设施与服务欠缺，相关配套服务不成体系，很难满足游客细枝末节的需求，消解了游客过夜停留的意愿。

五　吉林省全域旅游的发展思路及理念

（一）总体思路

发展全域旅游，要牢固树立和切实践行“创新、协调、绿色、开放、共享”五大全新发展理念，坚持“城市即景区、旅游即生活”“景城共荣”“城乡风景统筹发展”的创新发展思路，充分发挥资源优势，科学规划布局，突出地方特色，聚焦高质量发展，按照全域景区化的战略要求，以旅游业综合改革为动力，以全域旅游示范区为载体，以产业融合发展为路径，以基础设施和公共服务全面提升为重点，推动全域谋划旅游格局、全域联动旅游发展、全域配套旅游服务、全域提升旅游环境、全面拓展旅游市场、全民共享旅游成果，以建成全国领先的旅游目的地为目标，努力在满足人民群众美好生活需要上有新作为，为吉林决胜全面建成小康社会、建设美好吉林奠定坚实基础，为推进吉林振兴发展作出更大贡献。

（二）坚持的理念

1. 创新发展理念

坚持创新发展的理念，推动体制机制创新，以市场机制调节为主，提高市场配置旅游要素的效率。更好地发挥政府引导作用，提高旅游管理水平，与市场机制相配合，激发旅游发展活力。创新全域旅游产品业态，抢抓市场消费潜力，满足市场消费需求。创新技术手段，引入现代信息技术，提高旅游管理、服务和营销水平。创新全域旅游商业模式，深入拓展市场空间，提高整个行业经营质量和效益。

2. 以人为本理念

坚持以人为本的理念，以主客共享为出发点，推动全域旅游设施与服务提质增效，推动行业走向规范化、标准化，推动产品与服务实现个性化。构建旅游惠民的长效机制，重视现代信息技术手段应用，推动智慧旅游发展，进一步提高吉林旅游的品牌形象与价值，提升服务质量，增强人民群众获得感，提高游客满意度，以旅游业大发展提升人民群众幸福感。

3. 统筹发展理念

坚持统筹发展的理念，站在全省一盘棋的角度，以国际化的战略定位，对全省进行统一谋划布局，以全域旅游的思路统摄全省发展布局，以景区的标准践行城乡一体化实践，推动产业深度融合共进，以旅游业发展，推动新型工业化更进一步，与信息化相互促进，与城镇化和农业现代化有机结合，全面发挥旅游业在推动经济转型中的重要支撑作用，发挥旅游业提升人民生活品质的作用，发挥旅游业拉动内需消费的作用，发挥旅游业促进精神文明与生态文明的作用。

4. 融合发展理念

坚持融合发展的理念，充分发挥旅游业的辐射带动功能，发挥其综合性、关联性、带动性强等作用，全面加强和深化旅游与文化体育相融合，推动旅游与农林水利相融合，推动旅游与现代工业相融合，推动旅游与交通基础设施体系构建相融合，推动旅游业与现代商贸物流等相融合，协同拓展旅游与相关产业的发展空间。开发旅游新产品，创新旅游新业态，探索旅游发展新模式，培育旅游消费新热点，增加旅游有效供给，推动旅游业成长为带动经济高质量发展的新支柱产业。

5. 绿色发展理念

坚持绿色发展的理念，将生态文明的理念贯穿始终，严守旅游开发的生态底线，严格践行生态环保理念原则。推动旅游业实现转型升级，向现代资源节约集约利用模式转变，推动旅游产业实现健康可持续发展，不断改善城乡环境。积极倡导生态环保、低碳节约的文明旅游方式，践行绿色消费理念，通过发展资源节约和环境友好型生态旅游，践行“绿水青山就是金山银山”的可持续发展观，共同建设美丽吉林。

六　吉林省全域旅游的发展重点

（一）优化全域旅游空间布局

吉林省旅游呈现鲜明的东、中、西格局，依托丰富多样的旅游资源，突破景区框架，围绕建设“世界级冰雪旅游目的地和世界著名生态旅游目的地”的战略定位，全面构建“两核双线四大功能区”的总体空间布局，以全新产品体系带动全域产业发展，发展全景旅游，创造无边界旅游产业，形成吉林省全域旅游发展新格局。

1. “两核”：打造长吉都市休闲旅游核心区和长白山生态度假旅游核心区

长吉都市休闲旅游核心区。积极推进长吉一体化发展战略，围绕都市休闲、消夏避暑、冰雪、文化、生态等核心产品，建设高品质都市休闲旅游区。重点打造以“满清文化”为特色、以“抗联精神”为标志的城市历史文化游、红色文化游等，打造以一汽、长影制片厂为依托的城市工业旅游。同时，要注重强化核心城市全景旅游要素，从客源集散、集中消费、文化吸引、品牌体现等方面，增强长吉之间的互补互利功能，强化长吉两市旅游市场规模效应，提高旅游交通承载能力及服务水平。

长白山生态度假旅游核心区。在东北亚地区乃至国际市场，长白山都是一张靓丽的旅游名片。发展长白山生态度假旅游，需要跳出目前的发展理念，打破传统观念中单靠特色景观资源吸引游客的思路，全面增强长白山景区的多重旅游功能，打造全景综合旅游区。充分挖掘自然生态资源优势，构建功能多样的长白山旅游产品体系，包括生态旅游、冰雪旅游、养生旅游、户外体验旅游及度假旅游等产品项目。

2. “双线”：推动“长白山—通化—白山—延边—吉林—长春”等地串联，形成以避暑消夏及冰雪文化旅游等为特色的旅游大环线；“长春—松原—大安—白城—通榆—长岭”等地串联，形成以河湖草原湿地为特色的生态体验旅游大环线

“长白山—通化—白山—延边—吉林—长春”避暑消夏与冰雪文化旅游大环线。进一步发挥吉林省中部和东部地区丰富的生态与文化等资源优势，充分利用中东部优质的地形气候资源、冰雪文化资源、生态农业资源等，持续突出“夏避暑”“冬玩雪”两个主题，依托两条经典旅游线路，即长春—吉林—延边—长白山沿线的长吉图休闲度假旅游和长白山—白山—通化—长春沿线的鸭绿江边境风情游；围绕冰雪体验、避暑观光、关东文化、红色文化等优势，重点打造休闲度假、生态与文化体验等旅游产品；围绕吉林省与俄罗斯、韩国及朝鲜接壤的边境资源优势，打造边境风情旅游带，深度开发鸭绿江河谷生态、跨境体验、森林观光、健康养老、乡村度假、红色教育等

资源。

“长春—松原—大安—白城—通榆—长岭”河湖草原湿地生态体验旅游大环线。以长春市广阔的市场需求为导向，以吉林省西部地区丰富的草原湿地、游牧及渔猎文化等生态文化资源为吸引物，有序推动松原市、大安市、白城市、通榆县等地开发生态旅游。推动区域联合互动，加强资源整合，围绕已经形成一定市场影响力的查干湖、莫莫格、嫩江、向海等地标，加快打通蒙古族草原民俗跨省游通道，提升西部草原湿地自驾游服务，持续开展湿地科考、观鸟游、冬捕体验及美食等具有鲜明吉林特色的精品线路和主题旅游产品，精心打造吉林省西部旅游的黄金名片。

3. 建设“四大旅游功能区”：延边朝鲜族民俗文化与边境旅游功能区、通化—白山森林生态与历史文化旅游功能区、四平—辽源满族历史文化与火山地貌观光旅游功能区、白城—松原草原湿地生态与渔猎文化旅游功能区

延边朝鲜族民俗文化与边境旅游功能区。以民俗文化、跨境体验、避暑疗养为重点，科学配置相关资源要素，丰富旅游产品体系，优化旅游产品结构，构建旅游基础设施体系，完善旅游配套服务，推动多业态融合互动，打造独具民族文化特色的旅游创新发展示范区。

通化—白山森林生态与历史文化旅游功能区。发挥通化和白山优良的生态环境优势，依托森林、冰雪、河谷、温泉和文化旅游产业基础，加快区域内核心景区转型升级和重点项目规划建设，打造以绿色旅游和红色教育为特色的生态文化旅游目的地。

四平—辽源满族历史文化与火山地貌观光旅游功能区。以辽源、四平为依托，推进“旅游＋”战略，大力开发文化、民俗、养生等城市休闲康养旅游产品，创新乡村旅游组织形式，推动旅游城镇体系建设，创建以都市休闲文化健康旅游产业为特色的国民度假地。

白城—松原草原湿地生态与渔猎文化旅游功能区。重点推进松原市、白城市的草原湿地生态精品旅游景区建设，围绕查干湖、莫莫格、向海等国家级生态保护重点区域，培育并打造生态特色鲜明的旅游产品体系，发挥渔猎与民俗等文化资源优势，建设吉林省西部特色民俗生态文化旅游区。

（二）打造全域旅游产业体系

1. 全力发展冰雪旅游

抓住 2022 年北京冬奥会带动全国冰雪运动发展的契机，大力发展冰雪旅游。推动冰雪产业与滑雪场建设、冰雪赛事举办、旅游商品开发、文化创意、演艺娱乐、餐饮住宿、冰雪装备制造等产业结合，形成“冰雪 + 休闲娱乐”“冰雪 + 温泉”“冰雪 + 民俗”等特色景区开发模式，重点打造七大主题系列产品，不断扩大“滑雪、雾凇、冬捕”三大品牌影响力。增强冰雪旅游产品的参与性、体验性，提升冰雪旅游产品层级，做精做强冰雪旅游线路，打造冰雪旅游小镇，提高吉林冰雪的吸引力和美誉度。

2. 积极培育避暑休闲旅游

坐拥宜人的气候条件优势，吉林省消夏避暑游在国内市场具有一定的影响力，是吉林旅游的优势品牌，积极培育避暑休闲度假旅游，吉林省应持续挖掘并保护好现有的自然生态资源优势，创新理念，构建丰富多元的消夏产品供给体系，增强吉林消夏避暑旅游的市场吸引力和竞争力。强化吉林省“22℃的夏天”这一品牌口号宣传语在消费者心中的地位，推动吉林省消夏避暑旅游不断提质增效。整合全省各市州的夏秋节事活动，培育品牌，提升市场影响力。

3. 大力推进乡村旅游

吉林省拥有丰富的农业资源，广大乡村地区生态自然景观秀美，传统农业生产方式与现代农业交相辉映，多个少数民族形成了各具特色的民族文化、民间艺术等。充分利用这些比较优势，弘扬吉林文化的特色内涵，推动吉林省乡村旅游走向高质量发展，创新实施路径。依托现有的自然与文化资源，彰显乡味乡韵乡情，丰富乡村旅游产品体系，大力发展休闲度假、生态观光、康体养生、农渔体验及特色手工艺制品等产品业态，在更好满足游客最基本的消费需求基础上，增强乡村旅游产品特色，以差异化带动个性化，打造吉林特色品牌以延长游客停留时间，增加游客回头率，为吉林省乡村旅游打造口口相传的好口碑。在推动旅游供给侧结构性改革的实践中，构建丰富多元、独具特色的乡村旅游产品体系。

4. 积极发展生态旅游

吉林省拥有丰富的自然生态景观，出产种类繁多的健康生态产品，积累了深厚的生态文化等资源。本着生态文明的理念，吉林省发展生态旅游，应积极提升景观层次，打造集多种功能于一体的生态旅游产品体系，为游客提供全方位的生态旅游服务。培育新的旅游产品业态，打造一批生态旅游品牌，把旅游景点建设成为保护青山绿水的有形抓手，促进旅游产业实现从绿色到彩色、从观光到休闲、从赏景到养生的消费升级。下大力气保护旅游景区环境，以保护生物多样性为基础和前提，提升旅游景观品质，开展生态旅游试点县、生态旅游区等试点示范工作。

5. 优化发展红色旅游

传承东北中共革命史，弘扬东北“抗联精神”，大力发展红色旅游。以重大历史事件为节点，以革命战争时期遗留的纪念地、标志物为地标，宣传革命历史，弘扬革命先烈的光辉事迹，传承爱国主义革命精神，激活红色文化基因，强化红色旅游的爱国主义教育功能，建设爱国主义教育基地。发挥资源优势，整合旅游资源，全面打开红色旅游与生态旅游相互促进的通路，推动红色旅游向乡村旅游渗透，提升红色旅游的市场号召力和竞争力，探索创新红色旅游发展新模式，鼓励社会资本参与红色旅游建设与发展，努力提升红色旅游的整体发展水平。

6. 深度发展文化旅游

高度重视对旅游特色文化内涵的挖掘，将地域文化元素融入旅游发展，提高文化旅游的参与性和体验性，提升文化旅游的娱乐教育功能。系统培育具有吉林地域特色的文化创意旅游产品，全面构建文化旅游产品体系，涵盖民族民俗、文化遗产、红色文化、祭祀文化等方面。加快各类示范点和基地建设，包括文化旅游体验基地、创意产业园、特色街区及文化综合体等，还包括各类文化旅游主题小镇。发挥非物质文化遗产的魅力，实现永续传承与科学保护，弘扬民间艺术，支持民间文化艺术团体工作。大力宣传历史文化名人，发挥他们的榜样示范效应，培育一批文化旅游示范区和非物质文化遗产旅游风景区。

7. 大力发展体育旅游

推动旅游业与体育产业深度融合，以旅游业带动健身休闲产业繁荣发展，重视各类表演赛事节庆等活动对旅游业的带动作用，全面提升大型体育运动场所的设施与服务水平，为游客参与提供便利，增强这些场所的沉浸式体验功能。全面拓展休闲体育旅游产品业态，积极举办汽车与自行车等比赛活动，开展多种多样的户外拓展赛事活动，举办各级各类马拉松比赛活动，承办极限挑战、滑翔及翼装飞行等高端赛事活动，打造丰富的吉林体育旅游品牌体系。支持相关户外健身休闲旅游基地建设，打造一批满足节庆赛事、山地露营、冰雪体验及垂钓渔猎等户外活动需求的旅游基地；以吉林省浓郁的东北特色自然文化资源为依托，打造一批国际知名、国内有号召力的高端体育赛事及节庆品牌。

8. 积极发展康养旅游

推动旅游业与健康产业深度融合，培育医疗健康旅游新产业。立足优良的温泉湖泊、森林湿地等生态资源优势及医药健康产业基础，建设一批各具特色的康体养生旅游基地，开展康复疗养、养老服务；以吉林特色的中医药文化为背景支撑，以医药养生体验为重点发展方向，打造一批中医特色诊疗、医疗康复与观光体验、中医美容保健、中医药科考等健康养生旅游产品。鼓励省内医疗机构与国外高水平医疗机构合作，加快中医药健康旅游示范区建设，打造一批独具吉林特色的医疗、中医药疗养及美容保健等医疗养生旅游产品。顺应老龄化发展趋势，充分考虑和尊重老年消费者特殊的生理与心理需求，在休闲度假功能之外，还要满足老年人参与农事体验的需求，以及康复疗养的需求，大力发展老年养生基地。

9. 创新发展工业旅游

从吉林省老工业基地的现实出发，结合厚重的工业历史积淀，依托传统工业产业文化，深度开发传统工业遗留的机器、厂房、生产流程等工业遗产，开发基于工业遗产的观光体验及科普研究等工业旅游产品，推动工业与旅游业走向深度融合。全面改造开展工业旅游的企业或园区，依托工业生产车间与流程、工业企业规制与企业文化、工人工作生活场景等要素，打造独特的工业旅游吸引物。延长产业链，提高工业旅游品牌影响力，打造东北地区重要的工业旅游示范基地。

10. 深度发展边境旅游

以鸭绿江为轴线，充分发挥沿江旅游产业带联盟的带动作用，推动临江市、长白县等边境沿江地区开发推出特色鲜明的旅游产品，构建和完善边境旅游口岸体系。以边境文化、界江风情、跨国游为开发重点，发展界江游轮、边贸旅游、文化博览、特色餐饮、滨水休闲等业态，形成边境旅游和边境经济贸易一体化发展格局。探索建立与周边国互游模式，加强与俄、朝等国家交流合作，开发互游新线路，吸引境外客源。

（三）大力提升旅游产品品质

1. 持续提升景区综合品质

按照国际一流、国内领先的要求，重视创建 A 级景区，全面加快旅游景区升级步伐，推动景区业态多元化，提升不同业态的品质与功能，强化综合服务能力，持续保护景区生态，提高景区吸引力与市场竞争力。按照动态可持续的标准与原则，构建系统灵活的旅游管理机制，推动旅游景区实现优胜劣汰，排位有升有降。积极推进全省乡村景区的品质提升，全面推进旅游景区规范化、标准化管理。全面推动旅游景区提档升级，加快旅游景区提质增效、提档升级，形成争创 4A 级、5A 级景区的良好氛围，以创建促提升。

2. 加快提升度假区品质

顺应休闲度假需求不断升级的市场形势，筛选拥有优良的资源禀赋、扎实的发展基础、丰富的要素保障的景区，支持其申报省级知名旅游度假区。大力推动旅游度假区加大招商引资力度，确保度假区以规划为龙头，在基础设施建设、度假接待服务设施建设和休闲度假业态培育上取得实质性进展，推动旅游产业要素向度假区集聚，推动度假区旅游经济转型升级，提高旅游度假区示范作用及辐射带动作用，支持现实基础好、发展潜力大的省级旅游度假区申报国家级旅游度假区。加大对旅游度假区的监督考核力度，实施高效动态考核管理，破除度假区没有退出机制的顽疾，健全度假区评估与退出机制，切实做到优胜劣汰。

3. 高起点培育旅游小镇

加快完善旅游功能，提升高端旅游服务能力，采取“四位一体”发展模式，使得旅游业与农业、工业、地方文化及社区共同发展；使得人民群众生产发达、生活富裕，且与自然生态环境不断走向“三生融合”；使得一批特色精品旅游示范镇茁壮成长，形成特色突出、功能多元、形态多样、体制创新的态势。以乡村旅游为重要推手，加快美丽乡村建设，推动乡村振兴，促进三者实现有机结合，突出体现小镇的自然风景、建筑风貌、节会风俗、特产风物、餐饮风味和人物风采，培育建设一批拥有科学的规划、优美的环境、丰富的资源、完善的配套服务、鲜明的风格、质朴的自然风光的旅游风情小镇，深度挖掘其深厚历史积淀与特色文化内涵，将其打造成适宜久居、适宜投资、适宜旅游的度假胜地。

（四）完善旅游公共服务体系

以游客更加满意为导向，大力推进全方位、立体化、多功能的旅游交通体系建设，不断完善配套设施与公共服务，持续开展旅游厕所革命，全面构建品质优良的人性化旅游服务体系。

1. 推进交通与旅游深度融合

用大交通、大旅游视野统筹推进旅游交通，打造“快进慢游”旅游交通网，构建大众旅游时代的现代化综合旅游交通体系。在全国率先建成标准化公路网络体系，使得通往主要景区景点的交通网络高效畅通；以二级公路标准完善通往4A级景区、省级旅游度假区、特色小镇、旅游风情小镇的主干道路；使得省内通往次一级景区景点的交通网络畅通。完善机场、火车站、道路客运站、码头与旅游交通的接驳功能，实现交通换乘的无缝对接。丰富连接高等级景区的跨县域旅游交通专线，完善交通枢纽的旅游集散功能。

2. 大力推进新一轮厕所革命

统一协调各部门，加大资金补助力度，严守相关标准规范，加大监督考核力度，用全域旅游的理念指导推进新一轮厕所革命，坚持景区内外共同推进、城市与乡村一起推进，推进新一轮厕所革命，建设标准化旅游厕所，实现旅游厕所设施现代化、旅游厕所运营专业化、旅游厕所服务人性化、旅游厕所使用文明化。全面提升厕所建设质量与管理服务质量。坚持厕所建设实用性、生态性和文化性相结合的原则，不断应用创新技术，改进旅游厕所功能与服务，鼓励应用更加节能环保的生态厕所、循环马桶等技术。重视旅游厕所与环境的协调，改进旅游厕所设计，持续提升厕所建筑风貌和文化氛围，统筹解决旅游厕所有没有、够不够和好不好、优不优的问题，确保旅游厕所数量、质量、管理及服务均达标，引导游客文明使用旅游厕所等公共设施。

3. 加快完善公共服务设施

全面提升旅游基础设施及公共服务水平。推动旅游景区配齐停车场及游客中心等关键基础与服务设施；有条件的景区要建设绿道慢行设施；增加旅游标牌标识密度，做到标识信息清晰易懂；提升主要干线高速服务区服务功能，为自驾游散客提供停车营地等服务设施。按照全民共享的原则，适度超前规划设计，布局建设城乡公共游憩空间。在全国率先实现 4A 级以上景区、省级以上旅游度假区标识全覆盖，按照合理的布局密度，增加沿主要高速路及公路的旅游标识标牌配置。完善高速服务区功能，提供旅游相关的咨询指引，打造一批特色主题服务区。推进普通公路服务站（点）建设，建设兼具观景游憩功能的驿站，建成若干停靠式营地，为自驾车、房车停靠提供便利周到的服务。

4. 建立旅游安全保障体系

提高旅游安全责任意识，切实落实旅游安全责任，强化与旅游密切相关的部门之间的联系，增强彼此之间的周密协调配合，包括公安、交通、质监、卫生等多个部门，建成统筹调度、高效协同服务的安全保障体系。定期开展景区安全风险评估，对景区景点承载量超标进行及时预警，对游客出游安全存在的风险提供及时预警。加强与旅游出行安全密切相关的道路交通、人身安全、气候变化、防汛防台等工作，畅通相关旅游信息的高效传达机制，建立高效务实的旅游安全预警体系。充分利用网络媒体、传统媒体等多种信息传播渠道，确保安全预警与相关提示信息及时送达。强化对旅游相关领域基础设施与旅游设施设备的安全运营监管，确保及时提供维护运营，提高旅游用车安全性，增强旅游节庆活动安全性等。加快建成完善的旅游景区客流量动态监测系统，对重要旅游景区与相关环节实现全覆盖，涵盖全省的旅游大巴、3A 级以上旅游景区、省级以上旅游度假区等。健全政府救助与商业救援相结合的旅游救援体系，加快建设安全旅游目的地。提升旅游食品安全保障，落实经营者保障食品安全的主体责任，推广色标管理制度，提高相关领域食品安全级别。完善省市县三级旅游应急指挥平台功能，加快实现相关功能的对接，构建政府救援与商业救援互为补充的旅游应急救援体系。

5. 建设“智慧智能”旅游互联网

加快全省旅游云平台和市、县两级旅游大数据中心建设，搭建智慧旅游服务平台，增强智慧旅游的质量和效率。推动全域智慧旅游信息服务体系建设，提高旅游城镇信息化、数字化水平，提高旅游景区、旅游企业智能化水平。选取合适的地区，开展智慧旅游试点示范。按照国家智慧旅游景区标准，推动景区实现免费 WiFi 全覆盖。建设统一的旅游咨询投诉平台，全方位提供语音咨询、微信互动、在线查询等服务。建设和完善多语种全省旅游资讯网，及时发布全面准确实用的公共信息，为中外游客提供精准高效的资讯服务。

（五）打造全域旅游形象品牌

坚持以市场为导向，倾力打造吉林旅游品牌形象。以创新技术应用提升全省旅游体系质量水平，全方位深度挖掘旅游市场潜能，促进吉林省旅游品牌提质增效，推动吉林旅游走向高质量发展。

1. 构建全域旅游品牌体系

按照全域旅游规划，在精准定位的基础上，统一吉林旅游的品牌形象，制定精准的宣介营销策略，增加旅游宣传活动频次，塑造吉林特色全域旅游品牌形象。全力打造支撑吉林品牌的知名品牌，利用好冬季冰雪观光体验、夏季休闲避暑养生、红色基因与文化传承、乡村旅游等品牌资源，统一设计并有计划推出具有吉林特色的精品线路，争办更多国际国内均有一定知名度和较强市场影响力的旅游会展与节庆赛事等活动，争取将更多精品线路纳入“中国十大国际旅游精品线路”之内。

2. 构筑立体组合营销体系

构建全面覆盖、畅通高效的旅游新闻及信息传达与反馈体系。全方位传播统一的吉林旅游品牌，实现省市县三级营销体系的有机整合。支持自主营销、合作营销、委托与代理营销，推动多种营销方式相结合，增强市场营销精准性与有效性。充分利用大数据技术手段，开展旅游大数据深度分析，跟踪市场形势及消费变化情况，构建传统媒体与新媒体协同配合的营销体系，既利用好传统媒体渠道，又充分利用网络新媒体渠道与手段，广泛开展网络营销。重视营销绩效评估，完善第三方评估制度，开展科学评估并及时反馈，提高旅游营销及相关节庆活动的综合效益。

3. 实施全方位市场推广工程

充分发挥各类节庆会展与文体赛事活动的带动作用，积极引进或举办具有国际影响力的特色节会活动。加强公众推广，推进旅游宣传推广进社区、进乡村、进校园、进企业、进商场。开拓细分市场，不断扩大省内市场和东北地区市场，大力开拓中远程市场，深耕长三角、珠三角市场。以吉林省自身的市场为基础，面向长三角、珠三角市场，大力推广具有吉林特色的生态旅游、乡村旅游等，瞄准细分市场的增长潜力，广泛吸引长三角、珠三角客源，提高国内游客到访频次与消费热情。积极开拓环渤海等具有较高成长性的新兴市场客源，争取提高国内中远程游客的接待量。深耕中高端市场客源，加强境外推广宣介力度，赴境外开展旅游交流活动，选取合适的境外国家或地区，建立具备旅游推广功能的机构，探索推动旅游购物免税，设置支线机场口岸，实施旅游落地签等。

（六）推进全域旅游共建共享

1. 健全旅游富民长效机制

落实国家乡村旅游富民工程，以旅游带动扶贫，帮助贫困村镇实现脱贫致富。一是景区带动型扶贫模式，即充分发挥重点景区、大型企业等的辐射带动作用，以相匹配的标准共同建设景区与乡村，借景区发展增加乡村收入。二是精品乡村旅游示范型扶贫模式，发挥省级乡村旅游示范的影响力，以精品示范带动乡村旅游增收。三是农副产品及特色产品增收模式，开发多样化的林下产品及原生态农副产品等，将其装满游客的后备厢，带动农民增收。支持返乡人员回乡创业就业，建设一批旅游创客基地，以创业带动增收。引导旅游志愿者服务乡村发展，鼓励艺术工作者赴乡村采风写真，鼓励科技工作者投身乡村建设。

2. 创建绿色低碳的生活环境

深入贯彻落实可持续发展观，创建一个主客共享、生态环保的绿色旅游环境，打造低碳生活的人居环境。深入开展旅游资源价值评估，构建完善的评估体系，持续充实吉林省旅游资源数据库，建设旅游资源保护名录，建设旅游发展项目库等。以相关旅游资源与名录等数据库为依托，强化自然环境保护与生态修复，全面护航吉林省多样性生物资源的可持续发展。保护有历史意义的传统村落与民居民宅，传承吉林特色的历史文化，保护民族语言文化。以全面保护、有序开发、永续利用为前提和基础，修复森林草原、湖泊湿地、冰雪温泉等生态脆弱资源，严格执行旅游项目环境影响评价制度。实施旅游能效提升计划。建设节能节水景区景点和旅游村镇。

（七）提高全域旅游质量标准

1. 完善旅游质量标准体系

严格执行相关标准，从旅游规划的设计与制定，到旅游基础设施改造与配套，再到旅游项目施工及公共服务提升等，将质量标准贯穿全域旅游各领域、各环节，全过程严格把控，提高吉林省旅游相关质量标准。深入实施相关行动计划，提高吉林省旅游服务质量，加快构建完善的旅游标准体系，以国家标准和行业标准为主体，以地方标准为补充，实现对旅游产品、旅游业态、旅游公共服务等内容的全面覆盖。不断深入研究，动态调整补充，尽快制定并完善全域旅游目的地的建设及运营规范，包括省级全域旅游示范区、旅游度假区、旅游小镇等。加快落实建设智慧旅游景区的相关标准，落实智慧旅游的服务标准，落实建设旅游大数据平台的相关标准等。

2. 实施旅游标准示范工程

建立健全相关工作机制，推动省级、市级旅游标准化试点和示范的创建。支持和引导各地政府及企业等机构，积极开展各类试点工作，推动旅游发展走向标准化。在打造旅游标准化精品示范项目的基础上，争创一批国家级示范城市与示范单位，培育更多具有吉林特色的旅游知名品牌，提高旅游服务质量，增强吉林旅游市场竞争力。鼓励具有相当实力的旅游企业等部门，参与或主导旅游相关标准的制定修订。鼓励旅游企业革新管理制度，应用标准化管理运营相关标准，尤其是按照 ISO9001 国际质量管理体系的相关标准，更好地开展经营服务。实施等级化管理，对旅游参与者实施动态管理，不断推进精细化管理，落实相关行业标准，发挥标准化的引领规范作用。鼓励旅游企业提高服务水平和质量，鼓励企业参与评比，争创省级服务质量奖，形成质量型增长、内涵式发展的旅游新格局。

（八）健全全域旅游治理机制

1. 发挥旅游规划的引领作用

将旅游业发展融入全省及各地经济社会发展大局统筹谋划，编制实施国民经济与社会发展规划、城乡建设发展规划、产业培育与发展规划、国土空间开发利用规划、生态资源与环境保护规划等“多规合一”的全域旅游示范省发展总体规划。编制全域旅游重点片区和全域旅游示范区创建市、县规划，构建“内在统一、定位准确、层次清晰、有机衔接、标准规范、科学高效”的规划体系。

2. 建立旅游市场综合治理体系

构建省、市、县三级多部门横向联合的旅游市场综合治理机制，加强旅游质监执法机构和队伍建设，加大对旅游市场违法违规行为的监管和查处力度。高效利用旅游网络体系、服务热线、旅游 App 等多种平台手段，建立并完善统一的旅游投诉受理机制，提供线上线下联动、全面覆盖城乡、高效便捷畅通的旅游纠纷处理机制。健全旅游评价机制，高效联合执法，惩戒旅游失信个体与行为。持续开展旅游行业“大排查、大培训、大竞赛”活动，推动主要旅游城市、旅游景区游客满意度大幅提升。

3. 加强旅游行业自律

培育涉及旅游业的各类行业协会及行业组织，推动行业走向自律管理。引导依法开展诚信经营活动，促进市场公平竞争。持续推动行业协会与行业组织改革进步，旅游和有关部门要更新理念、转变职能，把属于市场自发调节的领域，彻底交给企业、行业协会或中介组织等机构，切实发挥市场竞争机制的决定作用。

七　吉林省全城旅游发展的对策建议

（一）加强综合治理

根据全域旅游的要求，进一步增强省政府对全省旅游业的综合治理能力。积极推进全省市、县两级旅游管理体制改革，形成与综合性大产业相协调的综合管理协调机制，大力鼓励和支持各地因地制宜推进体制机制的创新突破。由地方政府牵头，积极发挥其主导作用，优先发展旅游业，将其作为推动地方经济发展、社会繁荣的重大战略，作为高水平全面建成小康社会的重要内容，积极纳入各地经济社会发展总体规划，统筹协调，有序推进。强化“多规融合”的引领作用，加强旅游产业规划同相关规划的衔接，包括国民经济与社会发展规划、主体功能区规划、土地利用总体规划及城乡规划等各类规划，增强旅游规划与各专项规划间的相互协调。深入落实旅游绩效考核工作，强化对绩效考核的督查督办。多方协调、全面施策，推动旅游业走向持续健康发展之路，加强政府引导，尊重企业主体地位，广泛动员社会参与，形成有利于旅游发展的良好社会氛围，形成强大合力。

（二）强化要素支撑

参考土地利用总体规划，编制吉林旅游产业用地专项规划，积极盘活存量建设用地。深化旅游用地管理制度改革，推动旅游业发展用地政策的全面落实。实施土地差别化管理，推动旅游用地供给结构调整，并促进二者相结合，以市场调节旅游业用地配置，提高土地节约集约利用水平。采用划拨供地的方式，支持符合相关条件的旅游配套设施项目用地需求。加大土地供给支持力度，满足重点休闲农业用地需求，满足乡村旅游项目用地需求。支持有条件的地区盘活农村闲置的房屋资源，划拨集体建设用地，有效利用“四荒地”，开发可用林场及水域等闲置的资产资源，大力发展休闲农业，合理开发乡村旅游。支持农村集体经济组织开展旅游活动，有效利用非耕农用地，以不变更土地农用性质为重要前提条件，采取作价入股的方式，或土地合作等方式，积极参与旅游开发。合理引导符合条件的工业企业，采取“退二进三”的办法，充分利用闲置工业用地与厂房资源，实施工业旅游项目开发。落实旅游用地政策。深入推进旅游用地改革，探索创新路径与模式，推动旅游产业各领域实现新突破，包括用地管控与保障的突破，土地节约集约及永续利用的突破，耕地保护与生态文明建设的突破等。优先落实重大旅游项目，保障其用地需求。对旅游业配套设施及公益性基础设施等的建设用地需求，包括景区外围的游客咨询服务中心用地需求、游客集散中心用地需求、旅游公共厕所建设用地需求、游客休憩站用地需求、旅游停车场用地需求及景观绿化需求等，凡是符合划拨用地目录的，均可按划拨的方式予以保障。

（三）加大资金投入

加大资金支持力度，不断拓宽各类旅游发展专项资金的资金来源渠道。

资金投入向加强旅游宣传推广倾斜，向旅游规划的编制倾斜，向为旅游提供公共服务倾斜，向培养旅游人才等方面倾斜。加大各级财政投入，根据实际需要，以补助的方式，支持创建国家级和省级全域旅游示范区。采取 PPP 模式，动员社会资本加入，参与旅游基础设施建设，提供相关旅游服务。对政府投资的旅游项目，构建定期评估调整制度，重点扶持全域旅游重大投资项目，将其优先纳入省重点建设项目库，以及省级 PPP 项目库。创新金融支持措施，拓宽旅游业投融资渠道。严格筛选符合条件的企业，支持其上市融资，支持其在新三板挂牌，或在区域股权市场挂牌，鼓励企业推出旅游资产证券化产品，推动旅游企业充分利用各类金融资源，包括以发行债券、股权融资、产权置换、项目融资、质押担保等途径，实现快速健康发展。鼓励开展门票质押、景区经营权资产证券化产品试点。积极引导民间资本、境外资本投入旅游业，对中小微企业及个人参与的旅游项目投资给予一定优惠。支持鼓励各投融资平台公司投资旅游业。

（四）推进依法治旅

强化旅游依法治理。全面扎实推进依法兴旅、依法治旅工作，提升游客依法维权、企业守法经营、执法部门公正执法的意识和能力，增强旅游市场主体及参与者的整体法制观念，提高合同意识、契约意识、权利义务意识和责任意识，全面提升全行业的法治水平。从源头上入手，找准深层次问题，维护旅游市场秩序，全面提高依法行政能力，有效提升依法监管能力。强化各级政府的主体责任，对旅游市场实施规范化治理，不断完善各部门之间的联合执法机制，系统构建综合监管机制。充分发挥社会各界的积极性，包括旅游者、社会公众及新闻媒体等，发挥其监督引导作用，全方位提升旅游服务质量。强化旅游纠纷化解。在重点市县、重点景区设立旅游纠纷审判法庭和人民调解委员会，及时化解矛盾及旅游纠纷，维护游客合法权益。构建全覆盖的统一旅游投诉管理平台，提升投诉纠纷的处置效率。加强联合执法，构建完善的旅游市场综合监管体系，保障各方合法权益，既包括游客，也包括经营者和从业人员等。全面提升旅游服务质量和游客满意度。建立“黑名单”制度，对各类违法违规主体与个人进行曝光，畅通星级饭店等级调整或退出机制，全面优化旅游市场环境。

（五）加强人才建设

深入实施长效的人才兴旅战略，重视人才队伍建设，加大旅游管理人才引进力度，加大旅游技能型人才的培训力度，建设多层次旅游人才队伍，全面提高旅游人才队伍的现代化管理意识、专业知识及技能水平。重视人才培训，加强全省涉旅职能部门管理人员培训，加强旅游专业人才培训，为旅游产业发展持续提供智力支撑。根据旅游业发展趋势及现实需要，加强紧缺型、创新型专门人才的引进与培养，包括乡村旅游、智慧旅游、市场营销、创意策划、景区管理、酒店管理等人才，拓宽高层次人才的战略眼光与全球视野。深化导游管理体制改革，规范导游薪酬制度，落实导游社会保险制度。构建高端吉林旅游智库，开展旅游科学研究，为政府提供决策支撑。实施乡村旅游创客行动，鼓励各类人才加入旅游发展大军，通过异地创业、回乡创业和在地创业的方式，为旅游业作贡献。鼓励大学生和志愿者，吸引艺术和科技工作者等，开展驻村帮扶，参与创业创新。加强旅游高等院校建设，深化旅游院校对外办学合作，以市场需求为导向，支持吉林省高校培养各类旅游专业人才。深化校政合作、校企合作，全面提升办学质量与水平，加大旅游紧缺人才培养力度。

文 化 篇

Culture Articles

G.3

推进吉林省公共文化服务协同发展的对策建议

周笑梅*

摘　要： 吉林省公共文化服务在最近十几年间，特别是“十二五”期间取得了可观的进步与积累，但公共文化服务整体水平与全国比较个别方面仍不甚理想，城乡差距较大，贫困地区基本形势仍较为严峻。“十三五”期间，吉林省公共文化服务发展面临整体升级以及跨领域融合发展的挑战，而协同发展战略下的多层面的体制机制创新应成为吉林省文化发展重要的和基本的创新路径。

关键词： 吉林　公共文化服务　融合发展

---

* 周笑梅，吉林省社会科学院哲学与文化研究所所长，研究员，研究方向为政治学。

一　吉林省公共文化服务体系建设现状

（一）制度建设加速推进

针对公共文化服务体系建设，文旅部高度强调制度设计及有关政策和制度建设实践，制度建设被视为公共文化服务体系建设的重要组成部分。近年来，吉林省有关公共文化服务体系建设的政策和制度密集出台。为贯彻落实《中共中央办公厅国务院办公厅印发〈关于加快构建现代公共文化服务体系的意见〉的通知》（中办发〔2015〕2 号）和省委十届三次、四次全会精神，统筹推进全省新形势下现代公共文化服务体系建设，提升文化治理能力，2015 年 9 月，吉林省委省政府下发了《关于加快构建全省现代公共文化服务体系的实施意见》；2015 年 9 月，吉林省政府办公厅转发了省文化厅、省财政厅、省新闻出版广电局、省体育局《关于做好政府向社会力量购买公共文化服务工作的实施意见》，并附《吉林省政府向社会力量购买公共文化服务指导性目录》；2016 年 3 月，吉林省政府办公厅下发了《吉林省推进全省基层综合性文化服务中心建设实施方案》；2017 年，发布了《吉林省文化厅“十三五”时期文化发展改革规划》，并建立了重点任务责任分工台账；2017 年 2 月，吉林省文化厅与省财政厅、省发改委等部门联合印发了《吉林省“十三五”时期加快贫困地区公共文化服务体系建设实施方案》，并建立了有关任务台账。

（二）公共文化服务设施网络不断完善，服务质量显著提高

“十二五”期间，吉林省图书馆新馆、吉林省博物院、长春大众剧场、长春桃李梅大剧院、吉林省交响乐团音乐厅、东方大剧院、东北二人转博物馆等标志性的重点文化场所相继建设落成或重新装修，图书馆、文化馆（站）、博物馆全面实现免费开放，在整体上，吉林省公共文化基础设施条件滞后，以及公共文化产品供给不足的状况得到有效改善，全面提升了公共

文化生活品质。目前，吉林省文化活动中心（大剧院）、吉林省美术馆、吉林省近代史展览馆项目在积极展开推进之中①。“十二五”期间，累计扶持建设乡镇综合文化站614个，基本实现全省乡镇全覆盖，长春市宽城区文化馆、安图县石门镇综合文化站被文化部评为全国优秀文化馆站（全国仅20家）；扶持建设农村文化大院6819家，基本实现全省行政村全覆盖；扶持建设街道文化活动中心57个，基本实现全省街道全覆盖；扶持建设社区文化活动室800个，实现全省社区全覆盖；2014年启动农村文化小广场建设项目，目前已经扶持建设400个②。

截止到2017年底，全省文化部门公共文化服务机构1134个，其中，公共图书馆66个，文化馆（含群艺馆）79个，乡镇综合文化站626个，街道文化站275个，博物馆77个，美术馆11个③。

（二）国家公共文化服务体系建设示范区（项目）创建工作有效开展

2011年，长春市成功申报第一批国家公共文化服务示范区，松原市以“松原农民自办群众文化”为主题成功申报第一批国家公共文化服务示范项目，并先后于2014年通过验收；2013年，延边州成功申报第二批国家公共文化服务示范区，吉林市、白城市分别以“松花江河灯文化节”、“鹤文化群众文化系列活动”申报第二批国家公共文化服务示范项目，已陆续通过国家验收；2015年，吉林市入选第三批国家公共文化服务体系建设示范区，白山市公共文化服务配送、四平市红色文化建设成功申报国家第三批公共文化服务体系建设示范项目（见表1）。上述示范区（项目）对吉林省公共文化服务体系建设起到了显著的带动性、引导性、示范性作用，有力促进了吉林省公共文化服务体系建设。

---

① 《为吉林振兴提供更深沉持久的力量》，《吉林日报》2017年4月19日。

② 《吉林省“十二五”公共文化服务体系成就斐然》，中国日报网，http：//cnews. chinadaily. com. cn/2015－12/09/content_ 22668613. htm。

③ 《2017年吉林省文化发展统计概述》，吉林省文化和旅游厅网，http：//wht. jl. gov. cn/zwgk/tjsj/201902/t20190220_ 5617357. html。

表1　吉林省国家公共文化服务示范区（项目）

批次	启动时间	示范区	示范项目
第一批	2011年	长春	松原农民自办群众文化
第二批	2013年	延吉	吉林市松花江河灯文化节 白城市鹤文化群众文化系列活动
第三批	2015年	吉林	白山市公共文化服务配送 四平市红色文化建设
第四批	2018年	辽源	通化市公共文化“悦空间——图书馆＋艺术馆”总分馆制共建

（四）群众文化活动丰富多彩

近年来连续举办“吉林省农民文化节”“吉林省市民文化节”，丰富了广大城乡居民的精神文化生活；群众自办文化活动丰富多彩，全省依托城市社区文化活动中心或文化活动室成立秧歌队、舞蹈队、合唱团、小剧团等3000余个；依托农村文化大院成立的秧歌队、舞蹈队、健身队、演出小剧团、手工艺团队万余个，对活跃城乡居民文化生活发挥了重大作用。

（五）文化惠民不断推进

“送戏下乡”是吉林省针对基层和农村地区观众实施的又一项文化惠民工程，该项活动已经连续多年被列入政府民生实事，投入专项补贴给予支持和保障。活动开展以来，全省每年都有省、市、县20余家各级各类艺术团参与其中，完成4000余场的下乡演出；长春等城市的主要剧场开展了公益演出活动。作为吉林省的一项文化惠民举措，长春市内各大剧场开展了周末公益专场演出。同时，为鼓励各相关演出，吉林省实施了对省直文艺院团及剧院进行合理补贴的政策；“戏曲进校园”“高雅艺术进校园”等主题活动，已成为校园公共文化品牌，增添了吉林省校园文化气息，提升了校园文化品位。

（六）公共文化服务数字化有所提升

2013年，吉林省图书馆联盟建设、文化共享工程、数字阅读网站建设，以及数字图书馆建设得到进一步深化，实现了全省各级公共馆数字资源共建共享；2014 年，依托吉林省图书馆建成了 1056 个基层服务点公共电子阅览室，建成了 170 个基层数字边疆服务点；在网站平台建设方面，“吉林省公共文化服务平台”“吉林省文化信息网”“吉林省科技文献信息服务平台”等已经被广泛使用；在数据库建设方面，吉林省已经建成了包括“东北抗日联军斗争史”“吉剧文化多媒体资源库”“吉林二人转数据库”“吉林省非物质文化遗产数据库”“中国朝鲜族专题数据库”等多个有特色的文化资源数据库。吉林省博物馆数字化、文化馆数字化建设，在整体积极推进中。

二　吉林省公共文化服务协同发展的成效

“十二五”期间，吉林省公共文化服务体系建设中各层面、各领域的协同发展有明显进步，旧有格局和运行模式在一定程度上得以突破和创新。

（一）政策保障提升

2015 年 9 月，为贯彻中央办公厅、国务院办公厅《关于加快现代公共文化服务体系的意见》，吉林省委、省政府下发了《关于加快构建全省现代公共文化服务体系的实施意见》，为推进吉林省现代公共文化服务体系建设提供了有力的政策保障，同时也推进了公共文化服务体系建设的协同发展。

2015 年 10 月，吉林省政府印发《关于做好政府向社会力量购买公共文化服务工作的实施意见》，同时公布了 38 项向社会力量购买公共文化服务目录，在进一步完善公共文化资源配置机制和供给机制的同时，加强完善公共文化服务的协同发展机制。

（二）建立吉林省公共文化服务体系建设协调组

2014 年 7 月，由吉林省文化厅牵头，19 个部门（后增至 23 个）组成的全省公共文化服务体系建设协调组正式成立，为加快现代公共文化服务体系建设提供了组织保障。其后，通过了《吉林省公共文化服务体系建设协调组议事规则》，明确了省公共文化服务体系建设协调组的工作目标及方向，标志着吉林省与国家层面相应的公共文化服务体系建设协调机制正式运转。

协调组主要承担以下工作职责：协调推进吉林省重大公共文化政策的制定及实施，重大公共文化项目的设计及组织实施；系统培育和建立稳定的吉林省公共文化服务保障机制；促进吉林省公共文化服务标准化、均等化；全面推动基层公共文化资源共建共享；加强吉林省各级各类公共文化队伍建设。吉林省公共文化服务体系建设协调组为深入推进吉林省现代公共文化服务体系建设开启了更高层面的统摄全局的协调机制，对加速推进吉林省公共文化服务体系建设具有重大意义。

（三）在基层文化建设中加强了文化管理部门合作

近年来，在吉林省农村公共文化服务体系建设过程中，文化信息共享工程、广播电视村村通、农村文化大院、送戏下乡、农村综合文化站、农家书屋等由政府主导的文化惠民工程，涉及多个文化管理部门，乃至文化部门之外的政府管理部门，在吉林省基层文化建设中，文化、宣传、广电、新闻出版等多个部门在基层文化建设中加强了协调与合作①。

（四）参与成立东北地区公共文化服务体系建设合作联盟

2015 年 10 月，由国家文化部公共文化司、辽宁省文化厅、黑龙江省文化厅主办，沈阳市文化广电新闻出版局、哈尔滨市文化广电新闻出版局、沈阳市沈河区人民政府、哈尔滨市南岗区人民政府承办，24 家国家公共文化服务体系示范区（项目）创建城市，齐聚哈尔滨市南岗区，共同签署战略合作协议，成立东北地区公共文化服务体系建设合作联盟（见表 2）。

东北地区公共文化服务体系建设合作联盟确立了资源共享、优势互补以

① 《吉林省“十二五”公共文化服务体系成就斐然》，中国日报网，http：//cnews. chinadaily. com. cn/2015 - 12/09/content_ 22668613. htm。

及共同发展等行动原则，其未来共同发展目标，在于深度加强东北区域文化交流与协作，整合利用区域内优质文化资源，实现文化共建共享共创，不断激发区域文化活力及创造力，全面提升整体公共文化服务水平及能力。

表 2　东北地区公共文化服务体系建设合作联盟参与地区

吉林省	长春市、松原市、延边朝鲜族自治州、吉林市、白城市、白山市、四平市
辽宁省	沈阳市、大连市、沈阳市沈河区、丹东市、本溪市、盘锦市、灯塔市、朝阳市
黑龙江省	哈尔滨市、牡丹江市、大兴安岭地区、哈尔滨市南岗区、哈尔滨市阿城区、北安市、哈尔滨市道里区、同江市、绥化市庆安县

资料来源：《东北地区公共文化服务体系建设合作联盟成立》，《黑龙江经济报》2015 年 10 月 22 日。

（五）吉林省企业以多种方式积极参与公共文化服务建设

吉林省一些大型企业积极参与或主办群众文化活动，为推进公共文化建设发挥了切实作用。欧亚集团、新天地购物中心、一汽集团、长春移动、吉林电信、华润雪花啤酒、国泰消防器材等企业对吉林省各地的大型广场文化活动以及吉林省“情暖万家”公益演出等群众文化活动给予了大力的支持，推动了吉林省公共文化服务的文企联姻与社会协同参与。

文化带头人带动群众文化活动。城乡群众文化团体中有不少文化带头人发挥积极的组织作用，有些还自主投资，创办群众文化活动场所及空间，丰富提升了身边的公共文化服务。

民办博物馆发展良好。近年来，吉林省在多方面对民办博物馆给予扶持，将其纳入吉林省公共文化服务体系，拓展了博物馆资源，强化了政府与民间在公共文化服务体系建设中的协同。

（六）吉林省教育、科研、文化单位协同开展公共文化服务

吉林省的高校、科研院所科研成果众多，文化资源丰富，人才队伍雄厚，为吉林省公共文化服务建设提供了良好的基础环境。高校及研究院所的

博物馆、图书馆资源都扩展了吉林省的公共文化服务网络。在吉林省高校及科研院所的共同努力下，吉林省历史及文化研究阐释工程切实推进，《东北历史与文化研究丛书》《吉林省历史文化研究丛书》《吉林省历史文化资源书系》《满族说部》《长白山文化书库》等丛书相继问世，进一步丰富了吉林省公共文化服务体系建设的文化资源基础。科研单位与省市两级图书馆联办了多种社科人文讲坛，形成了“吉林社科讲坛”“关东文化讲堂”“国学大讲堂”等深受市民喜爱的公共文化服务品牌。

三　吉林省公共文化服务协同发展的困境

（一）吉林省公共文化服务整体水平有待进一步提高

当前，吉林省公共文化服务总体状况并不十分乐观。虽然近年来在文化建设方面的财政资金投入显著增加，但相对于吉林省公共文化服务财政投入，其公共文化服务规模及水平在东三省的比较优势不足，在历史文化、社会开放度、对外交往等方面文化资源总量也并不乐观；在与东部发达地区的比较中，则显示地域经济欠账较多，整体经济发展水平相对落后，作为老工业基地背负观念上和物质上的负担，城乡发展失衡问题较为严重，都在深层影响了吉林省公共文化服务的建设与发展水平（见表3、表4，图1、图2）。

表3　东三省公共文化服务财政投入情况比较

类别	吉林省	辽宁省	黑龙江省
文化事业费占财政投入比重(%)	0.45	0.42	0.42
人均文化事业费(元)	58.52	44.36	46.19
文化部门艺术表演团体经费自给率(%)	9.44	8.31	5.27
艺术表演团体财政拨款和演出场次比(元/场)	179817	185007	141707
文化事业从业人员数(人)	14696	13693	13803
文化市场经营机构资产总计(万元)	254656	1497006	328719

资料来源：《中国统计年鉴2017》。

表 4　东三省公共文化服务供给状况比较

	吉林省	辽宁省	黑龙江省
人均公共图书馆藏书量(册)	0.68	0.90	0.51
群众文化机构组织活动次数(次)	30012	63533	38762
艺术表演团体演出场次(万场次)	0.59	1.82	0.64
文物藏品数量(个)	482126	827168	1013359
博物馆藏品数(个)	437300	534003	991479
博物馆展览数(个)	237	219	421

资料来源：《中国统计年鉴 2017》。

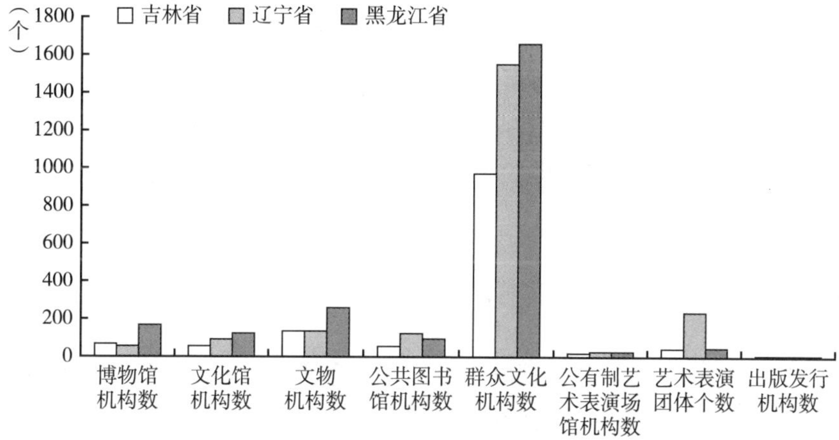

图 1　东三省公共文化服务机构状况比较

资料来源：《中国统计年鉴 2017》。

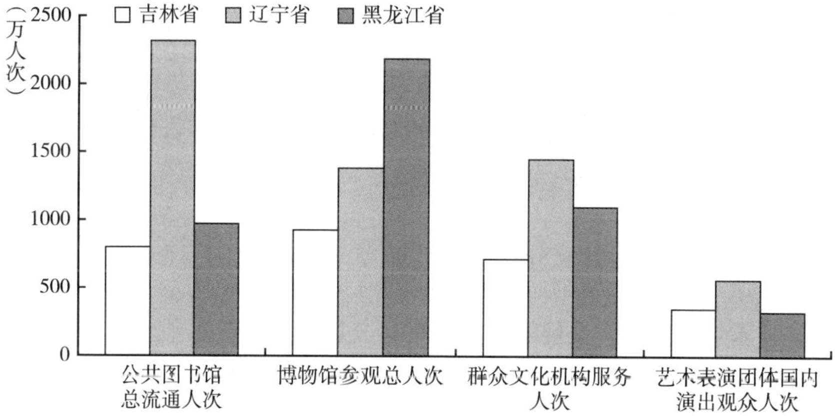

图 2　东三省公共文化服务传播状况比较

资料来源：《中国统计年鉴 2017》。

（二）吉林省公共文化服务均等化水平有待提升

吉林省公共文化服务水平在整体上处于全国中游的基本背景下，呈现较为明显的全国格局中的地域差距、省内的地域差异以及城乡差距，诸层面和视角下的落差也反映了跨地域、跨领域资源统筹、协同发展在总体上的欠缺。

1. 全国格局中的地域差距问题

吉林省公共文化服务水平与东部发达地区的差距是明显存在的，文化底蕴以及观念的差别，经济社会发展水平的显著落差等复杂因素，决定了吉林地域在相关比较中呈现劣势。新近出现的问题，主要是国家在“十二五”期间对西部公共文化服务的政策倾斜之下所形成的中部与西部的公共文化服务基础设施水平的落差，在东西夹层之间则形成了所谓的“中部洼地”。

2. 省内的地域差距问题

吉林省公共文化服务呈现以长春、吉林为核心的中部地区与东西部的公共文化资源差距，以及边境地区、少数民族地区、贫困地区与经济文化发展水平较高的中部地区的差距，特别是在基层文化资源总体状况上显现较大的落差。

3. 省内的城乡差距问题

吉林省是农业大省，在农业现代化以及新型城镇化发展进程中，文化资源及公共文化服务规模与水平是重要的影响因素。目前，吉林省城乡间仍然存在较大的公共文化服务综合水平落差。

（三）吉林省公共文化服务社会化、市场化水平有待提高

吉林省作为一个文化资源较为丰富、公共文化服务水平较高，但经济社会发展水平相对落后的省份，其公共文化服务体系建设中的社会参与主要体现在群众对文化活动较为广泛的参与，形成了一些常态化、规模化的群众文化活动发展机制与模式。其不足主要表现在以下几个方面。

1. 社会总体参与意识较弱，参与动因不足

从企业参与整体情况上看，企业主动帮扶所在辖区和周边地区解决文化设施建设、文化活动资金困难的“造血”意识不强，民间资本投入公共文化设施建设的项目总量仍然十分有限；从社会团体参与上看，参与的动因与过程仍然缺乏充分的主动性和创造性；从社区和民间参与上看，城乡居民仍较习惯于消极状态的“接受服务”，虽有不少参与“亮点”，但仍未形成大范围内的文化建设与发展状态。

2. 地区发展不平衡，整体力量相对薄弱

吉林省公共文化服务社会参与整体状况表现为，城市发展情况较好，但尚未制度化、常规化、普及化。农村个别地区由于文化能人、企业能人的介入发展较为突出，但总体上由于财力、人才等多方面的局限，发展还很不平衡。

3. 企业参与渠道不畅，稳定的政策支持环境尚未形成

对于企业参与公共文化服务的领域和渠道，有关的财政、税收、法律以及其他相关政策，尚无明确、系统的规定出台，同时也仍然十分缺乏企业参与公共文化服务生产供给项目的试点经验。

4. 基层自发参与活力不足，体制局限仍然较大

社会组织或社区文化参与仍以政府牵头组织为主。社会组织在依赖于党政机关组织的现有体制框架下，仍难有很好的自发参与表现。

5. 高校等文化科研单位参与路径较为狭窄，能量尚未充分释放

吉林省有较为丰富的高等院校、科研院所资源，是其文化底蕴的主要支柱。目前，在吉林省公共文化服务体系建设中，高校和科研院所有较好的介入，但从高校和科研院所的资源拥有量看，一些基础的共建、共享的普及模式尚未建立起来。

（四）吉林省公共文化服务数字化水平有待提升

近年来，吉林省公共文化服务数字化水平逐步提升，但其发展仍存在一些比较严峻的问题。

1. 基础设施建设水平相对落后

数字化建设依托于网络技术、信息技术及数据库技术，吉林省相当一部分地区的文化服务机构尚未进行基础设施升级，尤其是计算机、数字化网络化设备配置、多媒体设备等硬件设备严重不足，从而严重影响了服务数字化的建设进程。

2. 缺乏专业性数字化建设人才

由于在博物馆、图书馆、文化馆等基本公共文化服务领域，人才队伍普遍存在老化问题，缺乏专业性数字化建设人才，吉林省公共文化数字化在总体上进展不甚乐观。缺乏专业技术人才的指导和管理，也成为现有数字化设备的利用效率低下的主要原因之一。

3. 现有数字化产品形式单调，亲和力、互动性差

吉林省目前仍缺乏群众可参与互动的公共文化服务产品。现有数字化公共文化资源相对于当今移动终端服务的飞速发展，距离受众需求太远，造成相当程度上的资源闲置浪费。不为群众了解和使用，本身就在相当程度上说明了产品的问题。

4. 责任、分工不清，缺乏规范管理

目前吉林省公共文化数字化建设仍缺乏顶层设计、责任、分工及协作、合作方式的引导，以及对有关运行规范要求和监督考核。

四　吉林省公共文化服务协同发展的对策建议

“十三五”期间，吉林省面临进一步适应新常态、产业结构调整与优化升级、生态治理、改善民生、保持社会稳定，以及有效提升顶层设计、推进关联性改革的重大任务。如何看待文化，如何对待文化，在一个文化影响无所不在且成为内在核心力量的时代，则成为支撑地域现实与长远发展的关键因素。

（一）转变文化观念

当今，任何领域的竞争最后都演变为文化竞争，文化成为无所不在、无孔不入的力量，没有文化的农业不可能成为现代农业，没有文化的制造业不可能成为现代制造业，没有文化的“智慧城市”“智慧社区”，在起步时就落伍了。后发展地区更应以高远目光看待文化，才有可能跨越式超越与发展，而不是陷入“经济落后—文化落后”的恶性循环的怪圈。因此，从这种意义上说，文化应该成为根本的、覆盖全局的发展战略。“文化 +”的“ +”，就是文化发展的创新驱动力，“文化 +”催生文化发展的新业态，将成为经济新常态下跨界融合的创新产业模式。

（二）加强公共文化服务宣传

公共文化服务体系建设是一个新概念、新理念，至今仍有很多人并不熟悉与知晓，实践的发展也处于探索与磨合之中。近年来，从国家到地方逐渐做了更多的宣传，在文化体系内也做了各级各类的培训，形成了更多的共识，使实践得以更为顺利地开展，或得以矫正与创新。但在广泛的社会领域中，其传播与宣传仍显不足，存在普遍的误区。

1. 加强对公共文化服务的宣传

目前对于公共文化服务的宣传，多为工作报道，而对公共文化服务本身的内涵、理念，以及管理机制、运行机制，则缺乏形式亲民、灵活多样的系统宣传。建议设置更多更有效的对于公共文化服务普及宣传的媒体议程。

2. 加强对公民文化权利的宣传

公共文化服务为公民提供了哪些文化权利，通过哪些平台和形式实现这些权利，很多公民并不了解，建议以多样化的媒体形式加强有关传播与宣传。

3. 加强对吉林省国家公共文化服务体系建设示范区（项目）的宣传

目前对示范区（项目）的宣传仅停留于简单的工作新闻报道，缺乏深入系统的新闻议程设置。建议在各类媒体中做深入宣传，培育社会共识，带动社会参与；同时，对于示范区的成功经验也需要做广泛深入的宣传，以扩大其对全省公共文化服务体系建设的引导性、带动性作用。

（三）公共文化服务部门管理协同发展

当前，国家及省都成立了公共文化服务体系协调组，但政府部门的公共文化服务体系建设协调机制，作为国家行政体制改革的重大难点，其成熟尚有很长的路要走。对于地方政府，则需要做出更多尝试与创新性探索。

1. 适度打破文化部门内部的隔离

就地方文化部门而言，公共文化服务协同发展首先涉及文化厅内部的公共文化处、文化产业处等多个部门。近年来，吉林省文化厅在一些公共文化服务重大主题研究与开展过程中，由厅领导主持，以公共文化处为主，与文化产业处、非物质文化遗产处等处室共同参与，其管理运行模式的出发点与效果都达到了更高的统筹文化发展全局的层面。

2. 深度探索文广新局在实践中的切实融合

目前吉林省地市级文化部门基本都已成立了文化广电新闻出版局，但原有不同部门的从中央到地方逐级的纵向管理依然存在，真正的融合尚需时日，需要在实践中加以探索。基层文化单位更应当从实际问题出发，在横向统筹、制度搭建方面做出细致深入的探索和努力。

3. 通过顶层设计加强文化部门与其他部门间的目标及利益协同

文化部门与财政部门、科技部门、住建部门等众多跨部门间的文化建设协同，是极复杂艰难的问题。公共文化服务体系建设协调组提供了富有建设性的机制，但在此之外，还需要省委、省政府加强文化发展顶层设计和高层的统筹安排，以加强不同部门间的目标协同及资源、利益的整合。

（四）公共文化服务主体协同发展

1. 进一步培育文化类社会组织

吉林省文化资源较丰厚，各级各类研究会、学会、协会等文化类社会组织在数量上具有一定规模，文化行业组织、文化中介组织则相对薄弱，对于文化类社会组织这一重要的公共文化服务参与主体，需要在政策环境、舆论环境、社会环境等多方面创造条件，培育其主体地位，拓展其参与空间，发挥其协调管理作用，以带动吉林省公共文化服务资源，特别是民间文化、地域文化资源的有效整合。

2. 政策引导企业参与公共文化服务建设

目前吉林省公共文化服务发展中的企业参与机制初步形成，企业参与了一些大型公共文化活动的捐助赞助，以及一些基础设施的建设或改造。应进一步完善相关运行机制和制度，使企业参与城市公共文化服务建设有良好的平台和渠道。同时，因地制宜开展企业与社区文化共建活动。

3. 进一步发挥高校及研究单位高端资源的带动作用

全面培育地方发展高端智库。引导相关专家学者更多参与各领域、各层面的决策咨询，为各方面的多主体交流培育搭建平台，促成吉林省高端文化资源的有效释放，进而培育政府、专家学者、社会、企业共同参加的现代治理模式，完善各类城市论坛运行机制。应继续探索在全社会传播推广的有效模式和良好运行的有效机制，在其运行过程中着意探索政府购买与社会点单式服务的有机结合；鼓励和引导高校及科研院所人才参与城市社区文化建设，这也是将公共文化服务推向深入和高层次，探索高品质生活文化产品塑造模式的有效途径，应积极探索并予以扶持。

4. 引导社会力量广泛参与文艺精品创作

相对于吉林省丰富的历史文化、地域文化及民族文化资源，还有相当大的空间需要探索，社会与民间蕴藏着巨大的潜力，需要以更切合实际的方式和机制加以挖掘，以最大限度释放文化艺术的社会创造力，从而有效推进吉林省公共文化服务建设。为此，应当在编制、待遇、奖励、扶持等多方面给予引导和支持。

（五）公共文化服务地域协同发展、城乡协同发展

1. 主动应对“中部洼地”问题

对于中部洼地问题，一方面要努力争取和把握国家在“十三五”时期

的政策支持，另一方面要主动面对，重视深层潜在问题，主动增加投入和多方面努力提高服务效能。

2. 加强与省外地区不同视角下的协同发展

以更积极的姿态参与东北地区公共文化服务体系建设发展联盟，促进东三省公共文化服务资源整合与共建共享，发挥吉林省处于三省中部的优势，谋划与促进三省在文化活动、展会、非遗保护等方面的共建机制。与发达地区联动联建，借以吸纳发达地区公共文化服务建设先进经验，吸引外部投资及参与。与边疆省份、少数民族地区联动，促进吉林省与其他边疆省份或少数民族地区的交流、联动及共建共享。

3. 打造省内公共文化服务资源互补格局

建议借力中部核心创新转型区、长吉图开发开放先导区以及长吉产业开发区的建设，加强长春、吉林两地的公共文化服务资源整合，打造中部优势公共文化资源输出机制与模式和东部、西部特色公共文化服务资源培育模式，总体上形成以长吉为内核，串联公共文化示范区及示范项目，主要由示范区（项目）所涵盖的城市节点支撑，形成中部与东部、西部互补、互动的公共文化服务共建共享发展格局。

4. 主动谋划贫困地区跨越式发展

把握时机，积极争取国家在“十三五”时期对贫困地区公共文化服务发展的政策支持，主动谋划，在未来五年补齐贫困地区文化发展的短板。

（六）公共文化服务社区协同发展

1. 增强城乡社区活动内在凝聚力

在未来发展中，尽量消解社区文化活动的行政色彩，以培育社区文化认同、增强社区文化凝聚力为核心目标，根据社区实际情况和文化资源优势，结合社区整体发展，引导更广泛的居民自主参与和管理社区文化生活与文化活动。

2. 引导扶持社区多元主体参与社区公共文化建设

以政策引导扶持高校、科研院所、各级政府机关、企业、部队，以及各类社会组织、公益组织参与所在社区公共文化建设。

3. 社区间的资源互补

吉林省城市及农村不同社区间、城乡社区间存在优势文化资源、人才资源的差距和差异，需要政策引导优势资源的互补及流动，以推进社区间的公共文化服务共建共享。

（七）公共文化服务与文化产业协同发展

1. 促进要素市场统一培育与运行

文化产业需要公共文化服务为其培养文化消费者、文化创造者，公共文化服务产品及服务的设计、生产、供给、营销、传播，需要企业主体、社会组织的广泛参与。因此，两者在融资、文化资源、生产及管理人才、信息服务、行政管理等多方面存在共通的市场要素。要实现公共文化服务与文化产业的协同发展，必要的途径是融通两个领域的要素市场的培育与运行，形成文化整体发展的大格局。

2. 促进重点文化领域协同发展

扶持公共文化服务领域衍生的文化产业链条发展。近年来，国家政策在逐步做出调整，放宽公益性文化事业发展文化产业的发展空间。博物馆、图书馆行业已有初步探索，文化馆领域在“十三五”期间也将得到更加宽松的政策支持，这对于吉林省文化馆行业的发展是一个良好契机，应主动谋划，积极探索，促进文化产业领域成熟企业参与公共文化服务建设。目前，吉林省已发布了公共文化服务政府购买清单，文化企业或其他行业企业未来在公共文化服务发展方面有很大的发展空间，应进一步加以政策引导和扶持，促进公共文化服务与文化产业在文化遗产保护与传承中的协同发展，以科学方式促进二者在文化保护与传承中的融合发展。

（八）加强公共文化服务数字化建设中的协同发展

1. 统筹规划，科学管理

吉林省公共文化服务数字化进程，应当引起地方政府高度重视，在人员、场地、经费等方面提供有力支持，既要保障建设资金足额到位，也要保障日常的运行经费（用于宽带、耗材、维护、设备更新等）；针对有关建设，亟须制定统一规划，在加强与中央层面正在酝酿中的相关标准建设衔接前提下，探索适当的地方标准，明确责任，避免重复建设和低水平建设。加强管理，加大督察力度，抓好落实，相关部门应尽快出台相关规章制度，强化监督考核机制。

2. 促进公共文化服务机构协同合作

由于受传统管理体制的制约，公共文化机构之间缺乏合作。在数字化进程方面，图书馆行业具有相对的先行优势，相关积累较好，而博物馆、文化馆行业则明显存在人才、经验、技术的欠缺，在吉林省公共文化服务数字化建设过程中，需要政府协调分布于不同地域、领域、行业的优势人力、物力资源，特别是实现在专业人才与技术建设方面的互补与合作。

3. 寻求社会与民间的协同参与

公共文化服务数字化包括信息资源共享工程、三馆的数字化、公共电子阅览室建设，以及特色资源的数字化建设。在每个领域以及整体上，在产品生产和服务阶段，都是耗资巨大和要求尖端科技的复杂工程，需要国家和各级政府的共同努力，也需要民间组织、公益机构、个人、企业、电视媒体、网络媒体、通信运营商等社会力量的广泛参与。

4. 与智慧城市、大数据、物联网、电子政务建设协同

当前，吉林省智慧城市、大数据、物联网、电子政务建设都经历了初步的摸索、积累或试点工作。公共文化服务数字化建设在未来需要与这些重大战略及工程的推进相结合、融合，在协同发展的框架下，保证不同战略的整体高度、整体协调与可持续发展。

（九）公共文化服务与对外交流协同发展

吉林省应把握全球化发展格局，特别是“一带一路”、东北亚区域发展、中蒙俄经济走廊、中日韩自由贸易区等与吉林省有密切关联的重大对外发展战略，借力俄罗斯、日本、韩国等周边国家丰富的公共文化服务资源，

搭建形式多样的合作平台与渠道，探索建立双边或多边合作共赢的公共文化服务共建共享机制与模式，以丰富吉林省公共文化服务资源，促进公共文化服务现代化、数字化、均等化。

（十）深入推进制度建设和政策调整

当前，吉林省公共文化服务体系建设实践推进良好，形成了一些新的制度和政策框架，如政府部门协调机制、政府购买制度、文化机构理事会制度、绩效考核制度等制度初步建立，有关政策初步形成，但仍存在一些需要推进或提升完善的领域，建议建立吉林省公共文化服务需求采集与反馈制度，建立吉林省公共文化供给资源数据库，建立吉林省公共文化服务帮扶援助体制，落实吉林省公共文化服务财政预算，深入实施吉林省公共文化服务政府购买方案，建立吉林省公共文化服务项目政府委托及招标机制，完善文化类社会组织备案登记制度并评定枢纽型文化组织，引导建立吉林省文化发展基金会，深入推进吉林省公共文化服务绩效评估制度建设。

参考文献

1. 傅才武：《国家公共文化服务体系建设价值评估及政策定位》，《江汉大学学报》（人文社科版）2010 年第 6 期。
2. 中国社会科学院文化研究中心：《近年来中国公共文化服务发展研究报告》，《中国经贸导刊》2008 年第 7 期。
3. 李景源、陈威主编《中国公共文化服务发展报告（2009）》，社会科学文献出版社，2009。
4. 王有强、卢大鹏：《地方政府经济行为：激励制度与科学发展》，《中国行政管理》2010 年第 2 期。
5. 周晓丽、毛寿龙：《论我国公共文化服务及其模式选择》，《江苏社会科学》2008 年第 1 期。
6. 戴珩：《在浙江省公共文化服务体系建设制度设计研究工作会议上的讲座》。

7. 林尚立、王华：《创造治理：民间组织与公共服务型政府》，《学术月刊》2006 年第 5 期。
8. 王列生：《论公民文化权益的意义内置》，《学习与探索》2009 年第 6 期。
9. 周笑梅：《2008 年东三省文化产业发展研究》，载《中国东北地区发展报告（2009）》，社会科学文献出版社，2010。

G.4
吉林省少数民族文化艺术资源开发利用研究

朱立春*

摘　要： 少数民族文化艺术是吉林省最有特色的文化资源之一，将少数民族文化艺术资源转化为特色文化产业，既是保护文化资源的必要之举，也是实现吉林省五大发展战略转变的需要，同时也是贯彻党的十八大关于发展文化产业成为支柱性产业，并列入2020小康社会重要考核目标的必由之路。因此，要加强和提升吉林省少数民族文化艺术资源，使之成为吉林特色文化产业的核心竞争力。作为中华民族文明组成部分的少数民族文化艺术，要通过发掘传承传统民族文化艺术项目产品，传播中华民族的文明成就与核心文化价值，同时也能够提升吉林省乃至中国的文化软实力。

关键词： 吉林省　少数民族　文化艺术资源

一　吉林省少数民族文化艺术资源基本情况

吉林省是个多民族的省份，主要世居和代表性的民族有朝鲜族、满族、蒙古族、锡伯族和回族。共有4个民族自治地区：延边朝鲜族自治州、长白

* 朱立春，吉林省社会科学院民族所所长，研究员，研究方向为民族学、非遗民俗学。

朝鲜族自治县、伊通满族自治县和前郭尔罗斯蒙古族自治县。通过对“一州三县”民族文化艺术资源“歌舞艺术”、“遗址遗迹”和“特色民俗”三个方面进行调查梳理，从总体上进一步研究吉林省少数民族文化艺术状况。

（一）东部长白山森林文化生态区

延边朝鲜族自治州多年来坚持“文化引领”的发展战略，出台了一系列促进民族文化艺术发展的政策措施，取得了显著成效。一是把民族文化教育放在首位，特点鲜明，成效显著，民族语言文字传承保护力度不断加大。二是注重保护传承和利用优秀民族文化艺术，延边州已经被列入“国家公共文化服务体系示范区”，比如延吉市北山街丹山社区。三是新增加的文化亮点，如中国朝鲜族博物馆（延边博物馆）和延边图书馆，塑造了特色鲜明的朝鲜族文化形象。四是成立于1946年的延边歌舞团，始终致力于创作具有朝鲜族民族特色的优秀艺术作品，先后30多次参加全国性的文艺汇演、国庆献礼演出和上海世博会展演，其中，大型原创民族歌舞剧目《放歌长白山》代表吉林省参加第四届全国少数民族文艺汇演，荣获金奖等26项大奖，以及文化部“文华奖”优秀剧目奖，已成为朝鲜族文化艺术品牌，深受各界好评。该剧团在全国文艺院团改革时，由于采取了灵活掌握、积极争取的策略，保住了事业编制，稳定了队伍，调动了队伍的积极性。此外，延边地区还有包括安图红旗村在内的13个民族文化特色村镇，其中60%为朝鲜族乡镇，如汪清县百草沟镇为“象帽舞之乡”，安图县长兴乡为“朝鲜族民俗活动乡”，珲春市密江乡为“洞箫之乡”，图们市向上街为“长鼓舞之乡”等。“农民画之乡”汪清县复兴镇还被文化部命名为“中国民间艺术之乡”。这些乡镇在发展朝鲜族民间文化方面发挥了龙头作用。

长白朝鲜族自治县多年来致力于打造朝鲜族文化艺术专业演出团体“长白民族歌舞团”，现在已经完成改制，由财政供养改为走向市场。多次参加全国性的文艺汇演，还曾经到过我国香港、澳门以及韩国等地进行文化交流演出，农乐舞、假面舞、牙拍舞、顶水舞等已成为该团代表性演出节目。此外，长白县每年还举办长白朝鲜族民俗旅游文化节、少数民族传统体育比赛等活动。在县城附近的马鹿沟果园村建起了第一座富有民族传统生产生活特色的朝鲜族民俗文化村落。2012 年成立了长白朝鲜族民俗研究中心，搜集整理民谣故事《盲人德谈》《乞丐歌》《哭葬谣》等民间口传文学，并计划推出《长白朝鲜族民俗集成》一书。长白博物馆工程项目也已经落实到位。

延边地区非物质文化遗产项目包括所有 10 大类，共计 300 余项，其中州级非遗项目 89 项，省级非遗项目 77 项，国家级非遗项目 17 项，4 人被列入国家级代表性传承人。朝鲜族农乐舞 2009 年被联合国录入“人类非物质文化遗产代表作名录”。

支撑该文化生态区的历史文化遗迹遗存包括以下四个遗址分布带：一是长白山—圆池、宝马古城金代寺庙遗址、清代刘建峰踏查长白山遗迹。二是延边、龙井、合龙—罕王山、磨盘山古城、城山子山城、龙虎石刻、营城子古遗、通肯山卫城址、温特赫、斐优城遗址、塔城遗址、渤海古墓群、海兰路总管府古城遗址、西古城址、渤海墟莱城遗址、六鼎山渤海墓群、敖东城、贞孝公主墓、贞惠公主墓。在“野人女真”活动过的珲春，可以看到东北亚丝绸之路的“大驿路遗址”和“海上丝绸之路”的遗迹，还有满族先民戍边生活留下的东、西炮台，水师营遗址等。三是长白—灵光塔、望天鹅、萨满古城、干沟子古墓群、曼江纳音部落、白山满族博物馆。四是吉林—龙潭山夫余文化、西团山文化遗址、推屯河卫城遗址、苏密城遗址、完颜希尹家族墓地、乌拉古城、阿什哈达摩崖、打渔楼满族风情、打牲乌拉皇贡文化、萨满文化。

（二）西部草原湿地文化生态区

前郭尔罗斯蒙古族自治县地处松嫩江畔，有丰富的少数民族文化艺术资源，如蒙古族博舞、安代舞、那达慕、四胡音乐、长调、呼麦，蒙古族民歌、婚礼习俗，国家级非遗项目口传文学乌力格尔、陶克陶胡、好来宝等。

前郭县民族歌舞传习中心前身即前郭县民族歌舞团，成立于 1957 年，是以弘扬传承蒙古族歌舞艺术为宗旨的专业少数民族艺术表演团体，每年推出剧目 10 台以上，歌舞 20 余个，平均每年演出 200 多场次。2009 年创作的歌曲《我的根在草原》荣获“五个一工程”奖，2010 年呼麦组合《圣湖颂》代表吉林省参加央视青歌赛荣获优秀奖，2011 年的舞蹈诗剧《查干湖》荣获吉林省长白山文艺奖。

前郭县的冬捕习俗、马头琴制作技艺、蒙古族馅饼制作等 40 多个项目被列入省级非遗保护名录，其中 10 项进入国家级非遗项目。

支撑该文化生态区的历史文化遗迹和自然资源包括：一是松原—前郭尔罗斯博物馆、王爷府陈列馆、成吉思汗召博物馆、查干湖渔猎博物馆、三骏乡锡伯族博物馆、大金得胜陀颂碑、清忠亲王赞贤妃碑、黄龙戏、新城戏、扶余锡伯族黄鱼圈遗址；二是查干湖（前郭）—莫莫格湿地（镇赉）—向海湿地（通榆）、月亮泡（大安）—春捺钵遗址、泥林（乾安）环湿地生态圈。

（三）中部多种文化融合生态区

伊通满族自治县位于长春南 40 千米，是满族主要发祥地之一。该县以“生态、文明、富裕”为发展战略目标，近年来取得了显著成效。伊通满族博物馆几经扩建，面积达 5800 平方米，文物 1000 多种、5000 余件，在国内县级博物馆中名列前茅。2008 年被国家文物局命名为国家民族博物馆 · 伊通满族分馆，被国家民委命名为“民族团结进步教育基地”，被吉林省社会科学院确定为民族文化学术研究基地，目前已经成为伊通的一张“文化名片”。

伊通满族艺术团先后两次赴京汇演，其中满族神话歌舞剧《狼妻》获得文化部领导高度赞扬和肯定。满族舞蹈《满风神韵》荣获全国舞蹈大赛“群星奖”。近几年来，该艺术团共计创作剧目 150 多部，其中获奖的优秀满族剧目 80 多个，两项荣获国家级奖项。

伊通的满汉双语教学也取得了显著成绩，成立了满语师资培训基地、满语教学中心网站，组建了满语学科中心教研组。在伊通满族中心校和 25 所小学五年级开设满语课程，一万名学生学习掌握了满语初级课程，使濒危的满语文传承保护状况得到了一定程度的缓解。

伊通地区的满族传统体育项目珍珠球、依克唐阿将军传、伊通地名故事和萨满文化遗存分别被列入省级非遗项目。

支撑该文化生态区的历史文化遗址遗迹包括：一是松花江流域民族走廊、伊通河流域文明遗迹、大御路遗迹、伊巴丹戏楼遗迹、皇家围猎场、清代柳条边遗址遗迹、满族传统建筑遗址景台乡范家大院；二是活态萨满文化、吉剧、二人转、东北大鼓、太平鼓。

（四）南部山林采集文化、红色抗联文化生态区

支撑该文化生态区的历史文化遗址遗迹包括：药业文化、高句丽王城及墓葬遗产、长白山满族剪纸艺术、采参习俗、葡萄酒文化、木帮文化、抗联精神、草莽英雄。

二　吉林省少数民族文化艺术资源在传承保护与开发利用方面存在的问题

通过调查梳理，我们认为吉林省“一州三县”的少数民族文化艺术资源在传承保护与开发利用方面主要存在以下几点共性问题。

（一）传承保护和开发利用不足

少数民族文化艺术资源传承保护的濒危状况持续恶化，而对优秀民族文化资源开发利用则显得后劲不足。

许多国家级的非遗传承项目面临传承人断续、“抢活口”的实际问题。一些少数民族原生态的艺术形式、文化品牌掌握在少数人手里，仅靠家族师传进行传承；省市级非遗传承人的地方补贴经费一直没有被纳入财政计划，在很大程度上制约了保护项目的传承和影响力。

少数民族语言文字流失速度加快。例如，2000 年东北地区朝鲜语教材的使用人群为 22.3 万人，十年后的 2010 年则锐减到 6.3 万人。在延边地区既懂朝鲜族音乐，又能够用朝鲜语作词作曲和配乐的人才寥寥无几；前郭县蒙古族语言使用人群已经不足 30%，在青少年中，蒙古族语言使用人群还不到 20%。在伊通县等满族聚居区，满语使用情况则更加堪忧。

许多优秀的历史文化遗址遗迹没有得到充分合理的利用。例如，延边地区的“二十四块石”“罕王山”“敖东古城”，长白山地区的“圆池”“清代刘建峰踏查长白山遗迹”，乌拉街的“三府” “旧街”，西部草原地区的“泥林”“春捺钵遗址”，月亮泡的“古人类文化圈”。

（二）特色不够鲜明

许多优势特色的生态资源没有被整合利用，例如西部河湖连通工程实施后，没有充分发挥西部生态湿地的旅游优势。从前郭尔罗斯的查干湖到大安嫩江湾湿地公园，到镇赉的莫莫格湿地，再到通榆的向海，最后是乾安的泥林大布苏湖和春捺钵遗址，如果把这些生态优势资源整合起来，完全可以打造一条吉林省西部湿地生态旅游“黄金圈”。

全省 31 个少数民族特色村寨中，在特色方面没有得到充分的体现。主要表现在以下三个方面：一是文化积淀挖掘不够，各民族都有其悠久的历史和灿烂的文化，但在少数民族特色村寨保护与发展中并没有对这些历史和文化进行充分的挖掘和展示；二是在少民族特色村寨建设过程中，有的特色村寨在民居式样方面民族特色没有得到较好的传承，这种现象在散居地区表现较为突出；三是在特色村寨保护与发展过程中，民族文化的传承过于拘泥于原生态，活化不够。

（三）资源整合力度不够

吉林省生态文明工程的保护与发展工作是一项系统工程，涉及诸多部门。从调研的情况看，除个别地方成立专门的组织机构、建立相应的工作机制外，绝大多数地方基本上是民族工作部门唱主角，由于组织机构和工作机制的不健全，致使有的地区在生态文明建设的项目规划、建设等诸多方面协调难度大，在很多方面很难达成共识。比如，抚松县锦江满族木屋村在特色村寨保护与发展工作中，涉及文物、林业、环保等部门，而各部门均有自己的政策规定，由于没有相应的组织机构和健全的工作机制，致使在建设过程中，规划不够系统、完整，影响了吉林省民族文化产业化保护与发展工作。

（四）对民族文化艺术资源的重视程度仍有待进一步提高

传统文化发展体制和财税体制仍旧困扰制约文化艺术的发展。发展模式单一，例如一些地区仅靠举办大赛、演出、文化节来传承保护和发展少数民族文化艺术资源，缺少长效不衰的综合发展机制；公共文化服务体系建设不完善不健全，文化基础设施建设力度较弱，文化事业和产业投资主体单一，没有充分形成多元化和社会化，民间资本、企业和社团投资文化产业规模小、数量低，竞争力弱。

（五）人才匮乏

随着改革开放的深入发展和城镇化的不断推进，民族地区人口大量流失，特别是边境沿线表现更为突出，导致民族文化产业建设主体力量后继乏力。珲春市敬信镇防川村原有45户居民，而现在在该村居住的村民只有19户。随着人口的大量流失，致使少数民族特色村寨保护与发展后继乏人，特色村寨保护与发展工作很难开展。艺术院团推向市场后，频现窘境，人才流失严重。由于少数民族地区文化艺术市场狭小，自身发展资金严重不足，仅靠自身力量很难在市场中生存发展。比如长白县民族歌舞团改制以来，在人才队伍和艺术创作上都出现了萎缩较为明显的情况。

少数民族文化艺术发展急需的各类专业人才极其匮乏，人才短缺、断层现象严重，尤其是复合型的文化产业人才、展览人才、少数民族中青年艺术创作人才、语言师资人才缺乏严重。人才缺乏、人才结构不合理在很大程度上制约着民族文化艺术的保护、传承和利用。

三　发展吉林省少数民族文化艺术资源的对策和建议

针对调研中吉林省“一州三县”少数民族文化艺术资源保护发展中存在的实际问题，提出以下对策和建议。

一是各级领导提高认识，做好顶层设计，加大对少数民族文化艺术资源的宣传力度，省内媒体开辟专栏予以大力弘扬宣传普及推介。

二是加大政府投入力度和对优秀少数民族文化艺术资源的保护力度。以保护为着眼点，以传承为出发点，以弘扬利用为落脚点，加大吉林省非遗保护专项经费额度，加强对非遗传承人的保护和支持，严格执行《非遗法》要求，尽快落实省、市级非物质文化遗产项目传承人的保护补贴经费，抢救濒危项目，鼓励生产性保护和开办非遗传习所，变家族传承为社会传承。

三是采取更加优惠的政策措施，将“一州三县”民族自治地区列入符合西部开发的国家优惠范畴内，加大西部开发地区的财政转移支付力度和相关优惠政策支持力度。加大少数民族文化艺术专项资金扶持力度，在现有基础上，以每年500万元的增幅递增，并且列入财政计划。

四是设立少数民族文化艺术资源发展利用联席会议制度，由主管副省长牵头，协调解决少数民族文化艺术发展中遇到的重点难点问题。

五是加大少数民族急需人才的培养和培训，丰富少数民族干部人才的培养方式和渠道。通过增加对等交换生、委托代培、出台优惠政策，鼓励本地区优秀民族毕业生返乡；增加编制，考核选拔少数民族语言教师，并且逐步提高少数民族教师的待遇；鼓励少数民族地区至少开办一所少数民族职业学校，有针对性地培养急需急用人才。

附表　吉林省“一州三县”少数民族文化艺术资源情况一览

“一州三县”		延边朝鲜族自治州	长白朝鲜族自治县	伊通满族自治县	前郭尔罗斯蒙古族自治县
歌舞艺术	专业院团	延边歌舞团（1946）	长白民族歌舞团	伊通满族艺术团	前郭县民族歌舞传习中心 前郭县民族歌舞团（1957年）
	代表剧目奖项	大型原创民族歌舞剧目《放歌长白山》代表吉林省参加第四届全国少数民族文艺汇演，荣获金奖等26项大奖，以及文化部“文华奖”优秀剧目奖	多次参加全国性的文艺汇演，曾经到我国香港、澳门以及韩国等地进行文化交流演出	两次赴京汇演，其中满族神话歌舞剧《狼妻》获得文化部领导高度赞扬和肯定。满族舞蹈《满风神韵》荣获全国舞蹈大赛“群星奖”	平均每年演出200多场次。2009年创作的歌曲《我的根在草原》荣获“五个一工程”奖，2010年呼麦组合《圣湖颂》代表吉林省参加央视青歌赛荣获优秀奖，2011年的舞蹈诗剧《查干湖》荣获吉林省长白山文艺奖

续表

“一州三县”	延边朝鲜族自治州	长白朝鲜族自治县	伊通满族自治县	前郭尔罗斯蒙古族自治县
场馆建设	中国朝鲜族博物馆（延边博物馆） 延边图书馆	长白博物馆工程项目（筹建中） 白山满族博物馆	伊通满族博物馆国家民族博物馆·伊通满族分馆	前郭尔罗斯博物馆、王爷府陈列馆、成吉思汗召博物馆、查干湖渔猎博物馆、三骏乡锡伯族博物馆
遗址遗迹	长白山—圆池、宝马古城金代寺庙遗址、清代刘建峰踏查长白山遗迹 延边、龙井、合龙—罕王山、磨盘山古城、城山子山城、龙虎石刻、斐优城遗址、塔城遗址、渤海古墓群、六鼎山渤海墓群、敖东城、贞孝公主墓、贞惠公主墓。东北亚丝绸之路的“大驿路”遗址和“海上丝绸之路”的遗迹	长白—灵光塔、十五道沟望天鹅、萨满古城、干沟子古墓群、曼江纳音部落	伊通河流域文明遗迹、大御路遗迹、伊巴丹戏楼遗迹、皇家围猎场、清代柳条边遗址遗迹、满族传统建筑遗址景台乡范家大院	大金得胜陀颂碑、清忠亲王赞贤妃碑、扶余锡伯族黄鱼圈遗址 查干湖（前郭）—莫莫格湿地（镇赉）—向海湿地（通榆）、月亮泡（大安）—春捺钵遗址、泥林（乾安）环湿地生态圈
特色民俗村镇及活动	安图县红旗村“中国朝鲜族第一村” 汪清县百草沟镇为“象帽舞之乡” 安图县长兴乡为“朝鲜族民俗活动乡” 珲春市密江乡为“洞箫之乡” 图们市向上街为“长鼓舞之乡” 汪清县复兴镇为“农民画之乡”，还被文化部命名为“中国民间艺术之乡”	2012年成立了长白朝鲜族民俗研究中心，搜集整理民谣故事《盲人德谈》《乞丐歌》《哭葬谣》等民间口传文学，并计划推出《长白朝鲜族民俗集成》一书 每年举办长白朝鲜族民俗旅游文化节，少数民族传统体育比赛等活动 马鹿沟果园村朝鲜族民俗文化村落	满族传统体育项目珍珠球、依克唐阿将军传、伊通地名故事和萨满文化遗存分别被列入省级非遗项目。 满语双语教学也取得了显著成绩，成立了满语师资培训基地，在25所小学开设满语课程，近万名学生掌握了满语初级课程，使濒危的满语传承保护状况得到了一定程度的缓解	黄龙戏、新城戏、前郭县的查干湖冬捕习俗、马头琴制作技艺、蒙古族婚俗、蒙古族馅饼制作等40多个项目被列入省级非遗保护名录，其中10项进入国家级非遗项目

G.5

吉林省红色文化资源应用创新研究

曲芳艾*

摘　要： 红色文化是伴随着马克思主义中国化而形成的一种新的文化形态，是马克思主义中国化的文化成果。对红色文化资源的保护与应用，是增强民族自信、文化自信的重要途径，是推动社会主义核心价值体系建设的精神力量源泉。基于此，本研究在对吉林省红色文化元素进行分析和对红色资源分类及现状进行研究的基础上，发现吉林省红色文化资源保护和应用上存在的问题及原因，并提出切实可行的解决路径：确保红色革命历史的真实、培育红色文化的情感结构、健全红色文化管理机制、拓宽红色文化建设项目融资渠道、提升红色文化知名度、为红色文化发展提供智力支持。

关键词： 吉林省　红色文化　文化自信

加强吉林省红色文化资源开发利用，以中国革命文化与民族精神传承为重要内容，以增强文化自信和培育社会主义核心价值观为目标，挖掘吉林省红色文化元素，保护和传承红色文化资源，推动文化和经济更好更快地发展。

---

* 曲芳艾，吉林省社会科学院马列所副研究员，主要研究方向为马克思主义中国化。

一　吉林省红色资源的主要特点

红色文化是指“中国共产党领导中国人民，在实现中华民族独立、自由与解放的伟大历史实践中形成的一种特殊类型的文化现象，它包括在革命历史上形成的革命理论、革命精神、革命经验和革命传统，新中国成立后，在社会主义建设和改革过程中，党和国家领导人关于国家发展的重大实践活动和理论建树，以及各行各业、各族人民英雄人物的创业精神和先进事迹”[①]。不同时期吉林省红色文化资源构成也有所不同。

（一）中国共产党成立时期吉林省的红色文化资源

自1921年中国共产党成立后，党组织即派出部分党员来到吉林境内进行革命宣传活动，马克思列宁主义思想迅速传遍吉林大地。1926年9月，吉林省成立了第一个党组织，从此各级党组织和广大党员不怕流血牺牲，发动和领导群众进行了艰苦卓绝、英勇顽强的斗争，为党领导人民进行抗日斗争并最终取得胜利，奠定了坚实的基础。这一革命历史时期的革命遗址和英雄事迹是需要保护好和传承好的宝贵红色文化资源。

（二）抗日战争时期吉林省的红色文化资源

1931年，“吉林省沦陷为日本帝国主义的殖民地，长春成为日伪法西斯统治东北的中心”[②]。这时在中国共产党的领导下，吉林各族人民团结起来，积极配合和支援全国人民的抗日斗争，特别是东北抗日联军沉重地打击了日伪的反动统治。以杨靖宇、王德泰、魏拯民为代表的抗日将领带领广大军民，在长达十四年艰苦卓绝的抗日斗争中创造出可歌可泣的英雄业绩，这些抗日英烈的革命精神是一种具有革命意义的伟大中华民族精神——东北抗联精神，值得后人永远讴歌和传扬。

---

① 曲鸿亮：《福建红色文化：历史、现状与思考》，《福建论坛》2017年第7期，第38页。

② 吉林省档案馆编译《东北抗日运动概况》，吉林文史出版社，1986，第173页。

（三）解放战争时期吉林省的红色文化资源

解放战争期间吉林省较为著名的战役是“三下江南，四保临江”战役，这次战役为战略反攻和战略进攻积蓄了力量，并使吉林解放区处在城市迅速收复阶段，“1948 年 10 月长春和平解放，创造了以军事压力、经济封锁配合政治攻势，争取大城市守军起义的成功经验，对此后争取北平、长沙等地国民党军起义和接受和平改编，有积极借鉴意义”①。“吉林地区城市解放后通过提供大量军工产品及战勤服务，有力支援了前线的作战，并加快了东北乃至全国解放战争的历史进程”②。其间发生在吉林省的重要革命战役和事迹是吉林省不可多得的红色资源。

（四）社会主义建设和改革开放新时期吉林省的红色文化资源

1. 长春电影制片厂旧址

长春电影制片厂是新中国第一家电影制片厂，是新中国电影事业的摇篮，创造了新中国电影史上的七个第一。红色电影是缅怀先烈、不忘国耻，增强民族意识、爱国精神的重要途径。1942 年毛泽东《在延安文艺座谈会上的讲话》发表之后，产生了反映时代精神、对人民群众有重要影响的一批小说、戏剧、电影等作品，这些作品反映了革命精神和英雄主义的思想风貌。电影《上甘岭》《英雄儿女》《白毛女》等优秀电影作品深深地影响了几代人。

2. “工匠精神”

“工匠精神”首先表现为汽车人为改善和发展中国汽车产业的面貌，自强创新、拼搏工作的一种精神——“一汽精神”。“一汽”被称为“东北老工业基地中国汽车工业的摇篮”，其生产的汽车等产品输往全国各地，其人

① 中共长春市委党史研究室、中共长春市委党校编《中国共产党在长春七十年》，长春出版社，1991，第 128 页。

② 曲芳艾：《关于加强文化传承与应用对策的思考——以吉林省为例》，《地域文化研究》2018 年第 7 期。

才和技术也输送到祖国需要的地方，为新中国的成长和发展作出了巨大的贡献。“工匠精神”其次表现为长春客车厂的“大国工匠精神”。“长春客车厂始建于1954年，是中国轨道交通行业的摇篮和发源地。经过60多年的建设和发展，长客已成为我国最大的铁路客车和城市轨道车辆的研发、制造和出口基地，也是目前世界上年生产轨道客车数量最多的制造工厂。长客生产的复兴号动车84%的技术是我国自己的技术，其性能指标领先于世界，开启了我国轨道运输业迅猛发展的新时代”①。

3. 空军航空展览馆

空军航空展览馆是东北地区唯一以航空为主题的大型展馆，该馆通过文字和图片，展示了航空前辈艰苦奋斗创办东北老航校的艰辛历程。航空学校培养了杨利伟、翟志刚、刘洋等大批航空英雄模范。有多名毕业学员成长为共和国的将军。现航空大学被吉林省、长春市分别授予“爱国主义基地”和“国防教育基地”。

4. 反映时代精神的名人资源

吉林省拥有享誉全国乃至全世界的名人资源：“光学泰斗”王大珩、“中国量子化学之父”唐敖庆、“两弹元勋”朱光亚、“知识分子的优秀代表”蒋筑英，以及谭竹青、黄大年等中国特色社会主义建设和改革开放时期涌现的时代楷模。这些时代楷模的先进事迹激励着不同时期奋斗在各行各业的中华儿女。

二　吉林省红色文化资源现状分析

（一）吉林红色文化资源的分类

1. 遗址遗迹类红色文化资源

吉林省共有遗址遗迹类红色文化资源100余处，尤其以抗日战争时期的

① 曲芳艾：《关于加强文化传承与应用对策的思考——以吉林省为例》，《地域文化研究》2018年第7期。

战斗遗址为特色，主要分布在延边、白山、通化、吉林等地，集中在吉林东部山林区处。其中位于蒿子湖的抗联密营遗址是目前发现的保留最完整、规模最大的抗联密营遗址。由于大都处于山林中，加之发掘不及时、保护不充分，完整留存下来的较为稀少，甚至还有些珍贵资源有待发掘。

2. 建筑与设施类红色文化资源

建筑与设施类红色文化资源“是指与革命历史事件和人物有较为密切关系的建筑物、构筑物及相关设施”①。吉林省较为著名的这类资源主要有：吉林省的苏军烈士纪念塔、杨靖宇烈士陵园、四平战役纪念馆、四保临江指挥部旧址、中共东北局梅河口会议遗址、长影旧址和东北沦陷史陈列馆等。

3. 重要革命历史文物

重要革命历史文物是指共产主义传播发展时期和中国革命战争时期留下的大量革命历史文物，其中吉林省博物院馆藏一级品有东北人民革命军第一军第五独立师少年营使用的单刀，东北抗日斗争时期中共吉林特支第二交通站隐藏文件用的花瓶，辽宁民众自卫军使用的电台等。除了部分被国家革命博物馆收藏的文物，目前还有部分重要的文物仍留存于民间，有待收集。

4. 重要文艺作品

抗日战争时期和解放战争时期军民创作了大量的诗词、歌曲、小说、顺口溜、快板书、民谣等形式多样的文艺作品，如《东北抗日联合军歌》《东北抗联第一路军歌》，其中有“火烤胸前暖，风吹背后寒”的经典词句，充分体现了那个时代的艰苦和抗联军民战斗到底的决心和军民乐观、积极的心态。

（二）吉林省红色文化资源应用现状

目前，吉林省在革命遗址遗迹上修建而成的爱国主义教育基地有 69 个，分布在吉林省九个地区。2016 年国家 14 部委颁布的《全国红色旅游经典景

---

① 参见迟海波等编著《红色文化资源》，吉林人民出版社，2011，第 121 页。

区名录》列入了吉林省8个红色文化景区，它们分别是四平市红色旅游系列景区（四平烈士陵园、四平烈士纪念塔、四平战役纪念馆、梨树县东北民主联军四平保卫战指挥部旧址）、白山市红色旅游系列景区（七道江会议旧址、东北抗日联军纪念园、陈云旧居、临江市四保临江战役纪念馆及烈士陵园、城墙砬子东北抗日联军诞生地、靖宇县杨靖宇将军殉难地）、通化市杨靖宇烈士陵园、吉林省东北沦陷史陈列馆、长春电影制片厂、辽源市日军辽源高级战俘营旧址、白城市中共辽吉省委辽北省政府办公旧址和侵华日军机场遗址群、珲春大荒沟抗日根据地遗址①。这些红色文化景区和爱国主义教育基地入选全国一百个红色景点景区，在宣传社会主义核心价值观和增强民族自信、文化自信方面起到了重要的作用。

三 红色文化资源应用中存在的问题

（一）红色文化资源知名度偏低

吉林省红色文化资源与拥有很高影响力和知名度的江西、延安、福建、重庆等革命根据地相比，其数量少，类型也不很全，在中国革命历史进程中具有重大意义的历史事件相对较少，这给吉林省红色文化资源的开发与应用工作带来了一定困难。

（二）红色文化资源部分保护不利

红色资源作为重要的历史文化遗存，具有不可再生、不可复制性。吉林省部分革命旧址分散在交通不便的偏僻农村，有些已年久失修，损毁严重；因地方干部群众缺乏保护意识，有些遗址被随意侵占或人为破坏而失去原貌；有些因城市建设和新农村改造等原因被拆除，已经荡然无存，只有用历史照片或用绘画方式来呈现。

① 《〈全国红色旅游经典景区名录〉公布》，《中国旅游报》2017年2月17日。

（三）红色文化旅游路线开发不充分

吉林省红色文化资源较为丰富，但由于知名度不高、分布较散、体量单薄，资源难以整合。除了被列入《全国红色旅游经典景区名录》的景点外，许多市、区、县的红色景点基本上还处于旅游产品初级阶段，至于内涵挖掘、配套设施、宣传推广、线路设计、市场营销等，基本无从谈起。

（四）红色文化资源创新应用不足

吉林省有些红色文化资源虽然得到维护和修缮，但缺乏有效利用；而已经开发利用的，则开发模式简单化、趋同化，整体效益不高。红色文化资源在转化为旅游产品时，静态观光内容较多，如文物陈列与展示、遗址参观、橱窗图片文字介绍、讲解员解说，而游客体验性、趣味性等参与性活动较少，缺乏足够的吸引力和震撼力。“纪念馆、纪念碑遍地开花，但红色歌曲、故事、影视剧等感染力较强的红色文艺作品却寥寥无几，难以让受众形成记忆点，留下深刻的印象”①。

（五）群众对红色文化建设认识不到位

缺少对本地红色文化内外宣传，多数群众对当地红色文化缺乏认知，参与宣传、保护和开发的意识较淡薄。许多遗址遗迹无人看管，内外堆放杂物，无法突出遗址、遗迹的存在；城镇居民则对革命历史和革命人物事迹认知模糊，缺乏对红色文化保护和传承的责任感和使命感。

四　红色文化资源应用中存在问题的原因

（一）红色文化建设意识不强

吉林省红色文化资源类型多样，蕴藏丰富，如长春电影制片厂、东北沦

① 曲芳艾：《关于加强文化传承与应用对策的思考——以吉林省为例》，《地域文化研究》2018 年第 7 期。

陷史陈列馆等已然成为吉林省的特色名片。然而，各级政府对红色文化资源的保护和应用仍处于起步阶段，有关部门和领导认为这项工作投入较大，而产生的经济效益却未必好，对其所能够产生的社会价值思想认识上尚未完全到位。

（二）红色文化建设资金投入不足

红色文化资源的保护、传承和应用都需要一定的资金作为保障，而那些分布在偏远山区、具有重要历史意义的革命旧居、遗址的保护和维修更需要大量的经费。调研显示，吉林省在红色资源保护和开发上还没有专门的资金投入，而基层财政又负担不起，这成了发展当地红色文化的重要瓶颈。

（三）各地红色项目开发缺乏统筹协调

吉林省各地红色旅游项目的开发和利用缺乏统筹设计和协调。目前，吉林省红色旅游项目单一，仍处于自发的点状发展，缺乏对资源的整合，趋同化倾向严重，“尚未把本地红色资源置于全省乃至全国红色文化大局之下，未能打破原有建制与多市、多省共有的旅游资源进行整合设计实现资源共享”①。

（四）缺乏红色文化建设相关人才

其一，伴随着信息化、数字化技术的推进，红色资源保护缺乏技术性、专业性的文物保护人才。其二，吉林省红色文化建设开展的学术活动较欠缺，红色文化研究整体力量比较薄弱。其三，在红色文化产业发展中，缺乏一批文化修养高、懂经营、创新能力强、善管理的综合型人才。

---

① 曲芳艾：《关于加强文化传承与应用对策的思考——以吉林省为例》，《地域文化研究》2018 年第 7 期。

五　红色文化资源创新应用实现路径

（一）确保红色革命历史的真实

通过实地考察发现，红色文化的历史真实性是开发利用红色文化资源的前提保证。这需要客观、深入地开展实证研究，占有充分的历史材料，恢复其本来面目，还原其历史真相，开展客观有效的历史教育。“历史教育是现代国家普遍采取的公民教育手段，进而获得了弘扬爱国主义和优秀文化的主阵地”①。

（二）培育红色文化的情感结构

一是以革命历史事件纪念日、重大党史节日、重要革命人物诞辰周年等为契机，策划突出红色文化要素为主题的庆祝、纪念活动，在宣传、教育、展演中让吉林省革命先辈的英雄事迹薪火相传。二是深入开展文明创建活动。结合“全民读书月”和“三下乡”等活动，让红色书籍、戏曲进乡入户，将吉林省红色文化自然融入群众喜闻乐见的文化活动中，从而激发全社会参与保护的积极性和责任意识。三是举办场景模拟表演。在革命旧址内举行由演员和游客共同出演的红色剧目，还原革命历史事件，通过野战、射击、攀岩等趣味性项目，体验战争年代的惊心动魄。

（三）健全红色文化管理机制

一是加强规划整合。把红色文化资源保护与开发纳入城乡建设规划中，实施保护与开发“一盘棋”战略。加强各市县区之间的区域统筹，防止相互推诿、重复建设和过度竞争，避免造成人力、物力、财力的浪费。二是统

① 曲芳艾：《关于加强文化传承与应用对策的思考——以吉林省为例》，《地域文化研究》2018年第7期。

筹协调保障。联合相关部门，组建联席会议办公室，根据《吉林省文物保护条例》精神，统一协调管理红色资源的保护和开发等重要事宜，强化协作，凸显优势。三是建立责任考评机制。把红色文化建设工作纳入落实意识形态工作责任制的重要内容，纳入精神文明创建考核评价体系。各市县区要明确保护主体，明晰管理界限，完善责任追究制度，保障红色旅游和红色资源保护互动发展。

（四）拓宽红色文化建设项目融资渠道

一是提供必要的专项资金，用于保护和抢救濒临损毁的红色资源。从各级文化事业、产业建设资金中，征集专项经费用于保障红色文化资源应用工作，同时积极策划和申报国家级文物保护单位，争取中央财政红色文化扶持资金。二是在红色资源所有权归属政府的前提下，以及时发布招商信息、放宽市场准入条件、给予优惠政策等手段，吸引社会和民间资金参与开发红色旅游资源。但应建章立制、有序有效进行建设，防止出现因经营性质项目掠夺式开发而破坏生态环境的行为。三是积极引导金融机构加大对文化资源开发工作的信贷支持力度，为金融机构搭建政策信息平台，拓宽吉林省红色文化建设的融资渠道。

（五）提升吉林省红色文化知名度

是创作能够反映吉林省红色革命题材的影视作品，争取上级宣传部门、广电部门的支持，提高当地知名度。二是利用长白山旅游业、东北亚博览会、吉林省汽博会等国内外大型经贸文化展会，做好吉林省红色文化资源的整合展示和红色旅游的宣传推介。三是加大广告媒介的宣传力度，在电视台播放旅游宣传广告，并在主要交通干道和高速路口及沿线投放一系列宣传标语和广告牌，全力打造“红色吉林省”品牌①。

---

① 曲芳艾：《关于加强文化传承与应用对策的思考——以吉林省为例》，《地域文化研究》2018 年第 7 期。

（六）为红色文化发展提供智力支持

提高从事红色文化资源开发应用人员的整体素质。定期进行专业化的培训，与各科研院所、高等院校等机构举办各种形式的专题学术讲座和研讨交流。到红色文化建设较成熟的地区考察和学习，逐步提高从业人员的专业素质。此外，提供较好的工作待遇和生活环境，完善激励机制，吸引高等院校相关领域的专业人才，为红色文化建设注入新鲜血液。

G.6
吉林省松花石文化产业发展研究

徐建国*

摘　要： 松花石产于长白山，又名松花玉，具有质地温润、颜色俏丽、纹理如画、造型奇特、历史悠久、文化内涵丰富、多用性强的特点，有历史、有故事、有传承。本文针对松花石文化产业发展提出了具体的建议，即编制松花石产业发展规划，坚持理论先行、文化先行，制定更加优惠的扶持政策并真正落实到位，办好各地协会、研究会和商会。

关键词： 吉林省　松花石　文化产业

松花石产自长白山，属于稀有和珍贵矿产，是吉林省的特色资源，它既是矿产资源，又是文化资源和旅游资源。松花石的文化性、艺术性、多用性，决定了其价值和产业发展前景。

一　发展松花石文化产业的意义

一是贯彻落实党的十九大关于发展文化产业的精神，培育吉林省新的文化业态的生动实践。国家出台一系列扶持文化产业的政策，也为松花石文化创意产业的发展提供了千载难逢的机遇。“一带一路”倡议、中国文化走出去和书法进入中小学课堂等，为松花石产业提供了广阔的发展空间。松花石

* 徐建国，吉林省八吉工艺美术集团有限公司董事长。

产业将成为具有吉林特色的文化产业。

二是深化省情认识，开发丰富自然资源的客观需要。深化省情认识，就应加强对吉林省自然资源的再认识，尤其要深化对松花石资源的再认识。松花石是吉林省独特的矿产资源、文化资源和旅游资源，是全国石种中功能最为全面的特殊石种之一，其多用性强，既能制砚，又有天然的奇石，能制成实用品和艺术品，有的可做珠宝，有的可以加工成高档的建筑与装饰材料，开发潜力巨大。尤其是松花石珠宝和松花石涂料研发成功，进一步拓展了松花石的应用领域，极大地提升了其价值。松花石产业的发展还可以带动长白石、橄榄玉、磐龙玉、琥珀木等资源的开发，壮大具有吉林省地域特色的文化产业。

三是促进经济结构调整，实现富民强省的战略选择。吉林省经济转型发展任务艰巨，需要依托现有资源开发，变资源优势为经济优势、发展优势，从而促进经济结构调整。发展松花石文化创意产业就是题中之义，正逢其时。松花石产业链条长，涉及旅游、木材加工、包装、会展及文化、金融、科技等多个领域，与文化、旅游、金融等跨界融合后，成为低投入、高产出的高附加值产业。松花石文化创意产业可以成为吉林省继汽车、化工、冶金之后的又一千亿级产业集群，成为吉林省的新兴支柱产业。应借鉴云南、广西、贵州、安徽、河北等地大力弘扬赏石文化、发展赏石产业的成功经验。

四是丰富长白山文化内涵，提升吉林省文化软实力的必然选择。松花石文化源远流长，博大精深。松花石由康熙赐名，因砚得名，因砚闻名，松花石砚文化在中华砚文化史上浓墨重彩。如今松花石砚文化与松花奇石文化、松花石创意文化和松花石文化创作活动构成了松花石文化，成为吉林特有的文化现象。通过深入发掘传承松花石文化，丰富长白山文化的内涵，使吉林的地域文化更丰富、更完整、更完善、更完美，成为吉林省乃至中国的文化名片。

二　松花石的价值

长白山是我国十大名山之一，著名的旅游胜地，是清朝的龙兴之地，这里物华天宝，人杰地灵。松花石产于长白山，又名松花玉，地质名称为硅质泥晶灰岩，形成于距今八亿年前的震旦纪。松花石具有质地温润、颜色俏丽、纹理如画、造型奇特、历史悠久、文化内涵丰富、多用性强的特点，有历史、有故事、有传承。

松花石具有皇家血统，品质高贵。松花石最早为民间的“磨刀石”，清朝康熙皇帝将这种“磨刀石”制成砚，赐名为松花石砚，松花石因砚得名。自此，松花石砚成为清朝的御砚，民间不可用。康熙皇帝盛赞松花石“质坚而润，色绿而莹，文理灿然，为良砚之材”。他还亲撰《松花石砚制砚说》，其松花石砚铭为“寿古而质润，色绿而声清，起墨益毫，故其宝也”。雍正皇帝的砚铭为“以静为用，是以永年”。乾隆皇帝亲自主编了《西清砚谱》，他在序中写道，“松花石，绿色光润细腻，品埒端歙”，并将六方松花石砚编入，冠砚谱之首。

松花石被封为御砚后，成为权力的象征，历代皇帝都将松花石砚作为圣物赏赐给重臣和有功之臣，赏赐松花石砚成为笼络大臣和激励皇子皇孙的手段。松花石砚传承了中国砚文化，记载了清王朝的兴衰，可说是“一方松花砚，半部大清史”。

随着人们对松花石的认识不断深化，其用途越来越广泛。松花石奇石以其质形色纹兼备的特点和独特魅力，享誉石界，备受赏石人的喜爱；松花石艺术品林林总总，摆件、挂件、文玩集文化价值、艺术价值和收藏价值于一体，以其特有的魅力赢得了收藏界和文玩爱好者的追捧；松花石珠宝雍容华贵，典雅素静，魅力独特，将跻身国际珠宝市场；松花石实用品别具风格，既实用，又具文化价值和收藏价值。用松花石制作的茶具、酒具和松花石涂料、墙砖等，对人体有益，深受人们的青睐。

三　松花石文化产业的发展思路

（一）对松花石产业进行定位

从松花石产业的全链条看，首先是惠民产业，其次是扶贫产业，再次是惠农产业，最后是就业产业。其既是文化产业，也是民生产业，既是当下产业，也是未来产业，既是劳动密集型产业，也是科技含量渐升产业，既是文化创意产业，也是文旅、金融紧密结合的新型产业。松花石文化创意产业可培育为千亿级产业集群，松花石产业将成为吉林省的新兴支柱产业，松花石将成为吉林省乃至中国的文化名片。

（二）明确松花石产业发展总体思路

清朝封禁长白山200多年，松花石砚为宫廷御砚，民间不可用，使松花石资源得到有效保护。松花石是大自然赐予，是大清先人留给吉林人民的宝贵物质财富和文化财富。松花石属不可再生资源，在松花石资源的开发利用上，要做到“五个坚持”：即坚持在保护中开发、开发中保护的原则；坚持科学有序开发，最大限度地延长资源开发年限，最大限度地发挥资源效益，做到综合利用、集约经营、精深加工，走产品系列化、多元化、品牌化、精细化的产业发展之路；坚持跨界融合理念，实施走出去战略；坚持政府引导扶持、协会搭桥服务、企业主导、市场运作、全社会联动、龙头企业和大师引领的原则；坚持以市场为导向、面向国内国际市场、理论先行、文化支撑、金融与科技助力的原则。

（三）确定松花石产业发展目标

通过十年的努力，使松花石产业成为具有吉林地域特色、产品种类齐全、文化内涵丰富、市场竞争力强，集生产、贸易、会展、服务一体化发展的文化创意产业。松花奇石、松花石砚、松花石艺术品、松花石实用品、松花石珠宝和松花石建筑与装饰材料的年产值达到1000亿元，尤其是珠宝产品要打入国际市场，成为吉林省的重点创汇产品，使吉林省成为赏石文化大省、石产业大省。同时，随着松花石文化产业的发展，带动相关的文艺创作、衍生产品和第三产业的发展。

四　松花石文化产业发展布局

松花石资源分布在吉林省东南部地区的白山、通化和延边地区，特点为点多面广，不适合大规模的工业化开采，产业特征为小群体大产业。通过发展松花石为代表的特色文化产业，促进吉林省东部延边州、白山市、通化市的产业结构调整，不仅成为东部地区新的经济增长点，也成为全省经济发展的增长极。

一是在白山、通化和延边地区建立原材料基地和初级加工基地。白山市要巩固江源区北方石城和松花石之乡的成果，重点培育江源国家级松花石文化产业园区；通化市重点打造大安松花石文化旅游小镇；延边州重点培育安图县两江镇松花石文化产业园区、敦化市松花石产业园区；长白山管委会以长白山旅游为载体，打造集博览、销售为一体的松花石文化旅游产品集散地。各产区要突出各自的地域、区位优势，生产各具特色的松花石文创产品，避免产品雷同，形成恶性竞争。

二是发挥长春市明显的区位、文化、科技和人才优势，把长春建设成为闻名全国的松花石文创产品研发、生产、展览、交易集散地。长春市已被国务院批准为历史文化名城，长春市发展松花石产业，是保护和发展历史文化名城的题中应有之义，松花石应大有作为。在长春建立国家级松花石文化创意产业园区和松花石文化研究基地，充分发挥中国松花石产业领军企业吉林省八吉集团和以彭祖述为代表的一批工艺美术大师的引领作用，带动白山、通化和延边地区发展松花石产业，在长春建设中国松花石博物馆，每年举办一次松花石文化旅游节。将每年的 8 月 30 日定为“中国松花石节”。

五　松花石文化产业发展的关键环节

一是搞好资源普查和有效管理，为产业发展提供保障。国土资源部门对全省松花石资源进行普查，摸清家底，加大资源的保护与管理力度，建立严格的管控制度，杜绝乱采乱挖，对未经加工的原料和半成品不准对省外销售，鼓励企业节省和有效利用资源。

二是培育龙头企业，发挥引领作用。重点培育龙头企业，成为当地辐射石农、石商和中小企业的领头羊。省里重点扶持吉林省八吉集团，尽快将其培育为产值超百亿元的龙头企业，成为中国松花石产业的航母。

三是实施名牌战略，提高松花石产品的市场竞争力。强化商标和品牌意识，靠名石、名砚、名品占领市场。

四是大力培养人才，靠人才支撑产业发展。培养一大批文化理论骨干，培养一大批制砚大师以及雕刻大师，培养一大批经纪人。

五是加大宣传力度，创造良好的舆论氛围。不仅在省内媒体大量宣传，还要在中直新闻媒体、省外媒体宣传，不断扩大松花石的知名度和影响力。

六　促进松花石文化产业发展的建议

（一）编制松花石产业发展规划

高度重视松花石文化和产业发展，不仅要落实好“十三五”规划中的各项任务，而且要继续纳入“十四五”规划。成立吉林省松花石产业发展领导小组，具体负责全省的松花石资源普查、规划制定、产业布局、新产品研发指导、资源保护以及松花石文化发掘与传承等。

（二）坚持理论先行、文化先行

增加文化含量，加大文化投入。省里应调集大学、科研机构、长白山文化研究会中的“文化人”“专家”，使更多的精兵强将介入松花石产业，让他们显身手、有作为。成立松花石文化研究机构，把各地的松花石爱好者、志愿者的积极性进一步调动起来，汇集多方面的智慧和力量，研究发掘传承松花石文化，研究松花石产业的发展规划及战略，定期召开研讨会，为省委、省政府提供决策依据。

（三）制定更加优惠的扶持政策并真正落实到位

全省的文化产业发展专项资金应重点向松花石产业倾斜，同时，应专门研究完善扶持松花石产业的政策。一是建立松花石产业发展引导基金，加快松花石产品资本化、金融化步伐，让更多的资金进入松花石产业。二是金融部门应突破有关规定，让松花石产品可以质押，给予松花石企业贷款支持。三是对开展松花石宣传活动的项目给予资金支持。四是全国性的文化产业博览会、赏石（玉石）展会等都要组织松花石企业参加，并给予补贴。五是对企业大力研发具有高品位、高附加值，又适销对路的新产品，尤其是出口创汇产品，给予一定的资金奖励。

（四）办好各地协会、研究会和商会

各地协会、研究会和商会应进一步发挥连接政府与石友、石农、石商和企业的桥梁纽带作用，为政府出主意、当参谋助手。同时，在宣传、理论研究、信息、技术、鉴赏、展览、价格评估、销售以及行业自律等方面搞好沟通协调和服务。

旅　游　篇

Tourism Articles

G.7

吉林省文旅融合与旅游业转型升级研究

李佳欣*

摘　要： 文化与旅游从古至今相生相伴，从未分离。随着人们物质生活水平的日益提高，人们对旅游的需求也日益多样化、个性化。将文化融入旅游之中，打造原汁原味极具地域特色的文化旅游产品已经成为近年来旅游市场的主要趋势。作为旅游资源大省，将吉林文化与旅游深度融合，打造不可复制、不可替代的吉林旅游产品，是推动吉林省旅游发展、推进旅游产业转型升级的必由之路。当前，吉林省文旅融合还停留在初级阶段，旅游基础设施建设不足，公共服务水平较低，旅游从业人员素质不能完全满足市场需求。本研究立足省情，

* 李佳欣，中共吉林省委党校副教授，主要研究方向为区域经济。

借鉴国内发达地区经验，提出通过推动文旅融合打造旅游精品、加大文化旅游品牌建设、加强政府规划引导、加强旅游人才培养等措施推进吉林省文旅融合，推进旅游产业转型升级，继而推动吉林省经济发展。

关键词： 吉林省　文旅融合　旅游业转型升级

一　吉林省文化资源与旅游产业发展现状分析

（一）吉林省文化资源

“文化是旅游的灵魂，旅游是文化的载体。”随着物质生活水平的日益提高，仅有自然资源而无文化内涵的传统旅游形式已无法满足市场的需求。将文化融入旅游之中，打造原汁原味的区域文化旅游产品已成为近年来旅游市场的流行趋势。文化为旅游注入新的动力，而旅游为文化传承、推广提供了新的空间和渠道。吉林省拥有特色鲜明的文化资源，由朝鲜族文化、高句丽古国文化、满族文化、关东民俗文化、红色文化、工业文化等组成的吉林文化，既反映了东北文化的基本要素，又呈现出吉林地方文化的独特特征，既具有突出的价值，又具有独特的魅力。总体来说，吉林省有以下文化资源。

1. 历史文化遗产遗迹

历史上的吉林省曾是夫余、高句丽、渤海、辽、金等政权的重要统治区域。夫余、高句丽、渤海都曾将王城设在吉林省。此外，吉林省还是清王朝满族发祥地和聚居地。清朝康熙、乾隆等帝王曾多次到吉林长白山祭祀祖先，长白山被称为满族的龙兴之地。同时，吉林省也是清朝时期的东北重要军事重镇、吉林将军的驻扎之地、东北规模最大的造船基地、训练吉林水师和八旗军队的军事基地，文化底蕴深厚。主要遗址遗迹包括下列几种。

（1）夫余遗址，包括白金宝文化、西团山文化及榆树老河深、永吉学古、泡子沿前山、东辽石驿彩岚、桦甸西荒山、帽儿山等遗址、墓群等古迹。

（2）高句丽遗址，以全国历史文化名城集安的高句丽民族、社会、文化历史遗存为旅游吸引物，包括丸都山城、国内城、好太王碑、将军坟、五盔坟等高句丽墓葬群，以及高句丽采石场、国东大穴等高句丽遗址遗迹。

（3）渤海国遗址、遗迹，包括六顶山墓群、二十四块石、西古城、贞孝公主墓等。

（4）辽金遗址、遗迹，包括塔虎城、农安辽塔、大金得胜陀颂碑、完颜希尹家族墓地等。

2. 民族民俗文化

吉林省是多民族边境省份，有 48 个少数民族，少数民族众多，民族文化丰富多样。吉林市乌拉街、满族文化博物馆等景点记录了满族文化在吉林的发展演变。延吉市中国朝鲜族民俗文化园、图们市中国朝鲜族非物质遗产博物馆、安图县红旗朝鲜族第一村等景点充分演绎了朝鲜族风情。松原市前郭县是吉林省唯一的蒙古族自治县，具有鲜明的草原文化和原汁原味的蒙古族民俗风情。此外珲春的满族杨泡乡的民间剪纸艺术、汪清的百草沟“象帽舞之乡”、安图的长兴“民俗活动乡”、珲春的密江“洞箫之乡”等都是吉林省民族民俗文化的代表。吉林人融淳朴、热情、豪爽、乐观、幽默于一体，极具感染力的吉林文化成为吉林旅游不可复制的特色。目前吉林省已依托蒙古族、满族、朝鲜族等少数民族文化旅游，建设了吉林民族风情旅游节点，打造了别具特色的吉林风情旅游线路，将满蒙文化、朝鲜族文化、高句丽历史遗迹与长白山风光、查干湖冬捕结合起来，使游客在观光赏景、参与冬捕旅游中体会到吉林独特的民族民俗文化。

3. 红色文化

吉林省具有丰富的红色文化资源，其中尤为突出的是以杨靖宇为首的东北抗联文化。毛泽东主席曾经说过，中国革命有三大苦，即两万五千里长征、新四军孤悬敌后、东北抗联艰苦卓绝。习近平总书记在纪念抗日战争胜利 70 周年大会上追忆了三位抗日英雄将领，排在第一位的就是杨靖宇将军。

从1931年至1945年14年间，东北抗联主要活动在吉林省白山松水之间。吉林省现有抗日遗址遗迹204处，此外，四保临江、四战四平在解放战争史上都具有战略性转折意义。习近平总书记说：“把红色资源挖掘好，把红色文化传承好，把红色旅游发展好。”这为吉林省利用红色文化资源开展红色旅游指明了方向。利用好吉林省红色资源，把红色资源优势变成红色旅游优势，推进红色文化与旅游进一步融合，提升旅游产业整体实力，为吉林省经济发展带来新的活力。目前，吉林省最具代表性的红色文化资源包括四平军事文化主题公园、杨靖宇将军殉国地、四保临江红色文化旅游区、靖宇陵园、东北沦陷史陈列馆、长春电影制片厂等。

4. 工业文化

吉林省工业文化资源丰富，五大系列工业文化资源有望提供丰富的工业旅游产品，包括20世纪五六十年代兴建的大型国有企业，如长春一汽、吉林化工、长影集团、苏联援建“三大化”等；近年来不断涌现出来的战略性新兴产业，如光机所、应化所、小卫星、长春轨道客车等；特色农产品加工企业，如抚松矿泉水基地、皓月、德大等；特色医药企业，如通化东宝、敖东药业等；新近创建的一批创业创新孵化基地如百渡工厂、汽车电子园等。

目前，吉林省工业旅游已有良好开端。一是大型国有工业企业游，如红旗小镇。2018年8月1日，作为红旗60周年庆典活动之一，红旗绿色智能小镇启动仪式在长春成功举办。红旗小镇设有专门的工业旅游区，包括汽车工业门、红旗公园、博物馆、观光广场、文创街等，凸显汽车主题文化优势，将旅游、商业、居住等完美融合。二是现代工业园区游，主要有西部风电场、光伏旅游。吉林省西部具有丰富的风能、光能资源，近年来推动的风电建设以及光伏发电项目等，为吉林省西部开展工业旅游提供了重大机遇。密布原野的风电装备、整齐划一的光伏设备，再加上千里草原的生态风光，展示了一种工业旅游、生态旅游、民俗旅游相结合的新模式，同时也能为西部地区产品推广和脱贫攻坚作出新的贡献。三是创意产业园区游，典型代表有长春水文化生态园。在长春净水厂原址建立的长春水文化生态园越来越受到游客欢迎。该园区设有艺术家工作室、咖啡室、书吧等功能区，陈列着由废旧工业原件制作的公共艺术雕塑，将供水工业与水生态紧密结合，在主流大工业之外另辟蹊径，探索了新的工业旅游形式。作为该园区的建筑之一，“褶皱楼”已经成为网红建筑。四是工业遗产游，目前较有规模的包括长影旧址博物馆、丰满水电站、通化葡萄酒厂地下储酒窖、大泉源“清宝泉涌酒坊”遗址以及林业采伐工业相应遗址等。此外，吉林市集中了一批化工、冶金、建材等方面的老工业企业，随着城区老工业区搬迁改造的推进，很多企业搬迁到了城市外围的工业园区，在城市中心留下了很多老旧的生产设备和装备。从旅游的角度看，这些蔚为壮观的装备设备具有极大的历史文化价值，保护并进行旅游化改造，可让游客尤其是青少年更加了解共和国的工业史和奋斗史，具有旅游和教育双重意义。五是高新技术企业游。吉林省高校、科研机构较多，近年来创业企业、高新技术企业发展较好，全省已有近千家科技型中小企业和400余户科技型小巨人企业。这些企业有的已经建有观光走廊、企业展室等设施，有些企业集中在相应的园区，可以利用这些资源和优势开启体现新时代特征、新技术特点和新创业群体需要的工业旅游模式。

5. 宗教文化

宗教与旅游相结合，弘扬传统宗教文化精华，摒弃封建糟粕，为旅游注入新的文化内涵。依托吉林省佛教、道教、天主教和萨满教等宗教文化旅游资源，积极开发宗教文化体验旅游产品。加大萨满文化旅游产品开发力度，突出打造独具吉林特色的宗教文化旅游产品。目前吉林省已有吉林北山、敦化六鼎山、图们日光山华严寺、辽源福寿宫、伊通萨满文化旅游区、松原妙因寺六大宗教文化旅游区。可将宗教文化与绿色休闲避暑游、养生游结合起来，在为旅游注入文化内涵的同时，还可以利用宗教节日调节景区旅游淡旺季时间。

6. 养生文化

吉林省古有人参、鹿茸、貂皮三宝，近年来吉药与吉林绿色无污染农产品又深受国内外市场欢迎，可发挥吉林省特色保健优势，大力发展具有吉林省特色的保健养生旅游产品。结合红酒、梅花鹿养殖、保健食材等开展养生度假旅游，在双阳、蛟河、延吉、长白山、抚松、通化、集安、辽源等地建设一批特色医疗养生基地。依托吉林省东部森林、西部湿地、湖泊等优越生态环境，在长春、吉林、长白山、靖宇、抚松、长白等地建设一批生态养生型养老基地。此外，还可以大力布局发展温泉康体旅游产品，以长春—吉林、环长白山两大温泉康体疗养产业集聚带，以及临江、浑南、松原、敦化四地为重点，布局开发建设温泉康养疗养旅游区。重点打造御龙温泉、神农庄园、雁鸣湖温泉、长白山池北池西温泉、仙人桥温泉等高品质温泉养生度假特色旅游区，打造国内最佳冰雪温泉养生目的地。

（二）吉林省旅游产业发展现状

1. 旅游经济增长稳步提升

目前，吉林省旅游业已经步入了快速稳定的增长阶段，并逐步成长为吉林省经济发展的支柱性产业。近几年，在全省稳增长任务日益突出的宏观背景下，吉林省旅游业表现出蓬勃的发展势头和强劲的拉动效应。旅游产业发展水平与经济贡献率不断提高，对国民经济的贡献日益增加。2014 年吉林省接待海内外游客 12141. 24 万人次，2015 年 14130. 90 万人次，2016 年 16578. 77 万人次，2017 年增加到 19241. 33 万人次，2018 年达到 22156. 39 万人次。旅游总收入更是先后突破了 1400 亿元、1800 亿元、2300 亿元、3500 亿元大关，2018 年旅游总收入达到 4210. 87 亿元，成为吉林经济发展的新亮点。此外，旅游产业对吉林振兴拉动作用也日益明显。2016 年旅游新增就业人数 3. 9 万人，占全省新增就业的 7. 4%。目前吉林省居民人均出游达到 2. 5 次以上，国内游客在吉林省人均花费 1733. 55 元，同比增长 6. 81%；吉林省人均旅游收入 10729 元，在全国居第 14 位，比 5 年前跃升 2 位。

2. 旅游产业地位逐步提高

随着国内消费需求的不断释放和吉林省生态资源优势的凸显，吉林省旅游正在由过去的小产业向大产业快速演进。一方面，旅游项目建设呈现出投资规模化、业态集聚化、主体多元化、分布全域化的特点，其中亿元以上项目占全省项目总投资的 14%；10 亿元以上项目占 17. 9%，占三产投资的 29. 3%；50 亿元以上重大项目 15 个，总投资 1813 亿元，分别增长 36. 3% 和 22. 3%；万达、万科、鲁能、万峰、广泽等大企业跨行业进入，推动旅游产业加速转型。另一方面，政府引导力度不断加大，长春、吉林、四平、通化、延边纷纷设立旅游产业发展引导资金，其中，延吉、敦化、集安近亿元，有力地带动和促进了本地旅游产业发展。

3. 旅游产业体系逐步构建

全省旅游公共服务体系逐步配套齐全，旅游综合服务区第一期建设10个，以吉林省暨长春市旅游服务综合体建设为中心，在吉林、通化、延吉市区建设城市集散中心型综合服务区，在辉南三角龙湾、松原查干湖、白城向海、通化集安、珲春防川建设景区综合服务体型服务区，在松江河镇、二道白河镇建设旅游小镇型综合服务区。第二期共建设18个。在四平、梅河口、白城建设城市集散型综合服务区，在长春双阳吉林省乡村旅游示范区、吉林松花湖、集安、柳河、镇赉莫莫格、通榆向海、松原龙华寺、鸭绿江苇沙河、池南景区、白山市、敦化市区、珲春经济开发区建设景区综合服务区等。旅游交通等基础设施建设快速发展，根据交通规划，吉林省干线公路网将覆盖全省所有A级以上重点旅游景区，通向“吉林八景”等重点景区的公路将全部达到二级以上公路标准，连接主要旅游城市和重点景区的交通网络初步形成。产业融合不断深化，旅游产业与文化、运动、工业、农业、影视等产业融合发展不断加深，一批重要的旅游景区和旅游接待服务设施得以开发建设，接待条件明显改善。重点旅游城市面貌发生了重大变化，旅游功能明显增强。

4. 旅游资源富集

吉林省是我国著名旅游资源大省，具有资源总量大、类型全、功能多、组合好、特色显著等特点。总体上看，吉林省旅游资源大致可以分为三个区域，东部为山地生态和朝鲜族风情区，中部为现代农业和满族风情区，西部为草原生态与蒙古族风情区。根据吉林省旅游资源普查最新结果，目前吉林省共有旅游资源单体数量8036个，共有国家A级景区243家。发展最好的区域为长春、吉林两大中心城市及延边州东部绿色旅游精品带。在中心城市附近，长春市双阳区和吉林市丰满区依托优越的地理位置，便利的交通条件和良好的经济环境，为都市人群提供了周末休闲度假、短期休憩的旅游产品。长春市双阳区地处长白山余脉，属于喀斯特地貌，拥有灵山、秀水、奇洞、温泉、梅花鹿等特色旅游资源。依托资源优势，融合特色的自然资源和优美的生态环境，双阳区开展了农家乐、垂钓场、采摘园、观光园、餐饮娱乐等休闲度假活动，目前，当地正在建设民俗村、度假山庄等民宿设施，促使双阳区由乡村旅游向乡村度假转变。同属中心城市的吉林市近年来立足自然生态、人文历史、民族民俗、特色物产等资源优势，积极推动具有地方特色的旅游业发展繁荣。一是依托“一江三湖”，打造山水生态品牌。重点围绕松花江、松花湖、红石湖和白山湖等得天独厚的生态优势培育一批农家乐精品，形成乡村旅游聚集效应。二是依托特色村镇，打造民俗文化品牌。通过深入挖掘民俗和历史文化内涵推动旅游发展。以乌拉街满族镇为代表的清朝满族文化，以阿拉底村、星光村等为代表的朝鲜族文化，以清真寺、北极美食一条街为标志的回族文化等，打造了集民族特色、民俗风情、民情体验为一体的旅游示范区，增强旅游的文化内涵。三是依托节庆活动，打造雾凇冰雪品牌。以“观赏雾凇奇景、体验滑雪激情、感受温泉文化”为主题，举办雾凇冰雪节等系列文化体育商贸活动，推出到吉林“红红火火过大年”等东北民间乡土文化系列活动，较好地促进了吉林市旅游的发展。

在东部绿色旅游精品带上，旅游资源多、经济效益好、服务设施成熟是这一区域旅游发展的突出优势。一是旅游资源多。东部绿色旅游精品带所属的各市州有A级景区120家，其中5A级旅游景区6家，4A级旅游景区33家，3A级旅游景区36家，2A级旅游景区38家，1A级旅游景区7家。通过调查发现，在东部地区120家A级景区中，生态类旅游景区数量最多，为49个，占总量的40.8%；其次是文化类旅游景区32个，占总量的26.7%；乡村旅游景区29个，占总量的24.1%。此外，边境旅游、红色旅游、冰雪旅游资源也较为丰富。二是旅游经济效益好。东部绿色旅游带是吉林省多年来倾力打造的重要旅游精品带，2016年接待游客数量为13392.72万人，同比增长16.41%，旅游接待人数占全省旅游接待总人数的80%左右。旅游总收入达2387亿元，占吉林省旅游总收入的82%。截至2016年底，全省共有星级饭店193家，其中东部绿色旅游精品带所属的各地区共有星级饭店148家，其中五星5家，四星32家，三星64家，二星16家。吉林省东部绿色旅游精品带依托自身资源优势，初步构建了度假旅游模式。具有代表性的度假旅游产品有长白山万达旅游度假村和长白山鲁能胜地，两大度假区皆由各具特色的大型酒店群落组成，万达度假区风格借鉴欧美滑雪小镇的特色，以冬季滑雪、夏季避暑、春秋赏景为主题；鲁能度假区以生态为核心理念，创新演绎了“冰雪”“民俗”“森林”三大长白文化内涵，建设了高水准的国际森林度假特色小镇，两大度假区目前已成为长白山区域旅游的金字招牌，深受国内外高端游客欢迎。此外，和龙金达莱朝鲜族民俗村、安图红旗朝鲜族村、长白山锦江木屋村等特色小镇通过差异化发展，主打民俗、历史主题，同样拥有忠实的旅游客户群体。如和龙金达莱朝鲜族民俗村依托朝鲜族民俗文化、海兰江、特色水稻田等资源优势，积极构建中国东部少数民族特色村落。在现有旅游基础上提升朝鲜族休闲农业、民俗商业街、民宿酒店、民俗演绎及体验中心等旅游业态，其原汁原味的朝鲜族文化吸引了越来越多的国内外游客。

白山南部地区旅游近年来也得到了快速发展，最具代表性的是集安市和临江市。临江市境内自然景观、人文遗存众多，先后被评为“全国休闲农业与乡村旅游示范县”、“中国最美文化生态旅游名城”、“中国百佳深呼吸小城”、“中国最美县市”和“中国长寿之乡”。临江市把握自身特色，开发当地资源，将松岭雪村打造成摄影爱好者的圣地，每年冬季，都有大批摄影爱好者旅居此地，拍摄冬季白雪皑皑下质朴、恬淡的乡村生活。房屋、树木、牛羊、孩童……构成的水墨丹青不断吸引着外地游客来到此地，在绘画摄影之余体味原汁原味的乡村生活。

二　吉林省文旅融合发展存在的问题

（一）文旅融合不足，旅游经济发展缓慢

目前吉林省旅游产业仍停留在粗放型发展阶段，旅游产品仍以观光旅

游为主，以门票收入为主要收入来源，购物、疗养、度假等带动性较强的旅游活动项目较少，缺乏能够同时满足游客“吃住行游购娱”一体化的消费需求综合性强的旅游产品，旅游“娱”项目偏少，带有参与、体验性质的活动较少，内涵高雅，能够突出历史感、民俗感的文化娱乐休闲项目较少，旅游产品开发不足。旅游在建筑风格、服饰、接待礼仪、餐饮、住宿等方面千篇一律，缺乏文化内涵，缺少旅游精品。虽生态资源、红色资源、冰雪资源、气候资源得天独厚，但并未与文化产业有效结合，差异化发展不明显，生态游、冰雪游、红色游、工业游等均未能与相应的文化融合。

（二）政府部门尚未形成合力，扶持效果有限

一是吉林省旅游基本是企业根据市场需求自发兴起和经营，缺乏政府统一规划引导，发展具有很大的盲目性。文化与旅游结合的重要性尚未引起各级政府的重视，大部分旅游经营单位没有编制高水准的发展规划，缺乏指导中长期发展的纲领性依据，旅游建设随意性较强，规范化发展的意识薄弱。

二是资源管理分散的体制制约了旅游产业发展。旅游发展涉及旅游、农业、林业、水利、工商、环保、税务、卫生、交通、建设、电力、通信等多个部门，吉林省旅游发展缺少统筹安排，部门间协调难度大，没有形成支持乡村旅游发展的合力。

三是资本大都由民间投入，渠道单一。因土地性质问题，银行贷款困难，土地使用、建设审批等手续繁杂，税收负担较重，没有宽松政策，企业经营面临困境。政府财政支持力度不够，政策与资金捆绑使用难度大，缺乏部门联动机制和项目资金支持机制，经营户得到的支持政策远远不够。

四是开发与保护矛盾突出。水面、林地、耕地、文物保护等多重约束叠加，如长白山景区，自开发之日起就面临着过度与空白管理并存的问题，交通拥堵和景区承载力问题始终突出。

（三）基础设施建设不足，公共服务水平较低

基础设施仍是制约吉林省旅游发展的瓶颈。省内通往各个旅游景点的主要道路缺少指示标志，没有直达交通工具。在旅游资源富集的东部地区，沿线公路多为三级公路，路面宽度和条件远远不能适应冬夏旺季旅游市场的需要，农村公路设计标准低，附属设施缺乏，承载能力低，大都为中、差等级路。乡村公路有省级公路连通的仅为25%，有县级公路连通的为35%，有乡级公路连通的为40%。长白县至今没有高等级公路，也未通铁路。通信能力整体不强，边境地区有470余千米属于通信盲区，占整个边境线的60%，有近90个村屯无手机信号或信号极弱，无法满足旅游的基本需求。省内部分旅游区设施简陋，缺少为游客提供休憩娱乐的必要设施和条件。

（四）旅游从业人员素质较低

发展旅游业需要大量高素质旅游从业人员，包括具有国际视野的高层次规划设计人才，熟悉省情又了解旅游市场规则的旅游行政管理人才，具有敏锐市场洞察力、深谙市场需求的高级旅游经营管理人才，通晓吉林文化、热爱吉林旅游事业的各类旅游服务人员等。但是当前，吉林省旅游人员构成中高级人才所占比例不高，大多数工作人员文化素质不高，虽有热情但缺乏满足旅游发展的文化素质，思想较为保守。此外，多数乡村旅游从业人员没有经历过正规培训，整体素质相对较低，经营水平和服务质量偏低，制约了吉林省旅游产业转型升级。

三　国内文旅融合发展经验借鉴

（一）四川黄龙溪古镇经验借鉴

作为国内旅游资源大省、旅游经济强省，四川省近年来旅游产业飞速发

展，旅游建设硕果累累。自 2007 年四川省旅游总收入突破 1000 亿元大关后，2008～2011 年 4 年间突破了 2000 亿元关口，2012～2013 年两年间跨越 3000 亿元关口，从 2014 年起，每年增长超过 1000 亿元，到 2015 年突破 6000 亿元，2016 年达到 7700 亿元，2017 年超过 8900 亿元，2018 年已破 10000 亿元大关。四川旅游经济步步攀升的背后是其旅游产业多点多级支撑的布局优势。除了中外游客耳熟能详的成都、九寨、峨眉、乐山等成熟的景区外，四川省十分重视新兴旅游景区的发展，将文化融入旅游之中，为旅游注入“灵魂”。四川省大力发展集休闲、观光、体验、旅游为一体的新型旅游业态和消费业态，有力助推了旅游经济的发展。其中，黄龙溪古镇是四川省文化旅游发展的成功案例之一。

黄龙溪古镇位于成都市双流区西南部边缘，距离成都市不足 50 千米，成为成都及周边市民周末及短期度假的热门景点。黄龙溪古镇景区现为国家 4A 级景区，并荣获全球低碳生态景区、中国民间艺术之乡（火龙艺术）、中国历史文化名镇、全国环境优美乡镇、中国最佳休闲胜地等称号。本地居民依托景区资源开发了家庭农庄、采摘、垂钓、花卉苗木种植等多种经营项目，景区外围商家多达 60 多家，有鹿溪园艺、花果山、鹿溪会所等星级农家乐 18 户，约占 31%。2016 年景区共接待游客 647.97 万人次，景区综合收入 69846.43 万元，游客平均停留时间为 1.8 天，省内外游客比例为 6∶4，入境游客 24.99 万人次。2017 年仅国庆中秋假期，黄龙溪古镇景区就接待游客 52.2 万人，旅游总收入为 6298 万元。黄龙溪古镇发展乡村旅游的成功经验主要有以下几个方面。

1. 基础设施建设好

“九层之台，起于累土”，基础设施是旅游产业发展的先决条件。黄龙溪古镇景区距离成都市仅 30 分钟车程，景区已经形成了连接成都主城区、天府新区直管区、双流城区、新津县、彭山区等地区的道路网络。此外，在客运中心和景区入口处开通了换乘车，每天往返发班 30 余班次，解决了游客进出景区的大交通问题。景区内为方便游客设置了无障碍通道，形成了真龙街、川龙街、上下河街、学府路等四条旅游动线，对景区观光进行了全覆盖。此外，景区还设置了规范化游客服务中心，配备了专兼职讲解人员30余名，为游客提供导览宣传资料、讲解咨询服务、轮椅、婴儿车等特殊人群服务项目，在主要游览线路附近设置了免费公厕10座，满足游客就近如厕需求，设置了300余个垃圾桶，解决游客就近投放垃圾问题，投入了288名环卫工人负责景区日常清扫保洁工作，保证街面整洁有序，景区现有各类购物场所504家，基本可以满足游客购物需求。

2. 景区服务、管理水平高

在管理机制方面，景区机构设置、组织网络健全。黄龙溪古镇景区管理局全面负责古镇景区旅游发展规划管理工作，景区管理局下设综合科、营销科、管理科、游客服务中心。同时区公安分局、区市场监督局、区城管局等职能部门均派执法人员常驻景区，并建立了黄龙溪古镇景区专职消防中队，对景区内原居民、游客和商家进行统筹管理。在服务质量方面，景区切实落实营销宣传和投诉处理，对各项信息发布均进行严格审查，外宣报道确保宣传信息真实可靠。此外，景区设置旅游纠纷调解室，开通24小时咨询电话及时处理各类投诉，办结率达100%。景区委托四川西部民生研究院每季度在景区开展一次游客满意度调查活动，游客满意度调查高达91.09分。在配套服务方面，景区启动实施了“大联动、网格化、微治理、细服务”体系建设行动计划，设置了大联动分中心，整合景区管理职能和管理队伍，将景区划分为6个单位、36个网格，配置了61个网格员，对景区实行保护建设、规划建设、经营管理、游客服务等多方面结合的管理模式。此外，景区服务功能配套充分。有咨询中心5处、免费公厕10处、标准化停车场2处、2300个泊车位，高峰应急临时停车场9处、5000个泊车位，购物场所504处，医疗室4处，能够满足游客医疗保健和紧急救护需求。游客中心配置了轮椅、婴儿车，公厕内设置了母婴室和第三卫生间，可以满足残疾人、老年人、儿童的个性化需求。

3. 景区社会治理秩序优

为应对游客高峰时段和突发状况，黄龙溪景区在空旷地带设置了应急避难场所4处，为完善应急处理机制，景区对各类旅游安全隐患进行了梳理，对消防、防汛、用电、食品卫生、突发公共事件等各项安全应急预案进行了完善，新增了节假日旅游高峰安全应急预案，建立了一套行之有效的安全应急处置体系，开展了消防和水上安全应急救援演练，景区内123个监控探头对游客流量进行实时监控，便于旅游高峰时期及时疏导，在保障人员安全的同时，景区切实落实对名木古树和古镇居民的保护工作，每年划拨专用资金用于古建筑修缮保护，为确保景区内商业活动有序开展，景区成立了商会，每年召开约十次左右商家大会，在食品安全、商品价格和质量、售后服务等方面对商家经营提出规范化要求。通过对景区治理的提升，景区内近年来从未发生过旅游安全事故。

4. 文旅融合好

文化是旅游产品的灵魂，黄龙溪景区引入了三都博物馆，举办了各类文化旅游节，开发了“一首歌”“一台戏”，建成了以鹿溪园艺、花果山、寿湖桃源为主的露营地，引进四川翔云通用航空有限责任公司发展低空旅游，携手华侨城开发康养水镇，建成了盛源廊桥客栈、鸿运休闲庄、盛和修养庄等二十余家标准化居家养老服务中心，与省旅游学校合作，开发了空乘服务、四川美食、三国文化等旅游观光体验项目。为了使景区设施与环境相协调，景区内设置了水碾、水车等小品景观，原汁原味还原体现了农耕文化乡土特色，古码头、田园水村再现了“朝出锦官城，夜宿黄龙溪”的繁荣景象，民居风貌改造融入了明清时期川西民居建筑风格。2016年，景区内还实施了互联小镇建设，开发了在线虚拟游览和自动语音讲解等个性化服务，通过官网、微博、微信等发布景区相关信息，便于游客快速查询。为了满足游客多样化的购物需求，景区在做精做细具有本地特色化的旅游小商品的同时，着力创意开发陶艺品、祥纹银饰、竹木手工艺品等旅游纪念品。其中，祥纹银饰获中国国际旅游大赛金奖及中国工艺美术精品奖铜奖，胎瓷竹编酒具和古镇茶韵办公记事板荣获四川旅游商品设计大赛金奖，黄龙溪粽编代表人入选成都市第五批非物质文化遗产代表传承人，万佛农庄入选“2015十佳地方采摘园推荐”。同时，景区实施了对川剧文化的传承保护，并实现了川剧坐唱的常态化演出，大力发展了火龙龙狮表演，并因火龙艺术被评为

“中国民间艺术之乡”。

5. 景区投资力度大

2015 年 8 月，成功引进众友东方 EAF 国际直采中心入驻黄龙溪古镇景区，并于 2016 年 1 月 1 日实现正式运营。2016 年 9 月，成功引进华侨城项目，计划投资 500 亿元在古镇景区沿河流域实施“黄龙溪十八里湾”大型旅游娱乐项目打造，拓展古镇旅游半径，带动乡村旅游，提升古镇景区综合实力。2016 年 8 月，古镇又成功引进了兴澜集团，投资 30 亿元在景区外围建设超五星级酒店，促进了景区高端休闲产业发展。同时，为提升景区酒店业管理档次，景区引进了澳门凯斯顿国际酒店，高端酒店的管理模式为提升景区质量起到了促进作用。

（二）湖北钟祥市乡村旅游经验借鉴

钟祥市位于湖北省中部，汉江中游，江汉平原北端，是国家历史文化名城、中国优秀旅游城市、世界长寿之乡和世界文化遗产明显陵所在地。境内山丘湖兼有、林泉洞并存，有文物保护单位 496 处，有“大地博物馆”之美誉。有各类景观 233 处，国家 4A 级景区 3 处，拥有大洪山国家风景名胜区、大口国家森林公园、莫愁湖国家湿地公园 3 个国家级生态景区，全国、全省休闲农业示范点 5 个，全国、全省旅游名镇 2 个，湖北旅游名村 2 个。近年来，钟祥市乡村旅游快速发展，先后被评为“中国最美 30 县”“中国最美休闲胜地”，客店镇被评为“全国特色景观旅游名镇”，明灯村获“2016 年中国美丽乡村”十佳。莫愁湖被国家林业局命名为“湖北莫愁湖国家湿地公园”，大口国家森林公园被国家林业局命名为“中国森林养生基地”，2016 年共接待国内外游客 889 万人次，实现旅游总收入 51 亿元，同比分别增长 18.5%、20%。钟祥发展乡村旅游的主要经验主要有以下几方面。

1. 全域谋划，构建旅游大格局

树立科学旅游观，立足全域视角，编制完善旅游发展规划体系，构建全域旅游新格局。

一是全域化规划布局。聘请湖北大学资深旅游专家主导高质量编制完成了《钟祥旅游业“十三五”发展规划》，为旅游业突破性发展厘清了思路，指明了方向，并整合旅游资源，策划、包装了中国农谷·汇源生态产业园、万紫千红植物园、明显陵·莫愁湖5A级文化旅游综合体等10个总投资达382亿元的重点旅游项目，纳入了省“十三五”发展项目库，为钟祥旅游发展奠定了坚实基础。

二是打造四大旅游集聚区。通过资源整合、产业融合、政策聚合、部门配合，形成“二廊四区多景”的旅游景观格局：“二廊”是串联主要景区的两条百里风景廊道，是从太子山到黄仙洞的百里旅游黄金线，以及从彭墩到冷水铜钱山到明显陵，再到黄仙洞的百里美丽乡村廊道；“四区”是四大旅游集聚区，分别是以明显陵·莫愁湖为核心的历史文化旅游集聚区，以大洪山为核心的山水生态旅游集聚区，以大口森林公园为核心的森林花海旅游集聚区，以彭墩村为核心的美丽乡村旅游集聚区；多点是散布于全市的各类旅游景点。

三是完善旅游基础设施。首先，推动公共设施互联互融。围绕景区景点和旅游线路互联互通，改善旅游交通设施，在旅游环线上新建一批旅游驿站，增强景区景点的可进入性和舒适度。完善接待服务设施，改善安全环保设施，营造安全良好的游乐环境。继续进行厕所革命，现已新建旅游厕所6座，改建14座。其次，推动景区景点品牌创建。全面推进莫愁湖·明显陵创建国家5A级景区，以国家旅游局专家组来钟祥市实地指导考察为契机，努力发扬“工匠精神”，进一步完善和提升景区配套功能。同时，加大与武旅投集团联系，指导万紫千红植物园创建国家4A级景区。最后，推动“智慧旅游”唾手可得。推进“旅游+互联网”行动，通过移动终端、多媒体信息屏、网站等载体，为游客提供智能、便捷的旅游公共信息服务，A级景区、星级宾馆实现WiFi、手机信号全覆盖，实现“一部手机、畅游钟祥”。

2. 全业融合，发展旅游大产业

以全域旅游建设为纽带，推进一、二、三产业的深度融合，延伸产业链条，提升产业价值。

一是推进项目建设。培育多种业态新项目。莫愁村文化旅游综合体、元佑温泉、“中国花城”农青园艺一期和二期、莫愁湖国家湿地公园激光秀等项目建成投入运营。创新方式全域招商。与首旅集团签订了总投资 20 亿元的全域旅游框架合作协议。四个项目入选全省生态旅游示范工程项目。汇源生态产业园入选国家旅游局重点项目库。与北京东方园林环境股份有限公司签订全域旅游战略合作框架协议，全市全域旅游发展开启新篇章。

二是推进农旅融合。积极推进乡村旅游与现代农业的深度融合，与新型城镇化的有机结合及美丽乡村的高度整合，发挥乡村旅游在精准扶贫中的独特作用。持续开展“四级联创”〔旅游名镇（名街）、旅游名村（名居）、星级农家乐、休闲农业与乡村旅游示范点创建〕，坚持试点示范、扶优扶强，一批先进典型脱颖而出。依托大洪山区域明显陵、黄仙洞、万紫千红植物园，打造了历史人文、紫薇花海“双百里”画廊。涌现出“农耕文化明灯村、对节人家南庄村、封神部落赵泉河村”3 个全省美丽乡村建设示范村和全省宜居村庄。石牌桂竹村、九里乡杨桥村、客店镇明灯村被湖北省确定为美丽乡村试点村。全市形成了“春可赏花品古、夏可避暑探洞、秋可登高望叶、冬可泡泉养生”全季供给的发展局面，推出了赏花休闲游、山水风情游、神秘探险游、休闲度假游等近 20 余条精品游线路，首次开通了旅游专线直通车。

三是推进商旅融合。推动旅游商业街、特色餐饮街、旅游小商品建设。在客店、彭墩、市区建设了三个旅游商品超市。以旅游资源为依托，开发了苦荞茶、米茶、葛粉、长寿米等体积小、便于携带的地方特色商品。打造了郢中城区护城河“美食一条街”，新建了湖北民俗民艺第一村——莫愁村，莫愁村一期自 2016 年 8 月开街至今，已接待省内外游客超 200 万人次，特别是十一、春节黄金周期间，游客数量已超过了省内传统 5A 景区，在湖北旅游市场上掀起了一股“钟祥旅游小村大梦”的热潮。其投资商钟祥万僖投资有限公司被评为 2016 年全省“十大”旅游投资商之一。

四是推进文旅融合。深度挖掘钟祥文化根脉，开发了以《阳春白雪》碑拓片、镀金铜龙、百兽图画册、显陵主要景点金箔画、旅游伞、帽、包为主，以盘龙菜、石牌豆干、客店葛粉为辅的系列文化旅游产品，出版发行了

《走进寿乡——钟祥》《走进显陵》《钟祥民间文学作品选集》等一批以长寿文化、历史人文为主题的旅游书籍，整理了《钟祥梁山调》，使钟祥一大批原汁原味的民间故事、谚语得以完整传承。

3. 全方位推介，打造文化旅游大品牌

采取立体营销策略，加强媒体宣传合作，加大客源市场广告投放力度，扩大全城旅游宣传覆盖面，重点围绕“三个十”擦亮“养生山水 · 长寿钟祥”品牌。

一是高端布局展示形象。通过不断研判市场，分析游客出行特点，逐步形成了十大载体宣传，旅游推介更上层次。近年来陆续开展上央视、上高速、上高铁、上地铁、上机场、上高端小区电梯门、上大刊、上大媒、上招商会、上旅交会“十上”活动。2016 年，百万学子游钟祥、钟祥第三届长寿文化旅游节暨第二届紫薇花文化旅游节、彭墩彩灯文化艺术节等受到人民网、新华网等大型高端媒体的连续报道，促进钟祥成为游客青睐的旅游目的地。

二是创新策划办好节会。精心组织举办了钟祥二日游（武汉）推介暨韩（国）钟（祥）旅游洽谈会、“养生山水 · 长寿钟祥”环莫愁湖杯健康跑暨百万学子游钟祥启动仪式、钟祥第三届长寿文化旅游节暨第二届紫薇花文化旅游节、彭墩彩灯文化艺术节等十大节庆活动，切实增强钟祥旅游品牌影响力、吸引力。2017 年相继开展了“百万武汉市民游长寿钟祥启动仪式”“万紫千红植物园郁金香旅游节”等节庆活动，节庆效应持续发酵。

三是提升完善旅游基本元素。为切实加强旅游宣传基础性工作，根据旅游消费市场需求，先后完成了一本旅游招商册、一个旅游招商 PPT、一部旅游宣传片、一本旅游产业政策汇编、一批旅游宣传纸质手提袋、一本旅游宣传画报和智慧旅游地图（样稿）、一批旅游标识标牌和导览牌、一套时令旅游宣传折及一组智慧旅游商品。

4. 全力保障，营造旅游大氛围

一是加强组织领导。调整充实了旅游发展工作委员会，由市长担任主任，相关市领导任副主任，成员由相关市直部门和乡镇主要负责人组成。委员会定期召开会议，研究、协调解决地方旅游产业发展中遇到的重大困难和问题。每个乡镇明确一名领导具体负责旅游工作，使旅游政策在基层落地生根。

二是完善激励政策。市委、市政府出台了《关于突破性发展旅游业的意见》和《全市旅游发展奖励办法》，明确了今后 5 年的发展目标、工作思路，并在营销宣传、品质提升、政策扶持、创优奖励等方面提出了具体要求，将旅游专项资金由原来的 500 万元增加到了 2000 万元，并随财政增幅逐年增长。对新评为国家 4A 级、5A 级的旅游景区，分别给予一次性奖励 50 万元、500 万元；对新评为四星级、五星级的旅游饭店，分别给予一次性奖励 30 万元、100 万元；对创建为国家 4A 级、5A 级旅行社的，分别给予一次性奖励 10 万元、20 万元；对成功创建省旅游名镇、名村（名街）的，分别给予一次性奖励 50 万元、30 万元。

三是强化旅游安全监管。采取日常检查、专项检查和重点督查的方式，进一步强化部门监管责任、旅游企业主体责任，全市未发生一起重大旅游安全事故。

四是加大对旅游业发展的综合考核。市绩效考评办把旅游业发展纳入全市经济社会发展综合目标进行评价考核，将全市全年旅游重点工作任务分解至相关单位，明确了共建职责，对发展旅游工作作出突出贡献的单位和个人，给予奖励，在全市形成大办旅游、办大旅游的浓厚氛围，推进各项旅游工作任务的落实。

从四川省、湖北省等国内旅游发达地区经验可见，旅游的发展离不开高层次的规划设计、完备的基础设施建设，以文化为灵魂的旅游精品项目，贴心周到的旅游公共设施服务、出色的宣传包装以及大资本进入市场。吉林省旅游资源丰富，历史文化悠久，独特的满蒙文化风情和夏季凉爽舒适的温度、冬季的玩冰赏雪的优势使吉林省具备发展旅游名省的基础。但同时也应意识到，吉林省发展旅游还存在诸多障碍，如缺乏科学规划、缺乏优质人才、缺乏资本、缺乏创新，文化旅游融合不够等。只有学习先进地区的经验，立足吉林省实际，补足短板，才能推动吉林省旅游产业发展，继而推动吉林省旅游产业转型升级。

四 推动文旅融合，促进吉林省旅游产业转型升级的建议

（一）强化旅游规划引导

1. 坚持规划引领

一方面，在规划先行、开发有序的原则下，不断完善旅游规划体系。各级机关应重视规划编制的领导组织工作，积极进行规划编制前的调查研究工作，厘清各级规划项目库，避免重复建设，合理筛选规划新项目，坚持多方参与、严格把关，确保规划质量。另一方面，完善规划编制的协调衔接。高度重视规划衔接工作，促进各级各类相关规划支架的相互衔接，加强吉林省乡村旅游发展总体规划与土地利用规划、城市规划等相关领域规划的相互协调性，确保在总体要求上保持一致，在空间配置上相互协调，在时序安排上科学有序，不断提高规划的管理水平和实施的实际成效。

2. 加强规划实施的监测评估

一是全省各个相关部门及市州（区）应依据总体规划和专项规划的要求，建立科学的规划实施效果反馈系统，分解目标，落实任务，检查各部门、各层次之间行动是否一致，保证规划的落实，提高规划的可实施程度和实施效率。

二是建立项目库，有效跟踪。科学建立“吉林省旅游重点项目库”，对重点旅游项目进行信息收集、动态管理、分类管理、分级管理、实时跟进，成为监测各级规划实施的有效信息平台和管理平台。

三是定期评估，信息公开。规划主管部门要根据约束性指标和主要预期性指标，定期对规划实施过程、进度是否达到预期目标进行评估和跟踪检查，并对上级机关部门提交规划实施的年度进展情况报告，定期向社会公布。

四是跟踪分析，适时调整。加强统计分析和监测工作，对规划实施发展

方向、阶段性目标落实情况、各项强制性内容执行情况，特别是对重大基础设施建设项目、大型旅游开发项目和生态环境综合治理情况加强跟踪分析，及时提出评估检测报告和对策措施。发现问题后及时纠正，及时解决规划实施过程中遇到的问题，根据评估报告结果决定是否对规划进行修编，提出改进建议，保证规划实施效果。

（二）加强旅游政策扶持力度

全省各相关部门要按照国家有关政策要求，在土地、税费、资金、行政审批等要素环节上扶持旅游发展。

一是尽快出台保护生态、利用生态的旅游政策，落实习近平总书记在吉林省查干湖讲话精神，对东部长白山、中部松花江、西部查干湖向海湿地等，明晰政策边界、责任主体。

二是积极争取放活农村资源，加大市场化力度，充分利用农民闲置宅基地、集体建设用地、“五荒”及林下资源，开辟乡村旅游项目，吸引工商资本和乡村旅游项目结合。

三是放活政府、企业人才，发挥市场作用，盘活存量，释放人才创业，开展乡村振兴和旅游项目。

四是实行旅游用地优先政策。加强土地利用总体规划对经济各行业的布局规模、时序的调控。稳步开展城乡建设用地增减挂钩试点、农村集体经济组织和村民利用集体建设用地自主开发旅游项目试点。依法加强世界遗产、国家森林公园、自然保护区、世界地质公园管理，按照属地管理原则依法进行土地确权登记，引导旅游产业相对集聚发展。实行用地差别化、精细化管理制度，对于不同区域、不同项目实行用地差别化，对于生态化、可持续化、大项目、可行性项目实行优先用地和用地差别化，同时对全省旅游土地利用实行精细化管理，把复杂的事情简单化，简单的事情流程化，流程化的事情定量化，定量化的事情信息化。

五是保障旅游新业态优先用地土地流转制度。要保障旅游优先发展，在长春、长白山、延边、通化、白山等旅游资源富集的区域大力发展特色餐饮、民宿、商贸物流、户外探险、创业旅游、户外运动装备制造等产业项目，大力发展节能、节水、舒适、健康、绿色、高效、美观的生态旅游项目。实施土地流转制度，进行土地承包经营流转，支持旅游新业态的发展，在平等协商、依法、自愿、有偿的基础上对新业态实行优先用地土地流转制度。大力实行大企业进入、大项目带动、高科技支撑战略，对原土地使用者利用已经取得的非经营性用地兴办旅游新业态，可以通过协议出让、作价出资、租赁等方式供应土地。

六是拓宽融资渠道。加大重点项目建设，加强旅游金融产品开发创新，重点支持旅游的小微企业发展，建立旅游信贷机制，全力支持旅游基础环境改善，加强景区基础金融建设，重点加大生态旅游金融支持，落实生态省金融政策，积极推动传统文化旅游发展，塑造旅游灵魂。创新发展一批以旅游企业为主体的“旅游金融体”，在吉林省推动金融网络创新，创新旅游金融商业模式。支持符合条件的旅游企业上市融资，培育一批大型旅游上市企业集团。允许符合规定的旅游企业发债融资，引导社会资本创立现代旅游产业投资基金。鼓励各类产业投资基金、股权投资基金投资旅游重大项目开发。探索构建旅游金融综合服务平台。

七是打造最优旅游发展环境。落实国务院推进“最多跑一次”改革要求，在旅游发展集聚区探索成立综合推进机制试点，成立由各个相关部门组成的旅游发展办公室，统筹推进旅游产品开发和市场营销工作，落实政策措施，普及旅游标准，协调解决旅游发展中的各类问题。

（三）加大旅游基础设施建设力度

一方面，以破解瓶颈、支撑流通、促进旅游发展为目标，着力加大交通基础设施的建设力度。积极促进省内旅游资源丰富的各个市州的“高铁旅游”和特色铁路专线。积极开通绿色特色铁路专列，形成东联俄罗斯、南接朝鲜的东北亚铁路旅游廊道。积极规划公路网络建设。规划建设龙井—大蒲柴河—长春高速公路，提升旅游交通便捷性，谋划珲春—朝鲜罗津、珲春—俄罗斯符拉迪沃斯托克高速公路、图们—朝鲜稳城—朝鲜清津等国际公路，完善旅游公路服务功能。另一方面，完善旅游集散体系、高速服务区旅游功能配套设施及旅游公共基础设施，打造吉林精品旅游样板。一是积极构建旅游重要节点区域的集散中心体系，为游客提供旅游集散、咨询、换乘服务，同时具有旅游公共服务功能，以功能分区、设施设备、服务要求、运营管理为依据，划分为三个等级，长春、吉林、长白山为核心的一级旅游集散中心，以敦化、延吉为核心的二级旅游集散中心，以通化、白山、珲春为核心的三级旅游集散中心。二是对途经重要旅游区域的高速服务区进行旅游功能补充，增设旅游问询、信息咨询、旅游导览、游客休憩、紧急救援、医疗救助等功能。三是加快旅游标志标牌建设，到2020年基本完成国省道沿线、高速公路沿线旅游交通标示系统建设，新增旅游交通标识牌。

（四）推动文旅融合，创新旅游产品，打造旅游精品

一是丰富旅游产品业态。加快传统业态升级改造。修订完善旅游等级评定标准，发挥标准的引领带动作用，推动传统旅游业态提质升级。以文化促旅游，推动新型业态创新发展。依托各地不同的区位条件、特色资源和市场需求，推进民族风苑、国际驿站、葡萄酒庄、汽车旅游营地等特色业态发展，培育田园艺术景观、阳台农艺等创意农业、鼓励发展具有旅游功能的新兴业态，建设一批达到4A级景区标准的休闲观光园、现代农业示范园、田园综合体以及温泉养生地等。重点支持城市周边、重点景区依托型的创意农业、农耕体验、乡村手工艺等项目，促进休闲农业的多样化、个性化发展。加强乡村生态环境和文化遗存保护，发展具有历史记忆、地域特点、民族风情的特色小镇，建设一村一品、一村一景、一村一韵的宜游宜养宜居的美丽乡村。同时鼓励城市探索市内主题公园、嘉年华、教育园区、摄影基地等，提高产业融合的综合效益。

二是建设旅游特色文化小城镇。建设一批“看得见山，望得见水，记得住乡愁”的优质生活休闲小城镇。充分发挥优质生活休闲小镇在“以镇带村”、推进全省旅游业向纵深地带发展、推进旅游引导的新型城镇化建设中的特殊地位和优势。加强对历史文化遗存和生态环境的保护，

开发独有的旅游吸引物，保护具有景观价值的城镇建筑。保护自然之美，注重民族特色，强调以人为本，坚持地域特色，实现特色景观与旅游、生态和谐发展的良好局面。保护特色风貌、延续地域文化。妥善保护和传承民族的历史文化信息，注重地域文化的挖掘、修复、还原和传承，塑造地域文化特色，保护特色小镇淳朴的原真性。古旧街区、古建筑、古树名木等体现历史文化传统的人文景观要有机融合在城镇规划建设中，形成独特的传统风貌特色。尊重自然、尊重地域历史文化、尊重小城镇现有格局、尊重普通旅游者意愿、尊重农民的长远利益，使地域独特文化得以全面传承。

（五）加大文化旅游品牌建设

一是由省委宣传部统筹省文化和旅游厅、省广电局、吉林日报社、省广播电台、吉林卫视等部门，充分发挥旅游宣传和推广协调组职责作用，负责组织旅游整体形象和品牌的宣传。协调省各新闻单位营造安全旅游、文明旅游舆论氛围，协调全省旅游对外、对港澳的宣传工作，统筹外宣资源，指导协调和组织实施重大旅游节庆活动的宣传工作。

二是在吉林卫视设立旅游频道，适时反映旅游行业动态，推出旅游新产品和线路，解读旅游产业政策，塑造和推广吉林旅游形象。

三是多媒体联合推介吉林省文化旅游。围绕文化旅游品牌营销，把文化旅游纳入全省旅游促销计划，充分利用网络、电台、电视台、报刊等媒体宣传推广文化旅游，提高知名度，增强吸引力。

四是大力发展文创事业。旅游是创意产业，挖掘提升，创意创新，活化旅游资源，加快资源转化，使地下的资源走出来，死的东西动起来，静的东西活起来。加强产品创意和设计，深入挖掘吉林独特的乡村文化、民族文化、历史文化、边疆文化，由省委宣传部牵头，旅游、文联、作协、音协等部门参加，组织历史、民俗、文学专家编写吉林故事、规范吉林导游词，赋予吉林省乡村旅游产品以丰富的文化内涵，打造具有“吉林元素”和“吉林特色”的乡村旅游品牌。

（六）加强旅游人才培养

一是建立全省旅游专家智库，充分发挥旅游智库的智力支撑作用，打造产业“外脑”，在旅游发展中发挥智库专家的技术优势，对旅游领军企业提供智力支持，在项目初期提出规划建设修改意见，在项目中期开展跟踪服务，协助联系各部门解决项目建设中遇到的问题，项目运营后进行宣传支持，使旅游工作决策更科学、智力支撑更聚焦、产业发展更健康。

二是建设高水平行业队伍。重点抓好旅游带头人、旅游接待服务单位部门经理的培训，每年分批组织旅游带头人赴发达地区开展精准交流。鼓励企业与学校合作办学，支持相关院校加强旅游专业学科建设。强化旅游职业经理人培训，建设一支具有国际视野和创新能力的高级管理人才队伍。加大对旅游导游员（讲解员）、领队的培训力度，编好更要讲好吉林旅游故事，景区是“死”的，靠人讲“活”，“江山之美，全凭导游之嘴”。利用吉林省中国旅游教育东北培训基地平台，与有关院校合作，开设旅游新业态、新岗位、新技术从业人员培训以及小语种导游（领队）培训。导游人员要注重讲解、技巧、礼仪、形象等方面培训。

G.8
吉林省红色旅游发展现状分析及对策研究

唐冰开　赵秀月　臧宏玲*

摘　要： 吉林省红色旅游资源数量众多，红色旅游景点遍布松辽沃土，并且具有鲜明特色。本研究分析了吉林省红色旅游资源状况和市场状况，分析了红色旅游发展中存在的问题，提出了促进吉林省红色旅游发展的对策建议，即实施基础设施建设工程，创设红色旅游发展的硬件条件；实施红色旅游品牌工程，打造吉林省红色旅游的新形象；实施旅游产品融合工程，提升旅游产品的综合效益；实施旅游产业联动工程，提升旅游产业的整体效益；实施创新工程，提高红色旅游的吸引力；实施红色旅游"火车头"工程，带动红色旅游市场拓展；实施旅游资源整合工程，发挥红色旅游资源的综合效能；实施红色旅游人才培养工程，打造红色旅游发展软实力；实施区域联动工程，推动东北区域和华北区域红色旅游联动发展；实施红色旅游智慧工程，搭建红色旅游信息化运营平台。

关键词： 吉林省　红色旅游资源　旅游市场　旅游品牌

---

* 唐冰开，长春工业大学公共管理学教授，主要从事政府政策、公务员制度、行政人才测评等领域的研究；赵秀月，长春工业大学马克思主义学院讲师，主要研究方向为行政管理和思想政治教育；臧宏玲，长春工业大学马克思主义学院教授，主要研究方向为行政管理和思想政治教育。

一 吉林省红色旅游发展现状

（一）吉林省红色旅游资源状况分析

1. 红色旅游资源

吉林省有着厚重的红色文化底蕴和悠久的革命历史文化，承载着中国抗日战争、解放战争等革命历史，白山松水文化的灵魂是红色文化基因。吉林省还是东北抗日联军的重要战场之一。吉林省红色旅游资源数量众多，并且具有鲜明特色，现存红色旅游资源875处，红色旅游景点遍布松辽沃土。《全国红色旅游经典景区名录》中吉林省入选16家，包括四平市红色旅游系列景区、白山市红色旅游系列景区、通化市杨靖宇烈士陵园等，其中，以杨靖宇为代表的东北抗联文化已成为吉林省红色旅游的重要名片。

2. 红色旅游线路

吉林省的四平—吉林—敦化—延吉—白山—临江—通化—集安线旅游线路，入选了国家发展和改革委员会、中共中央宣传部、国家文旅部等13个部门联合公布的30条全国红色旅游精品线。

2018年9月，在“九一八事变”爆发87周年之际，吉林省围绕抗联历史文化，推出两条精品红色旅游主题线路“通化白山桦甸杨靖宇线路”和“吉林延边吉东抗联线路”，并发布《长白密林·铁血吉林——吉林省红色旅游宣传册》，在宣传吉林省红色旅游的同时，也方便了游客的出行。两条红色旅游线路均是从长春出发，分别向吉林省东部、南部纵深发展，其中包括长春市、吉林市、桦甸、通化、临江、靖宇、延吉、汪清、图们、和龙、敦化等地的20余个红色景点，遍布城区和城郊，两条旅游线路的时长各为5日。

红色旅游主题线路一：通化白山桦甸杨靖宇线路。此线路游客可游览长春市的伪满皇宫博物院、东北沦陷史陈列馆、长影旧址博物馆、东北抗日联军纪念馆，通化市的杨靖宇烈士陵园，临江市的陈云同志旧居、四保临江战役纪念馆、四保临江烈士陵园、陈云广场，白山市的杨靖宇将军殉国地、杨靖宇将军纪念馆、杨靖宇密营和桦甸的东北抗联蒿子湖密营纪念馆。此旅游线路通过参观红色景点，在追忆杨靖宇等英烈浴血奋战的峥嵘岁月的同时，展示了大量且无可辩驳的史实、史料，深刻揭露了日本军国主义武力侵占中国东北的罪行。

红色旅游主题线路二：吉林延边吉东抗联线路。此路线包括吉林市劳工纪念馆、小汪清抗日游击根据地、金伯文故居、龙井日本总领事馆遗址、红日村史馆和陈翰章烈士陵园等。通过此线路游览，游客通过重温艰苦卓绝的抗联斗争以及军民团结抗日的民族精神，全面而真实地了解东北抗日联军14年艰苦卓绝的斗争历程，使游客的爱国之情油然而生。

3. 红色旅游城市

《2018中国红色旅游报告》发布了2018年度红色旅游现状及发展趋势。数据显示，十大红色旅游目的地依次是北京、吉安、上海、延安、西安、嘉兴、绍兴、南京、长春、银川。吉林省长春市榜上有名，主要是红色旅游景点密集，红色主题活动较多，并且红色文化的挖掘工作不断深入。另外，这些城市也是智能旅游研发和应用最为活跃的城市。

（二）吉林省红色旅游市场状况分析

1. 游客的主要来源

抽样调查发现，86%的游客来自吉林省，辽宁占7%、黑龙江省占5%，东三省以外的游客占2%，红色客源主要以吉林省内游客市场为主，周边省份市场为辅。首先，从年龄结构来看，红色旅游的特殊性决定了游客的年龄主要集中在7~14岁的少年、15~24岁的青年和41~65岁的中老年人。其次，从游客组成来看，红色旅游以学生、党员（企事业单位、党政机关等）等为主。最后，从出行方式来看，参加红色旅游的人群多以学校、单位组织为主，同时家庭或个人出行方式逐渐增多。

2. 年轻游客成为红色旅游主力军

近些年，红色旅游主力军多是年轻游客，而且游客的性别差异也越来越小。数据显示，2018 年国内红色旅游的主要客源群的年龄逐步年轻化，多以“80 后”“90 后”为主。根据《2018 中国红色旅游报告》数据，2018 年 1 ~6 月，旅游平台数据显示红色旅游游客的平均年龄为 33 岁，其中“80 后”占比为 24.9%，“90 后”占比为 8%，“00 后”占比为 5%，三者合计占据总人数的 37.9%。从目前红色旅游的发展形势来看，更多年轻人对于红色旅游的认同感越来越高，在有自由时间和可支配收入的情况下，很多年轻游客选择红色旅游线路出行，年轻旅游者对旅游产品有自己的要求，不仅要满足传统的观光，还要具备鲜明的地域特色和时代特色，具有丰富的意涵。红色旅游产品的开发和线路设定，在一定程度上吸引了越来越多的年轻人，使他们在享受旅游的过程中，更能深刻理解爱国主义精神和民族精神，铭记历史。

3. 高校群体游客的发展

红色旅游走向市场。省旅发委与省高校工委联合开展“红色旅游行 · 大学生筑梦之旅”活动，全省 63 所高校参加，按照专题教育、实践体验、交流分享、总结提升“四位一体”模式，全面实施“七个一工程”，以红色研学游为突破口，首次将红色旅游推向市场。“悠游吉林”头条号和微信公众号分别在全国旅游榜、旅游微信影响力排行榜中名列第 1 和第 5。

4. 游客的认知度情况

在抽样调查中选取 6 个红色旅游经典景区（长春电影制片厂、珲春大荒沟抗日根据地遗址、辽源市日军高级战犯营遗址、东北沦陷陈列馆、杨靖宇烈士陵园、四保临江战役纪念馆），其中对杨靖宇烈士陵园红色景区了解人数较多，其余景区市场认知度较低。从参与次数来看，红色旅游的重游性较低，接近一半的游客对红色旅游景区只去过一次。从红色旅游总体印象来看，30% 的游客表示满意。另有 70% 的游客觉得存在问题，其中 54% 的游客表示景区内外交通不够方便，有 95% 的游客表示景区资源单调、缺乏参与性活动。

二　吉林省红色旅游发展问题分析

（一）资源开发角度存在的问题

1. 红色旅游资源分布不均

根据调查统计，吉林省共有红色旅游资源587处，根据旅游资源的开发程度、知名度和影响力等因素，将吉林省红色旅游资源划分为五个等级，四级及五级设定为资源优良旅游资源。数据显示，吉林省共有优良级红色旅游资源43个，占红色旅游资源总量的7%，其中五级红色旅游资源仅11个，不足资源总量的2%。旅游资源的品牌知名度不高，品级结构不合理，资源分布不均（见表1）。

表1　吉林省红色旅游资源分布

等级	代表资源名称	资源数量
五级	杨靖宇将军殉国地、长春电影制片厂旧址博物馆、东北沦陷史陈列馆、靖宇陵园、四平战役纪念馆、东北抗日联军纪念馆、大荒沟抗日根据地遗址、东北抗联干部学院、侵华日军辽源高级战俘营、四保临江战役纪念馆等	11
四级	抗联一、二军会师纪念地，吉林北山革命烈士陵园，中共辽吉省委辽北省政府办公旧址和侵华日军机场遗址群，陈云旧居，延边革命烈士陵园，杨靖宇将军密营地，红石砬子抗日根据地，龙井间岛日本总领事馆展示馆等	32
三级	王德泰殉国地、抗日联军诞生地——城墙砬子会议遗址、七道江会议旧址纪念馆等	126
二级	张鼓峰事件、梨树沟抗日游击区、奶头山抗日根据地、东北人民革命军独立师成立纪念地	215
一级	四道河子惨案地、老爷岭抗联事件、牡丹峰炮台	203

2. 高品级资源缺乏有效载体

吉林省红色旅游资源划分为伟人及伟人故居、历史事件和活动遗址遗迹、墓碑（群）/烈士陵园、革命人才培育学校、革命历史纪念馆、革命历史的非物质文化遗产、具有时代背景的标志性建筑工程七大类，资源类型丰富。然而，如以杨靖宇将军、四战四平战役等重要资源为依托的陵园、纪念馆等基础设施不够完善，缺乏高品质载体。

3. 旅游产品开发存在同质化现象

在调研中发现，吉林省红色旅游产品开发存在较为严重的同质化问题，比如，关于童长荣的事迹在延边革命烈士陵园、汪清等纪念馆都有讲解和体现；抗联密营的发掘和复原在多地都作为旅游资源开发的重点，但是却没能挖掘出自己的特色，非常雷同。

4. 品牌影响力与其他红色旅游城市存在差距

《2017 年红色旅游影响力报告》中发布了红色旅游城市品牌影响力排行榜 TOP30 中，长春市排在第 20 位，进入了前 30 的榜单。从统计数据来看，和排名靠前的城市有较大的差距（见表 2）。

表 2　全国主要红色旅游城市影响力比较

排名	城市	品牌知名度	品牌吸引力	品牌活跃度	品牌传播力	品牌影响力
1	北京市	98.16	94.25	92.42	95.71	95.81
2	上海市	98.26	84.62	76.47	94.16	90.83
3	延安市	93.29	98.28	71.18	92.45	89.41
4	遵义市	86.68	76.00	73.14	96.04	84.71
5	西安市	94.71	57.69	60.98	85.63	80.14
6	井冈山市	72.20	80.65	63.33	80.00	73.64
7	长沙市	65.71	63.85	68.82	93.02	72.88
8	重庆市	95.26	92.31	64.90	28.74	72.12
9	南京市	71.15	68.46	63.33	82.28	71.96
10	杭州市	67.62	62.75	75.26	76.73	70.70
11	深圳市	71.60	63.17	64.71	72.47	69.17
12	中山市	64.04	60.75	57.06	72.46	64.25
13	广州市	82.75	33.08	52.89	50.14	61.17
14	武汉市	66.08	25.38	51.18	73.05	58.74
15	赤水市	39.49	63.08	53.14	83.83	56.84
16	南昌市	64.58	40.77	39.41	62.87	55.55
17	兰州市	35.20	54.69	49.22	85.63	53.53
18	沈阳市	60.58	63.08	51.76	36.17	53.09
19	张家界市	36.01	77.69	49.22	64.07	51.92
20	长春市	26.76	67.61	47.25	55.69	44.22

续表

排名	城市	品牌知名度	品牌吸引力	品牌活跃度	品牌传播力	品牌影响力
21	湘潭市	30.07	65.38	39.41	50.90	42.44
22	天津市	63.99	40.77	23.73	20.96	41.69
23	榆林市	25.59	33.08	49.22	55.69	38.96
24	大同市	43.10	25.38	33.53	39.52	37.64
25	石家庄市	44.35	17.69	35.49	34.13	36.03
26	咸宁市	16.80	74.35	41.37	38.32	35.73
27	赣州市	47.49	25.38	27.65	26.95	35.07
28	定西市	12.26	37.69	49.22	55.69	34.32
29	岳阳市	20.56	47.44	37.45	44.31	33.91
30	怀化市	18.12	48.38	39.41	44.31	33.46

（二）政府管理角度存在的问题

1. 资源分散、多头管理

在调研中发现，吉林省红色旅游资源存在较为严重的多头管理问题，分别归属宣传、民政、文化、旅游、县乡等不同部门管理，还有一些属于民间自营。这种分散管理的状况极难形成合力，难以实现资源整合和开发利用。

2. 基础设施配套严重滞后

突出表现为一些通往代表性景区的道路条件较差，餐饮、住宿、购物等要素配套设施不够。游客中心、旅游厕所、标识标志、智慧服务等方面建设与发达红色旅游城市相比远远滞后，相关产业链条延伸远远不够。

3. 缺乏有效的线路组织，且没有实现红绿、红白的有效融合

从总体情况看，吉林省红色旅游资源呈“大分散、小集中”分布，缺乏有效的线路组织。吉林省红色旅游资源空间结构上为“东多西少”，红色旅游资源富集区主要集中在通化、白山、延边州和四平市，西部地区松原市及白城市资源较少，且从聚集模式上看呈“大分散、小集中”分布。这些地方很多同时具有绿色和冰雪旅游资源，但是从目前情况看，这些资源有效整合的旅游产品和线路开发得远远不够。

4. 政府与市场两种手段协调发挥作用程度不够

目前，吉林省红色旅游资源的开发还主要是满足红色教育需要，依托政府行政的推动，这在市场启动的初期是必要的，也是必需的。但是，红色旅游最终走向健康良性循环发展，还必须依靠市场手段发挥作用，否则会影响其可持续发展，而吉林省的红色旅游在市场手段发挥作用方面还远远不够。

三　促进吉林省红色旅游发展的对策建议

（一）实施基础设施建设工程，创设红色旅游发展的硬件条件

省里应给予资金支持，重点支持通往红色景区的支线道路，支持磐石中心县委遗址，东北抗联二军遗址遗迹，杨靖宇红石、集安密营，汪清吉东特委遗址等一批具有代表性景点的基础设施建设，提升完善旅游基础功能，加大游客中心、旅游厕所、标识标志、智慧服务等方面建设。同时，要延长产业链条，丰富和提升服务供给能力，加大餐饮、住宿、购物等要素配套能力建设。诸如以红色文化为主题的宾馆、餐厅，以红色事件为主题打造的红色体验馆等。

（二）实施红色旅游品牌工程，打造吉林省红色旅游新形象

1. 以“东北抗联摇篮”为品牌打造吉林省红色旅游品牌

在省内甄选具有红色遗迹保存相对完整、红色人物知名度高、红色事件影响力大及景区基础设施条件较好等特点的重点红色景区，对其基础设施建设、红色文物资源保护、红色旅游产品、经营和管理等进行提升。同时，以吉林省抗联文化为核心，兼顾解放战争和抗美援朝等红脉资源，新建一批红色景区，力争早日纳入全国红色旅游景点景区名录。

同时，在全国十二个红色旅游区的东北地区“抗联英雄，林海雪原”红色主题形象基础上，按照吉林省红色旅游“红色人物典型、红色资源丰

富、红色阶段明晰”的特点，打造“白山松水，英雄吉林”的吉林省红色旅游主题形象，突出吉林红色主题，构建红色旅游新形象。

2. 以国家官方认定“十四年抗战”为契机，不断挖掘吉林红色资源

8 年抗战改为 14 年抗战，意味着 1931 年“九一八事变”以后中国共产党独立领导的抗日斗争，特别是东北抗日联军的英勇斗争和其他一些民间组织及地方军队的顽强抵抗的历史，都是中国抗战史的重要组成部分。吉林作为东北抗联的重要活动地区，吉林红色旅游的发展迎来了重要的历史机遇期。吉林省应抓住这一历史机遇，充分发挥刚刚成立的东北抗联研究会的作用，集中组织专家学者深入挖掘东北抗联史料和资源，做好红色资源的利用、规划和指导。并借助 8 年改为 14 年所引起的关注契机，将吉林省在抗联时期的地位和作用宣传推广出去。

（三）实施旅游产品融合工程，提升旅游产品的综合效益

在红色旅游中，单纯的一个纪念馆、纪念碑，很难引起广大游客的兴致，通过红色旅游资源与其他旅游资源的融合开发与利用，打造复合型旅游产品，拓展游客的可游时间，将周边的贫困村屯休闲旅游、林海雪原的冰雪旅游同研学旅游和爱国主义教育同步进行，这样会吸引更多的游客来参观学习。打造独具特色的吉林红色旅游融合产品，将红色旅游与白山松水、民俗民风完美结合，提升全国各地游客到吉林旅游的热情。

1. 打造“绿色 + 红色”旅游产品

井冈山、延安等地做法启示我们加快推进红绿融合旅游发展模式。近年来，井冈山、延安等地在深入发掘当地红色资源的基础上，充分依托地区绿色资源禀赋，逐步探索建立了一条“红 + 绿”的旅游发展模式，有力推动了当地经济社会的全面发展。井冈山遵循“红色发展、绿色传承”的理念，把“红色摇篮、生态井冈、精神家园”作为品牌目标，深入挖掘“红绿”文化内涵，坚定不移做好“红、绿”旅游发展战略布局，做好“红色培训、会议经济、休闲度假”这三篇文章，彰显井冈特色，打造出一批特色鲜明、参与性强的旅游产品。

吉林省红色与绿色旅游资源地域分布趋同的特点，为加快推进红绿融合旅游发展模式提供了现实条件。吉林省共有239处抗日战争和解放战争时期的遗迹，在国家30条“红色旅游精品线路”中收录了“四平—吉林—敦化—延吉—白山—临江—通化—集安”线。在这些红色资源中，东北抗联革命历史资源可谓是最为独特、最为丰富和最具价值的。东北抗联十四年艰苦斗争与红军长征及红军主力长征后留在南方的新四军的三年游击战争，并列被誉为中国革命三大苦。在纪念抗日战争胜利七十周年大会上，习近平总书记列举了八位抗日英雄，前三位是杨靖宇、赵尚志、左权。在吉林省景色秀美的生态保护区，有多处抗战时期留存下来的遗址、遗迹等红色资源，这些都是当年吉林省的抗联队伍为躲避敌人优势兵力的“围剿”，而选择在深山密林里打游击留下的遗址遗迹。如红石国家森林公园内的蒿子湖密营遗址，位于集安国家自然保护区附近的河里抗日根据地和会议遗址，坐落在松花湖畔的吉林市革命烈士陵园，珲春东北虎自然保护区附近的大荒沟抗日游击根据地遗址，矗立于长白山天池附近的王德泰将军墓，向海自然保护区附近的镇赉县烈士陵园，以及龙湾自然保护区附近的马驮子沟密营遗址等。据统计，吉林省29个自然保护区内或附近都有各类红色资源留存。这些独具东北特色的红色文化内涵和绿色自然禀赋，其红绿资源浑然一体的地域分布特点，为吉林省加快推进红绿融合旅游发展模式提供了现实条件。

此外，依托吉林省的生态旅游资源和乡村旅游资源，开发“绿色+红色”为主题的旅游产品，打造重要交通沿线上的红色旅游景区，还可以扶持红色旅游景区周边的贫困村，带动贫困群众脱贫致富。

中央制定发布的《2016~2020年全国红色旅游发展规划纲要》，其中要求红色旅游也要做到精准扶贫，利用红色旅游带来的人流、资金流和信息流，积极拓展景区周边贫困村脱贫的有效途径。根据原国家旅游局调研报告，全国12.8万个建档立卡的贫困村中，大约有1/3分布在红色旅游景区周边。在吉林推进以抗联为主题的红色旅游精品线路，是开展红色旅游精准扶贫的重要措施，也是推动旅游业供给侧结构性改革和全域旅游发展的有效途径。比如，“舒兰老黑沟惨案博物馆”可以借助整合周边旅游资源，与红叶观赏区结合，打造1100平方千米红绿创新旅游区；与徒步骑行穿越长廊结合，打造全线100千米红色拓展穿越线；与大顶子山景区结合，打造东部林海雪原示范带、农耕文化展示区。再如，在桦甸杨靖宇密营地、长白山等地区，结合重走抗联路等红色体验活动，设置帐篷营地和汽车营地，提供露营场地、帐篷及搭建帐篷服务，使游客充分感受抗联野外生存环境。

2. 打造“白色 + 红色”旅游产品

发挥吉林省冰雪资源的差异化优势，利用密林长白的冬季特色，依托白山、通化、长白山地区的红色旅游资源和冰雪特色，依托冰雪旅游节庆活动和关东民俗，开发不同类型的旅游产品，推动旅游产品向高端的“度假形态”与“生活方式”发展。

（四）实施旅游产业联动工程，提升旅游产业的整体效益

通过深层次开发红色旅游产业，延长产业链条，促进红色旅游与住宿业、餐饮业、交通业、娱乐业、旅游购物以及相关行业间的互动发展，充分发挥红色旅游在整个旅游产业链中的内外联动效应，提升整个旅游产业的经济效益。

目前红色文化内涵尚未完全融入旅游度假、文化体验等功能之中。需深入挖掘红色文化内涵，将其与旅游功能结合，转换成特色旅游产品，诸如打造特色化红色主题餐厅。依托吉林省不同时期的红色旅游资源，在吉林省重点红色旅游景区或交通便利区域，打造一批红色主题饭店，如临江1947红色主题餐厅，将红色餐饮打造成吉林省品牌餐饮体系之一。对接大众游客多元化的餐饮需求，将红色主题与各类餐饮进行结合，开发“红色系列”主题菜品，比如“抗日战争”系列菜品、“解放战争”系列菜品等，增强游客对美食的吸引力。再如，开发“红动吉林”系列红色文创旅游商品。对吉林省红色旅游中的“红色元素”、人物和事件等加以提取，将其应用在各种各样的商品设计上，改变红色旅游过于严肃及枯燥的形象，打造更贴近生活、更能吸引游客眼球的红色旅游爆品，借此丰富红色

景区文化内涵，增添旅游趣味性，通过红色文创商品的开发延伸红色旅游的产业链。

（五）实施创新工程，提高红色旅游的吸引力

从总体上看，红色旅游仍难以“独挑大梁”。人民网舆情数据中心《2017 年红色旅游影响力报告》显示，一方面，红色旅游的发展模式集中体现在纪念场馆的参观学习、生态观光、演艺表演等层面，红色旅游的发展模式还相对“传统”，缺乏创新和吸引力；另一方面，红色旅游的发展方式相对“保守”，只停留在演艺表演和模拟感受两方面，对于新时代的新理念打造仍欠缺方式与方法。

《2017 年红色旅游影响力报告》显示，游客对红色旅游景区的关注度，除了注重教育意义外，还对景区环境、服务等涉及旅游体验的内容关注度较高。通过对游客调查问卷的分析发现，游客对红色旅游景区评价分为两种，一种是持有肯定的态度，对红色旅游的教育意义方面予以高度的肯定；另一种是对景区环境和出游体验方面持有否定的态度，认为红色旅游存在“性价比不高”“内容较少”等问题。在未来红色旅游发展的过程中，应注重在满足游客精神需求的同时，还需加大景区设施和服务等的建设力度，及时弥补不足。

吉林省大多数的红色旅游景区的宣传还是以图片展示、实物展示等传统观光方式为主，这已远远跟不上时代发展和游客需求的要求。利用现代科技，通过声、光、电、影的控制，拓展红色观光的内容，将是未来红色旅游发展的方向。积极实施景区智能建设，发展体验式旅游，吸引更多的年轻人主动学习红色文化，沉浸体验，自发分享。只有当红色旅游具有强大生命力的时候，才能行稳致远。

在上海市红色旅游景区，大力创作以中共一大为故事背景的全新剧本，着重游客的“情景体验”，并且致力于带动游客积极性，全方位呈现上海红色基因。新天地商业区是上海时尚生活新地标，位于中共一大会址纪念馆边上，为红色旅游胜地新增了时尚元素。中共一大会址与新天地的现代、新潮

融为一体，使游客在旅游中学习，从旅游中受益。这些做法都是非常值得我们借鉴的。

（六）实施红色旅游“火车头”工程，带动红色旅游市场拓展

以北京千名大学生走进吉林、重走抗联路活动，以及省旅发委和省高校工委领导积极推动的“红色旅游行，大学生筑梦之旅”主题活动为拉动，通过对活动的宣传，发挥活动的辐射作用，进一步宣传和开辟吉林红色旅游市场。同时，建议省政府率先在全省党员领导干部和大学生中开展重走抗联路活动，带动吉林省红色旅游市场的进一步发展。

（七）实施旅游资源整合工程，发挥红色旅游资源的综合效能

针对目前吉林省存在的红色旅游资源分散、多头管理的问题，需抓紧召开全省红色旅游领导小组会议，发挥牵头抓总作用，整合宣传、发改、民政、文化、财政等有关部门发展红色旅游职能，形成合力，集中力量，统一行动，以打破部门、地区壁垒，最大限度地发展既有红色旅游资源的综合效能。同时，省政府还需统一协调，统一规划，开发具有整体性的红色旅游产品，在不同的地点侧重不同的教育内容，采用不同的手段和形式，突出特色，避免旅游产品的雷同开发。

（八）实施红色旅游人才培养工程，打造红色旅游发展软实力

吉林省红色旅游产业发展规划中的重要组成部分是人才培训。红色景区的导游员和讲解员承载着红色文化传播的重要任务，提高讲解员的现场讲解能力，不仅有助于提升吉林省红色旅游服务水平，而且在当前硬件条件不足的情况下，能有效弥补红色景区展示内容和形式的单一，进一步提升红色景区服务质量和发展格局。让讲解员打造有趣、有料、有价值的讲解，游客在观看红色遗址遗迹的同时，还能了解到遗址背后的故事，有助于深刻领会红色文化精神。

（九）实施区域联动工程，推动东北区域和华北区域红色旅游联动发展

吉林省在东北和华北区域应实行“联合发展”策略，进一步突出东北抗联文化的内涵，在全国十二个红色旅游片区中，应明晰区域主题，实施“差异化发展”策略，把吉林省打造成为全国重要的红色旅游目的地。同时，吉林省、黑龙江省、辽宁省三省俱为中国抗日战争中东北抗联的主战场，应积极加强各省抗联资源与抗联线路的融合发展，形成良性互动。

（十）实施红色旅游智慧工程，搭建红色旅游信息化运营平台

为提升红色旅游的服务质量，保障现有的红色旅游项目与个性化及多元化教育培训全面对接，应着力打造一个为红色教育培训需求者和相关行业及部门提供综合全面的信息的服务平台。将吉林省内的红色旅游资源与党性教育培训资源进行细化、梳理、整合，通过对平台网站的运营管理、宣传展现、服务支撑等手段，达到宣传红色吉林、开展党性教育、推动红色旅游、推动经济发展的目的。

G.9
吉林省避暑休闲旅游产业发展策略研究

臧宏玲　赵秀月*

摘　要： 吉林省属于温带大陆性季风气候，夏季的吉林气候宜人，享有“22℃的夏天”的美誉，是夏季避暑的胜地，也是全国难得的度假旅游胜地。本课题的主要研究目的是壮大吉林省避暑休闲旅游产业的发展。首先，就国内外学者对避暑旅游的观点进行了研究总结。其次，对吉林省避暑休闲旅游产业发展进行了分析，概括了吉林省避暑休闲旅游产业发展的优势、劣势和挑战，以及未来的发展机会。再次，总结和借鉴国内外避暑休闲旅游产业发展经验。最后，从壮大吉林省避暑休闲旅游产业发展的视角，提出了吉林省避暑旅游产业发展的应对策略，即大力发展森林生态避暑，促进林业经济转型升级；积极发展避暑休闲康养，培育新兴消费热点；重点发展避暑休闲农业，推进美丽乡村建设；创新发展避暑休闲地产，满足旅居市场需求；加快发展滨水体验产品，拓展水域水体休闲空间；着力建设避暑名城，打造宜居宜游城市名片；培育发展避暑休闲文化，增强文化产业实力。

关键词： 吉林省　避暑休闲旅游　旅游产业

---

* 臧宏玲，长春工业大学马克思主义学院教授，主要研究方向为行政管理和思想政治教育；赵秀月，长春工业大学马克思主义学院讲师，主要研究方向为行政管理和思想政治教育。

吉林省夏秋两季气候清爽舒适，东部长白山区生态资源得天独厚，具有发展避暑休闲产业的区位环境优势。随着旅游经济时代的到来，避暑休闲将成为人们的一种旅居生活方式，市场需求旺盛，空间和潜力巨大。但吉林省的旅游业作为新兴产业，其水平还处于发展的初期阶段，旅游业的经济效益不高，资源优势未能得到充分发挥。本课题通过综合分析吉林省避暑休闲旅游产业，将其优势、劣势、发展机会与挑战进行比较分析，并在此基础上探讨了未来吉林省避暑休闲旅游产业发展的相关对策。

一　吉林省发展避暑休闲旅游产业的分析

在当今全球气候逐渐变暖，夏季高温气候频现的情况下，避暑气候已经成为一种战略性稀缺资源。东北地区是全国避暑的最佳胜地，当前全国有效避暑人群达3亿，全球达20亿，市场需求旺盛。吉林省地处中纬度，气候清爽舒适，生态环境优良，资源特色鲜明。夏季山水清奇，森林静谧，文化清醇，舌尖清香，田园清馨，生活清逸，素有“22℃的夏天”的美誉，具备避暑休闲旅游产业发展的优势。

（一）吉林省发展避暑休闲旅游产业的优势分析

1. 气候优势

吉林省所处地理位置优越，属于温带大陆性季风气候，四季分明，是夏季避暑的优选之地。吉林省地理位置从东南向西北，由湿润气候过渡到半湿润气候再到半干旱气候，年平均降水量为400～600毫米，雨水量集中在夏季。吉林省夏季平原平均气温在13～25℃，季节变化和地域差异明显，体感温度凉爽舒适。夏季的吉林大地气候宜人，多微风，没有连绵的降雨，东部森林山区更是天然的氧吧，这些优势都使吉林省成为全国难得的度假旅游胜地。加拿大天气局认为，人体的舒适感是由温度和湿度决定的，温度在20～24℃，湿度在40%～60%是人体的舒适范围。从上述分析来看，吉林省具备这样的避暑旅游气候优势。

2. 资源优势

吉林省旅游资源丰富，在全国旅游资源分布格局中占据重要位置，具备培育成有世界影响力和竞争力的旅游目的地的资源条件。从未来旅游市场的发展来看，吉林省拥有休闲度假、生态山水、边境风情等具有潜力的旅游资源优势，未来将原生态凉爽气候、冰雪温泉等自然资源进行优化组合，打造具有品牌优势的旅游区域。从世界旅游业发展和变化趋势上看，避暑旅游市场需求不断增长，吉林省避暑旅游具有极大发展潜力。此外吉林省还具备建设新兴特色旅游大省的潜力，比如吉林边境、生态优势都十分突出。从东北三省旅游资源竞争力的比较可见，吉林省气候相对黑龙江省和辽宁省比较适中，冰雪旅游资源品质最佳。吉林省与俄罗斯、朝鲜接壤，具有特殊的地理位置，边境口岸等资源开发具有明显优势。同时，吉林省是中国唯一的朝鲜族聚居区，独具特色的朝鲜族文化在旅游业的发展上占有绝对优势。从以上分析来看，吉林省具有一定的资源比较优势，而且高级别的旅游资源数量高于全国的平均水平。

3. 开发态势优势

近年来，吉林省高品质旅游不断发展。吉林省在建旅游项目投资的数额从十亿元到百亿元不等，重大旅游项目建设也取得了阶段性成果。万达集团投资 230 亿元打造的中国高端山地度假项目长白山国际度假区，2015 年被国家旅游局评为首批首席国家级旅游度假区。项目工程将长白山独有的资源优势与项目建设完美结合，是中国旅游产业实现由观光到度假升级的代表性项目。长白山国际旅游度假区分为南北两区，不仅提高了吉林旅游接待水平，而且有助于吉林旅游的品牌知名度的提升。吉林省旅游产业的发展，主要通过产业要素整合和提升，扩大投资规模，推进项目建设，增强吉林旅游整体实力，为吉林省旅游业未来的发展打下坚实的基础。

4. 区位优势

吉林省有着特殊的地理位置优势，具备发展东北亚区域旅游合作的优越条件。随着东北亚经济、文化发展的深入合作与交流，将会有大量来自朝鲜、韩国、日本、蒙古国和俄罗斯等远东地区的游客入境旅游，消费能力强的日本、韩国等国游客，将为吉林省带来大量入境旅游客源，边境旅游将得到大发展，国际旅游合作将深入推进，使吉林省成为我国重要的对外旅游合作发展渠道。

5. 红色旅游资源优势

吉林省具有丰富的红色旅游资源，抗日战争和解放战争时期的遗迹有239处，其中一条线路被列入国家30条“红色旅游精品线路”。红色资源中最为独特、最具价值的历史资源是东北抗联革命历史资源，其中包括红石国家森林公园内的蒿子湖密营遗址、集安自然保护区附近的河里抗日根据地和会议遗址、吉林市革命烈士陵园、大荒沟抗日游击根据地遗址、王德泰将军墓、李学忠殉国地、镇赉县烈士陵园、马驮子沟密营遗址等。目前，吉林省在29个自然保护区内或附近有红色资源遗存，为吉林省探索融合发展的旅游模式提供了条件。

（二）吉林省发展避暑休闲旅游产业的劣势分析

1. 旅游文化优势不明显

在吉林省避暑旅游的发展中，虽然气候资源占据主要地位，但文化因素也必不可少。我国历史悠久，长期文化基因的传承和积淀形成了各区域各具特色的文化风情。北方拥有肥沃的黑土地、壮美的景色、舒适凉爽的气候，在这种气候条件下，人的性情多豪爽、厚重。吉林省虽然具有厚重的历史文化、鲜明的满蒙民俗风情以及红色旅游文化，但与周边省市相比却并不具备独特性。东北三省和内蒙古东部地区地理位置相近、气候相似，旅游文化资源具有很大的相似性，容易受到周边省份同类资源的影响。如吉林冰雪旅游资源与黑龙江冰雪旅游资源相似，长白山森林旅游与黑龙江大、小兴安岭的旅游资源相似，吉林边境旅游资源与黑龙江中俄边境游及辽宁中朝边境游相似，吉林省民族文化旅游与辽宁、内蒙古的少数民族文化相似。未来吉林省旅游业的发展，要突出吉林省旅游文化资源的独特优势，挖掘吉林省自身的旅游潜力。

2. 避暑休闲旅游产品单一

避暑休闲旅游除避暑这一天然的气候生态优势外，还需要在“吃住行游购娱”六要素上做足文章。以万达国际度假区为代表的夏季避暑休闲度假游等吉林省的高端旅游产品，虽然近年来游客数量不断增长，但仅解决了“住”的方面，“吃”没有明显的地域特色。除高端度假产品外，吉林省避暑休闲旅游产品多以农家乐为主，“吃住行游购娱”的问题更加突出。

吉林省避暑旅游，在“吃”的方面，以农家特色为主，没有地方特色菜和独特的饮食习惯，在饮食方面未抓住各地游客的不同口味；在“住”的方面，以农家乐为主题的乡村客栈居多，服务配套设施不完备，提供家庭化的服务水平，收益不高；在“行”的方面，吉林省的交通发展滞后，限制了乡村避暑旅游发展，如延边州地区的各个朝鲜族村落，虽然具备民俗旅游资源，但是由于交通原因，很多游客不愿长途跋涉到此避暑，使乡村旅游损失了不少客源；在“游”的方面，由于乡村避暑地旅游景点单一，没有形成完整的产业链条，缺乏丰厚的自然旅游资源及文化旅游资源，影响了旅游收入；在“购”的方面，乡村发展比较落后，购物、消费不具备便利条件；在“娱”的方面，乡村缺乏丰富的娱乐设施，为了吸引游客而修建的乡村广场和体育设施没有地方特色，娱乐项目更是少之又少。“吃住行游购娱”已经成为制约吉林省乡村避暑旅游发展的主要因素。

3. 体制机制障碍

一是吉林省旅游产业发展中存在着旅游管理体制不健全的问题，出现了多头管理、相互牵制、行业管理力度不强等突出问题，面临着旅游开发主体多元化的突出矛盾。吉林省各级旅游管理部门在政府组织机构中大部分处于弱势地位，缺乏对管辖区域内旅游资源开发和旅游项目的统一监管体制，难以形成对旅游业的全面监管。

二是各部门、各区域间缺乏完善的统筹协调机制。吉林省各市县旅游业由于缺乏有效的沟通渠道，难以形成旅游资源和产品的合力，不利于高水平的旅游产业的建设。此外，由于缺乏全省统一的整体开发思路，使许多旅游项目开发出现重复性建设，并有恶性竞争的趋势。吉林省亟须建立合理有效的跨部门、跨行政区的旅游统筹协调机制，确保全省旅游快速、均衡、合理发展。

三是省内许多景区产权不清晰，旅游业发展中需要进一步明晰产权制度，加快制度建设和创新。

总体而言，对于吉林省旅游业的发展要突破体制机制障碍，推进景区管理一体化改革，建立健全旅游综合执法机制，形成齐抓共管、协同推进的良好格局。

4. 基础设施落后

据统计和调查，来吉林省避暑的国外游客以日韩游客为主，省外游客以北京、黑龙江、辽宁等地游客为主。北京经济发展居全国前列，日韩更是发达国家，生活条件等比吉林优越，但是由于吉林省经济发展状况，很难达到日韩游客对生活设施和基础设施的高要求。吉林省东部绿色旅游精品带由于受到山体、湖泊等地理因素和区位的影响，交通及基础设施的建设受到了一定程度客观条件的限制，旅游交通跨区域运营制约较大，旅游服务设施仍较为落后，配套设施功能性不够突出。由于交通不便，存在着游客“进不来、出不去、走不动”的问题，还有一些新业态旅游配套设施不足等问题，导致难以满足日益增加的新业态旅游市场需求。

（三）吉林省发展避暑休闲旅游产业的机会分析

1. 市场需求旺盛

随着旅游产业黄金期的到来，吉林省旅游产业发展迎来了良好的宏观发展环境。据国家旅游局数据信息显示，2017 年，国内旅游市场高速发展，国内旅游人数高达 50.01 亿人次，比上年同期增长 12.8%；出入境旅游总人数 2.7 亿人次，同比增长 3.7%；全年旅游创收 5.4 万亿元。据初步测算，全年全国旅游业收入占 GDP 总量的 11.04%。根据国际旅游规律，当人均 GDP 达到 5000 美元时，就会步入成熟的度假旅游经济。目前我国人均 GDP 已达到 8000 美元，这表明我国正处在由必需型消费向享受型消费过渡的重要阶段，旅游已经从奢侈品变为刚需品，大众旅游消费时代已至，旅游成为人们常规的度假方式。此外，近年来夏季避暑休闲旅游产品热度不断增高，避暑旅游发展态势良好。面对旺盛的市场需求，应加快吉林省避暑旅游业的发展，加大重大项目投资力度，促进旅游产业融合发展，努力把旅游业率先建设成为吉林省第四大支柱产业。

2. 产业政策推动

《吉林省旅游产业壮大计划》中明确提出全面提升吉林省旅游产业发展和培育旅游业的战略目标，吉林省第十一次党代会明确提出把旅游业发展成为吉林省新的支柱产业。目前，吉林省各市州县党委、政府都把旅游产业发展定位为发展目标，长春市、延边州、长白山管委会等政府管理部门，发布了支持地方旅游业发展的政策文件，为推进吉林省旅游发展提供了政策支持。

3. 东北亚旅游合作的机会

吉林省借助独特的区位优势，积极开展同俄、日、韩、朝的旅游合作发展关系，在发展多国同游的合作上积极地发挥着作用。通过合理的旅游路线设计，开发具有地方特色的旅游线路，把中、俄、日、韩、朝5个国家连在一起，为东北亚区域旅游合作发展奠定了良好的基础。东北亚地区自然资源丰富，在这样的背景下，发挥资源的互补性，开拓东北亚旅游合作市场，充分发挥吉林省特殊的区位优势，开展吉林省东北亚旅游合作发展项目已成为必然趋势。

4. 吉林省社会经济转型发展的机会

吉林省经济社会的发展正处于经济转型期，需要培育新的发展动能，要突出旅游业在全省经济发展中的带动和牵引作用，加快推进旅游业的发展进程。5~10年后，吉林省将进入工业化后期，工业化的中后期是旅游大发展的黄金时期，吉林省应借此时机加快发展现代旅游服务业，抢占发展的战略机遇期，积极推进旅游配套功能升级、旅游产品和旅游服务质量的全面升级，激发旅游经济发展动力，从根本上改善旅游发展环境，以旅游业为重点，提升吉林省经济的竞争力。

（四）吉林省发展避暑休闲旅游产业的挑战分析

1. 区域同质竞争的挑战

吉林省旅游业的发展正面临着同质竞争的挑战。从地理位置上看，吉林省处于东北三省的夹缝地区，在旅游业的发展中也处于挤压位置；从生态环境上看，东北三省及内蒙古自治区的生态环境相似，观光旅游度假产品相似度高，吉林省的旅游度假产品的辨识度不高；从旅游服务水平上看，辽宁省旅游城市有着良好的接待设施、服务水平和较完善的旅游管理体制，这些对吉林省旅游业构成了强有力的竞争；从旅游资源上看，吉林省西部草原湿地旅游资源与内蒙古自治区的旅游资源相比，其旅游品质和形象认知上都不具备独特优势。因此，吉林省旅游业的发展要考虑到区域同质竞争的问题，加强吉林省旅游业的创新发展。

2. 生态保护与旅游开发协调的挑战

吉林省拥有高品质的自然旅游资源，具有很高的生态价值和旅游价值，但是这些自然旅游资源的生态环境极其脆弱，对环境改变的敏感性较强，特别是作为联合国确定的“人与生物圈网”的长白山生物圈保护区，在旅游开发的同时一定要注重生态保护。旅游开发的影响主要表现在以下两方面：一方面，表现在旅游业对自然环境造成的冲击，大规模的旅游业发展必然伴随景区道路、宾馆、饭店、娱乐场所以及其他服务设施的修建，这样不可避免地会使旅游景区的自然环境发生变化；另一方面，表现在旅游开发对少数民族地区和文化遗产地的保护产生了干扰，旅游开发的大潮流影响了一些少数民族地区居民的生活方式和生产方式。如何在发展旅游产业和旅游经济的同时实现对旅游环境的保护，充分落实生态省建设要求，是吉林省旅游发展面临的重要挑战。

3. 旅游产业转型升级的挑战

如何实现旅游产品的转型升级是吉林省旅游产业发展面临的最大挑战。从吉林省旅游产业发展的大局出发，要满足日益变化的度假和旅游市场需求，必须加快全省旅游产品的转型升级，加强基础配套设施和服务设施建设，强化城市旅游服务功能，健全公共服务体系和促进产业发展体系。由于吉林省经济基础薄弱、产业发展水平不高，吉林省旅游产业转型升级任重而道远。

二　国内外避暑休闲旅游产业发展经验借鉴

凉爽的气候条件是开展避暑旅游的最基础、最核心的要素，吉林省需要将凉爽的气候与其他避暑资源整合，开发出不同的避暑旅游产品。

（一）国内避暑休闲旅游产业发展的经验

1. 山地高原型避暑旅游产业发展的经验

山地高原型避暑旅游地，主要依靠森林、田园风光、湖泊等资源优势，打造出一系列户外体育运动避暑旅游品牌。比如西宁市利用郁金香节，推动自驾游的发展；开发山地森林和奇峰飞瀑合为一体的城郊生态度假游；借助一些新兴的旅游方式，开展诸如农业新旅游和田园风光旅游等活动。再如昆明四季如春的气候特点为其旅游业发展带来了巨大优势，依托这一平台昆明旅游业发展已经初具规模。

2. 海滨型避暑旅游产业发展的经验

对于以海滨风光为基础资源的海滨型旅游目的地，其旅游产品主要推出各种节日、会展、观光、度假类旅游产品。以青岛为例，首先，大力发展欧陆风情建筑文化游，力图整合青岛市自身的特色城市风貌和建筑等。其次，着力发展海洋文化游，整合青岛市的多项海洋旅游项目，如海底世界、极地海洋世界和部分对游客开放的海洋院所等。最后，将旅游资源和婚庆文化结合，充分利用城市特色，发展婚庆文化游等。

3. 东北地区避暑旅游产业发展的经验

以哈尔滨市的避暑旅游产业为例，其避暑旅游业的发展已经日趋成熟。一是打造避暑旅游品牌。每年 6 ~ 8 月，哈尔滨推出“迷人的哈尔滨之夏”旅游品牌，将啤酒节和湿地节进行整合，满足不同人群的需要。二是推动湿地旅游发展，开发了太阳岛、呼兰河口、金河湾等湿地景区。三是推动避暑旅游要素完善。完善旅游业公共服务，提高管理水平，推出具有鲜明地域特色的系列旅游产品，旅游发展环境不断优化。同时还推出多项夏季休闲避暑旅游产品，如火山地貌观光、森林度假、湖泊度假、湿地观鸟等。

（二）国外避暑休闲旅游产业发展的经验

以美国夏威夷为例，因其每个岛屿都有特色鲜明、风格迥异的游览体验，以及会展旅游和奖励旅游发展的良好态势，吸引了很多游客到此避暑。避暑旅游产品主要是依托气候，中高纬度地区有特殊的气象资源，如极昼、冰雪景观、雾凇等。芬兰借助地理位置优势，推出极地淘金之路，沿途不仅可欣赏拉普兰原野风光，而且还可以体验极地萨米文化及自然北极奇观。

通过以上分析可以看出，吉林省的避暑旅游目的地发展还有许多不足，从资源的开发层面上来说，层次较低、缺少精品和亮点；从旅游产品开发层面上来说，仍有待进一步挖掘；从旅游服务层面上来说，旅游服务和设施还不完善。

三　壮大吉林省避暑休闲旅游产业的策略研究

（一）大力发展森林生态避暑，促进林业经济转型升级

1. 打造长白山世界级避暑度假地

长白山具备建设世界级森林避暑度假地的气候条件、生态环境、资源禀赋及品牌影响，火山温泉、森林特产等资源独具特色，度假形态、交通网络和服务管理等体系初步形成。“十三五”期间，要依托万达长白山国际度假区、二道白河小镇、松江河镇等避暑休闲载体，大力开发森林康养、度假小镇、森林温泉等避暑休闲度假养生产品和森林营地、森林探险、森林穿越等森林体验产品，开展森林观星、观鸟、动植物教育等森林科普教育活动，构建多层次森林避暑度假产品体系。在大长白山区域，培育和打造一批“森

林旅游度假区”、“森林休闲体验区”和“森林康养示范区”等森林度假品牌，推动产业聚集。鼓励引导战略投资者开发建设与现有产业业态互补性强、空间容量大的主题公园类、文化演艺类、动漫游戏类等人文类重大产业项目，丰富产品业态，拓展休闲空间，加快带动全省森林资源依托型产业发展。

2. 推动森工企业转型发展

整合吉林森工、长白山森工现有宾馆、疗养院、旅游景区、航运、物贸及停伐后大量闲置的林场、贮木场及企业厂房、运输轨道、森林小火车、土地、地产项目等资源，以发展避暑休闲产业为目标，建设一批山地森林旅游度假区和国民休闲地。围绕长白山重点打造“一带十区”，“一带”即环长白山森林避暑休闲经济带，“十区”即长白山森林小镇度假区（30 个）、仙人桥温泉康复养生区、森林公园休闲区、白山湖水上运动娱乐区、长白山—松江河—露水河森林小火车主题游览区、露水河皇家围猎文化体验区、二道白河热带雨林主题游乐区、森林康养功能辅助区、敦化黄泥河影视文化休闲区、红石红色旅游发展区，推动森工生产向旅游服务转型。

（二）积极发展避暑休闲康养，培育新型消费热点

1. 提高避暑康养产品供给能力

整合丰富的医药资源、森林特产和矿泉水资源等，引进国内外知名康养机构，针对不同人群需求特点，重点开发旅居养生、文化养生、美食养生、运动养生、森林养生、温泉养生以及抗衰老服务和健康养老等一系列旅游产品，打造避暑休闲康养产业链。将吉林东北三宝、吉林大米、长白山矿泉水等打造成国际知名的“吉林康养保健产品”符号，让吸新鲜空气、吃特色美食、喝优质矿泉水、享受高端康养服务成为广大游客到吉林避暑休闲的重要理由。

2. 优化提升避暑康养服务水平

发挥中医药特色优势，将避暑旅游同康体养生相结合，推动医旅融合，形成中医药健康旅游服务体系。鼓励康养企业开发和提供高端定制养生主题

线路和特色产品服务，探索创建医养结合的品牌发展模式。重点支持长春、通化、白山、延边等地充分发挥比较优势，创建一批国家中医药健康旅游示范区（基地、项目），打造一体化的现代国际健康服务园区。

（三）重点发展避暑休闲农业，推进美丽乡村建设

1. 丰富产品业态

首先，依托各地乡村生态资源和乡土文化等避暑资源优势，开发独具吉林特色的乡村休闲度假产品，促进吉林省休闲乡村旅游的个性化发展。比如在抚松县播放的《天地长白》，以当地的人参文化为主线，将相关的历史文化和关东民俗文化进行融合，推动了避暑休闲农业旅游发展，推进美丽乡村建设。

其次，支持发展农家乐，积极扶持农民发展休闲农业合作社。比如长白县下发的民宿方案，鼓励当地农民发展乡村民宿，对达标的农户给予一定补助，并对其统一管理。

再次，加强乡村生态环境和文化遗存保护，建设具有历史记忆、地域特色、民俗风情的特色小镇。比如抚松县漫江镇锦江木屋村，鼓励当地原住民打造系列民俗体验项目，再现满族民俗文化风情。

最后，鼓励各地探索发展特色旅游，提高产业融合的综合效益，借此发展乡村旅游业。发挥吉林省的消夏避暑优势，不断丰富避暑休闲旅游产品供给，培育一批示范带动能力强的休闲农业旅游集聚区。

2. 改善设施服务

实施休闲农业和乡村旅游提升工程，大力发展乡村旅游，挖掘乡村旅游文化内涵，建设一批服务设施优良的休闲农业聚集村、合作社，改善旅游交通，加强住宿安全和餐饮卫生等薄弱环节建设，重点推进停车场、厕所、游客服务中心等旅游公共服务体系建设，加强乡村民俗展览馆和演艺场所等基础服务设施建设，发挥乡村的区位优势和民族特色，打造集民俗旅游、休闲观光、农家旅馆为一体的特色民俗村。改善休闲农业基地的种养条件，实现特色农业发展和旅游服务设施同步提升。鼓励建设特色餐饮，构建购物、娱乐等旅游配套服务设施，满足消费者多样化的需求。

（四）创新发展避暑休闲地产，满足旅居市场需求

1. 加快多样化的旅居地产建设

引导各类市场主体开发适合森林环境条件下的季节性地产，将发展旅居地产作为房地产去库存的重要途径。重点支持旅游城市、长白山景区周边配套较为完善的旅游服务。县镇等区域已建成的商品房，通过政策引导、租赁、股权等方式变“商品房”为“旅居房”，并根据目标消费群体需求，不断完善康养、医疗、教育、娱乐等配套设施。各地坚持分类调控、因城因地施策的原则，补齐政策短板，科学调控增量，引导省内市民和外来避暑游客购买，不断提高避暑旅游向避暑旅居转化率。鼓励房地产开发企业、中介机构、物业服务企业，引导自然人和各类投资者购买库存商品房用于避暑时度假，提供市场化的避暑度假住房租赁服务。

2. 大力发展避暑休闲小镇

抓住国家加快小城镇建设的历史机遇，依托良好的生态环境和文化遗存，整合资源，包装产品，谋划特色小镇项目，通过政府购买服务、PPP 投资管理，发展具有历史记忆、地域特点、民族风情的特色小镇集群。培育首批省级特色小镇，推荐国家级特色小镇。黑山绿水为吉林避暑旅游发展提供了得天独厚的资源条件，要突出自身特色，进行旅游文化的深度开发，打造各具特色、富有活力的养生健身、民俗文化、美丽宜居等特色小镇，引领带动全省小城镇建设。

（五）加快发展滨水体验产品，拓展水域水体休闲空间

1. 大力开发水上休闲产品

利用江河、湖泊、湿地等水域水体资源和西部河湖连通产品及设施，开发滨水体验、亲水避暑和休闲渔业等旅游产品，推出 2 ~4 条精品水利生态旅游线路。依托净月潭、松花湖、向海、查干湖等知名度高、旅游较为成熟的景区，开发水上浮岛、水上文化演艺、水幕电影、水上餐厅、水上游乐、水上运动等特色产品，增强体验性和吸引力。重点推进松花江国际旅游度假

区、集安鸭绿江太极湾国际旅游度假区、鸭绿江龙山湖国际生态旅游度假区、松原威尼斯水上乐园等亲水体验型项目建设。着力打造伊通河、松花江等城区滨湖、滨河区域，完善休闲设施，开展亮化美化工程，打造白天避暑休闲区和夜间景观带。

2. 重点打造“三江”避暑休闲精品带

支持开发松花江全流域集水上观光、休闲、运动、演艺、餐饮、娱乐于一体的水上综合旅游项目，重点支持沿江两岸旅游休闲度假区类项目建设；鸭绿江沿线完善旅游驿站、交通标识及边境风情旅游项目，加快提升和建设沿线文化康养产品、红色旅游及集安高句丽文化项目，打造中朝边境风光避暑休闲带；加快开发图们江三角洲国际旅游区项目和环日本海邮轮旅游项目，打造东北亚异域风情避暑旅游带。充分利用“三江”及长白山区域等江河水系丰富的优势，大力开展夏季特色森林漂流产品。

3. 全面优化休闲渔业产业

积极开展休闲渔业示范创建活动，创建一批有规模、有特色、效益好、管理规范、带动能力强的休闲渔业示范基地，打造一批休闲渔业知名品牌，到2020年，渔家乐将达到800家以上。鼓励大型湖库等水产养殖企业，建设以“渔”为特色的休闲渔业综合体，打造各具特色的休闲渔业项目；鼓励水产养殖户以现有水产养殖场所为基础，发展垂钓、观赏、娱乐、餐饮等休闲渔业基地；支持观赏渔业发展，建立观赏鱼养殖基地、渔业科普教育基地等，引领和带动全省休闲渔业全面发展。

（六）着力建设避暑名城，打造宜居宜游城市名片

1. 实施名城带动全域战略

大力发展全域旅游，鼓励县市创建试点，支持列入国家创建名录的19个市县区加快旅游项目发展。积极开发城市避暑产品，拓展城市休闲空间。重点推动长春、吉林和集安、敦化、延吉、珲春、抚松、临江、安图、白山、双阳等主要旅游区域的城市，开发建设城市休闲街区、休闲风光带及消夏体验主题公园、城市避暑休闲公园和时尚购物街区等，充分发挥吉林省在

汽车、电影、科技等方面的资源优势，发挥城市基础资源优势，积极推进特色休闲园区建设，大力发展避暑休闲夜经济。加快城市工业游产品开发，重点支持长春市中国避暑文化博物馆、“百年长春”宽城老街、上海路历史文化街区、德惠沙俄历史文化街区、白城蒸汽机车陈列馆等城市休闲项目建设。预计到2020年，全省将培育和建设成10个特色鲜明、环境优越、全国知名、东北领先的宜居宜游型避暑休闲名城。

2. 全面提升节事会展业

充分利用夏季舒适的气候条件和城市办展办会的设施条件，高端策划，高层推动，引进国内国际有品牌和影响力的展会在吉林省夏季期间举办，加快节庆会展业发展。继续做大做强做响长白山国际旅游节、长春消夏节、汽博会、农博会、电影节等标志性、代表性的节庆活动。进一步提升吉林省大型旅游、文化、商贸、体育类节事活动的质量与影响，创新策划、整合一批特色节事活动，进一步提升会展设施建设，提升会展服务水平，大力发展会展旅游。重点发展长春市、吉林市、延吉市、珲春市、长白山、查干湖六大主要旅游会展产品，将长春打造成东北亚著名的“会展之都”，将长白山建设成以经济论坛和高端度假为主题的国际著名会展旅游目的地，将查干湖打造成世界知名的民俗文化会展旅游目的地。推进组织举办中国国际避暑旅游产业博览会、世界避暑产业发展峰会。

（七）培育发展避暑休闲文化，增强文化产业实力

充分挖掘红色文化、雕塑文化、电影文化、民俗文化等富有特色的文化资源，不断创新开发精品休闲文化产品，推出一批特色鲜明，集文化科普与休闲、娱乐于一体的休闲文化项目，打造特色休闲文化产业品牌，达到心静自然凉。大力发展演艺业、娱乐业、动漫业、游戏业、创意设计业、文化旅游业及文化会展业等新兴文化业态。在长春伪满皇宫博物院排演集思想性和艺术性为一体的舞台剧，在长春雕塑公园开展夏季雕塑文化鉴赏活动，在集安打造高句丽大型实景演艺产品，在延边安图红旗村打造民俗文化避暑度假村。鼓励有条件的地区开发建设避暑休闲文化体验园，

再现古人避暑场景、设施、诗词书画等。结合红色旅游主题线路，开展夏季研学旅行活动。

参考文献

1. 罗燕：《贵州避暑旅游品牌战略研究》，硕士学位论文，暨南大学，2010。
2. 吴连会：《贵州市场驱动型乡村避暑旅游发展研究》，硕士学位论文，贵州大学，2015。
3. 刘园园、金颖若：《避暑旅游产业发展概述》，《生态经济》2010 年第 6 期。
4. 《我省力推避暑休闲游》，《吉林日报》2017 年 8 月 15 日。
5. 《避暑已成为旅游发展新动力》，《中国旅游报》2017 年 4 月 4 日。

G.10

吉林省工业旅游发展思路与对策研究

赵光远　李佳欣　李平*

摘　要： 工业旅游是随着旅游业发展而产生的一项专项旅游，是工业与旅游业融合的产物，更是三产融合发展的重要节点之一。当前，吉林省具有丰富的工业旅游资源，而三产融合为快速推进工业旅游提供了新的机遇，抓住关键节点、实现快速突破是吉林省工业旅游发展的当务之急。

关键词： 吉林省　工业旅游　三产融合

一　吉林省发展工业旅游意义重大

2018年以来，国际国内经济形势发生了重大变化。发展工业旅游，不仅对旅游经济具有重大意义，而且对经济结构转型和国民经济发展具有重大意义。在这一特殊的历史时期，应着重从五个方面考虑发展工业旅游的意义所在。

（一）工业旅游为实体经济赋能

工业资源是工业旅游的基础，同时也是实体经济的基础。不论采矿业、制造业还是供水供电等基础工业，都可以通过形象改造发展工业旅游。而在工业旅游发展过程中，产品本身、产品质量、产品品牌等会通过旅游者进行

* 赵光远，吉林省社会科学院城市发展研究所研究员，研究方向为城市经济；李佳欣，吉林省委党校副教授，研究方向为区域经济；李平，吉林省社会科学院城市发展研究所副研究员，研究方向为城市经济。

传播扩散，发挥广告宣传作用；产品供需、技术供需、资本供需等也会在工业旅游中直接或间接得到助力，促成一系列战略合作。总体而言，工业旅游能够赋予实体经济更大的能量。

（二）工业旅游为数字经济助力

工业旅游，尤其是数字化工业、智能化工业的旅游，直接体现着一个区域的数字经济发展水平。同时，工业旅游作为产业融合的产物，本身也需要较高的数字化、智能化支撑。工业旅游既能催生数字经济的新供给，也能产生数字经济的新需求。在旅游越来越普及的时代，工业旅游能够成为数字经济发展的重要助力。

（三）工业旅游为区域形象增色

区域形象是影响区域经济发展的综合表征，而工业形象则在很大程度上代表了吉林老工业基地的区域形象。技术先进与否、市场精准与否、效益强劲与否、前景广阔与否、人才充足与否，在很大程度上都可以通过工业旅游体现出来。在吉林省工业经济形象遭受到长生疫苗事件冲击之际，发展工业旅游，尤其是展示动车、航天等高科技产品，数字机床等智能化产品，有利于改善并打造吉林省新的工业形象。

（四）工业旅游为全域振兴补链

伴随着 2020 年全面小康社会建设和精准脱贫目标建设的实现，吉林省正在加速进入全面全域振兴的发展阶段，东北振兴和乡村振兴等重大战略的实施，亟须强化工农商之间、城乡之间的联系。而工业旅游有利于补足相关战略之间的链条：开展农业加工业、医药健康产业等特色产业的工业旅游，能够促进城乡联系、工农商联系；基于大数据和数字经济的工业旅游平台，能够提升就业水平、收入水平和工农业产品品牌价值。把工业旅游作为重要突破口，能够加快强化共享共赢理念，迅速补齐重大战略之间、各个领域之间的缺口，为全面振兴提供有力支撑。

（五）工业旅游为人民群众所需

发展工业旅游是吉林省经济发展阶段和工业发展阶段的内在要求，是工业技术进步和重大产业成果科普的内在要求，是提升工业品牌信心和加速老工业基地振兴的内在要求，更是产业融合发展和满足“人民日益增长的美好生活需要”的内在要求。工业旅游也是完善旅游产业体系、提高旅游体验程度的内在要求。可以说，工业旅游发展已经不仅仅是旅游需要，更是广大人民群众的真实需要。

二　吉林省工业旅游发展基础

吉林省工业旅游资源丰富，工业旅游产业前景广阔，但其发展滞后于吉林省工业发展水平，也滞后于吉林省旅游产业发展水平。

（一）吉林省工业旅游资源丰富

吉林省工业资源丰富，四大系列企业有望提供丰富的工业旅游产品：一是20世纪五六十年代兴建的大型国有企业，如长春一汽、吉林化工、长影集团等；二是近年来不断涌现出来的战略性新兴产业，如光机所、应化所、小卫星、长春轨道客车等；三是特色农产品加工企业，如抚松矿泉水基地、皓月、德大等；四是特色医药企业，如通化东宝、敖东药业等。2018年，吉林省规模以上工业企业累计实现主营业务收入13637.5亿元，实现利润817.0亿元，利润率比上一年度提升接近1个百分点。相对稳健的工业发展，逐步改善的工业结构，正在提升的民营活力，为工业旅游的开展提供了新的契机。上述四大系列企业，有的已经探索性地开展了工业旅游工作，有的则和其他旅游活动结合进行了相关探索。

1. 红旗小镇

2018年8月1日，作为红旗60周年庆典活动之一，红旗绿色智能小镇启动仪式在长春成功举办。红旗小镇将构建新型商业模式，打造“乐山、乐水、乐活”和“宜业、宜游、宜居”的生态综合体，成为智慧城市、智慧交通、智慧生活融合的样板。红旗小镇专门设有工业旅游区，包括汽车工业门、红旗公园、博物馆、观光工厂、文创街区等。小镇地处长春市区和一汽厂区，区位优势明显，主题文化突出，品牌优势显著，配套服务健全，能够成长为吉林省工业旅游的示范区。

2. 长春水文化生态园

在长春净水厂原址建立的长春水文化生态园也是工业旅游的一种形式。作为该园区的建筑之一，“褶皱楼”已经成为网红建筑。该园区设有艺术家工作室、咖啡室、书吧等功能区，陈列有由废旧工业原件制作的公共艺术雕塑，将供水工业与水生态紧密结合，在主流大工业之外另辟蹊径，探索了新的工业旅游形式。

3. 西部风电场、光伏旅游

吉林西部具有丰富的风能、光能资源。近年来推动的风电建设以及光伏发电项目等，为吉林西部开展工业旅游提供了重大机遇。密布原野的风电装备、整齐划一的光伏设备，再加上千里草原的生态风光，展示了一种工业旅游、生态旅游、民俗旅游相结合的新模式，同时也能为西部地区产品推广和脱贫攻坚作出新的贡献。

4. 国企老装备旅游

吉林省集中了一批汽车、装备制造、化工、冶金、建材等方面的老工业企业，随着城区老工业区搬迁改造的推进，很多企业搬迁到了城市外围的工业园区，并且在城市中心留下了很多老的生产设备和装备。从旅游的角度看，这些蔚为壮观的装备设备具有极大的价值，甚至于其中的老厂房都蕴含着历史文化价值。以吉林市为例，吉化化肥厂的老厂址以及一系列老厂房、碳素和铁合金等企业的老厂区都可以进行旅游化改造，让游客了解共和国的工业史和奋斗史。

5. 工业遗址旅游

吉林省工业旅游遗址资源丰富，目前较有规模的包括长影旧址博物馆、丰满水电站、通化葡萄酒厂地下储酒窖、大泉源“清宝泉涌酒坊”遗址以及林业采伐工业相应遗址等，很多工业遗址尚有待深入发掘。

6. 高新技术企业旅游

吉林省高校、科研机构较多，近年来创业企业、高新技术企业发展方面较好，调研显示，2018 年末全省高新技术企业 899 户，科技小巨人企业 389 户，入户科技型中小企业 915 户。这些企业有的已经建有观光走廊、企业展室等设施，有些企业集中在相应的园区，可以利用这些资源和优势开启体现新时代特征、新技术特点和新创业群体需要的工业旅游模式。

（二）吉林省发展工业旅游的挑战

当前吉林省工业旅游发展的核心问题是“转化难”，具体表现为“六不足”，根本性原因是“三个弱”。

1. “转化难”是核心问题

“转化难”主要表现为工业资源转化为工业旅游资源难，工业旅游资源转化为工业旅游效益难。在一定程度上，工业旅游“转化难”和被广泛提及的科技成果“转化难”具有一致性。从工业旅游“转化难”两个环节看，“转化难”的根本症结是人的问题，尤其是利益相关者对长期利益与短期成本的均衡考量问题。在工业资源转化为工业旅游资源的过程中，关键还是成本问题，既有经济成本，也有制度成本，当工业企业的决策者在自己的任期内只能看到投入的成本而看不到工业旅游的效益时，自然不愿意去发展工业旅游事业，这是一种必然的结果。而工业旅游资源向工业旅游效益转化的过程中，利益相关者又在工业企业决策者基础上增加了旅游产业决策者，决策者之间的博弈、工业思维与旅游思维的不一致等，使工业旅游发展在经济成本、制度成本基础上又增加了社会成本。缺乏合理的机制设计和制度约束，工业旅游发展必然会遇到“转化难”问题。而这种问题在吉林省这种传统工业、国有工业比重较大的区域会被进一步放大，从而制约工业旅游的发展。

2. “转化难”表现为“六不足”

一是工业旅游融合度不足，工业企业不愿搞工业旅游，旅游企业搞不起工业旅游，大企业看不上工业旅游的收入，小企业又害怕工业旅游增加经营成本。

二是工业旅游精准度不足，哪个行业最适合搞工业旅游，哪个行业用什么模式搞工业旅游等基本规律并不清晰，或者具有清晰的规律但政府部门无法规范，同时工业旅游涉及的多种安全问题在当前的社会治理体系下难以得到精准解决。

三是工业旅游品牌力不足，吉林省工业旅游最有号召力的品牌莫过于一汽，但一汽的工业旅游项目近期才开始启动，且一汽的品牌力处于相对下滑态势，对其他工业旅游项目缺乏带动力。

四是工业旅游人才力不足，工业旅游的导游和讲解人才具有特殊性，要懂一定的技术和企业经营，要随机应变强化企业文化和产品品牌的渲染，同时还要了解旅游行业的制度和规范。工业旅游项目的策划、设计，文化标志的嵌入、旅游线路的设计等也都需要专门的人才。吉林省在专业旅游人才方面亟须提升。

五是工业旅游营利性不足。吉林省发展工业旅游离不开国有企业，但吉林省大型国有企业主营的或是大宗产品或是原料产品，很难把旅游者转变成消费者，即使是部分农产品加工业等领域的企业生产的产品也是如此。追求大宗产品、原料产品的工业结构，导致工业旅游缺乏盈利点。

六是工业旅游系统性不足。工业旅游与其他旅游融合不足，在吉林省最新的区域发展“一主六双”战略设计的两个旅游环线中，虽然有丰富的工业旅游资源，但是却没有将工业旅游作为相应任务进行体现，这在一定程度上也说明战略导向性不强。

3. “转化难”根源是“三个弱”

一是基于体制机制等问题的市场化程度弱，工业旅游无法计入工业企业主营业务收入，工业旅游收入对大型企业营收和利润的影响太小，工业企业不愿外部旅游企业主导本企业相关的工业旅游项目，存在工业企业对工业旅游“外行管内行”现象，盈利水平弱，强化了转化难现象。

二是国有主体的大中型工业企业与民营主体的旅游服务企业之间的融合

弱。工业旅游是市场化行为，是民营主体千方百计扩大利润率的行为。国有主体的大中型工业企业缺少追求微小利润的动力，相应的利润规模可以靠政府资金、申请政府项目就可以获得。此外还存在国有大中型企业与民营旅游服务企业市场话语权、政治话语权不对等的行为。话语权不对等、信息不对称，必然导致合作不充分，进而导致出现“转化难”的诸般现象。

三是面向传统的工业生产模式与面向未来的体验经济模式的结合弱。以“四新经济”为表象的面向未来的体验经济大行其道，但吉林省工业企业仍是产品至上，产品没有体验的融入很难成为这个时代的商品。一汽的很多车型卖不动实质上也是这样。不重视体验，就不可能面对旅游群体的体验需要，自然而然工业旅游也不会有较好的发展。这一点尽管当前有所改观，但是短期内仍很难得到实质性改善。

三　工业旅游发展的域外经验

结合吉林省四个优势工业行业，其他省区如下经验值得吉林省借鉴。

（一）汽车产业

长沙比亚迪汽车工业旅游项目具有较好的借鉴意义。一是主题鲜明，其主题为“比亚迪纯电动汽车梦想体验之旅”，突出新能源汽车领导者主体，“梦想体验”既能与公司“成就梦想”的理念结合，又能增强或激发客户的猎奇心理。二是线路设计合理，其线路为：参观汽车展厅，观看企业宣传片，参观冲压、焊接、涂装、总装、发动机（暂缓开通）生产工艺，新能源汽车试乘试驾几个环节。强化旅游体验，游客可穿上工衣拧几颗螺丝，贴个车标，到员工食堂吃顿午餐等。购物作为旅游活动的六大要素之一，是旅游过程中不可缺少的环节之一。参观工厂后，挑选一些有纪念意义的汽车周边产品是很多人的选择。二是强化驾乘体验。针对大众对新能源汽车的疑虑，让游客感受新能源汽车。有驾照的游客可以体验电动车试驾服务，其他有兴趣的游客也可以试乘感受。车辆是否安全、动力是否强劲、充电是否方便，一切都通过实车体验和演示来打消消费者的疑虑。四是市场定位明确。工业旅游的重点是四个领域：教育系统（学校等教育机构、教育类旅行社或社团等）、老年人群体（生活比较有保障，有大量的时间，人数庞大，消费能力较强，在家里和社会上都有很大的话语权和影响力）、管理咨询公司和同行（工业旅游涉及的仅限于产品展示、企业文化、现场管理、产品体验、企业理念、品牌传播等方面的非商业机密部分，完全可以对他们开放）、常规旅行社（仍存在跟工业旅游契合度不够，针对性不强的问题，策略是跟有合作意向的旅行社有重点、选择性地合作，严格按规定收费）。

启示：吉林省汽车工业旅游也要确定鲜明的主题，让汽车企业主题、旅游主题和游客兴趣紧密结合。汽车工业旅游的核心是建立在车及零部件方面的体验，可以融入历史文化因素，但不可以过度追求历史文化因素，同时在合作伙伴、旅游人群定位方面要详加考虑。

（二）农产品加工以及食品产业

农产品加工以及食品产业（包括饮料制造业）是工业旅游开展最多的行业。伊利是食品工业旅游的创新典范，早在2005年就启动了覆盖全国的工业旅游计划，形成以现代化智能生产车间、黄金奶源带天然牧场以及草原乳文化博物馆等为资源的全套工业旅游项目。游客可通过特设的参观通道，全面了解产品的生产工艺，零距离感受品质透明化；在奶源基地，游客可与小牛进行亲密接触；在草原乳文化博物馆，游客可系统了解北方游牧民族乳文化的数百年文明史。此外，伊利还开拓出政务考察、商务交流、研学基地、学子实践、休闲观光等多类特色工业旅游产品，成为工业旅游的创新典范。重庆周君记火锅工业园是集科研、设计、生产、加工、销售为一体的专业火锅底料、复合调料生产企业，是国内首家调味品全国工业旅游示范点，年接待游客40多万人次，旅游直接收入2800万元，旅游商品年综合收入2.4亿元，在企业总收入中的占比超过10%。青岛啤酒博物馆是中国工业旅游项目中成熟度最高的品牌之一，博物馆设立在青岛啤酒百年老厂房内，展出面积达6000余平方米，以青岛啤酒的百年历程及工艺流程为主线，浓缩了中国啤酒工业及青岛啤酒的发展史。2016 年国庆期间，在游客接待数量和营业收入增幅上，超过了崂山风景区、青岛海底世界、极地海洋公园等标志性旅游景点。紫林醋工业园是以“醋与健康”为主题，集醋文化和醋技艺展示、醋养生体验、醋乐汇游憩为主要游览项目的现代食品工业旅游景点。园内开放紫林文化展、醋养生体验、具有国际先进水平的酿造食醋生产线、装备技术先进的现代化灌装流水线、葡萄长廊、绿色采摘、醋养生主题生态餐厅和园林厂区为主要参观景点，将工业化、信息化、标准化酿造食醋实景向游客开放，充分展现了传统食醋的精髓和现代工业科技的魅力。通过对紫林醋工业园的游览，游客会从“形、声、闻、味、触”五感重新认识醋起源到现代醋业的发展历程，了解醋使用价值和保健养生功效。

启示：农产品加工及食品产业是吉林省具有相对优势的产业，同时吉林省也有一批相对知名的企业和品牌，如大泉源、通化葡萄酒、榆树钱、洮儿河以及大米、豆制品、酱、煎饼、冷面等特色食品加工企业。从国内的实践看，农产品加工及食品产业要想做好工业旅游，必须抓好品牌、品质建设，必须抓好直接面向消费者、旅游者的各种体验。同时，农产品加工及食品工业与汽车产业不同，必须强化历史文化的融入，入口的是食品，入脑的是故事，用好信息技术促进好故事和好产品融合发展，是农产品加工及食品产业工业旅游的关键。

（三）石化产业

大庆是中国最大的石油石化基地，素有“天然百湖之城，绿色油化之都”之称，近年来其搭乘全国旅游发展大势发展“工业旅游”值得借鉴。大庆市以发展全域、全业、全季、全民“四全”旅游为指导，深度整合工业旅游资源产品，着力赋予它新的文化内涵和身心体验，打造跨越时空、多元体验、情感厚重、回味隽永的工业旅游产品，针对不同群体、不同市场设计个性化经典线路，通过一段历史、一个故事、一段记忆、一种体验、一种情怀，努力打造全国无法复制的工业旅游目的地城市。同时，高度重视保存、传承和发扬大庆工业文化遗产，构建使游客产生共鸣的工业旅游产品。

在空间布局中，打造了红色旅游板块，将大庆石油会战誓师大会遗址、松基三井、东油库、西水源等多处石油工业遗址确定为大庆市工业遗产市级文物保护单位，整合纪念馆、创业遗址、工作现场、矿区新貌等，包装体验式、定制式旅游产品。在遗产保护上，通过核心项目规划建设，使之成为城市运营和城市经济腾飞的新起点，成为大庆文化产业、旅游产业、服务产业向多元化、高端化发展的启动引擎。同时，利用总机厂旁边的湖泊，规划建设以工业废品雕塑为主要景观的主题雕塑公园，进一步提升工业旅游产品的品质。

启示：吉林省的吉林市和松原市也是东北重要的石化城市，具有开展相关工业旅游的基础。很多企业从创建至今也都涌现出了很多时代楷模，值得弘扬。同时，在历史文化资源方面，吉林市和松原市要比大庆市长得多。如何挖掘深厚的历史文化资源，如何促进石化工业旅游与红色旅游、生态旅游、民俗旅游紧密结合，是吉林市和松原市发展工业旅游需要考虑的重点。

（四）医药健康产业

李时珍医药集团工业旅游区是湖北蕲春打造国家中医药健康旅游示范区的五个支撑性项目之一，也是对接“医圣故里，养生蕲春”旅游主题，实施“药旅联动”发展模式的核心项目之一。当前已经确立了建设中药生产科普体验为特色的4A级工业旅游区目标，将李时珍医药集团工业旅游区分为“生态旅游区”、“工业观光区”和“服务区”三大部分，以蕲春四宝园为主体，配置休闲休憩设施，以生态步游道相互串连，将服务中心与李时珍中医药文化展厅、艾灸体验馆融为一体，将中医药元素、蕲春本土元素与传统文化元素有机结合，致力于实现“建百年企业、创世界品牌”。铜仁市引进企业落户江口县，发展大健康产业园，以让游客能“好好睡觉”为目标，园区以“健康睡眠”为主线，通过发展有机健康食品、康体休闲运动、医药研发、生态养生，打造世界一流的国际健康旅游目的地。

启示：医药健康产业的工业旅游是最容易与生态旅游融合发展的。其工业旅游关键是鲜明的特色，“李时珍”“健康睡眠”其实都是上述园区所选择的特色，有的在游玩中融入医药健康元素，有的在医药健康产业产品中融入休闲元素。吉林省医药健康产业要发展工业旅游，要充分借鉴这些经验，既要打好“长白山”“北药”“吉林人参”等品牌，也要和温泉游、休养游结合起来，把种药、制药、识药、吃药等融合起来进行推进。

四 吉林省发展工业旅游的对策建议*

从当前和今后一段时间看，吉林省有必要加速发展工业旅游，强化“市场、体验、共享、融合”四个主题——以企业主体突出市场导向，以服务产品强化游客体验，以共享理念塑造发展模式，以融合发展带动旅游升级——着力提升吉林省工业旅游的品牌力和带动力，着力打造吉林省工业旅游发展的新时代。

（一）以责权利为核心明确工业旅游发展主体

1. 要确定工业旅游的主抓部门

发挥省文旅厅统筹协调的功能，建立由省文旅厅与行业主管部门、行业龙头企业组成的行业工业旅游委员会，统筹协调旅游政策和行业管理政策，联合投入、联合监管、联合服务，建立起联合抓工业旅游的新机制。

2. 要确定工业旅游的市场主体

坚持市场导向和分类推进，明确企业的市场主体地位。有龙头企业参与的，鼓励龙头企业聘请专业人才成立工业旅游事业部予以推进；多企业主体参与的，鼓励以产业联盟委托、新设工业旅游类股份有限公司等形式予以推进。把产权清晰、责任清晰、现代治理、契约精神、诚信管理等作为选择市场主体地位的核心标准。

（二）以协同发展为主基调谋划工业旅游发展布局

1. 与两个工业走廊协同发展

按照全省部属，在环长春四辽吉松工业走廊地区布局工业旅游项目。充

* 本节中的具体数值，为本节作者建议数。

分发挥产业基础、重点企业、工业园区优势，围绕汽车、化工、农产品加工、医药、高端装备制造、新材料新能源六大产业集群开启工业旅游之路。沿长辽梅通白敦医药健康产业走廊，发挥现有医药产业基础和技术优势，协调发展中药种植景观旅游、现代医药工厂旅游、医药相关器械工厂旅游，联动发展其他生态食品工业游、生态观光游和养生健康游，打造特色工业旅游走廊。

2. 与两个旅游环线协同发展

结合长通白延吉长避暑冰雪生态旅游大环线，开展水电工业旅游、森林工业旅游以及工业遗址、工业文化旅游，着力丰富吉林省中东部地区旅游体系。结合长松大白通长河湖草原湿地旅游大环线，积极开展风电光伏等新能源工业旅游、采油炼油工业旅游、生态食品加工业旅游等，为河湖草原湿地旅游增加新的内涵。

（三）以品牌升级为目标推进资源融合

1. 推进与文化资源融合

工业旅游发展必须融入文化基因。按照分类推进原则，各行业按不同需要融入不同文化要素。国有工业企业重点融入红色党建文化和艰苦奋斗精神，民营企业重点融入创业文化、民俗文化、品牌文化和品质文化，高新技术企业重点融入未来文化。

2. 推进与科技因素融合

科学技术是工业经济的基础，工业旅游要强化科技要素的融入。在厂区体验、厂房及生产线体验、产品体验、旅游安全、旅游线路、旅游服务等方面广泛融入现代声光电技术和最新的检验检测技术。与科技部门设立联合科技攻关专项，全方位加强对工业旅游的科技支撑。

3. 推进与三次产业融合

三产融合是工业旅游的重要背景。要在旅游线路设计、旅游产品定制等方面强化产业融合理念。支持农产品加工业、食品制造业、医药健康产业优先开展三产融合，推进工业旅游试点；引导汽车、轨道客车、卫星等产业融入旅行食品、高铁食品、太空食品、太空种业等因素探索三产融合，丰富工业旅游内容。

（四）以强化引导为核心创新政府扶持方式

1. 继续实施项目直接扶持

依托各行业工业旅游委员会，以联合评审、联合投入方式每年在各个行业优选3～5个具有潜力的工业旅游项目予以支持，单个项目资助金额不低于50万元。

2. 逐步强化项目间接扶持

依托行业工业旅游委员会，以联合评审、联合投入方式在每年年初依据工业旅游收益等情况综合评选出5～8个上一年度的行业工业旅游典型项目（或典型单位），并以奖补形式予以支持。奖补标准按其上一年度工业旅游收入的一定比例进行确定，单个项目奖补金额不超过30万元。优先推荐相关典型项目（或典型单位）进入省有关产业发展基金的项目库。

3. 加强人才扶持

省文旅厅、省委组织部、省人社厅、省教育厅联合制定吉林省工业旅游人才发展的有关办法，在人才引进、人才培训、人才评定、最低工资等方面出台具体措施，力争五年内吉林省工业旅游专业人才能够满足本省需要。

4. 引导金融资源加大扶持力度

省文旅厅、省金融办、省财政厅联合制定金融扶持工业旅游的有关办法，对于发展工业旅游的工业企业，降低贷款等方面的要求并予以适度贴息政策；支持省里与文化、旅游相关的产业基金向工业旅游项目投资；鼓励有关企业、创业园区或者双创载体发起成立工业旅游投资基金。

（五）以市场主体需要为标的完善公共服务体系

1. 加强政策服务

省文旅厅与相关行业主管部门联合建立相关政策服务体系，在两个部门的信息平台增设工业旅游专题栏目，及时推介相关政策信息，允许第三方机构为企业提供专业的政策服务。省文旅厅与相关行业主管部门联合协调第三方政府部门或企业，支持开展工业旅游的工业企业在工业和旅游业间选择成本最低的土地、电力、用水等相关政策。

2. 加强行业公共信息服务

省文旅厅及时协调省外相关旅游发展部门，沟通、获取全国各地最新的工业旅游发展态势，及时为本地工业旅游行业提供信息服务。鼓励本地开展工业旅游的企业与域外相关企业建立战略联盟或其他信息共享机制，在信息合作基础上不断拓展市场、体验等各方面的合作。鼓励省内外智库、咨询机构为省内工业旅游企业提供信息服务。

3. 进一步增强工业旅游的体验服务

支持工业旅游企业强化工业旅游体验，在保障安全的前提下采用最新科技手段提高游客感受。对于提供首创性体验服务的工业旅游企业，可直接评定为年度行业工业旅游典型项目（或典型单位），相关奖补金额可在既有标准上适度上浮并有所突破。支持游客在改善体验方面为相关企业提出合理化建议，相关建议被企业采用并取得较好效果的，省文旅厅将协同相关企业对游客进行一定程度的奖励。

4. 引导市场主体抓好增值服务以及旅后服务

支持工业旅游企业以工业旅游为核心开展多类增值服务和旅后服务，如为感兴趣的游客开展行业专项培训，在旅游之后对游客进行回访和满意度调查，支持工业旅游企业以工业旅游为主题拍摄宣传片，引进影视剧制作机构借助工业旅游资源进行影视拍摄等。

（六）以增强行业活力为重点加强保障能力

1. 强化试点示范

在工业旅游委员会和项目直接支持的基础上，根据不同行业开展工业旅游模式不同的特征，不求数量只求质量，塑造吉林区域工业旅游品牌项目。力争通过 5 年时间，在汽车产业、医药产业、石化工业、文化工业、食品工业、装备制造及高技术产业优先打造年游客量超过 50 万人的工业旅游示范项目。

2. 坚持稳妥分步推进

根据不同的行业特征，制订不同行业工业旅游项目的推进方案，加强对工业旅游项目建设企业、建设团队的专业化培训，防止“大帮哄”。引导工业旅游项目至少从前期筹备与专业培训并举、政府引导与自由探索并举、系统推进与品牌提升并举、市场主导与线路优化并举和全面市场化五个阶段设计项目实施方案。

3. 加强规划保障

工业旅游与其他旅游不同，不同行业在技术、安全、环保各个方面要求差异较大，不适于统一的工业旅游规划全面覆盖，需要专业性详细规划予以保障。要在行业工业旅游委员会框架下，由旅游部门和行业主管部门联合制定相关行业的工业旅游规划，重点是强化工业本质、强化技术属性，目标是为工业发展增人气，为旅游发展增热点。

4. 加强设施保障

旅游发展的关键在于基础设施的配套，工业旅游更是如此，不仅要强化公共交通、消防安全、智慧服务、能源保障等方面的配套设施，还要在环境保护、公共安全、食品安全、产品安全（是否含有毒物质以及如何防护等）等方面完善配套设施，让游客在安全无虞的情况下开心地体验工业旅游的快乐。

5. 加强系统保障

必须强调系统性，以旅行社为主体将工业旅游纳入旅游大生态中予以保障。在工业旅游项目建设完成的情况下，引导旅行社以市场机制与工业旅游项目主体开展合作，并将工业旅游项目纳入旅游线路中。鼓励在条件成熟时成立专业的工业旅游旅行社。对于开展工业旅游绩效较好的旅行社，由省文旅厅和相关行业管理部门共同予以政策奖励。以工业旅游与长白山生态旅游、边疆游、民族民俗游融合发展为主题，打造具有吉林特色的新旅游宣传片，并将工业旅游放在较为显著的位置，强化旅游为老工业基地振兴发展服务。

G.11

吉林省乡村旅游发展研究

丁晓燕　张春凤*

摘　要： 乡村旅游作为农村经济的重要组成部分，对于推动农村经济发展繁荣、促进农民增收致富、助力精准扶贫及推动农业与旅游业深度融合发展等都具有重要的促进作用。本文在深入分析吉林省乡村旅游发展条件和制约因素的基础上，提出促进吉林省乡村旅游发展的12个着力点，即乡村旅游产品开发工程、乡村旅游名村名镇打造工程、乡村旅游圈带群构建工程、乡村旅游产业聚合工程、乡村旅游市场开发工程、乡村旅游商品开发工程、乡村旅游品牌打造工程、乡村旅游服务体系建设工程、乡村旅游改革示范工程、推进智慧乡村旅游工程、乡村旅游服务下乡工程、乡村旅游就业创业工程。

关键词： 吉林省　乡村旅游　精准扶贫

吉林省农村地域广袤，自然资源丰富多彩，田园风光优美秀丽，发展乡村旅游条件得天独厚，市场前景广阔，具备乡村旅游的发展基础。作为全国重要的旅游目的地和传统的农业大省，大力发展乡村旅游，是适应吉林省这个农业大省产业结构调整、促进农民就业增收、推进城乡一体化发展的有效

* 丁晓燕，吉林省社会科学院研究员，研究方向为区域经济、产业经济、文化经济；张春凤，吉林省社会科学院助理研究员，研究方向为产业经济。

途径，也是丰富旅游产品体系、推动吉林省旅游业转型升级的重要内容，具有重大的现实意义。

一 吉林省乡村旅游的发展基础

（一）发展条件

吉林省地域优势独特，自然景观优美，生物资源丰富，土地利用类型多样，农业生产条件良好。吉林省的乡村旅游源于农业，众多知名景点及其旺盛的游客人气，为乡村旅游吸引游客提供了难得的吸引物，良好的农业资源禀赋为全省乡村旅游发展提供了坚实的基础。

1. 生态环境优良

吉林省生态环境良好，河流众多，山川秀丽，生物种类繁多，森林植被优良。有闻名中外的5A级旅游景区长白山天池，有国际3A级自然保护区、因丹顶鹤故乡而驰名的向海，有亚洲地区最大的人工森林、国家5A级旅游景区、素有天然氧吧之称的长春净月潭，有国家4A级景区、堪称“北国明珠”的“青山绿水松花湖”，有全国十大淡水湖之一、吉林省内最大的天然湖泊查干湖，有国家4A级旅游景区、中国最大的火山口湖群辉南龙湾国家森林公园，有全国闻名、深受摄影家喜爱的吉林拉法山国家森林公园及红叶谷等，这都为发展乡村旅游提供了有力支撑。

2. 农耕文化厚重

吉林省农业生产基础和条件较好，已形成以玉米、水稻、特色蔬菜为主的中部农业产业带，以人参、中药材、食用菌等为主的东部特色农业产业带，以名优杂粮杂豆、优质牛羊肉、设施蔬菜为主的西部农业产业带。吉林省农耕文化底蕴深厚，关东文化异彩纷呈，民俗风情独具魅力。剪纸、农民画、东北秧歌等文化元素，成为全省乡村旅游发展的根基。这些“土得掉渣儿”的乡土文化，为在发展乡村旅游中强化特色、突出创意、提升内涵和吸引游客等，提供了宝贵资源。

3. 农业物产丰富

吉林省是传统的农业大省，农业资源颇为丰富，是新中国成立以来全国两个从未间断向国家贡献粮食的省份之一。省内盛产玉米，是我国玉米优势主产区和主要商品粮基地之一，素有世界“黄金玉米带”之称。四季分明，拥有果蔬、经济作物等特色的农产品，在全国有较高知名度和美誉度。

4. 市场空间广大

乡村旅游的目标市场主要以城镇居民为主，随着吉林省城镇化迅速推进和城镇人口规模日益扩大，消费水平的提高和闲暇时间的增加，越来越多的城镇居民热衷于到农村寻根忆祖，吃农家饭、住农家屋、干农家活、享农家乐，乡村旅游目标市场不断扩大。

5. 政策环境有利

国家和地方各级党委、政府高度重视旅游业的发展，出台了一系列支持旅游业发展的政策措施。国务院《关于加快发展旅游业的意见》，吉林省委、省政府《关于做大做强冰雪产业的实施意见》《关于推进避暑休闲产业创新发展的实施意见》等的出台与实施，为吉林乡村旅游的发展指明了方向，提供了强有力的政策支持。

（二）发展现状

现代意义上的吉林省乡村旅游，大致起始于20世纪80年代。目前，吉林省乡村旅游进入快速增长时期，全省各地涌现出大量的乡村旅游项目，包括各种类型的农业观光园、乡村农家乐、采摘节等。吉林省乡村旅游的迅猛发展，带来了一定的经济效益，为全省“三农”问题的解决提供了重要的经济支撑。同时，乡村旅游的迅猛成长，顺应了市场需求，满足了城市居民亲近乡土自然、体验农事节庆等传统生活方式的诉求。整体来看，吉林省乡村旅游产品品类丰富、独具特色，借助吉林省特有的乡村农业生态资源，深入挖掘淳朴的民俗文化优势，已形成独具吉林风情的乡村旅游市场，具有广阔的发展前景。乡村旅游已得到国内外游客特别是省内城市居民的喜爱，成为全省的旅游热点。

1. 乡村旅游快速增长

近年来，随着乡村旅游市场需求快速升温，吉林省乡村旅游呈现快速增长的态势，成为许多地区现代农业的重要业态和农村经济的支柱产业。截至2017年，全省现有休闲农业观光园2800个，农家乐900户，还有许多各具特色的山庄、农庄，乡村旅游经营主体3700户。吉林乡村旅游实现了休闲功能综合化、空间布局拓展化、经营主体多元化等一系列重大转变，成为吉林现代农业的重要组成部分和美丽乡村建设的新亮点。一批乡村旅游产品脱颖而出，一些资源丰富、起步较早的地区已呈现出星火燎原之势，在部分城市周边形成了乡村旅游度假带，吉林省乡村旅游产品得到极大丰富，并开始从以农家乐、采摘体验园等为主，向以兼具休闲观光、参与体验、度假休闲、康养娱乐等多种功能为一体的综合型乡村旅游方向转变，快速涌现出一大批特色鲜明的乡村旅游小镇、民俗风情文化旅游村、产权民居旅游村、乡村休闲度假产业园、农业生态采摘园等多种形式的乡村旅游产品。

2. 乡村旅游效应不断凸显

依托吉林特色农业，一批乡村旅游观光基地正建设起来。截至2017年，吉林省已创建国家级休闲农业示范县11个、示范点15个，中国最美休闲乡村20个，三星级以上示范企业35个。发展较快地区的休闲农业与乡村旅游正成为当地经济的特色产业。仅2017年前3季度，吉林省乡村旅游接待游客总人数约2934万人，同比增长34.3%，实现总收入约160亿元，同比增长43.7%，分别高于全省旅游业接待游客和总收入18.16个和22.42个百分点，休闲农业与乡村旅游已成为吉林省农村发展新的经济增长点。农户收入持续增长，“四季不断”。通过延伸农业产业链条，带动相关产业发展，乡村旅游有效拓展了农户增收空间，成为农户收入“四季不断”的重要组成部分。2016年全省乡村旅游接待游客3360万人次，经营收入70.5亿元，带动13万农民创业就业。

3. 乡村旅游产品特色鲜明

从现实情况来看，吉林省乡村旅游景点项目基础相对单一，大部分都是依托农业自然资源而建，同时结合农产品生产活动，建成以生态环境为核心吸引物的旅游产品；部分乡村旅游区在整合现代农业科技资源的基础上，建成以展示农业科技、提供农业休闲观光与科普教育等功能为主的现代农业园区；部分乡村旅游区是在依托区域专业市场聚集功能并放大其市场优势的基础上扩展而成；还有部分乡村旅游区是以乡村固有的生产生活经营活动为资源，以发挥其体验乡土生活的功能为特色优势，以农业田园风光、农村乡土背景、农事生产活动为载体，以“吃农家饭、住农家屋、干农家活、享农家乐”为主要体验内容的休闲观光农业与乡村旅游产品项目。从乡村旅游资源类型看，其基本形态大致可分为五大类型。

一是村落景观型。村落是乡村旅游最具乡土气息的特色资源，也是乡村旅游赖以存在和开发运营的最重要的基础资源。根据乡村的不同特色，乡村可以分为少数民族聚居形成的民族村落、环境保存较好的原生态村落、具有鲜明特点的特色村落、经现代化改造后的新农村等。这些不同的村落，多坐落在历史上重要的交通驿道节点上，逐渐演变成重要的商贸物流集散中心等，进而发展成为区域之间重要的经济往来及文化交流的节点村，因此而打上了强烈的多民族经济往来与文化融通的历史烙印。

二是民俗文化型。作为各民族之间文化沟通与交流的重要载体之一，乡村与村落构成了乡村旅游最关键的核心吸引物。经过历史的积淀，乡村村落繁荣兴盛，不同民族塑造了风格迥异的民间文化遗产，包括各类传统工艺、民俗建筑、民族服饰及语言文字、民族节庆活动、宗教文化与信仰、民族风情歌舞、民间杂技等，涉及范围广，种类复杂多样，既有繁杂的物质型文化遗产，也有宝贵的非物质型文化遗产。吉林省拥有众多的少数民族，形成了丰富而浓郁的乡村民族民间文化，成为乡村旅游的重要依托。

三是自然生态型。复杂的地貌类型、多样的气候、丰富的生物资源等自然条件，使自然生态型乡村旅游依托自然环境，形成具有优异自然景观和特殊环境魅力的旅游资源产品。

四是农事生产型。吉林省至今还保存着多种社会阶段的农业形态和农耕文明，堪称一部活的“中国农耕史书”。吉林省坐拥丰富多彩的农事农耕乡村旅游资源优势，从耕作、收割、垂钓、捕捞，到剪纸、狩猎等，涵盖范围广阔，部分地区已将其打造成各具特色的农业旅游示范项目。

五是特色物产型。乡村旅游的特色物产，主要是指作物种植、农林水产养殖、农业手工业及特色产品生产加工等资源。近年来，经过专业化打造的农业产业生态观光园、特色种植养殖基地等项目，逐步成为乡村旅游领域的新业态，打造了一批具有地方特色的旅游产品，为地方经济发展添砖加瓦，甚至成为部分地区经济增长的支柱及收入的主要来源。

4. 乡村旅游模式呈现多元化格局

在充分发挥各自资源优势的基础上，吉林省乡村旅游探索出多种发展路径。目前，全省基本形成了五种较为典型的乡村旅游发展模式：一是资源导向型发展模式，如延边安图县和白山临江市等；二是景区带动型发展模式，依托主要节点城市，为来自城市的消费者提供服务，如城市周边的村庄、主要交通干道周边的村落、重点口岸附近的村落等；三是产业驱动型发展模式，如长春市九台区等；四是市场依托型发展模式，如长春市双阳区；五是政府推动型发展模式，如四平市铁西区。

5. 乡村旅游形式不断丰富

在乡村旅游市场需求持续高昂的催动下，吉林省经过多年发展，现已形成形式多样、特色鲜明的乡村旅游产品体系。从现实情况来看，吉林省乡村旅游产品形式丰富，多数仍处于相对初级的阶段，主要包括城市近郊的各种农家乐、承载相关节庆赛事的农业生态观光园、休闲度假村、少数民族特色民俗村、田野生态景观景区等。总的来说，吉林省乡村旅游已基本形成了集“食住行游购娱”等多种功能为一体的乡村旅游产品体系。同时，随着人均收入水平的提高、市场需求的逐步升级，吉林省乡村旅游产品也在不断升级，从过去以观光采摘、餐饮住宿等产品类型为主，向融合了度假休闲、民俗体验、购物娱乐、生态康养、科普文化等多种功能于一体的产品体系转变。近年来，吉林省迎合市场变化，积极开展形式多样的乡村旅游活动，极大地促进了乡村旅游走向多样化。吉林省各地快速行动，充分利用本地区丰富的农业资源禀赋，配合不同农作物开花结果季节更替的时令节奏，广泛开展多种形式的乡村观光、赏花、摘果体验活动，积极举办相关农事节庆赛事等活动，在春天打造“桃花节”“李花节”等赏花之旅，到秋冬时节打造“红叶节”“冬捕节”等休闲体验之旅，还有贯穿全年的乡村田园风光摄影体验活动、节假日环城市周边乡村自驾游体验等，全力推动自然资源与乡村文化资源的整合与融通，深入引导和推动广大市民亲身参与到乡村旅游的体验活动中来。在一系列观光体验活动和相关政策措施的大力推动下，吉林省激发了各地发展乡村旅游的意愿与活力，极大地丰富了全省的乡村旅游产品业态，提升了吉林省乡村旅游的体验性，进而提升了吉林旅游的文化内涵，塑造了良好的市场形象。

6. 乡村旅游客源市场格局呈多元化

都市人常年居住在高楼林立、喧嚣拥挤、节奏紧张的环境中，对乡村地区的洁净空气、乡土风情、田园风景、慢节奏生活等的渴望，是促使城市消费者对乡村旅游趋之若鹜的重要动因。得益于蓬勃发展的城市经济，城市居民的人均收入水平不断增加，消费意愿与支付能力也在不断上升，极大地促进了乡村旅游市场的开拓。目前，从需求角度来看，吉林省乡村旅游主要存在四种倾向：一是回归乡野自然的趋向较为明显，二是求新求知的要求，三是在怀旧情结驱使下的各种旧地重游，四是日益增强的主动参与意识与体验性需求。由此可以看出，人们参与乡村旅游的动机与需求是多方面的，这也构成了人们对乡村旅游的复合型需求。从近年吉林各地乡村旅游市场的表现来看，全省乡村旅游主要呈现三个特征：旅游产品以城市周边节假日旅游的短线旅游为主，长线旅游为辅；旅游参与者以向往体验乡村情景的青少年为主，以休闲度假的老年人为辅；旅游结构以零星散客及自驾游为主，组团旅游为辅。

7. 政府引导和社会参与结合

长期以来，吉林省乡村旅游以政府为主导，发挥了重要的引导和推动作用，采取了积极改善旅游相关的公共基础设施、推动核心景区景点开发建设、大力吸引社会资本投入等措施，深入引导农户居民广泛参与旅游接待服务及管理运营等环节，全方位促进全省乡村旅游发展繁荣。

（三）存在的问题

经过多年努力，尽管吉林省乡村旅游已经初步建成了相对多样的产品体系，但是与发达国家相比，尤其是与我国南方部分地区乡村旅游的兴盛局面相比，还存在较大差距。

1. 旅游产品类型相对单一，特色不突出

受吉林省整体经济发展情况制约，目前吉林省仍处于乡村旅游的初期阶段。这主要表现在，乡村旅游消费集中在相对低端的环节领域，那些游客参与率和回游率相对较高的项目，多是以“住农家屋、吃农家饭、干农家活、享农家乐”为主要体验内容的农家乐，而以体验农产品收割收获、深度参与民间传统节庆活动、沉浸式体验乡村文化生活等为重要内容的乡村旅游项目则相对较少。与我国南方乡村旅游发展较好的地区相比，吉林省乡村旅游存在产品种类单一、缺乏内容等问题。从旅游资源上来看，吉林省农业资源和文化底蕴丰厚，但目前对乡村文化的认知以及对资源的有效利用还不突出，乡土特征不明显。立足吉林省自身发展情况，充分发挥吉林省乡村旅游的资源优势，未来应着重于开发休闲观光农业旅游项目，并逐步向以集观光度假、休闲娱乐、养生康体、科普学习等多种功能为一体的综合型度假旅游区的方向转变。同时，吉林省乡村旅游产品形式单一，沉浸式参与体验的功能较差，乡村旅游产品的同质化现象也屡见不鲜。多重因素使得吉林省乡村旅游难以形成持久有力的吸引，同质化导致的恶性竞争也时有发生，掣肘吉林省乡村旅游健康发展的步伐。

从以上分析可以看出，吉林省乡村旅游产品类型特色不鲜明，同质化现象严重，乡村旅游产品的差异化和个性化相对不足。就目前来看，多以农家乐、农业园等为主，对客源市场缺乏了解、缺乏吸引力；单纯欣赏田园风光的观光型乡村旅游产品居多，明显缺少度假休闲、生态康养、运动健身等专项乡村旅游产品，很难适应市场多层次、多样化旅游需求的变化。吉林省拥有得天独厚的广大乡村资源与自然生态资源优势，但乡村旅游缺乏科学的顶层设计，难以进行深度开发，乡村旅游产品中 80% 的景点是农家乐和乡村饭店，以餐饮、垂钓和打牌等为主要体验活动，以提供餐饮住宿为主要收入来源，除文艺表演外，参与性、体验性活动开展得少之又少，难以对消费者形成持续的旅游吸引。从这一角度来讲，吉林省乡村旅游资源的开发利用，明显处于较为原始的阶段，重视低层次物质景观资源的开发利用，轻视甚至忽视非物质的文化资源的深度挖掘，尤其是对民间文化、传统技艺及特色民俗等非物质文化资源的乡村旅游产品开发较少。特色乡村旅游精品项目还比较少，大多数乡村旅游产品档次不高，项目单一雷同，缺乏吸引力强的体验性、参与性产品。以上问题不同程度存在，降低了游客重游的比例，难以有效激发消费者的消费意愿。总之，吉林省乡村旅游的问题在于，坐拥丰富多样的乡村旅游资源优势，没能进行合理有效开发，致使旅游开发偏于粗放，产品类型相对单一，未形成由低至高各个层次有机衔接的旅游产品体系；旅游活动内容相对初级，不能很好地满足消费者多样化、深层次的旅游需求，消费者旅游体验不佳，尚未形成“吃住行游购娱”旅游六要素的融合发展，以至于乡村旅游产业链无法得到有效延展。

2. 产业发展低端化，竞争力和产品层次有待提高

与南方乡村旅游较为发达的省份相比，吉林省乡村旅游产品功能单一，还处于初级发展水平阶段。从吉林省乡村旅游产品设计开发角度看，目前还不能很好地满足旅游市场快速涌现的新需求。也就是说，吉林省乡村旅游产品所承载的旅游功能相对初级，市场上充斥着农家乐、生态农业观光园、采摘果园等旅游产品，仅能提供基本的观光、食宿及采摘等相对初级的旅游体验。相较而言，能够提供更深刻的沉浸式体验的旅游项目，能够结合区域特色生态文化旅游资源的旅游产品，能够满足游客观光、购物、体验、休闲、度假、康养等多种旅游需求的旅游产品等，还远远达不到快速变化的市场要求。近几年吉林省乡村旅游红红火火，但大都处在传统的农家乐阶段，品位不高、低水平重复建设的项目较多，不能满足市场需求。乡村旅游产品主要凭借城郊农家乐、果蔬采摘园、农业观光园等来吸引游客，没能充分挖掘打造更具吸引力的项目，吉林省丰富的乡村旅游资源优势也没有得到有效发挥。从现实来看，吉林省拥有广大的乡村，自然环境与生态风光资源极为丰

富；作为我国重要的粮食主产区之一，吉林省农业经济资源极为丰富；作为拥有朝鲜族、满族等多个少数民族的地区，吉林省民俗文化风情旅游资源极为丰富，而这些资源尚未得到充分的挖掘。尤其是构成乡村旅游核心吸引物的文化性资源，包括民俗文化、农耕文化、民间艺术与绝活等乡土文化的宝贵价值，也没有得到深刻全面的体现。可以说，吉林省乡村旅游领域事实上的产业低端化，致使全省乡村旅游产品的市场竞争实力仍然十分有限。

一是现有产品以观光功能为主，休闲性较差。产品多以传统的观光形式为主，仅能满足城市居民就近观光、放松身心的需要，但不能真正地让他们“回归自然”，从而缺乏吸引力。大多数乡村旅游是以看农家风情、吃农家菜，或者参加各种节庆活动等为主的旅游方式。现实情况表明，吉林省乡村旅游的游客黏性相对较差，多数游客逗留时间很短，停留期间的休闲体验不佳，可供游客深度参与的项目较少且品质过于粗糙，很难让游客留得住、留得久、玩得愉快，再次回游且推荐亲友的可能性大幅降低。同时，吉林省存在乡村旅游产品开发雷同的现象，同质化恶性竞争时有发生。

二是没有与其他产业融合，没有实现农旅互动、工旅互通、文旅互融，特别是农产品的深加工增值产品不多，乡村和农业文化挖掘与旅游应用明显不足，使乡村旅游发展效益不高。吉林省旅游产品结构亟须转型升级，从初级的观光型产品，向中高级综合参与型产品层次转变。

三是经营规模普遍偏小。乡村旅游普遍以个体经营为主，比较缺乏具有竞争实力的龙头企业，资金短缺问题突出。乡村旅游点的数量虽多，但大部分投资与经营规模小，真正上档次、上规模的屈指可数，多数为“小、散、弱”的个体，产品开发程度低，带动能力较弱。

四是难以有效应对地区间同类别产品的市场竞争。随着全民收入水平的提高，全国乡村旅游市场进入快速增长期，各地也快速掀起了乡村旅游开发的热潮。放眼全国，以农业观光、采摘垂钓等为主题的乡村旅游产品比比皆是。在地区间竞争激烈的形势下，同质竞争乃至恶性竞争的问题将不可避免。在此种形势下，唯有不断开发和创新乡村旅游产品与功能等，才能迎合快速变化的市场需求，在激烈的市场竞争中立于不败之地。

五是对旅游消费结构的快速变化认识不足。随着我国经济发展进入新的历史时期，随着人均收入水平的提高及消费市场的不断升级，我国旅游市场的消费结构正在发生质的转变：消费者的旅游消费能力得到增强，消费倾向与结构也从单一快速向多元转变，从走马观花式的观光旅游，向度假休闲、健身康养等更高层次的需求阶段转变。

3. 基础设施建设滞后，服务配套设施不健全

吉林省乡村旅游发展的基础设施和配套服务设施仍然相对滞后，服务条件和环境建设还处于较低水平，乡村旅游点交通、水电、安全、环卫等基础设施和商业、医疗、文化等配套设施建设相对落后，乡村旅游的道路网络建设、旅游环境及卫生服务、标准化旅游标牌引导系统等基础设施及配套服务设施建设还很不完善，配套服务还不能满足游客需求，难以接待一些要求较高的旅游者。一些乡村地区的交通状况和周围环境状况较差，有一部分乡村旅游区（点）的可进入性不强，旅游交通成本较高，乡村地区道路、停车场、洗手间等公共设施简陋、设备不足，影响开发进程和旅游质量。通信设施不配套，有的无法上网、手机信号不好。旅游环境较差，脏、乱、差现象仍然可见，虽然乡村旅游区（点）和农家乐经营业主已经重视周边环境卫生的改善，但一些没有从事乡村旅游的农户受客观条件及传统观念影响，短期内难以改变原有的生活陋习，生态环保问题相对突出。部分乡村旅游景区景点的基础设施配套不足，没有配备标准的游客服务中心、缺少停车场，甚至没有干净卫生的旅游厕所设施，无法满足游客的基本需要，缺乏规范的引导标识和指示牌，公共设施简陋、设备不足。住宿、餐厅等主要食宿设施标准较低、条件较差，无法提供整洁的住宿环境、卫生的洗漱环境、安全的饮食环境，水电供应不正常，缺少排污设施，安全条件没保障，卫生状况和设施条件与城市相比相差甚远，难以让游客满意，也难以留住游客。这就意味着，服务配套设施不全、功能不完备，设施规划与建设不到位，运营管理服务意识和水平差，乡村旅游用地结构与布局相对散乱，以及缺乏统一规范的服务标准、服务质量低下等问题不同程度存在，难以充分满足消费者的旅游需求，极大掣肘吉林省乡村旅游的可持续健康发展。

4. 经营管理参差不齐，服务水平有待进一步提高

自乡村旅游兴起至今，多数项目都是依托原有的自然资源基础发展而来，存在缺乏乡村旅游带头人以及项目策划、经营管理人才等问题，多数处于粗放经营、分散经营、自我发展、单打独斗的状态，不知道如何延伸产业链、如何延长游客在乡村的停留时间来增加收入。从实际情况来看，众多小而散的乡村旅游产品，其实际经营管理人员大多都是农民，这些农民与服务人员文化水平有限，很多仍然存在传统意义上的“小农思想”，不可避免地存在长远发展意识不足、现代经营管理理念与方法欠缺等问题。多数从事乡村旅游经营管理与服务的农民没有接受正规系统的旅游专业知识技能培训，致使相应的管理能力较低。这就意味着，缺乏正规系统的专业知识与技能培训，缺少对运营服务标准的监督与管理，服务理念与服务水平不足等问题，很大程度上制约着乡村旅游经营和管理水平的提高，使得住宿餐饮、娱乐服务、安全卫生等多个环节的管理存在不规范、不标准、不到位等问题。在现实中，乡村旅游往往对经营管理“要在高标准服务的基础上塑造和不断强化独特性才能形成持久吸引力”缺乏认识，忽视了旅游者比较重视的旅游基本服务与体验等方面，经营理念与游客需求之间存在较大的差距。乡村旅游经营较为粗放，档次低，经营效益难以提升，难以形成规模经济的发展格局。

从现实角度来讲，乡村旅游通过吸引农民和农户广泛参与，进而实现农民普遍增收致富，这也是乡村旅游推动乡村振兴的题中应有之义。然而，不得不承认，大部分农户就近上岗，其人员素质普遍较低，旅游服务质量差强人意。由于缺少专业系统的培训，旅游服务的意识、态度、技能与礼仪等参差不齐，总体服务质量不高，与来自城市的消费者所期待和要求的服务质量与水平，必然存在一定差距。同时，由于缺少熟悉经营、精于策划、擅长培训的专业人才和管理人员的智力支撑，对失地农民进行专业培训的需求迟迟难以满足。另外，虽然服务人员多诞生于乡土，但进入乡村旅游行业，仍然亟须进行特色民俗风情、乡土文化等方面的系统培训。因此，从整体来看，从业人员服务理念、服务技能、专业素养等的欠缺，难以适应乡村旅游市场

的消费需求，不利于乡村旅游的长远健康发展。

5. 乡村规划缺位，开发建设比较混乱盲目

目前许多地区乡村旅游开发，基本上是农民自发所为，存在一定程度的盲目性，缺乏科学、合理的规划指导，在开发上存在着小、散、乱的问题。在进入门槛相对较低、多数项目小而散的情况下，要对乡村旅游开展统一协调的总体规划，无疑面临着诸多现实难题。实际上，小而散的乡村旅游开发是个既成事实，这些项目开发无法真正做到对资源条件进行科学的考察和论证，势必导致盲目建设，缺乏统一的规划管理。现实表明，多数小而散的乡村旅游项目景点，仅仅是在原有的农业大地景观和简陋的服务设施基础上，稍微进行了一点市场包装，就大张旗鼓地开门营业。简陋的设施与原生态、不加保护的景观基础，使得这些项目往往既不具备大规模接待观光旅游团体的能力，也缺乏深度参与的可能，更缺乏对原汁原味的传统文化与乡村旅游资源的保护，呈现项目低水平重复开发、市场竞争秩序混乱等局面。

6. 营销意识淡薄，品牌效应尚未确立

吉林省乡村旅游主要以家庭为单位，缺乏统一管理、规划、营销，没有走上品牌经营的良性发展道路。从传统理念出发，乡村旅游被认为是低端产品，主要依赖省内游客的自给自足，远未形成具备一定市场号召力的品牌效应，乡村旅游的地域和品牌形象定位不清晰，难以对中远程消费者形成有效的吸引力。乡村旅游尚缺乏系统的营销策略。乡村旅游开发点多面广，分布分散，旅游产品形象不鲜明，缺乏统筹安排和相互协调，乡村旅游与城市旅游和传统景区（点）之间缺乏有机联系，线路组合难度较大，市场营销零散，产品信息很难准确及时地传递到旅游消费者。从营销宣传来看，吉林省乡村旅游营销宣传虽综合政府、旅行社、媒体、行业组织等多重力量，但营销产生的实际效果并不持久，很大程度上源于吉林省乡村旅游形象不固定，未形成全省的乡村旅游品牌效应。这就意味着，许多乡村旅游点基本上处于原始、被动的营销局面，经常只能依托口碑或回头客来进行传播，宣传手段单调、数量少，缺乏针对性。受多重因素限制，乡村旅游市场营销与长远发展计划仍停留在初级阶段。在短期利益促使下，乡村旅游资源没有得到深度

挖掘与有效开发，缺乏基本的商业开发素质，难有市场营销宏观计划、成本控制、市场信誉控制及战略控制等。大部分经营者和开发商各自为政，资源和资金没有形成有效合力，导致乡村旅游经营规模小，乡村产品核心竞争力不强，同质化的乡村旅游产品多，民俗文化内涵挖掘不够，没有树立乡村旅游品牌，很难适应激烈的旅游市场竞争。长期以来，吉林省乡村旅游还没有形成统一的旅游主题形象定位，基本上处于各市县“各显神通”的无序开发状态。缺乏统一明确的乡村旅游主题形象的后果在于，游客对吉林省乡村旅游的认知非常模糊，无法形成品牌效应。

7. 管理机制尚未建立，政策支持、体制机制有待完善

在全省乡村旅游长期处于自发发展状态的时期，吉林省乡村旅游管理体制机制不健全，各类标准、政策和法规严重缺乏。受历史因素影响，旅游管理部门需要经常同交通、文化、农林水利、卫生环保等多个部门打交道，但彼此之间严重缺乏协调互动，难以形成对乡村旅游领域的宏观调控与统一管理。目前，无论是国家还是地方政府，在乡村旅游的管理方面虽然都做了一定的工作，但相关规章制度和管理机制尚不健全，并未真正形成一套有效的管理机制，相关发展环境和支持政策体系也有待完善。与乡村旅游设计开发密切相关的土地、环保及非物质文化产权等领域的政策法规还有空缺，与乡村旅游投资运营密切相关的贷款、税收、宣传推广等领域也亟须更多配套政策的支持与协调。

乡村旅游管理制度不完善，乡村旅游的行业服务标准体系不健全，从业人员的服务质量和水平不高，缺乏有效的政策引导和规范管理，违规违法经营时有发生，提供的服务规范和标准较低等，说明全省乡村旅游行业管理亟待加强，使其尽早走向规范化、标准化、法制化的道路。目前各地乡村旅游管理大都停留在一般景区管理模式，多数尚未成立乡村旅游行业协会或非政府组织，尤其是缺乏农民的参与，很难确保农户的切身利益。这些问题不同程度存在于乡村旅游的多个环节，使得相关管理部门面临着较大的管理压力，农民和农户群体也一定程度上存在不良的抵触情绪。可见，在新的发展时期，随着市场进入快速增长的新阶段，应建立有效的乡村旅游开发、管

理、运营、服务等全链条完善的保障机制。同时，要加强相关社会行业组织建设，从政府、企业、农户等多个利益方下手，齐抓共管，引导和鼓励农户、农民积极参与到乡村旅游发展中来，最大限度地激发农民的热情，调动农民的积极性，充分发挥他们的创造力，以提高乡村旅游的吸引力，增加农民收入。

8. 乡村性正在消失，生态影响加剧

目前的乡村旅游，历经几十年的发展，逐渐进入调整期，一些深层次的问题逐渐暴露出来，如吸引力逐渐下降、可持续性降低、生命周期缩短、客源市场萎缩等。其核心问题在于随着城镇化的逐步推进，乡村性逐渐缺失。主要表现为：生态层面上，乡村的生态环境破坏式开发现象严重，部分地区原生态性已茫然无存；文化层面上，受到城市文明的冲击，乡村旅游最核心的吸引物之一——乡土性，正在消失，原本质朴素净的民风民俗，被城市文化冲淡，传统文化不再得到高度重视，历史传承和沉淀至今的“原生态”特色的乡间语言文化、衣着服饰、淳朴价值意识、传统的生活方式等极具识别性的特征，受到城市文化与习惯的巨大冲击，被同化的现象严重；景观层面上，乡村的建筑、道路、设施等盲目趋向城市化特征，缺失了乡间的气象与景观，缺乏个性与特色。乡村旅游景点“城市化”和“景区化”现象日益严重，许多农村盲目跟风，在建筑设计上抛弃了传统，新建许多与城市别无二致的现代楼房，使得其自身不但丧失了传统文化的韵味，更与乡村自然的田园风光、生态景观等环境不相协调。无论是风俗习惯还是建筑取向，经现代化盲目改造后的乡村旅游景区，其固有的“乡土性、文化性、生态性”被大幅度削弱，城市消费者心向往之的“小桥、流水、人家”的意境，正面临着严峻的现代化、商业化、城市化、公园化冲击。这种核心吸引物走向消失的趋势，使得农村传统的劳作方式逐渐消失，浓郁的乡村节庆和传统工艺被快速遗忘，迥然不同于现代城市文明的乡野气息逐渐被抛弃，使得乡村对城镇居民的吸引力逐渐减小，从而丧失了原本的客源市场。

伴随着乡村旅游规模的扩大，环境污染开始显现。一方面，旅游无序盲目地发展，生态环境遭破坏的形势严峻。一些投资者和当地政府在短期利益的驱动下大搞“圈地运动”，不顾生态保护地大肆毁林建房、破坏性开发，无科学合理规划的道路、餐馆、娱乐场所等占用了耕地，破坏了生态环境。另一方面，由于缺少对游客不文明行为的约束及文明旅游规则的正确引导，部分游客肆意践踏乃至破坏景观设施等不文明现象时有发生，给乡村景观生态的可持续维护带来挑战。在很多景区，存在缺少便利化设施、监管惩罚措施难以落实、游客素质参差不齐等多种因素，致使经营行为产生的生活垃圾、开发商抛弃的建筑垃圾及游客遗留的垃圾等随处可见，严重破坏了所在地区的生态环境、影响了游客体验，景区的市场声誉也受到了损害。

二　吉林省乡村旅游发展的思路

（一）总体思路

紧跟时代形势，紧紧抓住市场上升期的历史机遇，充分发挥吉林省乡村旅游丰富的文化资源优势，以提升吉林省乡村旅游品牌质量为重要抓手，围绕“以旅促农、以旅助农、以旅富农、以旅兴农”的目标，坚持“生态保护、产业融合、标准引领”，遵循“大自然、深生态、活文化、真生活”的品质要求，促进乡村旅游提档升级与乡村振兴相结合，与发展全域旅游和推进旅游供给侧结构性改革相统一，通过对资源配置最优化、功能定位主题化、空间布局合理化、整体运作市场化，加快构建乡村旅游产业体系，精心培育特色旅游产品，持续完善交通基础设施及旅游配套基础设施，丰富乡村旅游产品体系，全面优化全省乡村旅游各类环境，形成具有鲜明识别度的吉林特色品牌，提升旅游承载能力，完善旅游服务功能，引入创新的技术手段，创新乡村旅游发展模式与运营管理机制，推动吉林省乡村旅游向“产品差异化、营销品牌化、管理组织化、理念时代化和发展内生化”的方向升级，推动乡村旅游向“消费大众化、产品特色化、发展产业化、服务规范化、效益多元化”的道路更进一步，以乡村旅游推动农村发展、农业转型、农民增收，尽快形成“以旅强农、以农促旅、农旅结合、城乡互动”

的新局面，努力把乡村旅游打造成生产美、生态美、生活美的全域旅游发展大舞台，最终实现乡村振兴的总目标。为此，吉林省应大力发展乡村旅游，使其尽快成长为繁荣和壮大全省广大农村经济的特色产业、优势产业，成为全省旅游业乃至全省经济发展的新亮点和增长点，为吉林经济实现更高质量发展作贡献。在具体实践中，吉林省乡村旅游应坚持以下基本原则。

1. 坚持以农为本，农旅融合

乡村旅游以广大乡村地区为背景，以农业为基础、农村为载体、农民为主体，通过充分调动农民参与乡村旅游服务的主动性和积极性，推动农村发展、农业增效、农民增收。因此，发展乡村旅游要充分尊重农民的意愿，要尊重农民的首创精神，推动农村旅游实现多样化发展。新时期，要通过发展乡村旅游，以此促进农业和旅游业融合发展，实现农旅深度融合、密切互动、相互促进。

2. 坚持政府引导，多方参与

在乡村旅游业快速增长的时期，道路交通及旅游服务等基础设施相对薄弱，尚未能形成体系完善、功能齐全的乡村旅游产业体系，因此必须积极发挥政府引导作用，调动各方力量共同参与，建立多层次、多渠道协同推进的乡村旅游运营管理体制机制，促进乡村旅游实现跨越发展。要充分发挥政府部门对乡村旅游的宏观指导、规范管理、宣传推广等作用，充分调动各方的积极性和主动性，支持和引导社会各方力量积极参与乡村旅游开发建设，全方位构建多元化、多层次、多方位的综合推进机制。

3. 坚持保护资源，持续发展

正确处理保护和开发的关系，科学合理利用现有乡村旅游资源，保护生态环境，实现乡村旅游可持续发展。在乡村旅游开发过程中，要坚持土地保护与集约高效利用的原则，严禁乱占或浪费耕地，防止农民因缺少相关保障机制而失去土地。要强调生态环境保护，重视文化遗产保护与传承，促进乡村文物古迹的修缮保护，重视非物质文化遗产的传承与发扬，实现民族民俗文化的深度挖掘与传承。坚决避免急功近利因素的影响，避免以短期效益为目标的盲目开发建设，减少资源浪费，避免对环境造成污染。无论处于何种发展阶段，乡村旅游资源开发要有利于乡村生态环境的保护，乡村旅游项目建设要守住生态底线，坚决遏制破坏环境的行为。加强道路交通与服务等旅游基础设施建设与维护，将乡村旅游开发与生态景观整体性融合考量，不搞破坏环境整体美感的建设项目。培育文明的乡村旅游环境理念，倡导推动游客走向文明旅游。真正做到统一管理与严格保护，实现合理开发与永续利用，树立生态文明与可持续发展的理念，推动乡村旅游开发管理走向经济、社会与环境效益高度统一。

4. 坚持因地制宜，突出特色

充分发挥吉林省优越的地理区位、丰富的自然景观与生态资源、特色民俗风情与文化传承等条件，充分考虑发展所处阶段、市场发展潜能及生态环境的承载能力等重要因素，有计划合理开发乡村旅游。依托资源禀赋，激发文化创意，全面培育具有吉林特色的乡村旅游产品体系，推动旅游产品差异化、特色化和个性化。根据不同地区的资源特色，探索符合自身特点的乡村旅游发展模式。也就是说，各地区要根据自然环境的差别、地域文化的不同、市场情况的特点等，打造具有各自资源与文化特色的乡村旅游产品。现已被市场证实具有成功市场运作经验的城市依托型、景区带动型、民俗文化型等多种类型的乡村旅游模式，各具发展规律和特点，应根据不同类型加强分类指导，推动其持续向个性化方向发展，推动各种模式实现优势互补。

5. 坚持统筹城乡，联动发展

乡村旅游开发建设，应树立一盘棋的理念，从全域视角考虑，秉持区域一体化发展的理念，加强统一协调，共谋长远发展，通过精心整合乡村旅游资源，深度挖掘乡村休闲文化底蕴，努力避免投资浪费和恶性竞争，以促进整体经济效益的提高。要实现乡村旅游产品与消费者休闲需求良性对接，统筹城乡基础设施建设，统筹城乡公共服务，推动城乡互动发展，大规模推动城乡间人员互动，为城乡一体化融合发展贡献力量。既鼓励农民进入城市开展休闲旅游观光购物等活动，又推动城市消费者到乡村地区康养度假，最终形成城乡之间良性互动、相互促进，既互为客源，也互为市场，相互融合促进的发展局面。

（二）发展目标

1. 总体发展目标

以吉林省丰富的乡村自然与文化旅游资源为依托，以自然生态环境及高品质农业与农产品资源等为开发重点，努力整合，深度开发，突出乡村旅游的乡村性特质，以标准化、规范化为引领，深入开发乡村旅游产品，提升农家乐品质，发展具有多元休闲功能的乐活乡村；突破季节性限制，从建设提供单一的旅游观光功能的村落，转变为建设四季风情的生态乡村；提升农业旅游乡村的承载力，使其转变为文化与景观相结合的文明旅游村；打造吉林省乡村旅游统一品牌，将吉林省建成集生态自然旅游观光、民俗文化风情体验、农旅深度融合拓展等功能于一体，具有重大市场影响力的山水生态文化体验型乡村旅游度假胜地。

2. 分期发展目标

（1）近期：完善设施、示范带动。加大资金投入，全面完善乡村旅游道路交通基础设施，完善旅游服务相关设施，强化各类乡村旅游示范点建设。通过不断完善基础设施建设，建设统一规范的旅游接待设施，全方位提高旅游服务质量，不断创新旅游产品等手段，增强吉林省乡村旅游的吸引力，提高其市场知名度。力争使乡村旅游人数年均增长20%左右，乡村旅游人数占全省旅游总人数的20%，乡村旅游收入占全省旅游业总收入的20%。

（2）中期：培育品牌、全面推动。全面整合全省现有的优势乡村旅游项目，持续推出一批旅游精品线路，深度挖掘现有资源，创新乡村旅游新业态，优化乡村旅游的沉浸式体验，提升文化性与生态性，丰富参与性与休闲功能，扩充乡村旅游产品体系，培育乡村旅游知名品牌。乡村旅游接待游客总人数年均增长30%左右，乡村旅游人数占全省旅游总人数的30%，乡村旅游收入占全省旅游总收入的30%。

（3）远期：延伸产业、整体提升。作为全国和地区重要的乡村旅游目的地，要进一步巩固和提升现有市场地位，不断升级现有乡村旅游资源配置，不断优化乡村旅游结构；创新一批经受得住市场考验的特色乡村旅游产品，使吉林省乡村旅游品牌形象进一步得到市场认可；推动乡村旅游与现代农业和服务业融合发展，延伸乡村旅游产业链条并提高附加值；按照国际标准，提升乡村旅游各项服务功能。持续拓展海外市场，形成海内外知名的山水型绿色生态旅游胜地。

（三）发展策略

1. 交通串联战略

以绿道串联城乡，连点成线，塑造特色，形成吉林省乡村旅游的客流动脉，同时凭借“慢游交通系统”的打造塑造区域品牌印象。

2. 主题突出战略

为避免低层次雷同建设和重复开发，应确定乡村旅游发展的主题，根据不同地区的发展基础与所处阶段，推动差异化开发建设，持续推动全省乡村旅游实现产业结构优化与不断升级，培育独具吉林特色、风格鲜明的乡村旅游新产品，不断创新旅游新业态。具体应制定“一村一色”的乡村旅游定位和策划，每个市区都应有各自的定位，不同的定位使自身与周边乡村形成差异化竞争，以此形成强大的市场吸引力。

3. 产业升级策略

推动传统乡村旅游功能实现量质齐升，从单一的“吃农家饭、住农家房、干农家活、享农家乐”的模式中摆脱出来，由个体开发向联户成片发展；由单户经营向公司经营发展。集中人力、物力和财力，以乡村文化体验和特色“三农”休闲为吸引点，在靠近城市、靠近景区、靠近旅游干线的村镇，突破行政区划，突出资源特色，建设环城市乡村旅游带、大景区和旅游干线周边形成的乡村旅游辐射区，引爆乡村旅游市场消费热情。在此基础上，深度拓展乡村旅游产业链，稳步打造一批拥有较强融合度、较高创意度、较高产业附加值的乡村旅游综合体。

4. 市场细分战略

在市场营销推广过程中，要在科学划分不同市场的前提下，根据不同消费者的不同需求，在差异中寻找创新可能。产品分类应面向具有不同需求的客源市场，进行细分目标促销。针对不同地区和对象，细分不同客源市场的消费取向，灵活应对，精准施策，动态调整乡村旅游营销的策略与方式。针对不同的旅游发展情景，从市场和情景入手，建立完整的乡村旅游品牌形象体系，增加吉林乡村旅游的市场认知度。

5. 区域联动策略

吉林乡村旅游对于远距离客源地而言，交通成本较高、缺乏强势的旅游吸引物，对此可以采用区域联合的营销战略，进行多渠道的旅游合作与交流。通过市场结合、交通联动、产品互补等联合策略实现区域合作，扩大吉林乡村旅游的影响力。

6. 品牌营销战略

在激烈的旅游市场竞争中，品牌形象的塑造已成为旅游地占领市场制高点的关键。应根据自身的生态、文化、建筑、民俗等条件，创建并打响有区域特色的乡村旅游产品品牌。吉林省坐拥丰富的乡村旅游资源，但乡村旅游的品牌形象定位长期处于较为模糊的状态，在市场上缺乏叫得响、影响力大的特色产品品牌，一直是困扰其发展的瓶颈因素。因此，实施目的地品牌营销战略，是乡村旅游发展的必要环节。整合龙头景区的资源，以观光旅游的深化提升为主导，重点塑造乡村生活体验、乡村度假、乡村康体养生、乡村节庆旅游等特色品牌产品系列。树立不断创新的观念，培养创新营销思维，注重特色策划，不断创新旅游宣传营销方式。结合吉林省乡村地区特色的自然与人文环境，打造“绿野仙踪、好客吉林”的总体形象品牌。

7. 商旅共舞战略

商旅互动，融合发展，和谐旅游，服务民生。积极构建合力兴旅的良好机制，推进旅游业与商业互动融合，为吉林省乡村旅游产业链注入丰富、多元的元素。在吉林省乡村旅游发展中，应与知名企业合作，进行品牌形象的推广，如共同举办各种公共关系活动、主题活动，或寻找有实力的企业，投资制作一些公益广告、公益标语、公益歌曲等，推进公益活动的开展，进一步树立吉林乡村旅游的良好形象。

8. 生态保护战略

乡村旅游的核心特质在于其乡土性，因此“乡土化”应被深刻融入乡村旅游所代表的“吃住行游购娱”等环节的设计中。吉林省独特的山、湖、泉、河有机融于一体的自然生态环境，是无可复制的自然生态资源，没有了这个优势，吉林省的乡村旅游就无立身之本。因此，发展乡村旅游应当把生态保护作为第一原则。严格遵循相关规划设定的旅游开发的空间管制范围，严把开发总量这一关，严格控制建筑体量与建筑形式，严格把控旅游活动方式，推动乡村旅游走向“绿色乡野、生态之旅、田园闲趣”的模式与道路。

9. 环境提升战略

乡村旅游基础环境差，是制约当前吉林省乡村旅游发展的一大问题。还有水污染、垃圾污染等问题，均亟待整治和解决。要按照乡村生态文明建设原则，对乡村旅游景区所在地的村落村容、生态环境等进行全面整治和修复，彻底美化乡村容貌与环境；通过制定规章制度，引导村民和游客遵守环境保护制度；配套完善环境卫生设施与系统，定时清理各类生产生活垃圾，为乡村旅游营造良好的游憩环境。

10. 旅游惠民战略

旅游业是综合性产业，带动力强。相比于一般景区型旅游，乡村旅游发展离不开农民的支持，乡村旅游必须造福于民，应带动更多当地居民参与旅游接待和经营，增进农民福利，使乡村旅游发展的效益惠及农村及乡村居民。吉林省乡村旅游应更为重视调动当地农民参与乡村旅游的积极性，并着力提升农民经营乡村旅游、提供服务的能力。

三 吉林省乡村旅游发展的着力点

（一）乡村旅游产品开发工程

乡村旅游产品开发，应站在人与自然和谐发展的角度，以自然生态资源为基础和依托，深入挖掘和开发民俗文化资源，打造丰富而别具特色的乡村旅游产品体系，不但吸引国内游客，同时也吸引国际旅客。

以乡村旅游产品所占的地位为标准，可以将吉林省乡村旅游产品分为三个层次，即核心产品、重点产品和一般产品，对应开发不同系列的乡村旅游产品（见图1）。

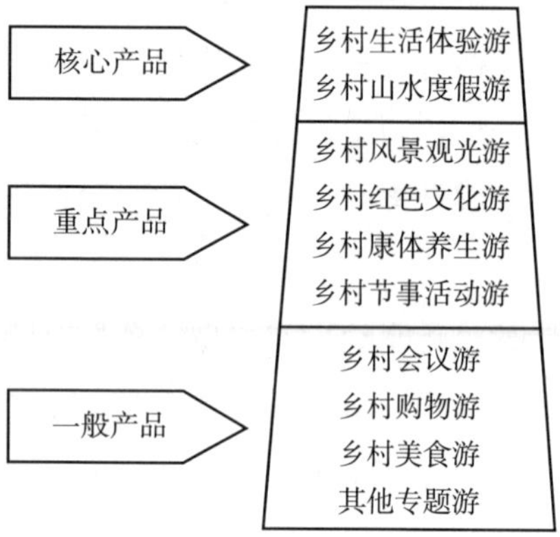

图1　吉林省乡村旅游产品系列

1. 核心产品

核心产品代表吉林省乡村旅游的品质与形象，是能够树立吉林省乡村旅游品牌的主导性旅游产品。核心产品主推乡村生活体验游和乡村山水度假游。

乡村生活体验游，符合吉林省内和外地游客回归自然、怀旧乡村、体验农耕生活、感受乡村风情的心理需求，吉林省有农业种植、果树种植、水产养殖等丰富多样的农业活动，以及农产品加工产业等特色乡村工业，为吉林省内和外地游客提供了多种类型的乡村生活体验。

乡村山水度假游，重点突出吉林省优良的山水生态环境，这是乡村旅游的重要优势和特色，可开展山地度假、滨湖度假、森林度假、温泉度假等旅游产品，通过开发建设生态农庄、度假村、自驾车营地等，满足游客乡村度假需求。

2. 重点产品系列

重点产品是核心产品之外，符合吉林省游客需求、较为普遍的乡村旅游产品，在服务质量、设施水平和舒适程度等方面都需要有较大程度的提升。重点产品主要包括乡村风景观光游、乡村红色文化游、乡村康体养生游、乡村节事活动游四大旅游产品。

乡村风景观光游，以观赏乡村美丽风景、放松身心、愉悦心情为目的，借助乡村绿道系统，引导游客徒步、骑自行车、自驾车等多种方式观赏乡村风光。

乡村红色文化游，依托吉林省红色革命遗迹和红色村庄，开发红色文化旅游活动，除了红色历史文化场馆静态观光活动，还应融入拓展活动、模拟表演、特色节事等动态体验性活动。

乡村康体养生游，重点突出康体疗养、养老养生主题，强化绿色环境建设和生态保护，打造植被覆盖率高、富含负氧离子、疗养设施健全、养老环境安逸的康体养生地。

乡村节事活动游，充分挖掘乡村传统节日，并结合乡村优势旅游资源举办特色节庆活动，为乡村旅游地增加人气、活跃气氛、增强体验性等。

3. 一般产品系列

一般产品属于特色性、专题性较强的乡村旅游产品，在乡村旅游产品体系中具有重要基础作用。一般产品系列主要为细分市场的游客提供服务，是需要进一步开发和强化的产品系列。主要包括各类专题旅游，如乡村会议会展旅游、农产品与纪念品等的购物旅游、特色美食旅游等。

乡村会议游，为企事业单位提供会议场所，需配备和完善乡村旅游地的商务会议设施，同时提供中高端餐饮和休闲娱乐项目等。

乡村购物游，大力开发乡村旅游商品，包括乡村新鲜果蔬、绿色有机食品、乡村手工艺品等，将购物活动与休闲旅游充分结合，使游客和乡村居民双方获益。

乡村美食游，美食能够吸引回头客，实现多次频繁消费，应当挖掘和包装传统地方美食，并强化绿色健康饮食等，不断提升乡村美食的旅游吸引力，增加乡村旅游消费支出。

其他专题游，可以针对细分旅游市场的需要，将乡村旅游与婚庆旅游、摄影旅游、绘画写生、户外运动等多种主题旅游相结合。

（二）乡村旅游名村名镇打造工程

旅游村镇，不同于传统意义上的村镇，是旅游产业特征鲜明、功能完备配套的旅游产业集聚区和环境优美、品质高雅的居民生活区的完美统一体。依据自身独具特色的自然生态景观、民俗风情与文化、建筑风貌与人文历史、各类节庆展会活动等特征，开发培育多种类型的旅游村镇。针对不同类型的旅游村镇，开发思路和策略如下。

1. 历史文化型

这些村庄的年代应相对久远，有历史文化渊源，村落完整，村内民居建筑保留较完整、风格统一，城市化痕迹少、环境良好等。

以吉林省内的各古村落、古街、古巷、古民居等为载体，通过环境细节包装，再现出深厚的历史文化底蕴，满足文化体验、历史怀古、教育科考、艺术审美等方面的需求。统一规划村落，整修村内街道，改造水电线路，完善基础设施，优化环境；统一协调沿街风貌，规划不同街道的功能，开设客栈、餐馆、购物店等；制定古村古镇规章制度，促进古村古镇建筑、文化、社会、环境的保护；民居的修缮遵循“修旧如旧”原则，强调“乡村性”，做到“外土内洋”；与现代休闲度假的理念结合，增加露天公共休闲空间，做活古村镇；挖掘文化民俗，开设乡村展馆；开发参与体验活动，如豆腐坊、煎饼坊、酒坊等；推出古镇特色餐饮，创新旅游纪念品制作，鼓励“老字号”发展；增加旅游节庆表演活动，丰富游客夜间活动；采取“村委会＋村民”或“村委会＋村民＋企业”的开发经营模式。

2. 民俗文化型

这些村庄民俗文化气息浓厚，当地居民普遍掌握某种民间技艺，或者擅长某类民间手工艺制作，或者擅长歌舞表演活动，或节庆、庙会等富有特色的活动等。

依托乡村民俗，打造具有参与、体验、休闲、创意型功能的乡村；挖掘民俗，支持民俗产业化发展，扶持民间艺人，促进传承；民俗技艺转化为符号，渗透到可以吃、用、穿、行、看的多种物品；增强情境参与性和购物功能，游客亲身学习、体验民俗；与院校创作者合作，增强创意性；吸引创作人员集中于特色村镇，增强文化创意气息。以地方农耕文化为核心吸引物，结合农业生产特点，注入体验型、娱乐型、休闲型元素，在正常从事农业生产的同时，开展观光旅游、度假休闲、果蔬采摘、购物美食、农事生产体验等旅游活动，如果蔬采摘、农田认养、捕鱼垂钓、土法酿酒等。

3. 红色文化型

这些村庄是革命时期的重要地点，保留一些遗址遗迹，保留较多传统特色等。修复修缮革命遗址遗迹，收集旧物品，设展览展示场馆；建设为红色教育基地、爱国主义基地等；推出战争年代生活场景展示，与当地传统生活相结合，展示当时的历史风土人情，由当地居民参与表演展示；借鉴现代体验活动，推出模仿战争时期的对抗游戏活动；举办革命故事会，邀请革命英雄讲革命故事，举办少年儿童故事演讲会、创作红色文艺演出项目等。

4. 温泉度假型

目前，温泉资源多数被投资商开发成为中高端旅游度假区，村庄并未从温泉资源的开发利用中获得直接收益。应当着手提升温泉景区对周边村庄的辐射带动作用。对于已经由开发商开发的温泉，以景区带动周边乡村整合土地，加入景区的配套服务建设，一般采用“景区 + 农户”的合作形式，景区作为主要休闲度假场所，乡村提供别样住宿、民俗体验和餐饮场所等，村庄的旅游环境体现温泉小镇风貌，如广泛采用水景、绿植景观小品等。对于尚未开发的温泉，可由村民集体入股的方式开发，温泉导入村民家中，打造温泉民居客栈。

5. 山林养生型

开发山地周边乡村，以山地自然风光游览发展带动乡村旅游。利用当地农村自然资源条件和农业物产资源，根据市场需求提供各种功能性的康体养生产品，如森林氧吧、登山、温泉疗养、中草药养生、美食养生等产品。策划山地养生主题，依托景区，联合周边村庄，连片、连线开发；整修串联村庄的道路，形成乡村绿道，配备自行车，游客可以骑车到各村庄；依托山地果林，可开发建设果蔬采摘园、生态农庄等；有条件的乡村可以开发建设山地度假庄园；依托良好的山地生态环境，可开发建设自驾车营地。

6. 滨湖生态型

开发湖泊、水库周边乡村，以滨水自然风光游览带动乡村旅游。依托湖泊类自然资源，将自然风光、农业旅游、文化旅游、民俗体验、生态旅游等深度融合；最大限度地整合和利用资源，打造融合生态居住、生态休闲、养生疗养、文化娱乐等于一体的休闲滨湖生态村镇；规划体育休闲区域，建设特色水上运动、极限运动乐园和野外拓展基地；规划生态垂钓区域，建设生态垂钓园，开展垂钓比赛等；推出生态餐厅、生态餐饮等。

7. 特色农业型

开发那些在农业现代化、特色农产品种植规模化、设施农业等领域发展得比较著名的村庄。注重主题化，从形象、品牌到景观氛围、场景设置都要体现主题；注重产业化，延伸产业链条，从种、养到收到加工到购物，打造完整的过程体验；注重合作化，采取“景区 + 农村 + 农民”或农村合作社等模式。重点是精致、体验，做好文化和创意，在购物上做好文章。

8. 小康明星型

这类村庄一般具有支柱型产业，村民收入较高，村落整齐统一，村内有图书馆、老年公寓、休闲娱乐室、健身场等公共设施，村庄整洁，环境良好等。

依托农产品加工、轻工业等，将生产型产业发展成消费型、体验型、娱乐型产业；结合乡村振兴，推出一系列可以展示农村新风貌、新风采的具有现代化特征的乡村旅游产品；建设展览馆，展示新农村风貌，回顾村子的成长历史；依托村内产业、企业，开发工农业旅游；发展现代科技田园、农园等，增强旅游体验性；引入游乐项目，如建设户外拓展运动基地、户外运动场；开发生态田园餐饮等。

9. 现代农业型

大城市边缘区或近郊的村镇。依托城乡过渡带较好的通达性、基础配套设施和科技优势发展起来的现代农业观光园区、现代生态农业示范园、现代农业科技园等，打造集合农业生产、休闲观光、科技示范、科普教育、体验参与等多功能于一体的旅游产品体系，将传统农业与现代旅游业相结合，在其具备的种植作物这一主体功能外，延伸附加休闲、娱乐和求知功能，在市场营销、产品提升、政策扶持等方面加大支持力度，使其成为吉林乡村旅游的新亮点。

10. 民族风情型

以满族、朝鲜族、蒙古族等少数民族和民俗风情资源为依托，以吉林省省内聚居的少数民族所特有的生活方式、民族村寨、建筑形式、服饰饮食、婚丧习俗、宗教信仰、音乐歌舞等民族文化表现形式为旅游吸引物，开展诸如观看歌舞、体验民俗、品尝民食等旅游活动。

11. 景区依托型

以长白山、松花湖等重点景区为依托，整合景区内外原住乡民村落资源，以城镇居民和风景名胜区客源为主要市场，通过高起点规划，完善基础设施和旅游服务配套，实现农房改造景观化、基础设施城市化、配套设施现代化、景观打造生态化、开发土地集约化等，形成融合观光、娱乐、运动、住宿、餐饮、购物等多项功能的综合服务体系，开发依靠景区优势客源的差异互补性乡村休闲产品、主营延伸性产品、配套服务性产品。

12. 创意农业型

通过开发休闲创意农庄、创意农业园、市民农园、乡村大地行为艺术等形式，开展乡村生活体验游、乡村民俗风情互动游，让游客体验农业劳作、农村生活和乡土文化，提升休闲农业与乡村旅游的体验价值、丰富游历。

积极推动乡村旅游名村名镇建设。一是在名村名镇工程规划环节，要按照市场规律办事，制定科学合理的遴选标准，筛选出那些真正具有开发潜质的村镇，将其打造成示范点。二是要加大资金投入，加大招商引资力度，不断扩大对内与对外开放的层次和水平，通过打造名村名镇示范点，逐步将其转化为具有社会影响力的资源，旗帜鲜明地鼓励和引导全社会各界人士的力量，广泛参与到乡村旅游开发建设中来。三是根据乡村旅游所处的阶段与发展现实，分期稳步推动工作进展，按照科学合理的标准体系，对名村名镇规划与建设实施分级管理，按照不同类别实施分类指导，并快速完善名村名镇示范点开发建设的考核监督体制机制，构建储备体系，完善淘汰退出机制。四是统筹协调，做好名村名镇的总体规划，制定相应的单项规划，遵循“三先一后”的开发建设程序，在精心策划和规划基础上，基础设施建设走在前面，在坚持保护环境的原则指导下，开展核心产品建设。

（三）乡村旅游圈带群构建工程

从吉林省经济发展所处阶段出发，充分考虑财力的承受能力，尊重旅游业的基本规律，找准切入点，重点突破，发挥示范引领的带动作用，形成乡村旅游的冲击力与市场竞争力。乡村旅游的空间布局采取“绕城、沿路、沿边、沿江、傍景”的总体发展格局。绕城，即围绕吉林省的主要中心城市，包括长春、吉林、四平、松原、通化等，依托人口、市场优势，围绕环城市游憩带，支持每个城市规划和发展城郊乡村旅游圈。沿路，即沿主要交通干道，依托自身优势资源，建设乡村旅游园区，发展乡村旅游带，包括沿铁路、国道和重要省道，特别是交通干道节点，以及交通枢纽位置，展布乡村旅游景区景点。沿边，即沿着边境线，发展边境特色乡村旅游，包括中朝、中俄边境区。沿江，即指沿黄金水道，推动现有水利风景区的改造与提升，发展乡村旅游景点项目。吉林省境内分布着多条江河水道，主要包括三大江河以及众多河流水库和大坝等，这些水系周边区域均适合发展乡村旅游项目。傍景，即依托知名的大型旅游景区，特别是长白山、松花湖等，发展乡村旅游群。通过构建“绕城、沿路、沿边、沿江、傍景”的空间格局，发挥其示范引领和辐射带动作用，带动周边区域乡村旅游全面发展，打造吉林省乡村旅游综合体系。从旅游开发角度来看，灵活采取“合作社 + 农户”“公司 + 农户”“公司 + 合作社”等模式，在全省范围内，逐步打造100个示范区，形成相对集中、业态多元、功能多样的乡村旅游集群片区。

（四）乡村旅游产业聚合工程

乡村旅游的产业聚合战略，主要包含以下两层含义：一是通过推动乡村旅游与农业、手工业等相关产业的深度融合发展，形成新的混合经营模式，甚至形成新的产业形态；二是旅游相关产业之间的联合互动，即以旅游产业链为主，与相关产业的产业链在相关环节聚合，形成新的产业联合体，对旅游资源和客源市场等客体，联合开发经营，以谋求经济效益最大化。展望吉林省乡村旅游的未来，必须从资源出售模式，向资源参与型的旅游产业联动发展模式转变，以旅游资源为核心旅游要素，全面参与大旅游产业系统的深度合作，为建成跨区域、全方位的旅游产业联动共同体而努力，提高乡村旅游在整个旅游产业体系中的地位和作用，做大做强旅游产业。

深入推动“乡村旅游 +”发展，支持乡村旅游产业同休闲、观光、科普、体验、养老、运动、中医药等多种业态融合发展，着力打造以生态观光、文化旅游、城郊游憩、休闲农业、红色旅游等为重点的乡村旅游产品。引导乡村旅游景区景点之间关联互动、优势互补，串联打造乡村旅游特色精品线路。

促进乡村旅游与文化产业深度融合。对此，西方发达国家有着成熟的经验。例如，西班牙乡村旅游践行以利用促保护的理念，加大对分散的古村落、古民居等的修缮保护与合理利用，在合适的时机，推出古村落度假旅游村、古民居精品民宿等精品项目。深度开发非物质文化遗产资源，在政府的合理引导下，培育一批刺绣剪纸村、民俗风情表演村、传统手工艺制作村等“非遗”特色文化村落。依托丰富的历史文化生态资源，引进现代科技与包装手段，打造以农民画为吸引物的文化村、以乡村影视拍摄为吸引物的影视村、各类风情艺术村及健身休闲村落等。充分挖掘吉林省丰富的农耕文化资源，推出一批弘扬吉林特色文化的生态旅游博物馆、慢生活村镇等，定期举办各类山会、庙会及乡村大集等丰富多彩的乡村文化活动。同时，大力开发传统民族民俗项目与服务，宣传推广一批独具民族特色的生日祝寿活动、婚庆礼仪等产品和特色服务。支持乡村旅游点大胆探索，将吉剧或二人转等艺术形式加入旅游经营范围，为游客文化生活注入活力元素，提高游客黏性。另外，将乡村旅游与“文化下乡”活动串联起来，力争在乡村旅游景点现场举办多种形式的文化下乡活动，有组织地定期带领作家、画家等文艺工作者，包括非遗项目传承人等，赴乡村旅游区现场，开展表演与科普等活动。

（五）乡村旅游市场开发工程

在开展旅游产品开发的同时，重视乡村旅游产品的市场宣传推广，塑造和提升乡村旅游品牌形象。整合分散的农村旅游产品，使其抱团走向市场、形成竞争合力。加强目标市场的科学分析力度，精准实施目标市场定位，统筹协调、部门联合、科学有序、上下联动，不断加大乡村旅游宣传推广工作，完善推介机制。积极引导宣传部门、文化部门、新闻媒体等机构，将乡村旅游宣介列为重点工作内容，全方位立体推广吉林品牌，整合电台、电视台及报刊网站等多种媒介资源，通过开设专栏、制作专题等方式，选择合适的宣传时段，加大乡村旅游名牌项目、精品路线及统一品牌形象的宣传，推动产品与市场实现充分对接。各级旅游部门要重视旅游宣传促销，从策划、包装到宣传，抓好乡村旅游各个环节工作。在基础条件较好的地区，可适当增加系列节会活动的频次，以增强产品的市场印象。完善乡村旅游信息营销及管理的网络传导与协调机制，推广乡村旅游网络预订服务。鼓励经营者采取专业的市场营销和网络宣传手段，科学合理地拓宽乡村旅游宣传推广渠道。加大对乡村旅游的公益性宣传频次与力度。

鼓励发展修学旅游，使其与乡村旅游有机结合、相互促进，推动课外教学课程赴广大乡村开展教学工作，在确保安全的基础上，支持高校及中小学校等，有序组织学生赴乡村旅游景区开展系列活动，包括参观考察、学习观摩、科技实验、生活体验、劳动锻炼，增强教育科普研究等环节与乡村旅游的联系。

抓住新型养老兴起的趋势，关爱离退休人员参与旅游活动，使其与乡村旅游紧密结合在一起。充分考虑老年人生理、心理需求，为老年人群体提供合适的旅游线路与产品，满足“银发族”消费需求。

（六）乡村旅游商品开发工程

1. 支持旅游商品研发，扩大旅游商品生产

整合农民自发的小作坊式生产模式，培育有活力、有实力的行业龙头企

业。灵活采取“公司＋农户”等多种经营模式，鼓励和扶持乡村旅游企业开展产品研发、提供技术支持、参与售后服务、实施品牌推广、提供旅游物流等服务。重点打造土特名产、风味食品、文化产品、手工艺品、旅游生活用品等一批具有鲜明的吉林特色及较高品牌知名度的乡村旅游特产与纪念品等。

2. 重视旅游商品设计，推进品牌化建设

深入挖掘吉林文化内涵，将实用、精美、个性化等概念植入旅游商品的设计中。增强乡村旅游商品加工与生产者的品牌意识，重视相关知识产权保护，鼓励企业及时注册和保护商标。讲好品牌故事、塑造文化内涵、宣传企业文化，在品牌的“真”“原”“纯”上做文章，提高旅游商品的知名度，做大品牌。

3. 培育产业化体系，拓宽销售渠道

拓宽销售渠道，通过农庄、农场、农家乐、农户家庭自销的形式销售；与乡村市集、景区特产与纪念品商店、生活便利超市、网络电商等平台渠道合作，提高产品销售；紧密联系商品批发商及旅行社等，全方位拓宽渠道，增加市场占有率；在繁华的城市商业区、客流量较大的旅游景区等附近，开设特色旅游商品或纪念品专卖店、超市等，全面拓宽乡村旅游系列产品的销售渠道。

（七）乡村旅游品牌打造工程

品牌是乡村旅游发展的必经之路。根据吉林省省情实际，按照“点、线、面”相结合的思路，全面优化整合现有资源，构建富有吉林特色的乡村旅游品牌体系。在点上，实施以乡村旅游特色村镇、乡村旅游创客示范基地为亮点，以农家乐、精品民宿及农家旅馆等为重点的品牌创建工程；鼓励乡村旅游点争创国家A级旅游景区，争创国家级旅游度假区，争创现代农业庄园；支持具备基础条件的地区、企业和农户等，争创全国及省市县级乡村旅游示范镇、示范村、示范户。在线上，创建乡村旅游精品线路，根据季节变化规律，考虑小长假时点分布等，以点串线，有计划、重点突出、时令分明地打造和推出相应的乡村旅游精品线路。在面上，重点培育一批具有显著资源优势、扎实产业基础、旺盛发展势头、较强示范能力的乡村旅游示范县。

（八）乡村旅游服务体系建设工程

坚持以城带乡、城乡互动，推动城市公共基础设施与服务等，逐步向乡村旅游地延伸和覆盖。完善相关工作协调机制，促成城市公共职能向乡村地区延伸。加快完善乡村旅游的游客中心建设，加快旅游相关标识引导与解说设施建设，完善散客自助旅游相关服务，畅通自驾车旅游服务与安全救援体系，建设完善的旅游医疗服务体系。鼓励商业银行等机构开展旅游相关的信贷支持业务，为游客提供安全便捷的金融结算服务。在机场、车站、码头等城市窗口区域，为游客免费提供详尽的乡村旅游咨询服务，在重点客源地交通站点等区域，设立重要乡村旅游景点的广告牌，在报纸、电视等媒体部门循环发布乡村旅游相关信息，及时提供乡村旅游点的客流、天气及票价等重要信息，为大众提供高效便捷的旅游信息服务。

（九）乡村旅游改革示范工程

在东北地区资源枯竭型城市转型的当口，考虑到林权改革、宅基地改革及土地流转制度改革等背景，选择一些适合开展工作的乡村旅游点，分批开展改革示范试点工作。前期试点应选择一批乡村旅游资源禀赋较高、基础条件较好、市场需求相对旺盛、资金和人才相对充裕且具备一定开发规模的地区，有序开展乡村旅游相关试点的试验工作，在实践中不断积累经验，定期进行深度总结，将所得的经验教训用于后期推广。

（十）推进智慧乡村旅游工程

随着5G商用步伐的加快，在信息网络日益普及的大好形势下，应大力推进“互联网+乡村旅游”，建立完善的智慧乡村旅游平台。鼓励各地和旅游企业积极开发智慧乡村旅游项目与网络服务平台，积极推进现代信息基础设施向乡村旅游重点区域延伸，高等级乡村旅游点要实现无线网络全覆盖。鼓励乡村旅游相关单位通过微博、微信及手机客户端等渠道，高效推送相关信息与新闻，实施精准网络营销，提供便利的网上支付等互联网服务。深入推动知名线上旅行商与线下乡村旅游企业开展密切合作。完善导航、导游、导览、导购等智慧旅游服务体系，引导乡村旅游向更智慧便捷、更人性化的方向发展。统筹乡村旅游信息发布及服务平台，为乡村旅游建设专用网站。同时，设置旅游咨询分中心，推广多媒体互动式触摸屏，全面提升乡村旅游服务区的信息化水平。

（十一）乡村旅游服务下乡工程

全面推动大学生下乡、旅游科普下乡、旅游连锁品牌下乡及公共服务下乡等，全面组织和协调多方力量，包括高校、企业、科研院所等专家及行业精英等，为乡村旅游提供科学的项目策划、实用的创业辅导、千锤百炼的经营管理技能、丰富的市场营销经验、可靠的人才培训等一站式服务，为吉林省乡村旅游提供智力支撑。

为乡村旅游发展提供人才支撑。选聘一定数量的高校旅游专业毕业生，鼓励其奔赴具备一定发展条件的地区，从事乡村旅游实践工作。选派旅游管理和相关部门的优秀青年干部，鼓励其到乡村旅游村镇试点挂职历练。同时，选拔农村的优秀青年，资助他们到旅游院校学习深造，打造与时俱进的高素质乡村旅游管理人才。

推动乡村旅游科普读物下乡。组织编制丰富多彩的乡村旅游科普读物，包括图书、多媒体光盘、报纸、杂志等，以政府购买或补贴的方式，送乡村旅游知识下乡。在具备条件的地区建立乡村旅游培训站或科技辅导站。

完善其他乡村旅游服务体系。推动旅行社或旅游酒店等连锁品牌下乡，推进旅游公共服务体系下乡，旅行社可和各地的邮政代办点、村委会、居委会和农村团体建立广泛联系，构建全方位、无死角的乡村旅游服务体系。

（十二）乡村旅游就业创业工程

发挥乡村旅游吸纳就业的重要功能，实施乡村旅游就业创业工程，以创业带动就业。以广大乡村地区为舞台，抓住乡村旅游发展的契机，推动农民工返乡创业、大学生回乡创业。选择具备一定条件的地区，成立乡村旅游创新创业园区，深入研究和充分利用国家与各级政府现有的乡村旅游扶持政策，制定相应的扶持措施，激活乡村旅游带动和吸纳就业、推动创业创新的潜能。

G.12

吉林省田园综合体发展模式研究

周丽君*

摘　要： 党的十九大提出了“乡村振兴战略”。田园综合体作为乡村振兴的重要途径，受到广泛关注和重视。本文从田园综合体的概念和意义出发，对全国试点省份的典型田园综合体案例从名称、区位、规模、产业体系、经营机制、农民收益结构等方面进行了归纳，为吉林省田园综合体的建设提供案例借鉴。吉林省田园综合体发展处于起步阶段，是基于乡村旅游而发展起来的，且存在着缺乏总体规划、产品同质化严重、投融资难度大、运营模式单一、产业融合程度低、人才供给不足、支持政策不足等问题。吉林省田园综合体基于良好的自然环境条件、一定的特色资源和产业、特色的地方文化、便捷的交通条件及刚刚起步的运营模式，通过选择国家农业庄园模式、民族风情模式、产业促进模式、养生养老模式、科普教育模式、文化创意模式、景区带动模式、综合发展模式等进行建设发展，通过顶层设计、全面规划、试点先行，分步推进、政策促进、平台支持等进行推进，通过建立领导机制、多途径探索土地利用机制、多渠道投融资措施、建设新农人、产业融合促进以及田园综合体治理体系建设等多种策略进行田园综合体建设，以促进吉林省乡村振兴。

关键词： 吉林省　田园综合体　乡村振兴

---

* 周丽君，博士，东北师范大学地理科学学院副教授，研究方向为区域旅游开发与规划、乡村振兴与农旅融合。

近年来，在快速工业化和新型城镇化的双重作用下，我国城市数量和质量都得到了空前发展。而伴随着大量农村人口、土地、资源、资金向城市的转移和集中，“空心村、空壳村”大量出现，城乡发展格局严重失衡，生态环境日益恶化、乡村风貌千篇一律、农民的老龄化等问题对乡村发展造成了严重的阻碍。“城乡统筹”和“城乡一体化”发展思路，在一定程度上推动了乡村发展和农民增收。但这些政策主要强调城市对乡村的反哺、工业对农业的扶持，忽略了乡村和农业的主动地位。2017 年 10 月，党的十九大报告提出“乡村振兴战略”：“要坚持农业农村优先发展，按照产业兴旺、生态宜居、乡风文明、治理有效、生活富裕的总要求，建立健全城乡融合发展体制机制和政策体系，加快推进农业农村现代化。”可见，乡村振兴是我国新时代的重要任务。田园综合体作为乡村振兴的重要途径，受到包括吉林省在内的全国各地政府的高度重视。

一 田园综合体的概念与意义

（一）田园综合体的概念

田园综合体是 2012 年张诚在《田园综合体模式研究》一文中提出，并在无锡市惠山区阳山镇田园东方落地实践的。2016 年 9 月，该模式得到了中央农办领导的高度认可。

“田园综合体”是在 2017 年 2 月 5 日颁布的《中共中央 国务院关于深入推进农业供给侧结构性改革 加快培育农业农村发展新动能的若干意见》（简称中央一号文件）中作为乡村新型产业发展的亮点措施提出的：“支持有条件的乡村建设以农民合作社为主要载体、让农民充分参与和受益，集循环农业、创意农业、农事体验于一体的田园综合体，通过农业综合开发、农村综合改革转移支付等渠道开展试点示范，给出土地、资金等相关内容的政策方向。”

中央一号文件发布后，2017 年 6 月 5 日，财政部出台了《开展农村综合性改革试点试验实施方案》（财农〔2017〕53 号），开展田园综合体建设试点工作，决定从 2017 年起，在我国华北、华东、华中、华南、西南及西北部分地区的 18 个省份开展田园综合体试点工作，进行农村综合性改革试点试验。

2018 年，各地探索通过田园综合体发展模式促进乡村振兴。

何谓田园综合体？传播较广的说法是，田园综合体是在城乡一体化格局下，集生态农业、休闲旅游和田园社区为一体，在保障人与自然和谐发展的基础上，实现农产品加工工业、服务业有机结合的特色小镇和乡村综合发展模式，是顺应农村供给侧结构性改革、新型产业发展，结合农村产权制度改革，实现中国乡村现代化、新型城镇化、社会经济全面发展的一种可持续性模式。

（一）田园综合体的意义

1. 田园综合体是乡村旅游的新阶段、新模式

我国的乡村旅游实践最早始于 20 世纪 80 年代末，于 2006 年进入快速发展阶段。乡村旅游的发展是我国乡村基于自身旅游资源和条件以及城市居民生活而发展起来的，已经成为旅游的重要类型之一，每年接待大量游客。田园综合体是乡村旅游发展到一定阶段，进一步推动乡村发展的新型模式，是以乡村旅游为主要动力或支撑发展起来的，是我国休闲农业和乡村旅游发展的新阶段和新模式。

与乡村旅游相比，田园综合体更注重综合发展及可持续发展，是在休闲农业和乡村旅游基础上的延伸和发展。从业态上来看，田园综合体注重产业综合，一般是“农业 + 文创 + 新农村 + 旅游”的综合发展模式，是在现代农业发展的基础上，通过发展旅游业带动乡村客流，原住民、新住民和游客等和谐相处，最终实现乡村发展的新型社区群落。

2. 田园综合体是城乡一体化的新支点和新引擎

田园综合体依托的空间是乡村，但其现代农业、文创产业以及新型业态的吸引对象和发展空间不仅限于乡村，还会促进乡村景观和乡村产业的现代

化、城市化，形成城乡发展一体化新格局。可见，田园综合体可以实现乡村现代化，并成为新型城镇化的一种新模式，是城乡一体化的新支点和新引擎。

3. 田园综合体是乡村振兴的新手段、新机制

党的十九大提出的乡村振兴的目标主要包含产业兴旺、生态宜居、乡风文明、治理有效、生活富裕五大指标。田园综合体发展促进循环农业、创意农业、农事体验于一体，通过一产支撑、二产延伸、三产促进，深度融合一二三产，实现产业兴旺的目标；通过文明建设，改善乡村文化，促进乡风文明；通过生态环境、村容村貌的改进和修缮，实现生态可持续发展；通过各种乡村治理手段，实现乡村有效治理；通过产业发展获取经济效益，最终实现生活富裕。

4. 田园综合体是实现乡村空间重构和农民脱贫的新思路

在乡村建设及综合治理中，田园综合体可以既保持田园特色，又实现现代居住功能。借助聚居功能，田园综合体也将成为实现城乡基础设施和公共服务均等化的最佳空间。而通过田园改造，则可以实现农业生产的景观化，增强观赏性，最终实现“农村美、产业兴、百姓富、生态优”的综合效益。

田园综合体建设也有助于促进农民脱贫。近年来，全国范围内实施精准扶贫，针对致贫原因进行有针对性的扶助。而田园综合体建设可以让农民充分参与到产业发展中，通过农民文化素质提高和技能提升，培育新型农民，为农民参与现代化产业奠定基础，获得经济收益。而各种扶贫政策和资金，精准对接到田园综合体这一综合平台，可以释放更多的红利和效应，促进农民的幸福感、获得感提升，促进美丽乡村建设。

5. 田园综合体是乡村振兴的新样板

乡村振兴之路要如何走，农旅融合无疑是最佳选择，但却不是简单的休闲农业或乡村旅游，而是通过多产业融合、多主体联动、多方式结合、多渠道获利的田园综合体发展模式。实施成功的田园综合体可以作为乡村振兴的新样板进行推广，逐步实现全面的乡村振兴。

（三）全国主要田园综合体案例研究

2017 年 6 月财政部发布了在 18 个省份开展田园综合体试点的通知。作

为试点，这些省份都有较为成熟的田园综合体发展基础。对试点省份的典型田园综合体案例从名称、区位、规模、产业体系、经营机制、农民收益结构等方面进行研究（见表1），便于总结分析田园综合体发展路径和模式，为吉林省田园综合体发展模式选择提供借鉴和指导。

表1　国内主要田园综合体对比分析

	名称	省份	区位	规模	产业体系	经营机制	农民受益结构
1	田园东方	江苏	无锡惠山区阳山镇	0.62万亩	现代农业+休闲文旅+田园社区	政府+企业+村集体+农民	入股分红+企业工资+土地及土地附着物补偿
2	襄汾县田园综合体	山西	临汾襄汾县	1万多亩	农业+文旅+产业	农户+集体村庄+企业+政府	分红+租金+旅游服务费用+产品销售利润
3	五夫田园	福建	南平武夷山市东南部五夫镇	26万亩	农业+文旅+养生	农民+家庭农场+农村合作社+龙头企业	定期分红+土地流转租金+旅游服务费用+产品销售利润
4	美丽南方	广西	南宁西乡塘区石埠街道办的忠良村	0.8万亩	农业+文创+旅游+康养	公司+合作社+家庭农场+农户	既定工资+家庭农场收入+流转土地收入+务工
5	隆阳区田园综合体	云南	保山市隆阳区	7.6万亩	“农业+”：现代农业+生态农业+旅游观光农业+高端农业	农户+合作社+企业+农业社会化服务组织	土地租金+工资+股权量化分红+旅游服务
6	都江堰国家农业综合开发田园综合体	四川	四川成都都江堰地区	5.5万亩	大力发展“农业+”新业态	政府+农民+农村集体组织+合作组织+企业	土地租金+务农收入+分红收益+家庭农场收益
7	岭南大地	广东	广东珠海斗门区	1.8万亩	休闲农业+文化体验+高科技科普+创意教育+养生度假+农业产业；“艺术+”项目	农户+合作社+企业	土地租金+土地流转收入+就业性收入+村集体分红收入+农特产品经营收入+土地增值收益+房屋出租+民宿、餐饮经营收入

续表

	名称	省份	区位	规模	产业体系	经营机制	农民受益结构
8	花香漓渚	浙江	绍兴漓渚镇棠棣村等6个村	2.5万亩	农业（花木产业为主）+文旅	农户+企业+区级平台	花木产业的规模经济效益
9	田园鲁家	浙江	以鲁家为核心，辐射周边3个村	8.4万亩	“农业+”模式	公司+农民合作社+家庭农场+政府	股份分红+就业收入+旅游收入
10	花香果巷	河北	唐山东莲花院乡	7.35万亩	农旅+建设运营发展创新模式；智慧集约型农旅一体化产业集群	农户+社区+企业	土地租金+管理费收益+劳务收益+农产品加工收益+园区门票收入的20%
11	朱家林田园综合体	山东	临沂市沂南县岸堤镇	4.3万亩	创意农业+休闲旅游+田园社区	农民专业合作社+农业创客+企业+政府	旅游收入+既定工资+创业收益
12	新风古韵	内蒙古	依托于“塞外小江南”无定河镇无定河村	2万亩	绿色农业+乡村旅游+养生庄园	村集体公司+乡村运营平台+农牧民	定期分红+产品销售+旅游收入
13	巴夫洛田园综合体	江西	江西高安·昌西文化产业园内	2.3万亩	高效农业+休闲文旅+商务平台+示范区	农户+专业合作社+企业+政府	土地流转租金+就业收入+旅游收入+创业平台收入
14	浏阳故事梦画田园	湖南	整合永安镇湾里片和官渡镇中州片	1.6万亩	农业+文旅+商贸+地产	农户+车田土地专业合作社+企业公司+政府	基本工资+年底分红+旅游收入
15	博鳌文化艺术田园综合体	海南	海南省琼海市博鳌镇	2.1万亩	农业+旅游+社区	农户+合作社+公司	政府资金补贴+红利
16	三峡橘乡	重庆	忠县东部	8.3万亩	推动“农业+”模式	公司+专业合作社+基地+农户	土地流转租金+工资报酬+产品销售
17	李家庄田园综合体	甘肃	兰州市榆中县城关镇	0.86万亩	农业+文旅+社区	企业+合作社+基地+农户	土地流转租金+“四级分红”+就业收入

1. 主题依托资源，名称富有特色

从上述田园综合体名称看，多数为简短的、富有诗意的几个字，便于记忆和传播，而其名称一般都能够反映出该田园综合体的主要特色。如“花香漓渚”主要以花木特色为主，“三峡橘乡”表达了橘子特色，“浏阳故事梦画田园”描绘了浏阳的田园景观，而“田园东方”、“美丽南方”、“岭南大地”则赋予所在的广泛地域以诗意和想象。

2. 规模不等，辐射能力强

从表中可见，各个综合体规模大小不一，大的有 20 多万亩，小的只有几千亩，这可能受制于所在地可利用土地规模。而无论多大规模的田园综合体，都因其良好的发展态势而带动周边区域的发展，辐射能力较强。

3. 产业体系以农、旅为主

田园综合体的产业基础是农业，但不是单一的、传统的农业，是以农业为基础，融合旅游、文化、生态、康养等产业，实现三生同步、三产融合、三位一体。紧跟政策所指，以农业为基础，将优势特色产业作为主攻方向，延长壮大优势特色产业链条，打造涉农产业体系发展平台，探索农业综合开发的多种功能和模式。

4. 经营机制多为农民 + 企业/第三方 + 合作社/村集体 + 政府 + X

田园综合体不再是零散的、单一的农户或企业发展，而是在发展之中兼顾各方利益，使利益相关各方能够受到关注。因此，农民、企业、政府、集体等都将在经营机制中找到自己的位置，坚持农民共建共享，增强田园综合体持续健康发展的内生动力。而各试点田园综合体加入了创客、供销合作社、家庭农庄等利益主体，增加了经济可持续性。

5. 农民的收益方式多样，经济收入将得以保证

从案例中可知，农民收益不再是原来的农田收入，而是通过多种方式获取收入，包括土地流转租金、就业收入、分红、产品销售等多方面。通过多种方式，农民的收益渠道增加，总收入获得较大提升。

二　吉林省田园综合体发展现状及存在的问题

（一）吉林省田园综合体发展现状

田园综合体是乡村旅游发展的高级阶段，故可以从吉林省乡村旅游发展历程一窥田园综合体发展端倪。

1. 吉林省乡村旅游阶段

自发发展阶段：国内乡村旅游在20世纪80年代末就已发端，但吉林省乡村旅游起步较晚，大约90年代中期，伴随着全国乡村旅游的发展而在长春、吉林周边零星出现个体乡村旅游点。

数量扩充阶段：20世纪90年代后期，乡村旅游点在一些生态环境好的地方、旅游景区周边开始出现，主要开展特色餐饮、食宿接待、观光采摘、休闲度假、生态健身等活动。

规范化与品质提升：2006年，国家旅游局倡导“中国乡村旅游年”，省委、省政府出台《关于加快发展乡村旅游的若干意见》，各市州制定《乡村旅游点服务质量等级划分与评定办法》《乡村旅游服务暂行规定》等系列行业标准，2008年省旅游局会同质监局出台《农家乐旅游质量等级划分及评定》地方标准等。自此，全省乡村旅游进入快速发展与品质提升阶段。

经过十几年的发展，吉林省乡村旅游发展已经具有一定的基础，据统计，2017年，吉林省乡村旅游接待游客超过3100万人次，比2016年增长了28.15%；同年，实现旅游总收入160.92亿元，同比增长30.05%，其增长幅度远超其他类型旅游。全省乡村旅游经营单位突破2360家，其中A级乡村旅游经营单位326家，这其中5A级11家，4A级67家，3A级111家，2A级及以下137家。

2. 吉林省乡村旅游空间格局

从空间分布上看，吉林省乡村旅游点总体呈现大分散、小集中，城市、景区周边、沿江沿交通干线分布。全省形成三大区域：通化、白山、延边州等地形成的东部森林生态与民族风情区；长春、吉林、四平、辽源等地形成的中部都市乡村休闲度假区；松原、白城等地形成的西部湿地草原生态与民族风情区。尤其是在长春、吉林等城市周边地区以及重点景区长白山北坡、松花湖、查干湖、向海景区周边呈现集中态势。但总体来说，并没有形成大规模乡村旅游集聚区。

3. 吉林省田园综合体发展现状

在众多的乡村旅游点中，一些 A 级景区景点发展基础较好，同时也具备一定的发展空间，发展势头很足。例如吉林市孟家村的圣鑫葡萄酒庄园、神农山庄、鸶鹭湖等，生态环境良好，吸引力较大，具有发展田园综合体的基础。

吉林省的田园综合体建设起步稍晚于国内大部分省份。国家第一批田园综合体试点省份不包括吉林，主要的田园综合体试点也不在吉林。吉林省关于田园综合体的理念和概念认知最早来自学者和国内一些规划师。在 2017 年下半年开始零星被地方企业集团或政府响应，至 2018 年范围逐渐扩大，一些地方开始建设田园综合体项目。

总体来说，田园综合体在吉林省处于起步阶段，开始进行规划的相关项目并不多，但公主岭青青田园、舒兰下营村、大安南岗子村等都已经或准备筹谋田园综合体项目。

（二）吉林省田园综合体发展存在的问题

由于吉林省田园综合体发展处于起步阶段，是延续乡村旅游和乡村发展而来的，故其发展问题可以通过吉林省乡村旅游发展进行考量。

1. 缺乏总体规划，点状开发

目前，吉林省乡村旅游主要是依托相关的资源进行开发，如依托当地产业、旅游资源、区位条件、市场发展与景区资源，以及在相关政策引导下的乡村旅游开发。总体来说，虽然全省乡村旅游有一定的指引和管理，但政府层面缺乏统一规划和引导，导致经营者层面一味追求短、平、快，或忽视合理规划。现有的乡村旅游点主要以休闲度假接待为主要功能，缺少产业化思维，忽视了产业发展的重要性，多未与其他产业融合，仅仅停留在旅游业发展层面。同时，各乡村旅游点分布零散，相互之间缺乏系统整合，多各自独立发展，未形成合力。作为乡村旅游高级阶段的田园综合体建设刚刚起步，仅有几个初步项目规划，缺少整体构想与谋划。

2. 产品同质化严重，品牌意识弱，设施不完善

目前，吉林省乡村旅游产品存在的主要问题是产品单一、深度化低、宣传策划能力不足。

第一，乡村旅游产品单一，缺乏精品，未能有效利用乡村各种资源，难以适应现代旅游市场需求。省内许多乡村旅游活动只是吃农家饭、干农家活、住农家房，尤其是那些产品雷同、品位不高、重复较多，缺乏体验休闲项目，难以满足游客多层次、多样化与高文化品位的旅游需求。尚未形成吉林省鲜明特色，缺乏亮点和精品，乡村旅游发展处于低水平重复建设阶段。

第二，乡村旅游产品深度开发不足，未深入挖掘乡村农业旅游资源和民俗文化内涵，仅停留在观光、采摘、垂钓等项目，是在原有农业资源基础上的表层开发，缺乏创新设计与深度加工。

第三，乡村旅游产品的宣传策划能力低，品牌意识弱。在营销方面，乡村旅游产品多依托产品特色进行宣传，且宣传范围较小，并没有形成品牌或文化特色。具有地方特色、农旅深度融合、质量安全可追溯，集艺术性、纪念性、实用性于一体的农特旅游商品的生产、营销体系尚不完善。作为旅游商品的农副产品包装比较朴素、简单，未体现地方特色，价值体现不够。

第四，乡村旅游产品配套基础设施建设不完善。虽然乡村建设已经取得了一定成绩，但仍然与城市有一定的差距。乡村的道路交通设施、餐饮住宿设施、娱乐购物设施相对缺乏，结合现代通信技术、电子商务平台的现代设施也不完善。

3. 投融资难度大

尽管乡村旅游发展红红火火，但其也存在着投融资方面的问题，例如投融资多通过渠道企业投资获得，渠道相对单一；乡村多不具备专业的投融资机构；与资本市场结合不紧密等。

4. 运营模式单一

乡村旅游项目开发后，运营模式单一，如多以售卖乡村农特产品、农家商品为主，虽然有各种淘宝村，但仍以传统的现场销售方式为主，销售渠道较为单一，创新不足，智慧化程度较低，偏远地区 WiFi 覆盖率低，便利程度低；由于乡村旅游点分散，管理不便，缺乏监督和质检机制。

5. 产业融合程度低

传统的乡村旅游地区，主要以农业资源为依托，发展接待服务业，表现出初级的一产与三产的融合，与二产的结合相对较少。目前，乡村产业 1 +2 +3 产业融合度不高、产业相对单一，且缺乏知名度高的品牌产品，产业体系不完善，延伸不足，产业发展速度缓慢。伴随着乡村的不断发展，以一产为基础，加工业、服务业、文创产业等多产业融合发展是未来发展趋势。

田园综合体是乡村旅游和休闲农业发展的新模式，是实现产业融合的新手段。要在充分尊重农业产业功能的基础上，合理开发利用农业旅游资源和土地资源，以所开发的农业旅游休闲项目、农业配套商业项目、农业旅游地产项目等为核心功能架构，整体打造服务品质较高的农业旅游休闲聚集区。

6. 土地、人才、资金等供给不足

受地方财力以及环境、土地、产权等条件制约，还存在融资难、用地难等政策瓶颈，投融资体制与发展要求不适应。很多乡村地区老龄化严重，青壮年外出工作较多，田园综合体发展需要的人才供给严重不足。

7. 支持政策不足

吉林省田园综合体发展不充分、发展无序，只处于雏形阶段，其主要问题在于政策支持不足。

吉林省乃至省外区域社会资本很多，但因土地、环保、体制机制等问题，无法有序进入。同时，乡村集体资源整合能力太弱，上下认识不足，这些也都需要通过政策、培训来解决。

三　吉林省田园综合体发展模式选择

（一）吉林省田园综合体发展条件

1. 田园综合体发展自然环境条件

从吉林省的地形地势情况看，东部以山地为主，中部为丘陵台地，西部为平原，由于地势平坦，作物高度较低，因此景观性较好。分析这些地方的山水田林湖草系统，加以具有地方特色的文化景观，就形成了田园综合体构建的环境基础。

2. 各地有一定的特色资源和产业

吉林省 18.74 万平方千米的土地上，从东到西呈现出不同的资源特色和产业特色。农业生产东部以特色种植业为主，中部以玉米为主，西部以杂粮杂豆为主；工业生产在东西部相对较少，以农产品加工以及一些资源型产业为主，而在中部则以汽车、客车等制造业为主；第三产业最为集中且活跃的区域在吉林省中部。从特色资源和产业的配置中去寻找和构建田园综合体的特色是一种主题选择的途径。

3. 特色的地方文化

吉林省东部以朝鲜族民俗为主，中部以满族民俗为主，西部则表现为蒙古族民俗；从历史文化上看，有东北不同时期地方政权的夫余国、渤海国、高句丽文化遗存，有与中原对峙的北方王朝辽金文化遗存，有中国最后一个封建政权——满清文化；从产业文化上看，有汽车文化、电影文化、农业文化等，其他还有红色文化、黑土地文化等。这些不同的文化在吉林省内不同地方有具体的表现，它们将成为田园综合体文化塑造的重要选题。

4. 便捷的交通条件

对于可选择为田园综合体的地方，交通便捷、客源市场较近是促进因素。对于目前已有基础的乡村旅游发展地，往往都有便捷的交通条件进行连接。例如双阳区的众多乡村旅游点、吉林市孟家村的众多乡村旅游点等都是建设在道路两侧的，且距离中心城市很近。

5. 部分具有较好的运营模式

部分乡村旅游点已经建立了农民合作社的运营模式，通过合作社建立了共享利益及合作机制。但目前多处于起步阶段，需要进一步建立更顺畅的运营机制。

（二）目标体系

田园综合体到底应该重农还是重旅？田园综合体的核心是田园吗？田园综合体的重心其实不是“田园”，而是乡村，但它也绝不等于乡村旅游综合体，它的重心在于乡村发展。因此，无论是旅还是农都是其发展的途径，其目的在于乡村的可持续发展。

总体目标：吉林省田园综合体建设依托于吉林省丰富的乡村资源，通过综合开发体验农业、循环农业、创意农业，进行农村综合改革，改善农村生活环境，促进农民安居乐业，实现乡村振兴和可持续发展。

旅游促进目标：通过典型的乡村旅游综合体打造田园综合体，充分发挥旅游业在乡村振兴中的引导和促进作用。

（三）发展原则

1. 以农为主，文旅为辅

以农业为源，以农业产业园区发展的方法，融合文旅产业，发展现代产业；以农村为基，改善田园乡居，保留农村原有肌理和韵味；以农民为本，不离乡、不离土，就地城镇化解决农民就业，让农民过上好日子。农业是核心，旅游是辅助支撑功能，要通过文旅结合的旅游项目来激活市场、激活资源。要以文化为底蕴，将当地历史文化、风俗、文化遗产进行传承与演绎，绵柔地融合在生产、生活、生态空间中予以体现。

2. 以乡村振兴为目标

以乡村振兴为核心诉求，通过农业品牌升级 + 提升农业衍生价值 + 农民精准脱贫致富，充分发挥旅游业在其中的引导、活化、提升作用，实现乡村振兴。

3. 循序渐进，分步实施

吉林省田园综合体处于雏形阶段，需要在厘清认识的基础上对全省发展条件较好的乡村旅游综合体进行遴选，并分类给予不同的引导意见，逐步推进，最终助力形成振兴。

（四）发展模式选择

对吉林省内已经具备雏形的乡村旅游点，要分析其优势、特色及不足之处，指出发展的方向和途径。本文提出了 8 种发展模式可供选择。

1. 国家农业庄园模式

吉林省中部地区地势相对平坦，农业生产条件较好，可以实现集中连片进行集中化生产、现代化生产，所以对于具有规模化农业生产优势的地方可以考虑通过建设农业庄园模式来实现人、田、地多方面的融合，促进乡村振兴。比如陈家店，目前已经形成农村社区，政府主导作用强，开发文创，吸引乡村创客。未来发展可将周边土地纳入，形成具有东北特色的大农场模式，开发为北方典型的国家农业公园。

2. 民族风情模式

主要是在民族风情较为浓郁且突出的地方，选择通过民俗风情作为吸引点和主要特色，结合当地产业特色和资源特色，进行民俗类田园综合体打造。吉林省光东村、红旗村、乌拉街、叶赫镇等适合打造民族风情模式的田园综合体。以光东村为例，光东村本身是朝鲜族集中居住的村落，民族特色浓郁；同时，又是海兰江河谷，朝鲜族稻作文化特征鲜明，且通过循环农业，生产稻香蟹等产品，具有朝鲜族民俗和稻作文化融合的特征。

3. 产业促进模式

对于地方所具有的特色农产品进行开发，促进特色产业一二三产融合，最终成为地方的品牌特色，推进乡村振兴发展。例如在抚松、集安等地，人参产业特色突出，可以考虑结合人参生产、加工及农业景观进行田园综合体的打造。除了游览，游客可以带走人参产品、制品等作为纪念品，也可以结合抚松人参节等相关节庆会展活动推出、宣传田园综合体。

4. 养生养老模式

这一模式主要是依托乡村中温泉、森林等优美的自然环境资源，建设相应的服务设施，改善乡居环境，吸引城市居民到这里养生、养老。长白山区拥有良好的生态资源，森林、温泉等自然条件优越，可以结合社区，开发温泉养老中心医院，并开发文创产品。

5. 科普教育模式

科普教育旅游模式的田园综合体一般是利用区域内的农业观光园、科技生态园、农业博览园或博物馆等具有农业文化知识的园区，通过开展了解农业历史、学习农业技术、增长农业知识等类型的旅游活动，达到传播知识、科教体验的目的，实现乡村可持续发展的发展模式。比如公主岭农业科技园，可以考虑依托其农业科技园的资源基础以及周边村落资源进行大型农业科技园建设，进行农业科技知识、农业过程体验等教育。

6. 文化创意模式

以当地特色农业为基础，以民居建筑为底蕴，将民俗文化作为主要吸引点，辅以地区传统特色美食，通过创意民宿、青年创客基地、村史博物馆、民艺展出的打造，塑造乡村文化载体，并积极鼓励村民参与，构建内容丰富的乡村旅游新模式。比如花园山的温泉、花山、松岭雪村，可以考虑将几处村落联合共同打造田园综合体。此处需进行村屯改造，将文创、艺术带入本地。再如乌拉街韩屯，其满族民俗、摄影家、作家采风之地，可以开发文创产品，结合雾凇，将周边土地整合，融合松花江文化，提供蔬菜、小米以及画家村。

7. 景区带动模式

如果乡村附近的景区知名度高、吸引力大，则可以通过景区带动乡村发展，为景区旅游提供服务，包括土特产、劳动力以及住宿餐饮接待，通过多种途径带动乡村发展。比如二道白河小镇，其发展主要依托长白山景区。作为长白山景区的依托，它在城镇建设发展方面要突出特色建设，并打造景观文化，精心开发旅游产品，打造特色民宿，充分发挥长白山特色接待地的作用。

8. 综合发展模式

旅游带动乡村发展，并没有特别突出的某一方面，且多个方面都有所体现，可以选择通过多种特色齐发的方式进行建设。比如鹭鹭湖，其湿地生态环境有湖，有湿地，有农田，有汽车营地，未来发展可通过对金州乡改造，形成乡旅融合产品，向着湿地公园、森林公园的方向发展。

（五）田园综合体推进方式

1. 总体规划

要编制《吉林省田园综合体优选试点工作实施方案》，对全省田园综合体进行整体规划，分类建设。在发展建设中，要注意从长远发展出发，将已有基础的乡村旅游点与周边村落、环境相融合，打造具有一定规模的田园综合体。

2. 试点先行，分步推进

可在全面把握吉林省乡村旅游及农旅融合的基础上，对全省的田园综合体发展进行整体统筹，将其分成已经具备田园综合体雏形的乡村旅游点和具有培育价值的乡村旅游点。实施田园综合体建设工程，选择基础条件好、具有雏形的乡村旅游点重点开发，选择基础条件较好、有建设潜力的乡村旅游点重点培育，如长春四家乡素质教育基地、辽金时代农业园等，通过重点旅游点的带动作用实现乡村振兴。

从 2019 年开始进行省级试点申报工作，遴选一部分具有潜力的进行建设，也作为国家试点的储备。

3. 政策促进，平台支持

田园综合体建设目前处于雏形，发展建设中政策盲区和不足很多，需要在土地、投融资、人才建设等方面出台优惠和扶持政策。

建立创客平台、共享乡村平台等能够让乡村活跃起来的平台，支持乡村发展和振兴。

四　吉林省田园综合体发展的政策措施

（一）建立领导机制

组建旅游促进乡村振兴工作领导小组，由省文旅厅党政主管领导牵头，各县市文旅部门领导作为组员，共同对相关工作进行推进。

领导小组下设办公室，办公室设在各级旅游主管部门办公室，具体负责乡村旅游，尤其是田园综合体创建日常工作。办公室主任由各级办公室主任担任，成员由旅游管理部门工作人员及成员单位抽调组成。

领导小组及办公室主要针对吉林省乡村旅游，特别是田园综合体建设的遴选、创建、治理等进行监督和统筹。

进行田园综合体试点建设的乡村，应充分发挥农村基层党组织的作用，探索由党领导田园综合体工作的工作体系，改善民生，保障群众利益，实现田园综合体综合治理的目标。

（二）土地政策

多途径探索田园综合体土地利用机制，促进土地集约、节约、高效利用。

组建土地产权交易市场，将农村空闲地和低效用地进行交易，为田园综合体建设及新业态发展提供用地空间。

建立农村集体合作社，推动农户承包入股，便于土地的集中化、规模化、产业化经营。

通过土地置换、租赁、入股联营等方式完成，充分发挥土地的使用价值，加强土地的集约化发展。

采用“土地银行”的方式，实现农村集体土地指标的自由流转、质押和融资，帮助农户或大型企业获取旅游项目的启动、发展资金。

此外，还可以通过城乡建设用地增减挂钩、“四荒地”拍卖等方式获得田园综合体建设的土地。

（三）投融资措施

鼓励各类金融机构和各渠道支农资金加大支持田园综合体建设力度。

利用国内已有的国家专项基金，通过贴息贷款等方式筹措资金。如利用发改委通过国开行、农发行向银行定向发行国家专项基金的长期债券，为优质田园综合体设立专项建设基金，提供长期的贴息贷款。

设立省级专项引导基金，对于被遴选为全省的田园综合体建设项目投入1000万元的引导资金。通过引导资金，撬动金融机构和社会资本投入，扩大项目投入的规模和力度，而引导基金在其中起到杠杆的作用和效果。

田园综合体项目可以用众筹获得一定的融资，众筹的标的既可以是股份，也可以是田园综合体产品或服务，比如三日游、联票等。

在田园综合体项目中，利用已有资产进行抵押贷款是最常见的融资模式。若项目被纳入政府采购目录，则可通过政府采购融资模式来获得项目贷款，从而延长贷款期，如果进入贷款审批“绿色通道”，则贷款的速度会得到提升。

运用专项扶持资金+企业+合作社众筹模式获得资金建设共享农庄。未来的乡村共享是趋势，吉林省可推出共享乡村试点。选择交通便利、通信发达、移动支付方便、WiFi覆盖的田园乡村作为共享乡村试点，供游客分享空闲的田园民居，体验乡村活动，共享田园生活。

（四）新农人策略

通过不定期培训，使农民了解新时代信息、旅游服务标准、政府田园综合体建设政策。

支持鼓励返乡人员利用“四荒地”、废弃砖瓦窑等空闲土地进行创业，为返乡人员提供创业引导资金。

通过省内各种创业平台为大学生乡村创客提供机会和平台，助力形成乡村新农人。

引导精英返乡，为从吉林省出去的各行各业精英返乡提供创业、投资机会，搭建沟通平台。

通过文旅项目引导画家、作家等文艺团体进入乡村，改变乡村居住者构成。

（五）产业融合促进策略

综合考虑田园综合体所依托乡村的区位环境、历史沿革、资源禀赋等条件背景，挖掘田园资源和休闲农业特色，结合原有产业基础，强化优势主导产业，打造完善的产业链。为此，要注意选择具有特色、可供多元开发、景观性好的农产品进行深度开发。例如以稻米生产为主的东部山区，开展田园综合体可深化、延伸稻米产业链，如水稻文化博物馆、稻鱼共种、稻蟹共作、麦芽工坊、稻米加工场、稻田音乐会、稻米文创产品开发等，打造稻米品牌，形成一二三产融合的品牌产业体系。此外，还可将传统产业与新业态进行融合，通过文创、智慧等业态和技术使传统产业换发新生机。

（六）田园综合体治理体系建设

建设健全自治、法治、德治相结合的乡村治理体系，是建设田园综合体、实现乡村振兴的重要举措。

首先，加强对村规民约制定的指导，引导农村基层组织、社会组织和村民个人有序参与农村事务，提升自我管理和自我服务的水平。严格把好备案审查关，推动村规民约制定程序公开透明化，防止制定村规民约的内容和程序违法。

其次，建立公共法律服务体系，提升乡村法治化水平。普及法律知识，增强法律意识，指导农民运用法律手段解决问题，感受法律的力量和尊严。

最后，加强村风民风建设，发挥德治的重要作用。建设文化墙、文化站、文化广场等场所和设施，传播文化知识，引导人们讲道德、守道德。开展各种道德模范评选，充分发挥榜样和乡贤的示范作用，弘扬文明风尚，促进乡村社会和谐稳定。

区 域 篇

Regional Articles

G.13

“记住长春”文创品牌开发的思路与对策

陈春生 *

摘　要： 长春市作为吉林省省会，要紧紧抓住新文创产业这一主题，围绕促进长春大提速、大发展、大繁荣、大振兴的关键节点，吸纳和鼓励文创企业搭建文旅产业融合平台，通力打造具有长春地域特色的文旅产业品牌，并形成长春独具魅力的亮丽名片。

关键词： 长春市　文创品牌　文旅产业

* 陈春生，吉林省文化企业商会常务秘书长、吉林省外国人文化服务基地秘书长、辽宁大学国际教育学院客座教授，高级政工师。

长春市通过“文商苑”线上线下大数据推广平台，聚焦打造“玩在长春有名品”“吃在长春有味道”“离开长春有记忆”三大系列主题版块，着力培育和形成“记住长春”创意产品魅力名片，形成让百姓家喻户晓的传播口碑，让世人耳熟能详的品牌标签，达到“不来长春不知道，来到长春心一跳，体验长春感觉好，体验之后忘不掉”的高站位和大格局，并以此形成文创产品新突破和新亮点，并形成新文创产业闭环通道，形成以长春中心城市为纽带的新文创产业集群和新聚焦，激活全省已经拥有的基础总量资源，推动全省新文创产业可持续发展。

一　文创品牌创建的基础

（一）逐年增加的人口流动量

每年到长春的流动人口数量，包括来长春旅游目的地的游客数量远远超过了 8000 万人次，预计 2019 年将超过 1 亿人次。这么大的人口流动数量，对长春而言，并没有形成能吃、能玩、能带走的东西，最能反映长春地域鲜明特色的“东西”少之又少，来长春的人普遍感到没特色、很乏味。一方面，长春市的“工匠”和非遗传承人云集，原创的工艺品和非遗产品上万种类，地域土特产品和中华老字号也耳熟能详，但在宣传推广和造势上远远不够，又苦于没有平台和销售渠道，造成本地资源的严重浪费；另一方面，从政府层面也没有凝心聚力，打造属于长春特色拿得出手的“东西”。如何解决和化解这个突出问题，笔者认为以聚焦开发“记住长春”品牌产品作为引擎，讲好长春文化故事，可以呈现“爆发式”振荡波效应。由省会城市带动和引领吉林省新文创产业发展大有可为，也具有重大意义。

（二）厚重的文化积淀基础

一座城市的风貌和这座城市的灵魂，更多的是体现在感知和认知层面上，让外来人员感知和认知什么，将成为本文探讨的重点。提起长春，我们往往总是沉浸在过去的光环中，诸如“共和国的长子”“新中国电影摇篮”“汽车城”“轨道交通城”“文化名城”“森林城”等，这些诸多标签只能说是过去时，并不代表长春的现在和未来。特别是改革开放40年长春发生的变化，以及诸多有代表性的文化资源和地标性形象符号可圈可点，还有那么多老字号等非遗产品，犹如“众里寻他千百度，蓦然回首，那人却在灯火阑珊处”。应该说长春地域特色鲜明，文化产品丰富多彩，长春需要宣传，长春需要推介，长春需要文化创意设计，通过打造精美的“记住长春”品牌产品，让长春成为令世界瞩目的明珠，成为春城亮丽的名片，提升省会中心城市的魅力。

二　文创品牌创建存在的问题

文化创意产业被称为以创造力为核心的朝阳产业，它以高于传统产业24倍的速度增长，已经成为众多发达国家或地区的支柱性产业。文化创意产品的开发设计是文化创意产业发展的重要环节。长春市文化创意产业尚处于起步阶段，文化创意产品同质化等问题较为严重，缺少核心品牌竞争力。近年来，国家大力扶持文化创意产业发展，出台了一系列政策文件，为文创企业提供了非常难得的机遇，发展潜力巨大。各级政府也在不断地加快促进新文创产业发展的步伐，越来越重视新文创产业业态的培育和扶持力度，但仍然存在诸多问题。

（一）文创产品形式雷同

囿于文化创意人才缺乏、理念滞后等因素，文化创意产品目前同质化问题比较严重，存在地域特色不鲜明、文化挖掘不足的现象。

（二）文创产品个性化不突出

文创产品缺乏个性化设计，导致价位低，与高价位产品形成两极的现象。低价位产品因成本受限，做工不够精致，种类不够丰富，很难满足市场个性化需求，难以面向普通大众市场。

（三）文创产品不成系列

文化创意产品开发设计的整体规划意识依然较弱，产品和产品之间缺乏协同关联度，产品也缺乏策划与主题相吻合的设计。单个产品居多，系列产品较少，无法吸引消费需求，也不利于推广宣传，更难以将产品的主题元素进行深度与广度的挖掘。

（四）吃货产品挖掘不足

来到长春吃什么，对此问题甚至我们本地人都很迷茫，其突出的问题就是特色不突出，亮点不鲜明。一段时期以来，政府打造吉菜系列产品，这么多年过去了，打造的结果却处于很尴尬的境地，本地人没有认同感，外地人记不住吃的是什么。究其原因，是过分表达“大而全”，形式大于内容，千篇一味，难以形成品牌标签。

（五）创意与运营脱节

创意设计的最高境界是满足应用的需求，并有较好的盈利模式来支撑，而不是一味追求“时髦”但不实用，甚至创意设计者自己都不知道自己的创意设计靠什么样的运营来收回投资成本。

三　文创品牌创建的基点

形成和建立长春市新文创产业高地，一定要以促进文旅产业融合发展为前提，做好大数据分析，辅之以政策和资金资源的配套。紧紧地围绕长春市成为全国文化消费试点城市的大环境和大背景，借助于国家和省市相关政策优势，聚焦“三大主题系列”版块的开发，突出亮点，提升城市品牌影响力。要着力抓住文旅产业新亮点，主要目的在于为“三大主题系列”版块提供承接和体验载体。单纯地强调“三大主题系列”版块，而没有可依托的载体平台，是没有基础的空中楼阁；而有了这样的依托基础，会让游客体验感更加丰富多彩，也会产生事半功倍的效果。

（一）启动“文化之旅”载体新亮点

以吉林省文化和旅游厅2018年出台的“促进全省乡村旅游发展17条”，以及覆盖全省的359家乡村旅游景点为基础，全网络媒体打造“真人秀”线上直播和线下体验的活动，注重引流形成网络化新联动、资源配套新业态、“中央厨房”新物流的运营模式，讲述特色鲜明、浓郁的地域文化故事，促进周末文旅消费及假日经济发展。

（二）打造乡村旅游品牌载体新亮点

习近平总书记提出未来20年国家发展战略，其中之一即是乡村振兴。围绕这个主题，把促进乡村旅游作为乡村振兴的新引擎，创意一村一品，进行个性化和差异化包装设计，让游客体验与众不同。

（三）冰雪主题演绎载体新亮点

创意大型冰雪交响音乐汇《冰雪唱给世界听》，突破传统交响乐演艺形式，融入原创“诗、词、歌、赋、舞、曲、唱”以及5D全息投影技术实景应用，演绎大美吉林冰雪风光和物华天宝，向全国推介吉林，向世界推介吉林。

（四）《印象大东北》演绎载体新亮点

创编大型室外实景演出《印象大东北》恢宏巨作，以此重点推介吉林冰雪旅游产品，把习近平总书记“白雪换白银”的殷切期待，通过艺术表现形式，提升创意产品附加值。该项目实施落地后，可与“云南印象”相媲美，弥补东北模拟现实大型演出场景的空白。

（五）举办创意设计大赛载体新亮点

通过举办创意设计大赛的方式，征集“三大主题系列”创意设计产品。

整合全省文化艺术品、旅游纪念品、非遗和文物衍生品、中华老字号产品等本省基础资源，定向研发征集具有浓郁地方特色的产品，让外来游客融入“吃透长春，玩疯长春，带走长春”的新体验，逐步形成长春城市标签。

四　文创品牌推广的思路

新文创让城市腾飞，既要促进经济的增长点，同时也离不开文化软实力的提升。因此，为开启城市文创的大门，特别是品牌发起，为游客和市民奉献文创艺术盛宴。线上为线下活动造势，线下支撑线上 IP 打造，采用“精英引导、大众参与”的方式，带动公众主动关注传播。

（一）城市 IP 发布

打造超级 IP，是所有文创项目成功的必经之路。文创的 IP 可能是具体的旅游纪念品，也可能是一个故事，或是一种特色食品，它是文创团队赋予的独特内涵，因为一切都由形象去代言，直接与公众的认知情感相关联，并具有强大的生命力。

（二）打通流通渠道

结合市场环境和行业优势，通过“互联网 + 媒体 + 文旅 + N”的跨界运营，用跨界文创设计拉动市场需求，抢占游客购买意愿的高地，形成市场带动的入口，引导和推动游客消费需求的出口。

（三）文创产品进店堂

通过文创产品进店堂，给游客传递购买乐趣和欲望，介绍创意产品风土人情，更多地表达产品的艺术性和功能性的融合点，进而拉动大众文化旅游消费的热情从关注点到卖点，再到经济增长点的可持续循环过程。

（四）讲好文创故事

把文创产品植入影视剧、微电影、宣传片、纪录片、全息投影体验当中，打造“韩剧”效应，目标是通过具体的拍摄内容让游客对文创产品产生浓厚的兴趣，让文创产品成为时尚潮流的风向标。

（五）大数据精准投放

将视频受众曝光率、点击量转化为经营企业游客数据资产，将大数据分析应用到旅游目的地，通过视频推送，最终将用户导流到推介地区，除了定制化旅游路线外，还可以提供文创产品个性化私人定制，延伸产业链，增加盈利点。

（六）打造明星和网红

从不同行业选出代表，作为偶像进行家乡推介宣传活动。通过各行各业、普通游客、市民广泛参与，进行线下体验。评选东北吃货大妞、本土大V等，成为新文创代言人，拉动文化消费。

（七）吉林（长春）品牌推广

通过第一品牌IP项目评选，打造特色突出的旅游产品，发挥吉林品牌影响力，积极发展吉林旅游电子商务，推动吉林旅游购物、餐饮、演艺等业态协调发展，丰富吉林旅游内容，提高产业品牌附加值。

（八）融媒体宣传推广

创意视频、地方偶像、专栏广告、蚂蜂窝首页等精准客群推广，以及游记展示、央广活动招募、自媒体KOL传播、微博热点话题打榜、微信H5曝光、各大门户网站软文发布、旅游达人家庭体验等方式，为长春文创旅游营销注入新的活力，开辟出营销推广新模式。

五 文创品牌创建的对策建议

长春市在新文创产品开发上，具有潜在的产业基础和得天独厚的优势。

在顶层设计中，应该立足高起点和高站位，并学习和借鉴我国发达省份成功经验。立足于文创长春，将真实的自然景观元素引入创意设计之中，巧妙地将当地特色人文气息与文创相融合，体现地方原生态的特殊文化符号，实现文化创意产业的社会效益。

（一）注重新文创集群发展

提到促进文创产业发展，首先要在文创人才孵化、城市文化形象塑造、文创名品开发、大数据建设等方面谋篇布局，推动和打造长春市新型数字文化建设，打造长春“中国数字文创名城”的城市形象与城市品牌。长春实施新文创产业发展战略，给新文创与城市的结合与探索提供了历史性机遇。新文创是基于“科技 + 文化 + 创意”的定位，在文化维度的指导战略上，即以 IP 构建为核心的文化生产方式，同时也推动 IP 产业价值和文化价值的良性循环，打造出更多具有影响力的中国文化符号，进而推动长春数字文创产业的高质量发展。

（二）新文创与城市结合点

如何让优秀的数字文创内容，用更加生动的方式进入城市空间，为普通民众带来更加便捷的文化体验？我们通过提交政协提案和智库专家建言献策的方式，找准结合点，为下一步组织实施打下良好的基础。以数字文创城市共生构想，从把握相关维度上，助力长春“数字文创名城”标签的打造。

（三）培育和吸纳新文创团队参与

吸纳一大批数字文创企业和关联型生态空间设计企业广泛参与，形成品牌和产业创作的聚集区，或是打造具有长春本土特色的城市休闲娱乐景光带。充分发挥“长春智造”的 IP 优势，展开新文创长线规划，从线上线下，重点把能形成长春亮点的东西进行提炼，让游客既能产生新鲜体验感，又能“留下深刻印象”。如一景一品、游戏研发、职业电竞赛事与电竞产业生态、文创产业联动和 IP 实景化统一有机结合，形成城市文化特色。利用吉林长发集团与宋城集团联合开发的“长春拖拉机厂老旧厂房”和长春市政府提出的打造伊通河“市民休闲文化景光带”的契机，通过长春历史工业遗迹和“母亲河”的保护和重建，让更多的文创产品熠熠生辉、开花和结果。

（四）挖掘构建优秀人才队伍

助力文创人才孵化，营造人才吸引空间，吸引和培养人才队伍。创造适合创意人才成长和发展的环境，吸引本地和走出去的人才，包括各类创意精英返乡发展。特别是围绕“三大主题系列”版块，开发“留住人才”和“留住游客”配套项目体系。比如重点挖掘影视、动漫、音乐、游戏、电竞等领域的创作个人和团队，并给予培育和扶持。充分发挥和借力在全国有影响力的互联网平台的力量，培育挖掘长春地方的优质创作人才，推动全国更多的相关创作资源逐渐往长春聚合，这样就达到了人才有了、玩的问题解决了、我们的底气就足了的目标。

（五）打造长春特色城市标签

通过 IP 漫游联动，全方位打造长春特色城市文化标签，把长春鲜明的文化标志、地方人文、文化遗产、自然生态资源等地域文化特色内容，与 IP 进行融合。特别策划在“长春大版本”中植入长春标志场景、长春的老字号美食进行演绎。除了线上产品的渠道开发，还要开展文创 IP 主题的线下体验活动，以及策划“长春数字文创节”等来推介长春，最终目的是营造新文创产业发展的良好的环境和氛围，来突出和衬托“三大系列主题”版块。

（六）加强政策保障和支撑

整体围绕“玩在长春有名品”“吃在长春有味道”“离开长春有记忆”三大系列主题版块，进行顶层设计和平台搭建。通过长春市文创资源的挖掘和传统文化业态的梳理，务实推动文创产品开发。做好这项工作，需要政府部门的政策引导和资金扶持，并将这项工作作为长春市重大项目，列入政府工作规划。

（七）整合资源借力发展

统筹和搭建长春市文创产品创意研发及销售平台。通过“文商苑”与京东、天猫等网上优质媒介建立线上优质平台的合作，打通和形成产业闭环，建立长春市文创艺术品大数据库，开拓国内外市场，为工美大师打通销售渠道，让“记住长春”成为政府推介长春的有力抓手。

（八）加强形象包装和推广

新文创产业发展，离不开城市形象的宣传和推广，离不开融媒体和“网红”效应。为此要打造长春本土名人大师和品牌效应，发挥政府文化广电和宣传等部门的主导作用，形成主流媒体全方位的推广氛围。

（九）强化规划设计布局

类似遍布全省的欧亚卖场等大型商业连锁综合体，对全市各大旅游景点和乡村旅游景点全覆盖，作为线下体验销售窗口。由于文创产业项目的刚性投资与文化消费软需求的突出矛盾，需要政府提供积极的财税及房屋场地补助和减免政策，引导市民文化消费，逐步实现从政府输血功能向企业自主造血功能的华丽转身。

（十）建立新文创评价机制

建立由省内懂业务的权威专家、专业机构参加的“新文创产业”评估机构，对涉及长春品牌的文创产品严格把控，客观公正地做好新产品的市场定位，不断推陈出新，让长春的文创品牌永远充满生机和活力，昭示长春城市深厚的文化底蕴。

G.14

吉林市“历史文化名城”资源发掘与整合的对策建议

黄松筠　于 凌*

摘　要： 吉林市“历史文化名城”的内涵分为纵向历史和横向文化，其核心在于“城市”。吉林市“历史文化名城”资源的开发存在“城市历史文化”标识不清晰、核心价值被弱化、资源开发存在短板等突出问题。由此建议突出“城市”的历史文化内核，逐步推进船厂、乌拉部故城、打牲乌拉总管衙门等历史文化遗产的保护和开发，充分展示城市历史长度和突出地位；同时，打造以夫余文化、船厂文化、乌拉文化、贡品文化为代表的“城市”精品文化产业，展示主题历史文化并构建系统的文化产业。

关键词： 吉林市　“历史文化名城”　历史文化资源　文化产业

吉林市历史久远、文化厚重，是东北第一个地方民族政权夫余国的王城所在地，也是最早的吉林省会，更是吉林省最早被列为“历史文化名城”的城市。党的十九大报告中提出了“新时代”的理论，在以往“历史文化名城”保护的基础上，对相关部门的领导者和管理者提出了全面提升吉林市“历史文化名城”资源开发，更加充分展示吉林市“历史文化名城”魅

* 黄松筠，吉林省社会科学院历史研究所研究员，研究方向为中国古代边疆史、东北地方史；于凌，吉林省社会科学院历史研究所副研究员，研究方向为秦汉史、东北地方史。

力的新使命。本文通过对吉林市历史文化资源的深入系统调查研究，回归本源，对吉林市“历史文化名城”资源的发掘与整合提出建议，以期对吉林省历史文化资源保护与文化旅游产业发展有所助益。

一 吉林市“历史文化名城”资源的内涵及其现状

吉林市是一座有着悠久历史的城市。其建城最早可以上溯到夫余时期，高句丽、渤海、辽金时期长期沿用，明清时期设置船厂，并且成为早期吉林省的首府，城市发展的历史源远流长，是东北地区名副其实的“历史文化名城”。吉林市依山傍水，人杰地灵，松花江穿城而过，滋养着一方水土，孕育出丰富多彩的地域文化。

（一）吉林市丰富的历史文化资源内涵

早在建城之前的史前时代，考古发掘的遗址将人类在吉林一带活动的时间上推到旧石器时代中期。这一时期，吉林市有三处非常重要的旧石器时代遗址，即蛟河新乡砖厂遗址、拉法仙人洞遗址和桦甸仙人洞遗址，前者反映了早在旧石器时代中期吉林地区已经出现古人类迁徙、狩猎的活动印迹，后两处反映了旧石器时代晚期古人类活动区域扩大、从事季节性迁徙。吉林市古文化遗址历史久远，反映了其具有得天独厚的自然条件，是古人类迁徙、狩猎的重要区域。这一自然资源优势为吉林市城市的出现提供了最为有利的前提条件。

古代的吉林，夫余王城与船厂的设置是吉林建城的两个代表性标志，其间吉林周边作为军事要冲也存留诸多中小城址遗迹，而以龙潭山遗存为代表的城市遗迹，更突出了吉林市历史文化的不断传承与发展。这一时期可以划分为两个阶段。

一是青铜至铁器时代初期，以西团山、夫余为核心的部族兴起，在吉林地区建立了早期王城，形成了独具地方特色的丰富历史文化。其中，西团山文化开启了吉林地区的青铜文明。西团山文化遗址遍布吉林地区各处。据不完全统计，在考古发现的58处遗址中，出土了青铜器、农作物遗存、猪骨、渔猎工具，反映这一地区农耕、畜牧、渔猎多种经济生产方式互为补充。西团山先民的葬俗具有鲜明的地域特色，以石棺为葬具，随葬有猪骨。这一文化与中原文化间，既有较为密切的交往，又具有地域色彩，是吉林地区典型的文化代表，在中华文明史上书写了浓墨重彩的一笔。根据考古发现和研究，在吉林地区的西团山文化层之上叠压着遗存丰富的汉文化层。两汉时期，生活在吉林地区的夫余人建立了夫余国，这是东北地区出现的第一个地方少数民族政权。吉林市是夫余兴起和兴盛时期的都城所在地，在东北区域政治经济发展中曾经发挥了重要的作用。根据二十四史的记载，夫余国自然资源丰富，“土地宜五谷”“善养牲，出名马、赤玉、貂狖，美珠”。结合传世文献和考古文物，夫余国的手工业发达，有冶铁、制陶、纺织等行业，与中原经济往来密切；夫余国文化中发现的铁器种类多样，表明已进入铁器时代。值得一提的是，这一时期，汉王朝在东北设置的玄菟郡，辖区已达到今吉林地区，夫余国君接受中央王朝的封号，由玄菟郡提供给夫余国君的葬具，体现出中央王朝对夫余国的有效管辖。

二是自魏晋南北朝至明清时期，以勿吉、靺鞨、女真、满族等民族为主体的肃慎族系历史文化。魏晋南北朝时期，高句丽、勿吉先后兴起，夫余国逐渐走向衰落，并最终被勿吉所灭。这一时期，高句丽的势力也扩展到吉林，并且为了抵御勿吉，修筑了包括龙潭山、东团山、三道岭子在内的军事堡垒。吉林地区的军事地位突出，但是战乱频繁，经过东北各少数民族间长期的军事角逐和文化交往，肃慎部族取代秽貊部族，成为主体居民。唐代，粟末靺鞨建立了渤海国，吉林曾是渤海国直辖的涑州的治所。辽金时期，契丹、女真曾在吉林修筑了苏密城、嘎呀河城、前进古城、富尔哈古城、大常古城、三家子古城等，都具有军事防御功能。自魏晋北朝至辽金时期，吉林一带都是军事要冲，尽管史书中记载阙如，但是这些考古发现足以证明吉林在历史上具有非常重要的地位和作用。清光绪年间，在吉林市的舒兰发现金代的完颜希尹家族墓，与史书记载可以相互印证，是研究金朝历史文化的珍贵实物资料。乌拉部古城是明代海西女真扈伦四部之一的乌拉部王城旧址，也是清代直属内务府的打牲乌拉总管衙门所在地，这些历史遗址集中体现了明清时期女真部族的历史文化，尤其以满族文化、贡品文化、行政建制文化最为典型。明代在吉林市设置吉林船厂，驻军戍卫，发挥交通枢纽的作用。清代，随着造船业的发展，吉林乌拉城再度兴起。吉林船厂复建，操练吉林水师，抵御沙俄入侵；松花江便利的水上交通加上驿路交通的发展，乌拉城“商货流通”“百货鳞集”，成为柳条边以北最大的商业城镇；康熙十五年（1676 年）宁古塔将军移驻吉林乌拉，乾隆二十二年（1757 年）改置吉林将军，建有吉林将军衙门；康熙、乾隆都曾东巡吉林城；康熙十一年（1672 年）在吉林市修建清真寺，康熙三十二年（1693 年）在吉林乌拉设立八旗左右翼官学，后增设打牲乌拉左右翼官学，乾隆七年（1742 年）将东北首个文庙选址在吉林市，乾隆三十年（1765 年）设打牲乌拉汉军义学。吉林市长期成为东北地区重要的政治、经济、军事、宗教、文化、教育中心。

近代以来，吉林市见证了东北地区近代化的历程。在沙俄入侵的军事威胁下，清政府在东北推行“移民实边”政策。吉林市迎来了来自中原内地的大批移民，为城市发展注入活力。在农业方面，清末在吉林开设新型农业机构、开办农业试验场；在工业方面，晚清政府在吉林创建东北唯一的兵工厂——吉林机器局，兴办一批近代工矿业，引领传统手工业向近代工业转变；在交通方面，宣统元年（1909 年）在吉林成立文报总局；在教育方面，光绪三十二年（1906 年）创办吉林省第一所师范学堂。清末改制，光绪三十三年（1907 年）吉林建省，省会设在吉林市。民国时期，张作相任吉林省长期间，筹建吉海铁路，抵制日本对东北的控制。吉海铁路总站设在吉林市，由林徽因设计、梁思成审定，以雄狮伏卧为造型，象征着中国人民如雄狮初醒，寓意深邃，堪称中国近代建筑史上绝无仅有的杰作。张作相主持兴办吉林省最早的大学——吉林大学，选址吉林市西郊，由梁思成设计的教学楼旧址，见证了兴办新学的历史。吉林市人民在抗击沙俄、日本侵略以及与封建朝廷、国民党的斗争中书写了可歌可泣的红色历史文化。光绪元年（1875 年）爆发了淘金工人起义，反抗清廷；义和团运动爆发后，在吉林省城得到响应；吉林军民还积极从事反抗沙俄侵略的爱国活动。吉林是东北抗日联军活动的基地，据统计，吉林市在1931～1945年抗日战争期间的文物遗迹达158处，除了吉海铁路总站旧址，还有吉林毓文中学旧址、伪满吉林铁路局办公楼、丰满万人坑、丰满发电厂、魏拯民墓、魏拯民密营、头道溜河会议址、蒿子湖东北抗联营地、红石砬子抗日根据地、老黑沟惨案地以及松花江铁路桥、北沟岔密营址。其中，毓文中学是吉林省第一个传播马克思主义的前沿阵地，在中国共产党领导的“五卅运动”中起到先锋作用，也是近代化教育的典型代表。近代以来，吉林人民为了争取反帝、反封建的新民主主义革命取得胜利，作出了重要的贡献。

（二）吉林市“历史文化名城”资源的现状

吉林市的历史遗存丰富，悠久的历史传承了异彩纷呈的传统文化。目前吉林市的国宝单位多达18处，即古遗址9处（寿山仙人洞遗址、西团山遗址、余富遗址、龙潭山城、苏密城、嘎呀河城址、前进古城址、乌拉街沿江古城址、乌拉部故城）、古墓葬3处（小西山石棺墓群、帽儿山墓地、完颜希尹家族墓地）、古建筑2处（吉林文庙、乌拉街清代建筑群）、石窟寺及石刻1处（阿什哈达摩崖）、近现代重要史迹及代表性建筑3处（吉林天主教堂、吉海铁路总站旧址、吉林大学教学楼旧址）。吉林市的历史文化遗存概况被归纳为“一园五区一御路，四十四点十六处”。此外，吉林市档案馆对清代档案精品进行了数字化。吉林市博物馆、文管所都陈列历史文化展品，还把王百川居宅旧址辟为吉林市满族文化馆。目前，已出版吉林市下辖各市县志书、文物志，学术界对西团山文化、夫余文化、打牲乌拉衙门等都进行了专题研究，出版了一大批相关的研究论著。

吉林市“历史文化名城”的纵向历史发展中有三个重要节点：一是吉林市的城市开端可以上溯至夫余王城，龙潭山城与东团山遗址、帽儿山墓地相辅相成，体现出夫余王城的概貌；二是渤海辽金时期的龙潭山城以及辽金时期的军镇古城苏密城（桦甸市）、前进古城址（蛟河市）、乌拉街沿江古城址（富尔哈古城、大常古城和三家子古城）印刻下历史文化延续发展的脉络；三是明代船厂驻军造船，出现了吉林旧城的雏形，乌拉部故城既是明代海西女真乌拉部的王城旧址，又是清代打牲乌拉衙门所在地，清代在船厂造船、建城，康熙十五年（1676 年）将宁古塔将军迁驻吉林，乾隆二十二年（1757 年）改称吉林将军，吉林市成为东北政治、经济、文化中心之一，并见证了近代化的历史进程。

吉林市“历史文化名城”的横向文化内涵丰富多彩。一是经济类型文化。从渔猎文化到农耕文化再到近代化、殖民化、现代化，吉林市的经济文化类型多元化。二是民族文化。多个民族、部族长期定居吉林，尤其是夫余文化、肃慎文化兴衰变迁、民族政权更迭。三是城镇文化，有军镇文化、交通文化以及商业文化等。四是工业文化。古有船厂，近代工业化既有洋务运动的成果，也有殖民侵略的阴霾，军工、化工以及矿产资源开发都形成相应的历史文化。五是宗教文化，有寺庙文化、穆斯林文化、天主教文化。此外，伴随行政建制变迁，还有清帝东巡文化、教育文化、移民文化、红色文化、戏剧文化、松花石文化等。

吉林市的历史与文化悠久而厚重，不仅长期是吉林省政治经济文化中心，也是东北地区的军事重镇，更是全国著名的历史文化名城。这些历史遗迹见证了吉林沧海桑田的巨变，奠定了文化吉林的基石。吉林市“历史文化名城”的内涵丰富，其历史文化内涵的核心在于“城市”。围绕这一核心，夫余王城、龙潭山城、船厂、乌拉部故城、吉林将军衙门等史迹成为古代历史文化的集中体现，近代以来吉林市城市历史文化在城墙、城楼被拆迁后，面貌发生了巨大变化，但是仍有相当多的历史图片可以呈现这一变迁过程。横向的文化内涵，从不同层面丰富或注解城市的历史内涵，纵向的“城市”历史才是内核，二者相辅相成。

二 “历史文化名城”资源开发和利用中存在的突出问题

长期以来吉林市的“历史文化名城”资源得到了有效保护和有序开发。

新时期在“历史文化名城”资源的开发和利用方面，仍存在非常突出的问题，主要体现在以下三个方面。

（一）“城市历史文化”标识尚不清晰

吉林市历史遗存丰富，但是历史遗存的分布相当分散，历史发展存在明显的割裂。就遗存的分布而言，吉林市的遗址分散的现象非常显著，据《文物志》记载：吉林市，历史遗存 33 处，革命遗址 26 处，寺庙名胜 74 处；吉林市郊，历史遗存 61 处；永吉县，历史遗存 86 处，革命遗存 11 处；舒兰，历史遗迹 47 处，近代史迹 13 处；蛟河，历史遗存 123 处，革命遗存 18 处；磐石，历史遗存 50 处，革命遗存 22 处；桦甸，古代遗存 30 处，近代遗存 4 处，革命史迹 37 处。吉林市遗存数量多且遍布各地，这就为统筹规划“城市历史文化”标识带来了较大的难度。就历史发展的割裂而言，吉林市的城市沿革史载有缺，考古发现与文献史料相印证，较为发展的阶段主要集中在西团山至夫余国时期、高句丽与渤海时期、辽金时期、明清时期以及近代以来，此外明清乌拉部古城、船厂的设置和打牲乌拉总管衙门的设置，同样具有重要的历史意义。尽管如此，吉林市的整体历史面貌仅能管中窥豹，因而只有一个“历史文化名城”的荣誉称号，缺少鲜明的历史文化标识，尚未凝练城市的沧桑历史和传统文化，这些问题成为吉林市历史文化资源开发中的重点和难点。

（二）历史文化的核心价值被弱化及开发利用薄弱环节

吉林市的历史文化内涵厚重，可供挖掘和整合利用的资源非常丰富。吉林市考古遗存丰富，曾是多个民族兴衰和多元文化交融、碰撞的见证地，民族文化独具特色，近代化发展具有典型性。尽管如此，已经发掘和开发的历史文化资源是历史、是文化，这些历史文化资源适合深度体验，尚未提炼出核心的历史文化价值，不具备文化产业开发的优势，在旅游推介中缺少鲜明亮点和地域特色。

吉林市在以往的历史文化资源开发中，较少关照到“夫余”及其先世文化（西团山文化），这就人为缩短了吉林市城市文化的历史长度，更忽视了对夫余历史文化资源的开发和利用。西团山文化是东北地区典型的考古学文化，在吉林市分布普遍，是最能体现吉林市早期文明发展的重要历史文化资源。夫余国是东北历史上第一个地方少数民族政权，在文化上与中原王朝关系密切，尤其是隶属于中原王朝，在东北区域政治、经济、文化中发挥不可替代的重要作用。同样，明清吉林“船厂”，肩负戍卫边疆的重要历史使命，也是东北重要的交通枢纽，更是近代以来吉林市的前身。此外，打牲乌拉总管衙门是清王朝在东北设立的重要机构，尤其在东北封禁的大环境下，这一机构在东北资源的开发和利用上发挥了特殊的作用，很多贡品都是通过这一机构输入清朝皇室，这一历史资源为吉林及其周边土特产的开发提供了重要的商机。以上皆为吉林市建城的重要标志性历史文化资源，但是却长期成为吉林市历史文化资源开发和利用的短板，未能发挥应有的作用。

吉林市的“历史文化名城”资源开发利用中，有必要充分发掘和整合历史文化的核心价值，并且充分关照到吉林市各个历史时期的独特的民族文化以及地域文化，从而形成具有竞争力的城市文化产业与旅游文化的标识，充分展示具有世界性的历史文化遗产的价值。

三 “历史文化名城”资源挖掘与利用的对策建议

（一）挖掘与整合“历史文化名城”资源的指导思想

在新的历史时期，面对吉林市“历史文化名城”资源开发利用中存在的问题，进一步挖掘与整合“历史文化名城”资源具有必要性与紧迫性。在具体的实施过程中，其总的指导思想为以下两点。

第一，突出“城市”历史文化内核。在龙潭山遗址公园的成功探索经验指导下，逐步推进吉林船厂、乌拉部故城、打牲乌拉总管衙门、吉林将军衙门、吉林机器局等具有代表性的历史文化遗产的保护和开发，充分展示城市的悠久历史和突出历史地位。

第二，打造“城市”精品文化产业。充分发挥吉林市历史文化保存现状较好的资源优势以及以往研究开发利用的基础，深度开发夫余文化、船厂文化、乌拉文化、贡品文化、民族文化、教育文化、红色文化等具有吉林特色的精品文化产业，突出吉林市特有的地域特色与民族特色，通过展示历史文化的主题来构建吉林市全方位、系统化的精品文化产业。

（二）挖掘与整合“历史文化名城”资源的具体举措

为了更好地贯彻落实习近平总书记关于加强历史文化遗产资源保护与开发的指示精神，尽快推进吉林市“历史文化名城”历史文化遗产与优质资源的保护与开发利用的深度，在具体的举措方面，提出以下几点建议。

第一，打造夫余王城的文化产业，在吉林省、市博物馆打造全国第一个秽貊王城光影展区，发掘夫余王城文化的历史内涵以及突出的文化产业价值，展示秽貊早期文化的风貌，彰显吉林市特有的地域文化特色。

第二，吉林船厂的考证研究尤其是船厂文化的内涵发掘，可以召开全国学术研讨会进行深入挖掘和整合。尤其是对船厂沿江的修造地点有必要进行深入考辨。在此基础上，从生态、历史、边疆、工业、城市等诸多方面充分予以论证，通过推出学术精品和论坛的形式广泛推介吉林船厂文化。

第三，乌拉部故都、打牲乌拉总管衙门基本上处于原生状态，但是有破败的趋势，需要引起各方面的高度重视，在保护古城历史文化遗产的基础上，打造古城旅游新亮点，以保护促发展，以发展促推广。

第四，加强对吉林市特色历史文化的系统研究与推广，整合历史文化资源。吉林市的历史文化丰富多彩，可以结合文献记载与历史文物，系统研究吉林市的农耕文化、渔猎文化、贡品文化、商业文化、城镇文化、移民文化、工业文化、宗教文化、饮食文化、戏曲文化、玉石文化、书法文化，深入发掘吉林市的民族文化、民俗文化、建筑文化，发掘吉林市“历史文化名城”的新亮点。在这些研究成果出版发行的同时，可以通过召开学术研讨会、学术成果发布会的形式，积极宣传推广吉林市的历史文化。根据相关研究素材，还可以制作主题艺术片、影视作品，向全社会进行推广。在学术研究的基础上，可以配合城市文化建设，举办、创办“历史文化名城”主题节庆活动，增强民众的参与意识，推出具有国际影响、国内知名的“历史文化名城”主题文化节，推广吉林市的人文特色。

此外，吉林市“历史文化名城”资源的开发和利用，是纵向核心历史文化与横向特色文化相辅相成的总体发展，目前突出“城市”的核心地位，解决的是吉林市“历史文化名城”内涵辨识度不高的问题，而系统的“历史文化名城”建设，不能忽视以往对“历史文化名城”资源进行充分发掘和开发的有益成果与经验，要始终坚持全面性、系统性和高站位。与此同时，吉林市“历史文化名城”资源的开发，不宜保持高速，要将历史文化资源保护放在首位，以保护为前提和目标，将吉林市的历史文化遗产代代传承，历久弥新。

近年来，以习近平同志为核心的党中央高度关注传统文化资源的保护与开发，以及中国历史研究的传承与发展。这为吉林市“历史文化名城”资源的开发和建设提供了前所未有的机遇。吉林市“历史文化名城”可供发掘的资源还相当丰富，在解决了现阶段问题的基础上，我们还将持续加强吉林市历史文化资源的整理与研究，为吉林市“历史文化名城”丰富资源的保护与利用及城市建设提供更多可行的对策建议。

参考文献

1. 《三国志》，中华书局，1982。
2. 《魏书》，中华书局，2017。
3. 《隋书》，中华书局，2017。
4. 《新唐书》，中华书局，1975。
5. 《金史》，中华书局，2016。
6. 《辽史》，中华书局，2017。
7. （清）李桂林总纂《吉林通志》，吉林师范学院古籍研究所整理，李澍田主点，吉林文史出版社，1986。
8. 吉林省文物志编委会编《吉林市市区文物志》，内部资料，1983。

9. 吉林省文物志编委会编《永吉县文物志》，内部资料，1983。
10. 吉林省文物志编委会编《吉林市郊区文物志》，内部资料，1984。
11. 吉林省文物志编委会编《舒兰县文物志》，内部资料，1985。
12. 吉林省文物志编委会编《桦甸县文物志》，内部资料，1986。
13. 吉林省文物志编委会编《蛟河县文物志》，内部资料，1986。
14. 吉林省文物志编委会编《磐石县文物志》，内部资料，1987。
15. 刘振华：《永吉杨屯遗址试掘简报》，《文物》1973 年第 8 期。
16. 金毓黻：《渤海国志长编・下编》，社会科学战线杂志社翻印。
17. 高士奇：《松漠纪闻续》，载李澍田主编《长白丛书（初集）》，吉林文史出版社，1986。
18. 衣保中：《中国东北农业史》，吉林文史出版社，1992。
19. 赵宾福：《东北石器时代考古》，吉林大学出版社，2003。
20. 佟冬主编《中国东北史》（第 2 卷），吉林文史出版社，2006。
21. 孙乃民主编《吉林通史》，吉林人民出版社，2008。
22. 董学增：《夫余史迹研究》，吉林文史出版社，2011。
23. 吉林市地方志编纂委员会编《吉林市简志》，吉林人民出版社，2011。
24. 梁玉多：《渤海国经济研究》，黑龙江大学出版社，2015。
25. 侯杏主编《松花江中上游流域文明之光：西团山文化文物精萃图论集》，吉林文史出版社，2016。
26. 马克主编《吉林经济通史》，吉林人民出版社，2017。
27. 吉林市文物管理委员会、永吉县星星哨水库：《永吉星星哨水库石棺墓及遗址调查》，《考古》1978 年第 3 期。
28. 吉林市博物馆：《吉林永吉县学古东山遗址试掘简报》，《考古》1981 年第 6 期。
29. 刘振华：《吉林桦甸西荒山屯青铜短剑墓》，《东北考古与历史》1982 年第 1 辑。
30. 庞志国、王国范：《吉林省汉代农业考古概述》，《农业考古》1983 年第 2 期。
31. 吉林市博物馆：《吉林市泡子沿前山遗址和墓葬》，《考古》1985 年第 6 期。
32. 吉林市博物馆：《吉林永吉杨屯大海猛遗址》，载《考古学集刊》第 5 集，中国社会科学出版社，1987。
33. 刘世民、舒世珍、李福山：《吉林永吉出土大豆炭化种子的初步鉴定》，《考古》1987 年第 4 期。
34. 刘景文：《西团山文化的农牧业发展探索》，《北方文物》1991 年第 2 期。
35. 吉林省文物考古研究所、吉林市博物馆：《吉林市猴石山遗址第二次发掘》，《考古学报》1993 年第 3 期。
36. 陈永祥：《蛟河新乡砖厂遗址调查》，《博物馆研究》1998 年第 3 期。
37. 陈全家、赵海龙、王法岗：《吉林桦甸仙人洞旧石器遗址 1993 年发掘报告》，《人类学学报》2007 年第 3 期。

38. 邵蔚风：《吉林市东团山遗址局部调查简报》，《博物馆研究》2001 年第 1 期。
39. 梁玉多：《关于渤海国经济生活的几个问题》，《学习与探索》2007 年第 3 期。
40. 梁玉多、辛巍：《勿吉的农业及相关问题研究》，《黑龙江社会科学》2012 年第 2 期。
41. 秦丽荣等：《吉林市龙潭山文化内涵新考》，《博物馆研究》2013 年第 2 期。
42. 秦丽荣、王丹：《吉林市名城建设与历史文化遗存保护研究》，载吴辉主编《春草集（二）——吉林省博物馆协会第二届学术讨论会论文集》，吉林人民出版社，2014。
43. 秦丽荣：《吉林省吉林市张作相官邸保护利用模式探讨》，《黑龙江史志》2019 年第 19 期。
44. 秦丽荣等：《吉林市历史文化遗存利用现状及其对策研究》，《博物馆研究》2015 年第 1 期。
45. 王蔚等：《海西女真乌拉部古城追踪》，《学理论》2015 年第 36 期。

G.15
延边朝鲜族民俗文化旅游对策分析

葛励闻*

摘　要： 改革开放四十年来，我国分六个阶段实现了从物质匮乏、缺衣少食的年代到经济发达、社会进步的现代化国家的转变，使近代以来久经磨难的中华民族迎来了从站起来、富起来到强起来的伟大飞跃，迎来了实现中华民族伟大复兴的光明前景。在物质生活极大丰富的今天，国家更加注重精神文明建设和文化保护，一个民族的文化遗产，承载着这个民族的认同感和自豪感。朝鲜族作为我国具有代表性的少数民族，在物质文化遗产和非物质文化遗产的保护和传承方面，始终紧跟国家政策和方向。在发展少数民族地区经济的道路上，一直在尝试和摸索，试图找到一条符合少数民族地区经济发展的独特道路。朝鲜族民俗文化旅游的发展一直是延边朝鲜族自治州发展经济的重要扶持方向，对非物质文化遗产的保护和传承，有利于延边地区朝鲜族发挥本土民俗文化旅游资源优势，发展本地特色经济。

关键词： 延边地区　朝鲜族　民俗文化　非物质文化遗产

一　民俗文化的定义

民俗文化，即传统文化，是指民间民众的风俗生活文化的统称，也泛指

* 葛励闻，吉林省社会科学院民族研究所助理研究员，研究方向为少数民族经济。

一个国家、民族、地区中集居的民众所创造、共享、传承的风俗生活习惯。民俗文化作为非物质文化的一种存在形式，既是社会意识形态之一，又是一种历史悠久的文化遗产。研究民俗事象和理论的学科被称为民俗学，它作为社会科学中的一门独立学科，与文化人类学、民族学、社会学、历史学等学科有着极其密切的亲缘关系，如考古学要借助民俗学揭开古代社会神秘的面纱，民俗学要借助考古学提供古代传承文化的实证。

我们通常将文化遗产在存在形态上分为“物质文化遗产”和“非物质文化遗产”，即“有形文化遗产”和“无形文化遗产”。2017 年 10 月 18 日，习近平总书记在党的十九大报告中指出，“要加强对文化遗产的保护和传承”，一瞬间拉近了普通人民群众与文化遗产的距离，让更多的人注意到我国各民族的文化遗产现状、保护工作进展及相关信息。我们对非物质文化遗产的界定，是近几年学术界颇有争议的问题。以往这个问题似乎并没有多少疑义，不是问题，因为在此之前，中国民俗学界或民间文化界一直在使用“民俗”“民俗文化”“民间文化”“民族民间文化”等概念来概述这种来自普通人民群众生产生活中所形成的非物质的东西。突然出现一个“非物质文化遗产”的学术名称，而且这一名词变得十分时髦，其实，非物质文化遗产就是指我们以往熟悉和研究的民间文化、民俗文化。因此，“非物质文化遗产”和“民俗”、“民间文化”的概念是可以互相置换的。

二　延边地区朝鲜族民俗分类

民俗文化的特点是具有传承性和变异性的，大多数的习俗是从远古时期就沿袭并传承下来的，至今仍为人们所接受和喜爱，正是表现了其传承性的特点。但所谓传承，也并非一成不变。随着时代的变迁和社会的进步，很多未能经受得住时间考验的民俗文化就会被淘汰，甚至彻底消失。余下那些经得住时间洗刷的，也会随着社会经济的发展和文化水平的提高而不断变化，这便体现了民俗文化的变异性。因此，任何民俗文化都会在传承中有所变异，在变异中寻求发展，这种传承与变异的统一，就是民俗文化的显著特点之一。朝鲜族作为一个性情温和的少数民族，居住在我国东北部，在吉林省、黑龙江省、辽宁省内都有分布，其中最具特色且聚居集中的是在吉林省内的延边朝鲜族自治州。因为地理位置特殊，与朝鲜接壤且毗邻韩国，因此，民族特点非常明显且独具特色。

（一）饮食

朝鲜族妇女是以智慧、勤劳、干净著称的，在他们的手中，任何蔬菜都可以通过腌制、泡制来制作出口感清爽、色香俱全的菜肴。其中，最为出名的应该就是朝鲜族的泡菜，如辣白菜、萝卜块、桔梗、苏子叶等。其中，辣白菜是代表性泡菜。18 世纪，白菜的种植和栽培技术普及到了朝鲜半岛，大白菜成了朝鲜族人每顿饭必不可少的美味菜肴。时至今日，延边朝鲜族的家庭主妇，仍然在沿袭一种民俗习惯，就是将制作泡菜的手艺精心传给家里的下一代女性，并将其作为一种神圣的传统文化来传承，还会将互赠泡菜和交流制作泡菜的经验和习惯作为邻里间社会交往、礼尚往来的沟通方式。朝鲜族的辣白菜泡菜入选了国家级非物质文化遗产，这项传统饮食项目的入选，标志着延边地区朝鲜族在饮食文化上的卓越造诣和传承精神。

1. 辣白菜

辣白菜制作工序很有讲究，要将一整棵白菜放在盐水里浸泡几分钟，捞出后放入大缸内整齐摆好并盖上盖子腌制一天。然后在这期间需要准备好腌制辣白菜的其他辅助材料。将萝卜均匀切丝放入大盆内，然后依次放入苹果梨泥、圆葱末、虾酱、酱油、鱼油、糖浆、辣椒面等辅助性材料，拌匀。大白菜腌制好后沥干，在根部对半切开，戴好手套，将辅料在每一片白菜叶上抹匀，确保均匀且易被吸收。然后层层码入缸中，在阴凉环境下贮存，三周左右即可食用。短期内口感酸甜可口、微辣清爽，长期食用不了也可用清水搓洗，洗掉酸味，然后切片，以制作辣白菜汤和辣白菜炒饭用。泡菜本就是经过时间沉淀、发酵而生的产物，因此不会因为时间的长短而担心食用安全的问题。

2. 石锅拌饭

古朝鲜有一种说法，朝鲜族人新年不能吃过夜饭，所以在每一年的最后一天晚上，人们要将当天剩下的饭菜放入盆中，加入简单的辣椒酱拌匀吃掉。随着时间的推移，现今的延边地区朝鲜族不仅将拌饭作为一项传统食物，更为其做了符合时代和人们喜好的改变。准备一个小石锅，四壁涂好香油，将大米饭放入铺好，再将炒好的蕨菜、菠菜、香菇、西葫芦、豆芽、牛肉末、桔梗放在米饭上，加入一勺辣椒酱，顶部放一颗半熟的煎蛋，再将石锅置于炉火之上温热焖制。在延边朝鲜族自治州，全州拌饭是最有名气的特色饮食之一。

3. 冷面

说到朝鲜族，人们最先想起的一定是它的冷面，这道清新爽口、酸甜适度的饮食，广受来自祖国各地的人们的喜爱，每到盛夏时节，延边地区的冷面店一定座无虚席，甚至有很多人宁愿排队等候，也要吃上一口。冷面，是延边地区本地人最爱的主食之一，它的制作方法简单，但也很讲究。将荞麦面条煮熟后捞出，用放入冰块的冷水搓洗，盛入碗中，加上牛肉片、鸡肉丸子、泡菜丝、西瓜片、苹果梨片、黄瓜丝、鸡蛋丝、辣椒粉和一颗煮鸡蛋，再浇上独特秘方制作的酸爽凉汤，味道极其鲜美，降暑宜人。

除此之外，还有诸如打糕、参鸡汤、九折坂韩定食、烤肉、炸酱面等美食深受各地游客的喜欢和追捧。朝鲜族丰富的饮食文化，是吸引各地游客的重要因素之一，香辣味美，给人一种酣畅淋漓的快感。

（二）娱乐

延边地区朝鲜族在一些重大节日会举办各种各样的游艺活动，在朝鲜族绚丽的文化遗产当中，民俗游艺始终占据着非常独特的位置，其种类可达300余种。这些游艺往往老少皆宜，简单易学，适合各大节日和家庭聚会时操作、玩耍。

1. 跳板

跳板，顾名思义，一个平衡点上支起一根长木板，左右两端分别站一个人，通过自身重量完成起跳和落下的动作，使得跳板两端此起彼落。在朝鲜族的传统娱乐项目中，跳板是姑娘们非常钟爱的，在很久以前，姑娘们都是穿着传统的朝鲜族裙子，站在跳板左右两端，随着跳板反弹的动力越大，姑娘被弹起的高度就会越高。这时，跳板的技巧就凸显出来了，有腾空而起，在空中做翻滚动作后落下的，也有双腿伸开，在空中做出“一字马”姿势落下的，各种动作和花样层出不穷。现在这项运动不仅深受姑娘们的喜爱，男孩子们也非常喜欢这项充满挑战和刺激的传统民俗娱乐项目。

2. 秋千

作为在2006年与朝鲜族跳板一同被载入第一批国家级非物质文化遗产名录的传统民俗娱乐项目秋千，也是深受大家喜爱并传承至今。荡秋千这项娱乐活动与跳板一样，是朝鲜族女性参加的体育运动。这项运动的特别之处在于，参与者不是坐在秋千上，而是站立在秋千上，然后随着身体的重量前后摇晃，高高跃起。很久以前，朝鲜族姑娘们喜欢浓妆艳抹，穿着传统服饰来玩，裙子前艳丽的飘带在秋千的来回荡漾下，在空中宛若美丽的蝴蝶，翩翩起舞。如果是荡秋千的大型比赛，会在空中高高悬挂起一面皮鼓，在众多观众的声声呐喊和加油助威声下，姑娘们会用力荡起脚下的秋千，试图荡得更高更远，然后用力踢一下皮鼓，皮鼓传来的咚咚声，一声声地激荡着观众的心，使现场气氛越来越热烈，踢响皮鼓次数最多的人，就是本次荡秋千比赛的冠军得主。

3. 摔跤

朝鲜族的摔跤运动拥有悠久的历史，从集安高句丽古墓壁画上绘制的场景中可以看出，在公元前4世纪甚至更早以前，朝鲜族已经开展了摔跤这项运动。朝鲜族摔跤运动最大的特点是，在右侧大腿和腰部需要缠绕用麻布或者白棉布制作的腿带，在比赛开始后，对阵双方需要一手握住腰带，一手握住腿带，身体前倾，右侧膝盖着地，左侧膝盖略微弯曲。在裁判员哨声响起时，对阵双方脖子会卡在对方的肩膀处，然后右腿用力站起，通过腿部和身体的技巧，手握腰带和腿带的力度转换，将对方摔倒在地，从而取得胜利。比赛结束后对阵双方需要鞠躬向对手表示谢意，并向观众致敬表示感谢。这是一项考验力气、技巧和智力的运动项目，很受朝鲜族男人们的喜爱。

（三）歌舞

朝鲜族是一个喜欢载歌载舞的充满活力和激情的少数民族。除了在一些重大节庆喜日，在日常生活中，也会因为欢乐的情绪而高声歌唱或翩翩起舞，总能给周围的人带来欢笑和能量。这种载歌载舞的民间习俗主要来源于朗朗上口且节奏鲜明的朝鲜族歌曲，以及简单利落、美丽动人的朝鲜族舞蹈。除 2009 年被列入联合国人类非物质文化遗产代表作名录的朝鲜族农乐舞，舞蹈类还有朝鲜族长鼓舞、朝鲜族鹤舞入选了第二批国家级非物质文化遗产名录。音乐方面有朝鲜族洞箫音乐、朝鲜族的传统音乐阿里郎，都前后入选了国家级非物质文化遗产名录。

（四）服饰

朝鲜族与众多少数民族一样，在民族服饰方面有其独特之美。尽管现代朝鲜族人不再将传统服饰在日常生活中穿戴，但每逢节庆日或重大节日，朝鲜族传统服装是必备服饰。朝鲜族服饰主要分为男性服饰、女性服饰和儿童服饰这三类。朝鲜族男性基本服饰以上衣和裤子为主体，外加各种冠帽，有时还会有长袍类等。朝鲜族女性基本服饰以短襟上衣和长裙为主，根据具体节日，出于礼仪需要，有时也会加穿周衣。男性的服饰多为素色，以此彰显沉稳内敛的风格。而传统女性服饰也以素色为主，但现代朝鲜族女性服饰则以色彩鲜明为特点，展现了朝鲜族女性勤劳能干、活泼开朗的独特风格。

以上简单列举了延边地区朝鲜族具有特色的民俗文化种类，在饮食、娱乐方式、歌舞、服饰上着重介绍了几项入选国家级非物质文化遗产名录的民俗文化，除此之外，还有民俗礼仪、节庆祭典等。

三　延边地区民俗文化旅游开发现状

（一）扶植建设项目展示基地

目前，延边朝鲜族自治州共有国家级非物质文化遗产名录 17 项，其中，朝鲜族“农乐舞”入选了联合国人类非物质文化遗产代表作名录，吉林省非物质文化遗产名录83项，延边州非物质文化遗产名录112项。在延边州小小的一方寸土上，承载着如此之多的非物质文化遗产，不仅体现着朝鲜族独具特色的民俗文化，更体现了朝鲜族人民对传统民俗文化的传承精神和当地政府对保护传统民俗文化的重视。被誉为象帽舞之乡的汪清县，有着洞箫之乡美誉的珲春市，以长鼓舞为特色的图们市和以伽倻琴著称的龙井市，均有项目特色展示点。延边州政府为保护这些具有特色的非物质文化遗产，积极为非遗传承建设传承基地，命名了农乐舞传承基地、朝鲜族乐器传习所等32个传承基地和17个项目展示点。这些具有特色的民俗文化项目，为前去参观游览的游客提供了参与学习的机会和场所。游客可以穿着朝鲜族特色服饰，向项目非遗传承人或接班人现场学习，这样既加强了游客的参与感，也加大了非遗项目的传播面和推广面。

（二）举办非物质文化遗产节日庆典

朝鲜族是一个勤劳勇敢、积极乐观，喜欢载歌载舞的民族，因此，延边州下辖的八个县市，每年都会借助文化遗产日的契机，在当地政府的鼓励和动员下，结合朝鲜族自身民俗文化特点，举办一些节日庆典活动。例如在和龙金达莱民俗村举办的“中国·和龙长白山金达莱国际文化旅游节”，这样一个分享朝鲜族美食、推广当地旅游资源的国际性文化旅游节，已经举办了十届。再如延边依兰镇举办的“延吉朝鲜族大酱节”“朝鲜族大酱博览会”，当地老百姓和游客之间可以互动体验酿大酱这项传统美食活动。每年8月如期而至的“中国图们江文化旅游节”就在与朝鲜隔江相望的图们江畔举办，大型朝鲜族歌舞表演往往吸引大批外县市和外省的游客前来参观。延边州龙井市东盛涌镇举办的“朝鲜族农夫节暨辣白菜文化旅游节”，体验腌制辣白菜这一传统民俗文化，互动交流。类似的民俗文化节日庆典还有很多，充分展现了延边地区朝鲜族对当地民俗文化的传承精神和传播理念。

四 延边地区朝鲜族民俗文化旅游资源优势

（一）地理位置独特

延边朝鲜族自治州地处我国东北地区，吉林省的边陲地带，与朝鲜陆路接壤，毗邻韩国，与日本隔海相望，是一个具有多元文化和丰富资源的小城。延边地区每年都有去往韩国、日本的大量劳务输出，因此，每年往返于中韩、中日、中朝之间的人员数量达几百万人次，这样一个地级城市与海外的往来人次在我国任何一个城市都算是很高的。也正是这样频繁的往来交流，让延边地区的文化开始向多元化发展，吸入了韩国、日本的前沿潮流模式，把更为流行的文化模式引入延边地区，使得这样一个边陲小城不仅不闭塞，在这里生活的人们反而思想开放、包容性强，追求更为前沿的潮流趋势，可以轻易接纳任何多元文化的加入。如此令人“匪夷所思”的思想潮流吸引了来自我国各地的青年游客，而古老的民俗文化传承又吸引着文化界的众多专家学者。拥有如此巨大差异的文化思想，使得这个边境小城充满神秘的气息。

被称为“东方第一村”的延边朝鲜族自治州的珲春防川，是地理位置独特的最佳代表。防川位于中朝和朝俄的界河图们江的日本海入海口，站在观景台向南眺望，可以“一眼望三国”，甚至有“鸡鸣闻三国，犬吠惊三疆，花开香四邻，笑语传三邦”的美誉。这里每年都迎来大批的游客，大家都被其独特的地理位置所吸引。

（二）饮食文化丰富

说到延边，最先被忆起的一定是它丰富的饮食文化。除了被载入非物质文化遗产名录的辣白菜，这里还有很多广受各地游客喜爱的美食。在炎热的夏日，一碗盛满冰碴儿的冷面是当地人最喜爱的食物，常常因为食客太多而需要在露天场地摆放餐桌，尽管如此，冷面店依然门庭若市。在三伏天，备受欢迎的除了冷面外，还有参鸡汤和补身汤。参鸡汤，顾名思义是将一只内部塞满糯米、大枣和人参的童子鸡放入石锅里熬汤，在炎炎夏日喝上一顿便是大汗淋漓，然而这道美食在这样的盛夏却有很多人去吃，因为在延边地区的朝鲜族人有一种“以热治热”的说法，就是说在最热的天气吃参鸡汤，可以把体内的热感通过流汗的方式得到释放，这样反而就不觉得热了。很多游客对于这样的吃法表示不理解，但是在延边地区当地还是有很多人会采用这样的方式来摆脱炎热，同时又能够达到进补的养生效果。补身汤其实是狗肉汤的另一种说法，虽然在现代社会越来越多的城市动物保护组织反对食用狗肉，但在包括延边在内的多个城市和地区，因其悠久的食用狗肉的历史，这道美食依然是很多食客的首选。除了上述代表性食物外，还有烤肉、烤鳗鱼、石锅拌饭、韩式生鱼片、打糕、凉豆面等。

（三）旅游资源多元

来到延边朝鲜族自治州不仅可以体验朝鲜族非物质文化遗产的传承魅力，而且还有丰富的周边旅游资源可以游玩。美丽的长白山，在旺季每天可以吸引数以万计的游客前去观赏，与之配套的还有滑雪场、温泉酒店等，使得来长白山游玩的旅客可以体验不同的娱乐休闲方式。汪清县的东北虎豹国家公园计划正在试点调研，近些年在天桥岭频繁出现野生东北虎、东北豹，多次被当地居民和路过车辆拍到，这样的情况使得当地政府非常重视，于是有了为保障东北虎豹野生生存环境，扩大圈地，恢复其野生栖息地的计划。因其特殊性，需要经过周密考量、实地调研等方式，最终以科学的方式有序落实。这样大规模的野生东北虎豹国家公园的建立，势必会吸引来更多的游客。夏天，长白山是游客踏足的重要景点。到了冬天，延边地区的冰雪文化依然魅力无限，除了老里克湖的冰雪奇缘外，还有一年一度的国际冰雪旅游节，中俄高山滑雪挑战赛、冰雕大赛、速度滑冰赛等都非常有趣，可以吸引大批南方游客。除了上述这些外，还有“小德川流，大德敦化”的敦化六鼎山。这里是5A级旅游景区，有悠久文明的佛教文化，沧桑传奇的渤海文化，源远流长的清始祖文化。这些丰富的周边文化旅游资源同样深受游客的喜爱和追捧。

（四）交通运输便利

以前到延边朝鲜族自治州旅行，很多人认为这样一个偏远的地区尽管有丰富的旅游资源，但交通不够便利，这会让很多人感到遗憾。但现在延边地区作为为数不多的交通便利的地级市，让很多人吃惊于它的交通枢纽体系。经过多年的努力，现在的延边地区交通便利，运输方式多样，有“三高一公”的交通方式提供给游客，“三高”，即高空（形象表述，借代航空业）、高铁、高速，“一公”，即城市公交，如此便利的交通运输方式可以解决游客的烦恼和后顾之忧。

五 对延边地区朝鲜族民俗文化旅游发展的相关建议

延边朝鲜族自治州的文化保留非常完好，它是我国仅有的拥有自己语言文字和语言文化的几个少数民族地区之一。走在延边的大街小巷可以发现，任何一个牌匾上都是朝鲜语在上，汉语在下，生活在这里的居民身份证上也有朝鲜文字的出现。如此具有少数民族民俗文化特点的少数民族地区，发展旅游业是其提升当地 GDP 和经济水平的最佳选择。在延边地区，没有重工业产业，这里较为成熟的是以服务业为代表的第三产业。因此，发展旅游产业，是较为实际且可行的方案。

一般发展少数民族地区的旅游业除了需要当地政府的大力扶持外，就是宣传方式和宣传力度的展现。延边朝鲜族自治州是一个地级城市，规模不大，人口不膨胀，因此，将自己做强，打造精品旅游项目是一个不错的选择。延边地区的朝鲜族非物质文化遗产保护相对完整且完好，因此政府除了为传承创造环境外，也可以出台相关政策，招商引资，将传统民俗文化打造成珍珠链式的产业模式。为招商引资而来的企业提供便利且优惠的发展条件，把延边州八大县市的独特民俗文化资源串联起来，让游客可以轻松方便地穿梭往来于各个景点，这样既解决了交通不便利的弊端和游客不能一次性体验多种民俗文化的缺憾，又可以使各民俗文化地区点与点之间串联起来，加强整体产业链的发展。

在不破坏大环境的情况下加大旅游资源开发，吸引游客和相关专家学者前往的另一最佳手段是宣传。现在的宣传手段大多是多媒体投放广告，如果制作水平不够精良，这样的投放模式无异于滥竽充数。科技发展到今天的最大好处是，可以改变生活。宣传方式的多样和投放的渠道变得不再单一。由当地政府牵线，可以联络 App 行业专家，为延边地区专门制作一款手机 App，里面可以就到延边地区的旅游线路、景点介绍、景点引导、美食推荐、游玩胜地等模式制作专区板块，使得使用该款 App 的游客可以清晰地一览延边地区的特色民俗文化旅游方式。这样的宣传方式更加适合于现代社会的青年游客群体，他们更喜欢用手机查询这样的方式来体验旅游胜地的独特之处。而中老年游客群体则更倾向于电视节目的介绍和宣传。因此，政府可以专项打造类似于“寻味顺德”这样的美食纪录片，来介绍和推广延边地区丰富的饮食文化资源，这样的宣传手段更吸引游客的注意。因为游客所到之处，率先注意到的一定是当地的美食，其次才是丰富的旅游资源。因此，以纪录片的方式在电视上加大宣传，是非常受欢迎和直接的手段。

综上，延边地区的朝鲜族民俗文化旅游资源非常丰富，交通极其便利，热情好客、淳朴且勤劳的民风是朝鲜族的民族特色。当地对非物质文化遗产的保护和传承都极为重视，但在民俗文化旅游资源的开发和发展上仍存在缺陷和不足，除了需要当地政府的大力扶持和宣传外，也需要各界专家学者的帮助和指导。发展少数民族地区经济一直是我国发展经济道路上最为重视的一环，习近平总书记曾说过，不能让任何一个少数民族地区掉队。因此，发展少数民族地区经济现已成为势在必行的一步，往往这样的地区都是自然资源丰富、历史悠久、民族特点鲜明、民俗文化丰富的地区，应当将这些优势更加扩大化，并且积极宣传和扶持。这样，才能真正发展起民族地区的经济。

参考文献

张伟国、郭春焱：《延边州全面推进非物质文化遗产保护传承工作》，《吉林日报》2017 年 12 月 8 日。

G.16

积极推进白城市鹤文化旅游的对策和建议

吴永华　郝菲菲*

摘　要： 近年来，白城市依托当地得天独厚的鹤资源优势，在树立白城市鹤文化旅游的整体形象上获得了长足发展，但白城市在积极推进鹤文化旅游的过程中仍存在鹤文化内涵挖掘不够，鹤文化具象化载体开发不足，鹤文化旅游宣传力度不大，“鹤乡白城”的吸引力不高等问题与困境。有鉴于此，建议因地制宜地制定详细的科学发展规划，充分发挥特色文化研究基地的作用，创新鹤文化具象化载体，多维度、多形式宣传鹤文化旅游，创新鹤文化旅游体验模式，始终把提升鹤文化内涵贯穿到旅游发展的全过程，实现鹤的观光型旅游与鹤文化旅游的深度结合，使鹤文化旅游成为白城市经济发展新的增长点。

关键词： 白城市　湿地资源　生态保护　鹤文化旅游

党的十八大以来，以习近平同志为核心的党中央高度重视文化和旅游工作。特别是由国家发改委等部门制定的《“十三五”文化旅游提升工程实施方案》，更是提出提高文化旅游发展质量和效益，切实保障广大人民

* 吴永华，吉林省社会科学院哲学与文化研究所副研究员，研究方向为马克思主义哲学；郝菲菲，吉林省社会科学院哲学与文化研究所研究实习员，研究方向为马克思主义哲学。

群众的基本文化权益，充分发挥文化旅游在促进地方经济社会发展等方面的积极作用。近年来，白城市依托当地丰富的历史文化资源、自然地理资源，通过编制文化旅游产业总体发展规划、培育六大文化旅游产品体系，积极推进文化旅游产业的发展。尤其是依托当地得天独厚的湿地资源和丹顶鹤资源优势，在打造“鹤乡白城”这一名片、树立白城市鹤文化旅游的整体形象上获得了长足发展。文化是旅游的灵魂，旅游是文化的重要载体，因此需要进一步把提升鹤文化内涵贯穿到旅游发展的全过程，实现鹤的观光型旅游与鹤文化旅游的深度结合，为白城市旅游经济的提振、旅游市场活力的激发提供深层动力，从而使鹤文化旅游成为白城市经济发展新的增长点。

一　白城市积极推进鹤文化旅游的重要意义

白城市的旅游和鹤文化二者是紧密联系在一起的。鹤文化是白城市旅游的内在灵魂，同时，白城市旅游的开发过程也是鹤文化传播和弘扬的过程。白城市鹤文化旅游对鹤文化的传播和旅游行业的发展具有重大意义。一方面，白城市鹤文化旅游能够使鹤文化深入人心，让更多的人了解白城，提高白城知名度；另一方面，白城市鹤文化旅游能够为经济的发展助力，带动整个白城市的经济社会发展。

（一）鹤文化旅游使鹤文化深入人心

鹤在经历从自然物到人格化到神话再到科学化的演变过程中形成了内涵丰富的鹤文化，其历史悠久，源远流长。人们寓鹤以吉祥、忠贞、长寿的内涵。鹤的这一文化象征通常体现在诗词、绘画、雕塑、工艺品、服饰、建筑等静态形式之中。以旅游为载体体现鹤文化是一种传播和弘扬鹤文化的动态形式。旅游以动态的形式宣传鹤文化，因其受众的人数众多、辐射的区域更广，使人们在湿地游玩中欣赏鹤的优美舞姿并真实地感受鹤的存在，激发人们了解鹤文化的好奇心和求知欲。鹤文化与旅游的融合有助于鹤文化的传播与弘扬：鹤文化旅游通过鹤以生动的形象呈现在人们的视野中，使人们领略鹤的灵动生命，体验鹤的文化之美，从而使鹤文化深入人心。

（二）鹤文化旅游促进白城市经济发展

旅游促进文化传承发展，文化促进旅游提质升级。文化与旅游的深度融合，形成具有文化内涵的旅游产业，是经济发展新的增长点。白城市通过开展鹤文化旅游，不仅能够转移周边农村的剩余劳动力，增加就业机会，缓解就业压力，增加居民收入，提升居民的生活水平，而且能够带动白城市的交通、餐饮、住宿、建筑等相关产业的发展，从而促进地区经济的整体发展。鹤以城名，城以鹤兴。以鹤文化旅游为依托，挖掘鹤文化旅游优势，生产鹤文化旅游产品，打造鹤文化旅游品牌，是白城市实现经济高质量发展的新引擎和新动力。

（三）鹤文化旅游彰显白城市城市魅力

一个城市的魅力不仅要靠优美的自然景观，更要靠特色的文化。鹤文化渗透在白城市的历史、文化、经济、社会、生态等各个领域，使得白城市这座城市与众不同，魅力独特。因此，鹤文化是白城市极富特色的城市主题文化，已成为白城市一张独具魅力的城市名片。白城市在城市建设中融入了鹤文化元素，将城市标志性建筑以及公共设施等变成了一个个特色鲜明的文化符号。同时，白城市深入挖掘鹤文化的内涵，整合鹤文化资源，打造向海和莫莫格两大自然保护区，举办精彩纷呈的鹤文化旅游品牌活动，依托鹤文化旅游塑造白城市良好的城市形象，彰显白城市独特的城市魅力。

（四）鹤文化旅游利于白城市生态保护

鹤文化旅游只有以生态环境的保护为红线才是一种可持续发展的旅游样态。向海和莫莫格两大自然保护区利用自然资源和科学技术优势，把鸟类繁殖和经济效益相结合，在保护区外围征用土地，建设人工湿地和人工园林，在美化旅游区景观的同时，还有效保护了生态环境。莫莫格自然保护区中的博物馆作为我国最大的湿地博物馆，是吉林省首家青少年生态体验教育基地，其功能之一就是培养青少年环境和生态保护的意识。白城市鹤文化旅游的开展始终恪守生态建设的使命，筑牢生态保护的意识，走了一条文化旅游、生态教育与环境保护三者相融合的发展新路。

二 白城市积极推进鹤文化旅游的优势与特色

（一）白城市鹤资源丰富

鹤种类繁多是白城市开展鹤文化旅游的基础和前提。众所周知，白城市是全国四大“鹤乡”之一。目前，全世界被誉为“湿地之神”的丹顶鹤仅有1500多只，而位于白城市通榆县境内的向海国家级自然保护区就有60多只。除了世界闻名的丹顶鹤之外，向海国家级自然保护区还有其他6种具有湿地生态环境质量指示性的鹤类，占全世界现有15种鹤类的40%。“向海舞鹤”2009年曾被评为“吉林八景”之一。白鹤是世界濒危物种，已被《世界自然保护联盟》（IUCN）列为极危（CR）级，截至2014年底，专家估计全球白鹤数量不过4000只。而每年白鹤迁徙季节都有超过3000只白鹤在白城市镇赉县境内的莫莫格国家级自然保护区停歇，最高数量达到3800多只，占整个种群的95%，莫莫格当之无愧地成为“白鹤驿站”。两大自然保护区扎实稳步推进鹤的自然繁殖、人工繁育、野外放归和保护救助等工作，为白城市的鹤文化旅游提供了丰富的自然资源基础。

（二）白城市鹤文化旅游初具规模

鹤因湿地而栖，湿地是鹤的家园，鹤文化与湿地文化密不可分。近年来，白城市始终把提升文化内涵贯穿到旅游发展的全过程，依托“湿地文化”着力打造以向海为龙头的向海—嫩江湾—莫莫格湿地生态文化旅游带，凸显了湿地文化、鹤文化与旅游融合发展的思路，初步形成了鹤文化旅游的格局。向海自然保护区所在通榆县的县委、县政府坚持高标准和前瞻性，完成《吉林向海生态旅游经济区旅游发展总体规划》及《吉林省通榆向海景区重点地块控制性详细规划》的编制工作；莫莫格自然保护区所在镇赉县的县委、县政府紧密结合县情实际，科学编制了《镇赉县旅游发展总体规划》。向海自然保护区加大资金投入力度，全面加快和提升基础设施建设；坚持精益求精，打造精品景区景点；坚持整合资源，规范旅游市场秩序，重新编撰导游词，制定服务标准化，不断健全服务体系。莫莫格自然保护区打白鹤牌、生态牌、湿地牌，着力推进旅游基础设施建设和旅游产品开发，深度挖掘旅游的文化内涵，打造湿地观光赏“鹤”的文化旅游线路。经过多年的开发建设，白城市鹤文化旅游已初具规模。

（三）“鹤乡白城”的知名度逐步提升

近年来，白城市始终牢牢把握“湿地风光、鹤乡白城”这一主题，努力树立“鹤乡白城”的整体形象，竭力把“鹤乡白城”这张城市名片推向全省全国乃至全世界。早在2005年，白城市借助国家邮政局发行《向海自然保护区》邮票的契机，举办了中国·白城湿地鹤乡文化旅游节。围绕“湿地风光、鹤乡白城”的主题，白城市宣传了其境内多种多样的旅游资源，初步打造了“鹤乡白城”的知名度和美誉度。从“十一五”到“十三五”，白城市依托向海和莫莫格自然保护区鹤资源优势，通过开展爱鸟周、大雁放飞节、中国·镇赉白鹤节等系列节庆活动以及专业观鸟、专业摄影等活动，在央视投放《湿地风光　鹤乡白城》宣传片和制作吉林·白城旅游宣传册，赴港澳、珠三角、长三角等地集中开展旅游宣传推广及学习交流活动，参加国内旅游交易会、博览会展示“鹤乡白城”的文化内涵等方式，不断提升“鹤乡白城”的城市形象。尤其2018年北京国际旅游博览会期间，白城市以“湿地鹤乡、生态白城”为主题，全方位展示了包括向海和莫莫格自然保护区在内的独特鹤旅游资源和湿地秀美景观，大力推介了向海、莫莫格等旅游资源产品及精品旅游线路。吉林旅游网、《白城日报》、白城旅游网、向海旅游景区微信微博公众平台等媒介刊发白城旅游信息，更是有效提升了“鹤乡白城”的知名度。

三　白城市积极推进鹤文化旅游的问题与困境

吉林省是我国东北欠发达地区省份之一，白城市又是吉林省西部欠发达地区。受制于地理位置、社会经济、历史文化等因素，白城市在积极推进鹤文化旅游时的问题与困境，集中表现在以下几个方面。

（一）长期停滞在鹤的观光型旅游上，尚未实现鹤的观光型旅游与鹤文化旅游的深度结合

向海和莫莫格两大自然保护区最具特色的旅游活动即鹤类观赏，人们首先在视觉上获得最直观的旅游体验。除此之外，向海自然保护区的宣教中心和莫莫格自然保护区的自然博物馆进一步提供了有关鹤的科学知识的宣传和普及服务。尽管如此，鹤文化的宣传和普及仍停留在科普的层面，鹤文化深刻内涵的挖掘尤显不足，鹤的观光型旅游与鹤文化旅游的深度结合尚无法实现。

（二）鹤文化具象化载体开发不足，鹤文化不够深入人心

白城市在鹤文化具象化载体的开发上取得了一定成就，以鹤命名的城市建筑、具有鹤文化特色的文创作品、鹤文化旅游纪念品等大量涌现。但是，城市建筑缺少鹤历史传说和形象设计；文创作品屈指可数，精品不多，耳熟能详的仅有微电影《鹤娃》、舞蹈《女孩与丹顶鹤》等；鹤文化纪念品种类单一、受众范围较窄，像向海自然保护区仅有 T 恤衫、雨伞、笔筒、钥匙链等纪念品。因此，“鹤”虽已成为有热度、有频度、有广度的词汇，但“鹤文化”却有待进一步深入人心。

（三）鹤文化旅游宣传力度有待强化，“鹤乡白城”的吸引力有待提升

文化旅游作为消费品，离不开品牌推广和宣传造势。而一提到鹤文化旅

游，人们首先想到的是齐齐哈尔市的扎龙国家级自然保护区。可见，白城市的鹤文化旅游品牌开发不足，旅游宣传造势不够。主要体现在：权威媒体介入不够，难以产生轰动效应；网络营销手段单一，信息更新不及时，内容缺少创意；旅游宣传思路单一，旅游宣传与全市对外宣传、文化交流等活动的融入程度不高；与周边地区的旅游合作有待加强，依托区域旅游经济共同体进行宣传的工作亟须推进。

四　特色文化旅游的域外经验借鉴

文化是旅游的灵魂，旅游若缺失了文化的维度，便丧失了精神内涵。以旅游彰显文化、以文化促进旅游，实现文化与旅游的融合已成必然趋势。目前，我国多省市特色文化旅游成绩斐然，成功经验非常值得学习和借鉴。

（一）雅安市熊猫文化旅游

雅安是世界上第一只大熊猫的科学发现地、命名地和模式标本产地，拥有世界上数量最多的野生大熊猫和圈养大熊猫，是世人公认的大熊猫故乡。在打造城市名片、传播熊猫文化上，雅安的办法和经验值得借鉴和参考。一是政府高瞻远瞩，科学制定了雅安市熊猫文化旅游的规划。为努力把雅安建成吸引力强、认知度高和接待服务良好的中国大熊猫文化国际旅游目的地，雅安市政府出台了《关于建设中国大熊猫文化国际旅游目的地的实施意见》。二是将熊猫元素融入城市建设中。雅安市建设了一批突出“熊猫元素”的文化景观，让熊猫元素走进市民的生活。如位于成雅高速北郊出口长 28 米、高 12 米的熊猫主体景墙，北二路高架桥熊猫彩绘，以大熊猫为主题的雕塑群和植物雕塑群，斑马线、公交车、出租车、垃圾桶、广告牌和路灯等城市公共设施的熊猫喷绘图案等。三是主题活动精彩纷呈，使熊猫文化深入人心。如雅安市举办以“传播熊猫文化”为主题的大熊猫书画展，鼓励并号召社会各界积极参与大熊猫文化的建设与传播；主办围绕大熊猫元素的熊猫灯会，融合春节这一传统节日的历史文化元素，传承雅安的传统文化；等等。四是宣传手段多元化，提升了雅安“熊猫故乡”的知名度。如雅安市推出全新的城市形象宣传片《美在雅安》；建立全球首个全面介绍大熊猫文化的专业性网站——中国熊猫网，作为推广熊猫文化的平台和窗口；参加“首届中国大熊猫国际文化周”，通过一系列以熊猫为主题的活动，努力展现雅安的熊猫文化；主办“中国·雅安国际熊猫·动物与自然”电影节，打造雅安“熊猫首都·生态天堂”这一城市名片；等等。雅安熊猫文化旅游的宣传在中国·大熊猫文化联盟的成立中达到顶峰。《弘扬熊猫文化　共建国家公园——中国·大熊猫文化联盟雅安宣言》的发布更是弘扬了大熊猫文化并助推了文旅的融合发展。

（二）洛阳市牡丹文化旅游

“唯有牡丹真国色，花开时节动京城。”作为十三朝古都的洛阳，有“千年帝都，牡丹花城”的美誉。1983 年，洛阳开始主办洛阳牡丹花会，2010 年，经国务院、国家文化部正式批准更名为“中国洛阳牡丹文化节”，借助这一融文化与旅游于一体的文化节，洛阳不仅展示了城市形象，更是走向了世界。其成功经验具有较好的借鉴意义：一是树立全域旅游思维。将牡丹文化旅游与龙门石窟、白马寺、关林、隋唐洛阳城国家遗址公园等景区的历史文化旅游相结合，与重渡沟、鸡冠洞、老君山、白云山、荆紫仙山、黛眉山等景区的生态旅游相结合。二是大力推行文化惠民政策，实现牡丹文化旅游的全民参与。洛阳市逐步完善了“旅游年票不受限、部分公园不收费、社会车辆不禁行、餐饮住宿控涨幅、环城高速豫 C 车辆免费通行”等惠民政策，2018 年新推行“文化消费有补贴”政策，不断增强市民的获得感和幸福感。三是高质量营销宣传。针对每一届的牡丹文化节，洛阳市旅游发展委员会早谋划、早部署、早准备，整合重点旅游宣传资源，投放洛阳旅游宣传片，与各大媒体网站深度合作。通过深度报道，为洛阳市一年一度的牡丹文化节营造声势，增强牡丹文化旅游的国际吸引力。四是创新文化旅游的体验模式。洛阳市打造了中国首部大型实景史诗剧——《武则天》，通过故事的演绎诠释武则天饱受争议的一生。该剧的演出不仅融入了诸多“洛阳元素”，而且真实再现了盛唐景象。作为综合文化旅游度假区的万安山国际郁金香花海集赏花、文娱与休闲于一体，增强了市民和游客的文化体验，成为洛阳旅游的新亮点。同时，洛邑古城景区的开放、夜赏牡丹活动以及众多明星的演唱会等无不为洛阳的牡丹文化旅游增添了新的体验模式。

（三）遵义市酒文化旅游

遵义市被誉为名酒之乡，“中国酒文化名城”，尤以茅台酒为最。遵义人民在悠久的历史长河中创造了“遵义酒文化”，依托积淀深厚、品格独特的酒文化，遵义的酒文化旅游成效显著。主要体现在：一是酒文化博物馆建设。博物馆不仅是历史的收藏者，更是文化的传播者。由茅台集团投资兴建的中国酒文化博物馆是世界上规模最大的博物馆，通过酒源馆、酒技馆、酒韵馆、酒俗馆、酒器馆、国酒茅台馆、规划展示馆以及名酒世界馆 8 个展馆，深度展现了中国的酒文化及其历史。二是抓住文化旅游发展机遇，以打造茅台工业旅游创新示范区为引领，大力建设像茅台古镇文化创业园、茅台镇酒文化展示体验区等酒文化旅游产业基地，打造像“印象茅台”文艺演出、茅台国酒文化主题展演项目“天酿”等酒文化旅游产品，实现文化与旅游的深度融合。三是借助贵州省旅游产业发展大会等活动，与业内人士、知名专家等开展关于酒文化旅游的高端对话，探索酒文化旅游发展的空间及机遇等问题，进而拓展遵义酒文化旅游的发展思路。四是以满足游客的个性化需求、增加其对酒文化的体验为目的，打造精品旅游线路、自驾游线路。

五　白城市积极推进鹤文化旅游的对策与建议

文化旅游的宗旨即努力形成以文化丰富旅游内涵、提升旅游层次，以旅游带动文化消费、促进文化传承发展的文化与旅游融合发展的新格局。以此为指导原则，借鉴省外文化旅游的成功经验，为扩大白城市鹤文化的影响力，推进“鹤乡白城”旅游的吸引力，提出如下建议。

（一）充分发挥特色文化研究基地的作用

白城师范学院作为白城市唯一一所本科院校，长期致力于西部特色文化研究，有着浓厚的学术积淀。2017 年底，吉林省社会科学院与白城师范学院合作，成立白城分院，下设四个研究基地，即西部草原文化研究基地、西部生态文明研究基地、西部特色文化研究基地、西部精准扶贫研究基地，更是为鹤文化内涵的深入挖掘提供了有力的智力支撑。白城市积极推进鹤文化旅游首先应发挥白城师范学院和吉林省社会科学院白城分院的优势，深度发掘鹤文化精髓，即依托《诗经》等典籍中关于鹤的记载、有关鹤的艺术品等，阐释鹤的象征意义，深化鹤文化内涵研究，从而为鹤文化旅游品牌的打造提供浓厚的文化底蕴。

（二）创新鹤文化具象化载体

鹤文化具象化载体是提升白城鹤的地位进而扩大白城“鹤乡”城市形象影响力的重要途径。建议白城市创新鹤文化具象化载体：一要将鹤文化融入城市建设中，使白城市具有鲜明的鹤文化个性形象；二要打造一批具有鹤文化特色的影视艺术作品、绘画摄影作品等文创产品；三要开发具有鹤文化特色的旅游产品。依托白城浓郁的地域特色、深厚的鹤文化和现代旅游消费等特点，开发集实用性、文化性和纪念性于一体的旅游产品。

（三）多维度、多形式宣传鹤文化旅游

从政府层面看，应拓宽旅游宣传思路，将旅游宣传融入全市对外宣传、文化交流等活动中；树立全域旅游思维，将鹤文化旅游与历史文化旅游、草原文化旅游、民俗文化旅游等相结合；加强区域旅游经济共同体的构建，积极推进旅游资源共享、活动互融、宣传互助；增强鹤文化与传统节日的对应关系，利用微博、微信等新媒体，扩大对鹤文化、鹤文化节及鹤文化旅游的宣传；及时高效地更新相关信息，扩大“鹤乡白城”的影响力，从而提升鹤文化旅游的吸引力。从社会层面看，剪纸、年画、布贴画、石雕等是白城

市人民群众喜闻乐见的民间艺术形式。通过这些民间艺术形式来表达鹤文化，使鹤文化的传播和民间艺术形式的传承相得益彰。

（四）创新鹤文化旅游体验模式

传统观光型旅游缺乏深度的体验性和感染力。由洛阳舜谛文化传播有限公司投资建设，由北京山水盛典策划，倾心打造了大型实景历史舞剧《武则天》，以武则天 14 岁入宫到 82 岁去世这一生作为故事主线，演绎武则天跌宕起伏的一生，表演融入舞蹈、华美服饰、原创音乐、LED 视频、激光、奇幻实景等演出形式，在一千多年前故事发生的实景地——洛阳上演，呈献给游客完美的深度文化体验。白城市不乏与鹤有关的故事、风土人情，如果赋予鹤文化旅游以生命力的话，不妨借鉴实景演出的全新旅游体验模式。

此外，发展鹤文化旅游需规划先行。政府作为推进文化旅游的主导力量，应结合本地实际，充分考虑发展鹤文化旅游的优势，因地制宜地进一步制定详细的科学发展规划，从而明确发展思路、目标任务、保障措施以及实施细则。同时，向海和莫莫格两大自然保护区，应努力争取省级、国家级各类项目支持，瞄准国家 5A 级景区标准加大鹤文化旅游的基础设施建设，为白城市鹤文化旅游的长足发展提供源源不断的动力。

G.17

桦甸旅游业创新发展的对策建议

贺柏平*

摘　要： 桦甸旅游业发展，要进一步解放思想，创新思维，更新观念，厘清思路，明确举措，充分依托桦甸市全域生态环境和休闲度假资源优势，做大生态旅游，提升乡村旅游，创新发展桦甸休闲旅游产业，切实提升旅游开发和建设管理水平，全面营造关注旅游、支持旅游、建设旅游的社会氛围，推动桦甸旅游产业迅速崛起。

关键词： 桦甸　生态旅游　旅游创新

创新在不同的历史时期，都被赋予了不同的历史责任与内涵；旅游创新必须承担起发展的阶段使命，担当起历史的责任，实现创新发展。从桦甸来看，旅游是有温度的，市场培育和消费正在升温；历史是有深度的，历史文化底蕴厚重；发展是有速度的，旅游作为新的支柱产业正在崛起。尽管如此，桦甸的旅游还有很大的提升空间，更需要创新发展。

一　桦甸旅游发展的机遇

党的十九大开启了新的时代，进入了“乡村振兴”与“文旅融合”元年，伴随着旅游业国际化、大众化、产融化、全域化的发展特征，旅游也进

* 贺柏平，长春大学旅游学院东北亚休闲经济研究中心研究员，研究方向为旅游经济。

入了全域旅游时代和大众旅游时代。中国的旅游业用短短的40年时间，走完了欧洲发达国家100年的发展历程。

（一）发展旅游产业意义重大

伴随旅游业的快速发展和迅速崛起，已经呈现出多种经济形态，可以说旅游是消费经济、假日经济、美丽经济、体验经济、分享经济。近年来，旅游业对国民经济的贡献度越来越大。国家统计部门数据显示，旅游对交通运输业增加值的拉动贡献超过80%，对住宿业增加值的贡献率在80%以上，对餐饮业贡献率超过60%，远高于交通运输、住宿及餐饮业对旅游业增加值的贡献率；对房地产的贡献率超过20%。吉林省旅游业增加值约占全省GDP的8.7%。旅游产业地位明显提升，国务院给旅游产业做出七大定位：旅游业是稳增长的重要引擎，调结构的重要突破口，惠民生的重要抓手，生态文明建设的重要支撑，繁荣文化的重要载体，对外交往的重要桥梁，五大幸福产业之首。旅游是在领跑整个幸福产业。中国在强大，旅游在发展，今天的旅游业已经成为拉动产业、扩大投资、促进消费的经济型产业，提升收入、拉动就业、幸福民生的综合型产业，降低消耗、美化环境、集约发展的生态型产业，传承文化、创意创新、重塑价值的文化型产业，旅游业的发展与经济繁荣、美丽中国、生态文明、文化强国战略都密不可分。

（二）发展旅游产业是大势所趋

趋势一：休闲化成为国家战略，进入产业时代。当下，旅游休闲进入寻常百姓家庭，已不再是少数人的奢侈品，成为人民群众的大众消费，中国也进入了大众旅游时代。在国家大力促进消费升级的一系列政策引导下，以旅游为代表的休闲经济发展势头迅猛，成为中国经济发展的新亮点和增长点。

趋势二："三渠道"成为中国旅游业发展的必由之路。当前旅游业已经渗透到相关产业的各个领域，逐步脱离了过去靠资源靠环境发展的传统模式，形象地说由过去的"二老"加"人造"，即吃老天爷饭、吃老祖宗饭及"人造景观"，已经向从产业的维度、市场的需求、要素的整合"三渠道"

方向转变，这已成为当下旅游开发的潮流和趋势。

趋势三：文化成为中国旅游业的核心竞争力。文化是旅游的灵魂，旅游是文化的载体。旅游就是文化进行时，旅游就是文化审美全过程。文化是旅游景区、产品、城市、目的地核心竞争力之所在。联合国教科文组织数据显示，世界文化遗产远远高于世界自然遗产。房地产等许多战略投资商转向投资文旅产业。

趋势四：乡村成为中国旅游业最活跃板块和新的增长极。在经济发展的初级阶段是农村人进城市，我们经历了农民工浩浩荡荡进城，在现代社会发展的中期阶段，促进城乡互动的这样一个时期。党中央实施乡村振兴战略，未来一定会是城市人走向农村，走向生态区，走向度假区，走向人民群众对美好生活的追逐和向往，落脚在更加适宜生存的地方。专家预测，未来30年，乡村将成为中国的奢侈品。预计有20%、约6000万的中产阶级涌向农村消费。太多的空心村、空巢村将成为都市人、白领、高知阶层改变生活环境和状态的时尚和追求，从而实现“我想在乡村有个家”的梦想。

这些新趋势，不仅为旅游业供给侧改革提出了目标，也给桦甸旅游创新发展指明了方向，更是桦甸旅游业发展的新机遇。

二　桦甸旅游发展优势和劣势

作为山水桦甸，发展旅游业的最大优势、最大亮点，关键和核心就在于优越的资源禀赋和良好的生态环境，这也是未来的发展潜力和增长点所在。

桦甸发展旅游从资源禀赋看有四大优势：一是纬度优势。桦甸地处北纬41°~45°，处于全球工业文明带、世界黄金玉米带上，最适宜避暑、滑雪、度假。二是气候优势。桦甸温润清爽、舒适度高，天赐“凉机”，吉林省是中国四大避暑区域资源和条件最好的省份，桦甸全市全域就是最大生态园、避暑山庄，适宜打造国家避暑中心。三是地域优势。物产丰富、品质优良的康养资源，地处世界长寿纬度带，适宜打造中国康养圣地。四是人文优势。乾隆东巡到桦甸，曾发出“仙境原来非梦幻，随风飘荡在人间”的感慨，肇大鸡山更是乾隆皇帝的祈福之地。

对比周边县市区的旅游业发展看桦甸的优势：一是政府重视有举措，编制了《桦甸全域旅游发展规划》，全面建设生态旅游新城；二是资源丰富有支撑，红石、肇大鸡山被评为国家3A级旅游景区，国家级文物保护单位就有2处；三是产品提升有空间，一批旅游大项目相继落地，一些景区有望进入国家A级旅游景区；四是转型创新有潜力，加快构建以旅游带动服务业繁荣发展的“431”产业新体系，旅游业成为重要的新兴产业。

但是也要清醒地看到不足，桦甸旅游概括起来是“六不缺六缺”：不缺资源，缺整合；不缺推广，缺新媒体营销；不缺景区，缺精品；不缺酒店，缺特色；不缺美食，缺精致；不缺特产，缺包装；核心是缺文化，关键是缺人才。桦甸旅游存在的问题和短板是：一是有资源，无整合。不缺好资源，缺的是如何将资源变现，缺的是整合的IP产品，串珠成链。二是有产品，无精品。3A级景区数量2家，美景多，但精品少，无4A级景区；缺“四必”（必游、必看、必食、必购）产品；新媒体营销手段欠缺，IP形象不鲜明，导致市场覆盖率和吸引力弱。三是有市场，无设施。旅游城市没有游客中心；旅游厕所标准低；不缺酒店，缺少美宿（特色酒店、主题酒店、乡村民宿）。四是有需求，无供给。缺美食（网红美食、主题餐饮）、美购（文创商品、农特产品）、美玩（户外运动、休闲娱乐等）等旅游新业态，连门票经济都没有，消费者有钱花不出去。这正是桦甸需要加快提升和补齐的短板，更是旅游业发展的主攻方向和突破重点。

三　桦甸旅游发展的思路与对策

旅游业作为消费服务经济，创新内容丰富，外延广阔。顺应新时代是创新的前提，传承文化是创新的基础，科学创新是其生命力所在。立足当前，前瞻未来，思考谋划创新，实现旅游转型，着重要解决好如何创新、如何提升和如何跨越的关键问题，这是当前桦甸市迫切需要思考和破局的重大课题。经过深入调研和综合分析，对桦甸旅游业发展提出如下建议。

（一）发展生态旅游：保护与开发并重

我们看到，桦甸的禀赋是有山有水，这只能代表有资源，禀赋优越；现有的产品是看山看水，说明旅游产品丰度不够。因此，迫切需要的创新是山水变现，将现有资源变产品，由产品变经济、变产业。

第一，科学认知，深度挖掘，最大化利用旅游资源。放眼全球，冰雪、森林与海洋被世界旅游组织认定为未来旅游业发展的三大重点资源。冰雪是资源，寒冷是优势，冰天雪地也是金山银山。冰雪是极具参与性、趣味性、刺激性的山地度假产品，特征是滞留时间长、重游率高、重复消费多。对冰雪我们需要有认知，冰雪并不是今天才有，亘古以来，下雪结冰。但是，过去都把冰雪当成了负担，现在却不一样了，冰天雪地也是金山银山，白雪换白银了，这就是新的认知和利用。桦甸除了海洋之外，其他都有，关键在于开发利用。特别是冰雪、森林旅游，这是得天独厚的资源禀赋，既可以打造雾凇自然奇观，又可以发展康养休闲旅游。

第二，适应市场，了解业态，把握投资方向。瞄准国家投资热点，未来5年将投资7万亿元支持乡村生态旅游发展。文化和旅游部最近发布《关于提升假日及高峰期旅游供给品质的指导意见》，明确着力开发11个旅游新业态，这是文旅部从政策端指明了下一步国家层面鼓励企业投资旅游的11个新风口。结合桦甸发展实际和市场需求，重点开发“文化体验游、乡村民宿游、休闲度假游、生态和谐游、研学知识游、康养体育游、自驾车房车游”等新业态，引进“智慧营地”“亲密花园”等旅游项目在桦甸落地，打造特色民宿、休闲娱乐、乡村生态度假产品体系。

第三，提升创新，综合开发，做大做强生态休闲产业。通过综合开发建设，健全生态旅游产品体系。全面实施“生态旅游精品”工程，依托优越的生态环境，开发建设绿色生态、乡村民宿、休闲度假产品，如生态景观：赏冰雪、观雾凇；生态乡居：生活方式新体验；生态度假：森林浴、泡温泉；生态科普：知识性、教育性；生态康养：森林康养、健康养生；生态种养：有机果蔬、生态肉禽等，丰富旅游产品的有效供给。围绕绿色森林，做好康养旅游大文章。创新和探索观光森林模式“森林+观光”、文化森林模式“森林+文化”、休闲森林模式“森林+休闲娱乐”、养生森林模式“森林+养生”、运动森林模式“森林+康体运动”、会议森林模式“森林+商务会议”、乡村森林模式“森林+新农村”、度假森林模式“森林+旅游地产”、创意森林模式“森林+创意文化产业”、泛森林模式“森林+泛林产业”等。

（二）创新开发模式：自然+文化

全国文化和旅游工作会议强调文旅融合，宜融则融，能融尽融。按照这样的思路，桦甸旅游要实现“三个加”，就是自然加文化、文化加创意、创意加创新。好的文旅产品应该是好看、想看、耐看、反复看的精品，追求的最高境界是“今天的精品，明天的文物，后天的遗产”。

桦甸旅游应该走怎样的开发道路？就是自然+文化。将山水生态与人文结合，按照“山水+人文、生态+历史、避暑+休闲、冰雪+运动、温泉+度假、乡村+民宿”的思路，一是打造自然景观与人文景观的天人合一，促进桦甸拥有的亚洲、东北最大的地下电站+水电文化、自然风光+桦甸精神（市树）融合发展；二是促进生态资源与历史文化的高度融合，深入挖掘大清王朝乾隆祭祖和祈福的皇族文化，寿山仙人洞2万多年前就有古人类了，这些都是国宝级的全国文保单位。围绕肇大鸡山+乾隆东巡、寿山仙人洞+旧石器时代人类洞穴遗址、苏密城+渤海文化、红石森林公园+抗联密营红色文化等方面，打造适应时代发展、市场需要的文旅精品。

（三）提升旅游产品：赋予文化内涵

当下，已经进入饥渴式休闲、浸入式体验的旅游时代，市场呼唤旅游新业态，迫切要求产品升级。旅游是以人为本的服务，产品要适应市场，更要适应旅游者需求。随着社会的进步和国民素质的提高，旅游者从第一代的盲目出游型、第二代的目的定向型，成长到第三代的文化追求型、第四代的精神享受型。桦甸相继开发的旅游产品，之所以留不住游客，关键是景区和产品缺乏文化底蕴和深度体验。怎样赋予更多的文化内涵，这是当前桦甸旅游亟待破局的问题。

第一，打造有灵魂的景区。景区的灵魂可以是一个人物、一种精神、一种文化，如以花木兰为核心的木兰景区，以中国精神为代表的八达岭长城，以吉林文化为标志的长白山景区。

第二，打造有温度的冰雪。近几年，吉林冰雪已经走向海内外，成为人们冬季旅游的首选和吉林旅游元素，重要的是来自我们创新营销方式，用“暖元素”推介“冷资源”，获得了巨大成功。我们用“七个暖暖的”来推介冰雪，阳光灿烂的雪景、不冻江岸的雾凇、温泉涌动的热流、雪上运动的激情、热闹闹的节日欢歌、火辣辣的关东风情、热乎乎的美食美酒，都是暖暖的，使“冷资源”变成“热经济”，白雪真正变成了白银。

第三，打造有故事的乡村，核心是让游客“看得见山、望得见水、记得住乡愁”。当下民宿成为乡村旅游的新热点。“小民宿、大产业，小民宿、大市场，小民宿、大联动”，发展乡村民宿，要坚持文化引领、乡村特色，绿色发展、保护优先，农民主体、大众消费，统筹兼顾、协调推进的基本原则，一要抓住地域文化这一灵魂和特色，去开发和改造一批集主题房间、特色餐饮，观光体验、农事体验，休闲娱乐、工艺研学，亲子课程、房车露营的民宿体验产品，促进乡村旅游提质升级。二要创新乡村、民宿旅游盈利模式，围绕餐饮、住宿、游乐、体验、服务、产业、加工、康乐休闲、手工制作、集体活动等去增加农民收入，让农民致富得实惠。

第四，开发有附加值的旅游商品。按照“地”（地域性、地方特色）、“新”（时代性、创新性）、“小”（便于携带）、“纪”（纪念性、文化内涵）、“土”（突出手工）、“美”（艺术价值、精巧包装）、“用”（实用）的研发思路，重点开发以桦树皮画、桦树汁酿酒、葡萄酒、金矿石工艺品、林蛙油、蜂蜜，特别是“可以喝的”大豆油等系列旅游商品，把产品定位为“高端——国礼，中端——专业，小众——个性，大众——市场”，通过打造“吉品”、参选、评奖，塑造桦甸旅游品牌和形象。

（四）创新宣传营销：特色＋差异

旅游业发展实践证明，差异就是资源，差异就是特色，差异产生吸引，努力做到“发现差异点——精准对标，找准引爆点——提升影响，关注点击率——流量为王”。最重要的是讲好桦甸故事，探索桦甸特色营销模式。

回顾一下旅游营销模式对比，早期营销：宣传基本靠嘴吼，营销基本靠腿走，好坏基本靠导游，卖票基本靠人手，交流基本靠喝酒，关系基本靠朋友。而现代营销：整合营销、品牌营销、形象营销、造势营销、节庆营销、让利营销、渠道营销、概念营销、争议营销、体验营销、会展营销、娱乐营销、名人营销、美丽营销，手段创新，不一而足。新时代旅游营销，创新思维、发散思维、逆向思维，需要的是稀奇古怪出思路，吹毛求疵抠细节，倒行逆施谋创新，选准切入点、落脚点，坚持小题大做、偏题正做，虚题实做、远题近做，洋题中做、中题洋做。桦甸旅游宣传要围绕“桦林有情，野甸藏金”“白桦之恋，醉美桦甸”“休闲桦甸，生态新城”“一江秀水，三湖联珠”“百里白桦，万山红叶”等旅游特色，去塑造中国林蛙之乡、中国最美摄影地、中国最美雾凇雪城、国家避暑中心的旅游城市品牌和形象。

（五）提高旅游服务：诚信＋品质

随着旅游产业的升级，休闲度假已经成为主导方向，现在国内旅游散客比例超过90%，出境旅游散客比例超过70%。与此同时，旅游需求多元化、个性化特征更加突出，游客突破原有旅游线路的限制，更广泛地进入目的地居民的公共生活空间。根据中国旅游研究院对吉林省游客满意度调查结果，需要吉林省高度重视游客反映的几个突出问题：改善环境卫生和服务卫生，增加景区数量和提升景区质量，改善游客交通服务，加强客流管理，提升服务态度以及降低旅游价格等。这就要求我们必须提供更为完善高效的公共服务体系和更具诚信度和满意度的保障体系。

一是创意驱动旅游创新。旅游是创意产业，创新来源于创意，创意是活的创新。创意让旅游更丰富，科技让旅游更精彩，融合让旅游更广阔。好的创意，能够创新产品和服务内容，“博人眼球、让人注目、令人叫绝、教人赞叹、引人入胜”，可以激发和调动广大游客的“猎奇心态、享受心理、礼遇心情”，实现“好山好水好心情”，做到“出奇、出彩、出色、出体验、出一种全新的享受”。可以说，好的创意产品、优质的服务配套，就会给人们一个热爱旅游的理由，给一个想走就走的冲动，给一个留在这里的徘徊，给一个下次再来的期盼。随着旅游与文创、旅游与互联网、旅游与大数据乃至人工智能的相互促进，将会不断催生出新的产品和服务，改善供给质量，调动内需潜力。

二是用诚信打造企业品牌。诚信和品质是旅游业提升发展之基。旅游的初级产品，低质服务的日子走到了尽头，一去不复返，只有诚信度才能赢来满意度。

三是让服务细节决定一切。世界最好的酒店——泰国东方大饭店，以做服务细节享誉全球，可以记住客人喜好、生活习性，包括生日等种种细节；我国三亚的丽思卡尔顿酒店，专设“天使丽人”岗位为客人制造浪漫，提供私人定制的特殊服务；长白山景区创新“两个8分钟”服务标准，游客有困难，做到8分钟内赶到现场处置，旅游厕所8分钟保洁，游客好评如潮；吉林市一家乌拉火锅店很地道，居然做到了“汤无沫、碳无灰、肉无水”，品质保证，誉满全城。

四是培育和打造工匠精神。精品不是奢华，而是效率、个性、便捷、舒适和文化。精品出于严谨，旅游必须追求品质，努力打造更多的精品景区、精品酒店、精品娱乐、精品设施和精品服务。敦化六鼎山为做好景区细节，上房揭瓦，精益求精，硬是做出了东北人5A级的文化旅游精品。九台庙香山滑雪场创造出精品化开发、精致化建设、精细化管理的“三精”企业发展模式。集安、敦化、二道白河创建国家级全域旅游示范区，精心培育和打造出旅游目的地“十二色”，即看有绝色、玩有喜色，住有暖色、吃有绿色，买有特色、疗有起色，行有个色、说有亮色，学有真色、拜有灵色，享有本色、记有颜色。

五是坚持专业人干专业事。旅游发展必然强调专业人才的作用。专家的作用是政府和企业不能替代的。他们直接作用于旅游业的核心要素，包括旅游产业规划人才、产业管理人才及旅游服务的直接提供者。这部分人在拥有旅游发展思想之余还必须兼备旅游业相关专业技能。

六是以企业文化铸就优秀团队。市场是企业的镜子，员工是经理的影子。打造“狼”性团队，成为越来越多企业的建设目标。要注重狼性文化中的人性化管理：一个好的企业不仅仅应该具备好的制度，还要注重人文情怀，要具备足够的人情味，才能培养员工的忠诚度和归属感。一个好的团队应该分工协作，要建立其超强的群体意识，培养团队行动的企业文化。实践表明，好的企业像一个家庭，和睦共处，互帮互助；像一支军队，纪律严明，作风硬朗；像一所学校，终身学习，永不毕业。好的员工要具有忠诚、执行、创新能力和素质，具体说就是岗位能操作，市场会营销；心中有谋划，善于做计划；对内能配合，对外会协调。

（六）借鉴各地经验：改革 + 创新

近年来，各地发展旅游业的实践证明，党委统领、政府主导是决定性因素和直接推动力，关键在于决心、力度、思路、超常规举措，最佳机制是由部门推动变为党政统筹。各地发展旅游业的成功案例有，吉林“吉林行、四季行，假日吉林”，旅游宣传和节庆活动做得有声有色；通化“IP 打造，品牌先行，魅力通化”，通过中央电视台主流媒体在全国产生旅游城市影响力和美誉度；集安通过“集安发展一切围着旅游干”，形成快速旅游业发展的“集安模式”；敦化“所有行业、部门都要为旅游发展办好实事”，成为合力发展旅游的“敦化现象”；抚松创新旅游改革，率先实行“3 + X”综合执法新机制。此外，一些地方发展旅游业的经验也可资借鉴，如延边州全面实施“旅游兴州”战略，长白山管委会打造“旅游城镇化、城镇景区化、景区国际化”新模式，大安市以创建5A级景区引领全城旅游发展，图们市扩大沿边地区开发开放，全力建设“中国图们—朝鲜南阳跨境旅游合作区”。

G.18
叶赫历史文化旅游资源的开发与利用

李雨桐*

摘　要： 历史文化是中华民族最为重要的特征之一，同时也是一个民族生命力、创造力、凝聚力以及综合实力的重要体现。精准开发与有效利用历史文化资源，使之与旅游业的发展相映生辉，是叶赫地区发展的关键，且极具挑战性。依靠叶赫历史文化旅游开发的基点，制定“打造特色，立体发展”“科学规划，系统开发”的发展规划，使叶赫历史文化旅游快速、持续、健康发展，是叶赫地区实现永续发展的重要途径。

关键词： 叶赫地区　历史文化　旅游资源

中国地大物博，旅游资源十分丰富。20 世纪末期，国家层面密切关注具有特色文化的古城镇的发展。国务院于 2008 年颁布了《历史文化名城名镇名村保护条例》，以专项行政法规的形式把历史文化名镇名村纳入文化遗产保护范围，意在强化历史文化资源的管理与保护，使中华民族优秀的历史文化遗产得到有效传承。借此，全国各地名城名镇名村凭借各自独有的吸引力，招徕世界各地的访者，传播与展现它们悠久的历史文化与秀美的田园风光。叶赫是中国历史名镇，开发和利用叶赫地区历史文化旅游资源，需要开辟出适合叶赫自身发展的道路，即打造特色，立体发展；科学规划，系统开发。

* 李雨桐，吉林省社会科学院历史研究所助理研究员，研究方向为东北区域史。

一　叶赫历史文化资源现状

叶赫地处四平市区东南约30千米的铁东区境内，是满族重要的发祥地之一，是吉林省重点民俗旅游区。叶赫地处半山区，山川秀美。转山湖静水环山，长松绕岭，是国家林业局命名的100个天然森林公园之一。1958年2月设立叶赫乡。1958年10月属“石岭公社”辖，为叶赫管理区。1961年5月设立“叶赫公社”，1980年改称“叶赫满族公社”，1983年改称“叶赫满族乡”，1986年建镇。

叶赫地区有著名的历史遗迹——叶赫古城，位于叶赫满族自治乡境内，据考证，距今已有400余年的历史，为明代海西女真人所建叶赫国首府。明代后期有大量的女真人生活在东北地区，随着发展逐渐形成以地域划分的三个部分：居住在今辽宁东部山区的被称为“建州女真”；在今辽宁北部和吉林东南部的被称为“海西女真”，因包括叶赫、乌拉、辉发、哈达四个部落，也被称为“扈伦四部”；居住在今吉林北部和黑龙江东部广大地区的则被称为“东海女真”或“野人女真”。三部分女真人中，建州女真与海西女真生产力发展水平较高，除传统的渔猎采集经济外，还出现了定居的农耕经济。1406年，海西女真叶赫部从呼兰河迁至伊通河流域，经八代贝勒的不懈努力，势力日渐强大，部落中心移至叶赫，在叶赫河畔相继建三处王城。第九代贝勒清加砮、扬吉砮兄弟当政时，称“叶赫国”，古城址至今仍依稀可见。叶赫古城是满族文化的重要遗产，是省级重点文物保护单位。它凭借独特的魅力，一直受到各界人士的关注与青睐，是远近闻名的旅游胜地。在转山湖东山上新建的“叶赫那拉城”，再现了昔日古城的风采，登上高城，尽可领略古叶赫部落的壮美。

二　叶赫历史文化旅游开发的基点

叶赫满族镇区位条件优越，历史文化旅游潜在资源丰富且独具特色，可供发展的宣传点很多，需要寻找到最有代表性、最具特色、独一无二的“IP”作为基点，这样地区的发展及规划才有空间做大做强。

（一）叶赫古城

叶赫在最繁盛时，有15部、12大姓、28座城寨，地广兵强，曾称霸一方，当时王城有东城、西城和商坚府城。

东城位于今梨树县叶赫乡叶赫村西屯西南寇河（古称叶赫河）左岸一高岗上，城址保存完整。该处城址中部地势偏高，有一处矩形建筑遗址，极有可能为部落首领的居所。城垣总长900米，东、西各设城门一座。东门现有一处宽18米的缺口，西门现存上宽15米、下宽仅可容身的豁口。西门外两侧有瓮城，残墙各长20米。城内台基、遗迹较多，有两座东西并列的圆形土台，与东南墙外的土台相对，当地人称之为烽火台。

西城位于叶赫乡张家村大窝堡屯东南方，其南300米为寇河，建于一山丘上，依山势而筑，分为内城和外城。内城有三座城门，中部有一处长150米的东西向隔墙，将内城分为南北两部分；外城形状极不规则，城墙随山势经过城西的开阔地带向南延伸150米，建于内城的东面与北面。西城因依山而建，又分内城与外城，故地形复杂，易守难攻。

商坚府城，又称珊延沃赫城，即白石山城，叶赫部酋长褚孔革第三子尼雅尼雅喀（又称“捏尼哈”或“捏哈”）所建，是尼雅尼雅喀及其子孙延柱、南太、速巴亥等人的居所。因靠近镇北关，明代人又称其为“北关”。明代女真诸部落因远居松花江、黑龙江和图们江流域，该城为其通往开原马市榷场提供驿馆和中介服务，从中“获居停主人”之利，故称商坚府城。古城平面呈长方形，分为内城和外城。内城有两重城垣，周长640米，在西墙北面有一处城门；外城依山而筑，周长1800米，城内有多处历史遗物。

三处古城址均位于四平市铁东区叶赫满族镇西部老爷庙村附近，呈三角形分布。古城均依山傍水，共扼女真诸部通往开原马市的山间通道。叶赫古城是满族重要的文化遗产，为叶赫国一道坚固的屏障。叶赫古城是当年叶赫政治与军事的中心，曾繁盛一时。而今，受岁月的洗礼，叶赫古城的壮美已逝去，只有遗址尚存。1982 年叶赫古城成为吉林省第二批文物保护单位。

（二）叶赫驿站

清初在东北设有两条主要驿站，其中就有一条途经叶赫。叶赫驿站是康熙东巡时设置的吉林八大驿站之一。驿站的设置具有抗拒沙俄的军事意义，加强了清廷与东北部边陲的联系。

根据文献记载，自今叶赫乡南端，越石岭乡，与伊通县相接连长达百里的驿道上，仅设叶赫站。因当时每站间距甚远，驿马中途往往倒毙，故添设杨木林、英额堡、石岭驿站。叶赫驿站位于叶赫乡所在地西 150 米的叶赫河南岸。

叶赫至石岭的这条驿道，就是“由茂兴站南入吉林之伯都讷站，通过吉林驿路，入山海关”的驿道的其中一段，民间称之为“御路”。这条驿道专供兵司奉公驰驿用，普通的行人及商贩禁止往来。据当地老者介绍，当年凡遇有紧急公文传递，跑报之人在驿站换马后继续赶路，同一道公文的传报不准换人，驿站主要负责饲养专供替换的马匹。

清朝初年，对驿站的管理严密至极。各站内设关防公所 1 处，关防笔帖式 1 员，关防领催 1 名，大站设壮丁 25 名至 50 名，小站设壮丁 10 名至 15 名。这些人员，自耕自食，主要职责是传递文书。可以根据这些史料记载，还原叶赫驿站当年的盛景，以此作为叶赫地区旅游发展的立足点，也可成为对外传播的信息点之一。

（三）皇后故里

叶赫是女真最古老的氏族部落之一，因其是清初孝慈高皇后的出生地和清末慈禧太后、隆裕皇后的祖籍地，素有“皇后故里、凤祥之地”的美誉。

1575 年，叶赫贝勒扬吉砮之女孟古格格在叶赫东城出生。14 年后，她走出王城远嫁建州，成为努尔哈赤的福晋。她端庄秀丽，秀外慧中，器量宽宏，深受努尔哈赤的宠爱，诞育了清朝一代皇帝皇太极，母凭子贵，成为大清第一国母——孝慈高皇后。两百多年后，清朝末期，叶赫那拉氏另一位女人进入清王朝权力的核心，她才貌兼备，颇有心计，精通权术，垂帘听政，执掌大权48载，她就是慈禧太后。慈禧太后的侄女隆裕太后再次垂帘听政三年，并于1912年2月22日签发了清帝退位的诏书。

就叶赫特色优势来说，“皇后故里”是我们发展旅游时应该打造的宣传点之一，也是其他地区无法匹敌的旅游发展的立足点。

结合叶赫的历史与传说，我们可以规划出以“叶赫古城”“叶赫驿站”“皇后故里”为特色的文化标志，以文化传播为导向，发挥地域优势，合理规划，力求长足发展。

三　叶赫历史文化旅游开发的影响因素

重视优势资源的提升，忽视劣势资源的发掘，这是目前我国区域经济发展面临的主要问题。叶赫地区的历史文化旅游资源，若仅依靠优势资源单一发展，终将导致“昙花一现”的局面，无法形成联动的区位可持续发展效应。如图1所示，叶赫历史文化旅游资源的开发受到主观和客观两方面因素的制约。因此，叶赫历史文化旅游资源的开发要突破既有的范式，从劣势资源中寻找到适合的发展对策，资源的开发才会取得成功，从而实现资源的有效利用与可持续发展。

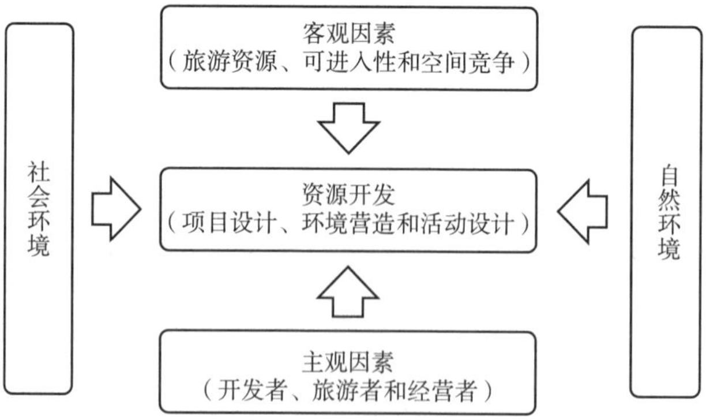

图1　叶赫历史文化旅游资源开发的制约因素

资源开发的主观因素是指人为因素，主要包括开发者、旅游者和经营者等。开发者涉及资源规划者、地方政府、开发企业和当地社区居民等。旅游者就是旅游消费者，它与资源衍生的产品及服务都有着紧密的联系。经营者则对资源利用的周期与收益产生直接作用。旅游资源、可进入性、空间竞争以及区域环境等是影响资源开发的客观因素。这些客观因素也极其重要，它们直接关系到被开发的资源是否具有吸引力、发展的潜力和竞争力。区域环境包括自然环境和社会环境，它则关系到旅游资源吸引力的强弱。

（一）旅游资源

叶赫地区历史悠久，文化资源丰富。但是，历史文化资源只是资源开发的“原材料”。只有将资源优势经过开发转化为产品优势，才能进而获得经济效益。叶赫旅游资源的质量和品位制约着该地区资源的开发与利用。资源的价值越大，其形成高品质历史文化旅游区的空间就越大。资源的规模及地域组合制约着衍生产品的类型和空间结构，资源的属性也决定了资源开发的方向以及能否达到垄断性的优势地位。并且，旅游资源的调查和评价是旅游产品开发的前提条件，产品的策划必须以旅游资源为基础，策划的产品应该是资源特色在逻辑上的必然延伸。产品策划过程就是不断发现旅游资源价值、挖掘特色旅游资源的过程。

（二）可进入性

旅游资源属于异地消费资源，具有不可转移性的特点。可进入性是指旅游者进入和离开旅游地的便利性和通畅性。叶赫满族镇隶属四平市铁东区管辖，地理位置和主要交通设施的状况直接影响着资源的有效利用。“叶赫古城”“叶赫驿站”等旅游资源具有不可转移性，并且现有的可供旅游者进入和离开的便利性和通畅性还不够完善。这就极大地制约了旅游资源的质量，进而影响旅游产品的销售。除此之外，政策环境、高速公路收费站的设置等同样对进入叶赫地区进行历史文化资源探索构成影响。

（三）空间竞争

空间竞争是由多个旅游资源衍生品在同一区域内出现而引起的。空间竞争一旦形成，各基点凭借自身的吸引力会出现此消彼长的态势，互相牵动。叶赫地区已有的“叶赫古城”“叶赫驿站”“皇后故里”资源开发基点，历史文化特色鲜明，辨识度高。由于同一类旅游资源还存在可替代性和不可替代性的区别，因此新的资源开发需要规避已有产品的优势，走出空间替代发展的阴影区，变竞争为“共赢”，实现资源互补互惠。

（四）旅游者

旅游者是资源开发过程中必须考虑的重要因素之一。只有充分考虑旅游者的属性和行为，历史文化旅游资源的开发才能有广阔的市场前景。进入叶赫地区旅游者的性别、国籍、年龄、职业、旅游时间、消费水平等直接影响该地区旅游业的发展。旅游者不仅受自然季节变化和区域天气的影响，而且受节假日的深刻影响。叶赫地区旅游资源历史文化特点鲜明，旅游者的职业、教育程度等社会特征以及兴趣、性格等心理特征都要求旅游资源开发的目标要有个性化特点。如果忽略旅游者行为的差异性，旅游资源体系的构建就会过分单一、刻板，并且缺少竞争力。

（五）开发者

旅游资源的开发者包括规划者、地方政府、开发企业和当地社区居民等。地方政府开发的立足点是旅游资源的基础设施建设、增强可进入性等；当地居民和开发企业提供住宿、餐饮和商品等服务及设施；而规划者则要充分考虑资源特色，结合市场需求，合理规划布局，发挥创造性思维优势，通过规划统一协调各开发主体之间的行为关系。叶赫地区历史文化旅游资源的开发包括主体定位、空间结构、类型组合、项目选址、线路组合等，都直接影响着资源的利用率与旅游业的可持续发展，因此，合理规划与综合开发至关重要。

（六）经营者

叶赫地区旅游资源的经营者，主要是景区管理者和旅行社。通过充分及时地利用旅游信息资源，合理调动各方人力、物力和财力，优化旅游生产经营活动，其目的就是获取最大经济效益。经营者在资源开发中必然要考虑旅游者的利益，但其自身利润的最大化是放在第一位的。所以，经营者也是影响叶赫地区资源开发的重要因素。

（七）区域环境

区域环境包括经济环境、自然环境和社会环境。区域经济环境的好坏直接关系旅游资源开发的门槛和类型。如果区域经济环境好，则区域内的出游率就高。另外，自然环境与社会环境也直接影响着地区旅游资源的吸引力和竞争力。叶赫地区“叶赫古城”“叶赫驿站”“皇后故里”等资源本身对旅游者具有极大的吸引力，但更大程度上是依赖于区域内的自然环境和社会环境，如社区居民的友好态度、优美的环境，以及安全、卫生、便捷的交通等。区域环境的优良与否一定程度上决定资源能否被充分开发与利用。现今，人们更加注重区域环境带来的直观体验。开发者根据区域环境决定开发的程度和规模，旅游者根据区域环境决定是否回访及二次消费。因此，区域环境是决定叶赫地区旅游资源能否持续发展的关键条件。

四　叶赫历史文化旅游开发的对策建议

（一）打造特色，立体发展

旅游事业的开发离不开地域文化的打造，叶赫地区的发展要以历史文化为中心打造旅游品牌。同时，还要把叶赫地区的历史与现实联系起来，与叶赫地区的发展联系起来，使历史文化与东北的地域文化相融合，还要将历史古迹与自然风光结合起来，形成立体化的旅游区。这就需要叶赫地区在旅游发展规划上统筹兼顾，协调发展。

首先是“食、住、行”。饮食文化要与叶赫文化、东北饮食风味相结合，吸引以休闲娱乐或周末消遣为主的周边游客，住房也要体现叶赫民俗的特点。同时，健全周边公路网，保证游客沿途游览便捷。环境建设要综合利用现有资源补齐短板，确保全方位、立体化统筹设计、施工，实现环境建设与城镇发展的和谐统一。其次是“游、购、娱”。游客来到叶赫的初衷是探索叶赫的神秘，这就需要叶赫人要讲好“叶赫故事”。各项展览尽量做到图文并茂，最好有遗址、遗迹、文物再现等内容。商品的打造可以丰富多彩，满足不同人群的需要，如体现叶赫满族文化的纪念品、农家乐采摘园等。娱乐活动也要体现叶赫特色，包括音乐、舞蹈、歌曲、服装等。最后，要根据东北地区四季分明的特点，打造春夏秋冬不同季节的旅游特色。春季的花草，夏季的清凉，秋季的缤纷，冬季的冰雪，都是优良的旅游资源。总之，花草树木、亭台楼阁、风土人情，都是可以通过精心设计而创造出特色的旅游品牌。

2009 年 7 月吉林省四平市铁东区委、区政府首次举办的“中国叶赫满族民俗旅游节”，就是以展现叶赫文化底蕴和民俗特色的旅游类节庆活动。旅游节期间，除满族歌舞晚会、铁东经济发展高峰论坛、乡村旅游座谈、魅力叶赫摄影大赛等文化活动外，还有丰富多彩的体育健身活动。市民和游客都可以参与其中，体验当地民俗风情，让广大游客享受在叶赫满族镇旅游休闲的乐趣。此后，旅游节每年一届，可以在此基础上更加丰富旅游节的内容，充分发挥优势项目，将旅游板块做大做强。

叶赫地区旅游产业的发展，必须依靠独特的民族文化和地域特点，将特色食品、特色舞蹈、特色温泉、特色采摘、特色节日等作为旅游发展的辅助力量，“一沙一世界，一花一天堂”，让叶赫地区的一草一木都凝结着叶赫的文化，一屋一瓦都蕴含着叶赫人的足迹。

（二）科学规划，系统开发

旅游产业的发展，规划必须先行，要确保发展的科学性。这需要各领域的专家组成智囊团，把叶赫地区旅游产业中长期发展规划制定出来，并通过法律法规加以确定，然后按照旅游发展规划的要求结合现有财力逐步落实。旅游发展规划一旦确定，必须严格按照规划进行建设开发，不能因为财力不足而缩减投入，进而削弱预期效果，更不能因领导更替而扰乱规划。为了保障规划的严肃性，一是要做到政府主导，打造旅游环境。政府要统筹资源配置，以叶赫文化为中心进行开发建设。同时要保护好现存的“叶赫古城”“康熙井”等历史遗址，确保叶赫文化保护与经济发展有机结合起来，在保护中利用，在利用中发展。二是要做到行业主管，打造旅游市场。旅游主管部门要培育好叶赫地区的旅游市场，宣传、引导当地百姓发扬叶赫人的光荣传统，积极参加各项旅游活动，让每个叶赫人都成为叶赫文化的宣传员。同时，要规范市场行为，做到“活而不乱，管而不死”，坚决杜绝欺行霸市、虚高物价等坑害游客的现象发生。三是企业主办，打造信誉品牌。政府“搭台”最终还需要企业“唱戏”，政府可利用优惠政策招商引资，吸引企业家到叶赫地区投资兴业。同时，鼓励本地百姓创办中小企业发展经济，如家庭旅馆、特色饭庄、文艺演出团、导游公司等，让旅游产业的发展惠及当地百姓，让百姓加强创业意识，从而提高生活水平，最终实现政府、企业、百姓共赢。

叶赫地区历史文化旅游资源的开发与利用若要避免“昙花一现”，必须制订科学、合理、长远的规划，努力实现资源的有效配置。首先，要建立多元化的投融资机制，利用众筹模式、“互联网+”模式等，打造叶赫地区多元化的旅游业格局。其次，强化旅游软硬件基础设施建设，升级改造交通系统，健全交通运输网。最后，处理好旅游资源开发与环境保护的关系，实现可持续发展。坚决杜绝过度开发、污染环境、破坏生态的行为发生。只有构建完善的生态旅游体系，叶赫地区才能实现可持续发展。

现今，世界各国、全国各地纷纷将自然风光旅游推向更高层次的人文生态旅游，叶赫地区应该充分利用得天独厚的文化资源，形成具有本地区特色的旅游经济，在未来创造新的经济增长点。坚持把文化建设、旅游发展作为打造“魅力叶赫”的突破口来对待，作为满足人们生活需求、引领叶赫发展方向的大事来落实，呈现出招商进展大、景区游客多、效益提升快的良好局面。

参考文献

1. 董恒年：《美丽吉林》，蓝天出版社，2015。
2. 梨树县志编纂委员会：《梨树县志》，辽宁教育出版社，1992。
3. 黄仲山：《“互联网+”时代古都文化旅游传播的趋势与策略》，《城市观察》2018年第6期。
4. 王波：《传统民族文化在当代旅游活动中的诠释与开发》，《山西农经》2017年第24期。
5. 贺慧媛：《论历史文化旅游资源开发策略》，《文化创新比较研究》2017年第36期。
6. 刘沛林：《区域旅游规划：原理与实践》，华龄出版社，2006。
7. 陈鹰：《旅游资源评价体系研究》，红旗出版社，2007。

企 业 篇

Enterprise Articles

G.19
求变中发展的卡戳网

王 伟*

摘 要： 卡戳网在求变思维中奋勇挺进，它不争传统文旅产业的文创产品这个蛋糕，而是独自开发景区文化产品，研究艺术新需求，打造闭环新生态；它不是传统的互联网虚拟企业，是信息技术与实体产业相结合的典范，是借助互联网将共享经济转变为数字经济的先行者。

关键词： 卡戳网 求变思维 新生态

一 求变中诞生——卡戳网成立背景

卡戳网是一个大时代的产物。在全球一体化、互联互通的历史背景下，

* 王伟，吉林省卡戳文创艺品科技有限公司创始人。

时代的转换迅疾而猛烈。从满足温饱的农业时代，满足产品功能需求的工业时代，满足人类售后服务的品牌时代，跨越到满足私人定制的信息时代，直到今天创造人类未来需求的数据时代，时间与空间都充满着创造的氛围。

面临能源紧张的行业现状，在产业竞争日趋严峻的形势下，中吉大地控股集团毅然退出了经营 20 多年的燃气行业。转型升级，卡戳网应运而生；方向，卡戳网选择了文化。

“以文化人，以化天下。”求变中诞生的卡戳网，显示了不走寻常路的智慧、决心和前瞻性意识，标志着一种全新的信息技术选择和超前的思维模式。“卡，就是打通线上线下的传播渠道，建立线下体验、线上销售文化传播的 O2O 模式；戳，就是用大众公用的文化语言，解读各界人士成功的奥秘，让大众站在巨人的肩膀上快速发展。”

卡戳网一起步就确立了以名人成功文化引流、销售当代名人文化的主导方向；确立了论述式结构、极简化语言、图文并茂的形式；确立了以“三易”规则，即让大众“记住的是简易，了解的是变易，传承的是不易”为宗旨的文化维度，奠定了卡戳网的内容基础。

随后，卡戳网先后派出十多支队伍，奔赴全国民间工艺发祥地和文化重镇、各大城市，评聘、采访了 1700 多位艺术家和非遗传承人，覆盖艺术品类 100 余个，实现了首次全国布局，成立山东、河南、广州、杭州、景德镇、宜兴、昆明、上海、福州、石家庄、沈阳等 13 个为名人服务的分公司，完成了 80 万人的原始数据初步积累。在此期间，网站技术也不断改造更新，从 1.0 版本一直升级到 6.0 版本。

二　商业模式求变

面对“互联网 +”向移动端转向、电商模式趋于饱和的发展势头，卡戳网在商业模式上求变，确立了从 O2O 转变为 O + O 模式，最终确立了“共享经济 + 科技 + 数字经济”系统模式的基本战略。

在此，卡戳网跳出“羊毛出在狗身上，猪来买单”的传统互联网思维，依托公司自主开发的客户端平台，独立开发的景区文化产品，使文化的“诗”在平台上与市场的“远方”相聚，形成良性循环，做景区文化市场、艺术品市场两个生态圈，区块链、大数据、人工智能三项科技，思维超前，引领潮流。其中区块链为景区文化产品的创作、交易做存证，大数据为艺术品市场细分提供精准模式，人工智能为用户提供便利、快捷的功能服务，做一个“专注于未来手工艺术品网络交易生态圈的大数据平台，以主导景区文化创作、交易为前提，研究、细分艺术品市场，变景区线下消费为线上投资，进而传承、传播中华文化”。

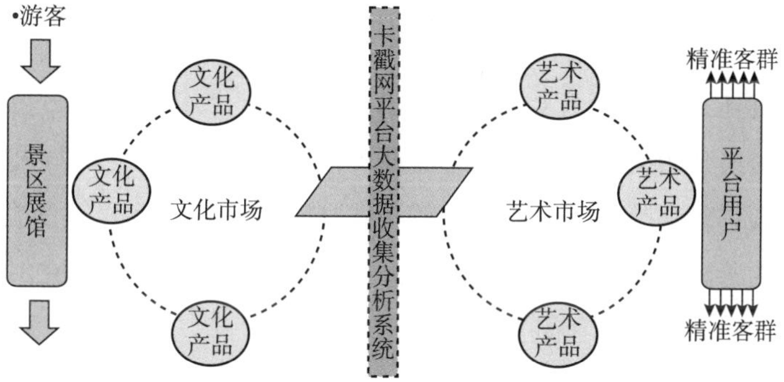

图1　卡戳网 O+O 模式

为迎接文化旅游时代的来临，卡戳网选择整合全国著名景区和艺术家两大资源，通过景区战略合作，建立线下艺术体验展馆，以线下艺术体验、线上文化产品交易的方式，满足游客的潜在需求，颠覆景区纪念品模式，改变大众收藏方式。

卡戳网深远独特的战略思维，广阔无限的发展前景，吸引了一批有远见的战略合作者，首轮天使投资就远远超千万级，持股员工达到 51 人。同时，卡戳网项目也征服了全国各大景区，建立线下展馆的战略合作景区迅速发展到了 8 个，包括蓬莱阁、曲阜三孔、嵩山少林、神垕古镇、武汉云雾山、井陉苍岩山、徽州古城、云冈石窟。名人文化研究会在全国 40 多个城市建立分支机构，以此为平台，卡戳网艺术家评聘总数量超过了 3000 人。

随着8.0版本研发成功，卡戳网从PC端全面转入移动端，以“艺品平面商城、名家3D商城、微商城”的全新面貌上线，正式打通了线下体验、线上销售的通道，并将艺术品营销范围拓展到高、中、低档全面覆盖，开发了平台的回购、寄卖、租赁等功能。生产、流通渠道的全面打通，形成了良性的市场生态圈。

科技的进步与发展，为企业转型升级提供了可能，信息技术为企业商业模式的升级提供了机会，卡戳网抓住了这次机会。在全球刚刚进入区块链技术研讨的同时，我国文化产业区块链的文链系统由卡戳网第一个真实落地了；得到文旅行业高度认可的共享经济，卡戳网毅然决然地承担起了充当社会化网络的作用。

2018年末，卡戳网开始商业模式升级改造，依托与景区的战略合作，免费为景区安装闸机，利用人工智能技术，实现游客使用手机与人脸识别登录卡戳网购票，人脸识别快速通过闸机；通过景区地图和景点文化小视频，提供全程的游园服务。卡戳网还整合景区内商家和景区周边商家，为进园游客提供全面的“食住行游购娱”服务。

在实现门票打折等共享经济方面，卡戳网将以景区为核心的共享服务打包，整体上链，进入卡戳网主导的由21家超级节点构成的文链底层架构，形成若干子节点，进行文化产业的数字化运作，从数据收集到整理，从数据清洗、分析，到价值数据销售、数字产品消费、信息消费等，将景区单一的门票经济通过区域共享经济，转化为数字经济运营。游客带走的部分产生的收益，景区与卡戳网、文链超级节点参与者共享，以此完成“共享经济+科技+数字经济”的商业模式升级。

三　思维模式求变

这是从传统互联网思维向创造性思维、从平台思维向系统思维的转变。

卡戳网的初始思维，停留在传统互联网的免费思维、平台思维、电商思维上，以卡戳人自己梳理的名人文化建立免费平台，让名家把作品卖给大众；而今的卡戳网，为创作景区文化产品而创造了“才源共享”平台，以整合社会资源；创造了景区一字文化、符号文化、纹饰文化、形制文化等景区文化创意产品，创造了游客们潜在的需求，开创了文旅产业新业态。

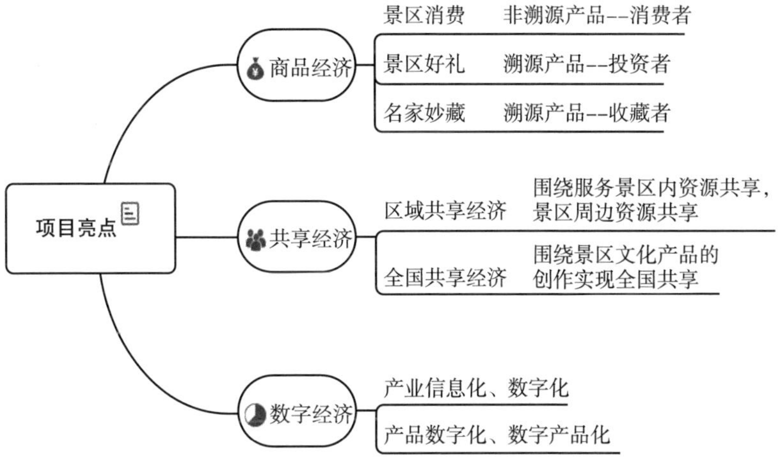

图 2　卡戳文旅项目的亮点

卡戳网打造的这个前所未有的平台，集文化的梳理和创意，文化产品的创作、销售、回购、租赁、寄卖、经济共享、价值共享于一体，变消费为投资模式，做产品、做平台、做生态，是在创造性地引领文旅产业。

才源共享平台，以文创抢单、艺创抢单、溯源抢单等模式，把社会上的文学爱好者、艺术工作者、摄影爱好者、导游、景区乃至大众都凝聚到卡戳网上来，以客观参与、主动抢单的方式，有偿创作，即时回报，为社会资源实现自我价值大开通道，形成了共建、共享、共赢的经济圈。

平台思维的轻资产运作，是互联网企业认可的，共享经济的快速发展，使得更多的平台人用户应接不暇，卡戳网把门票打折、游园刚需、景区内外资源做了再一次整合：通过卡戳网的景区消费（微商城）、景区好礼、名家妙藏（App）三大商城，将景区发布、景区商城、才源共享等变现板块、创收板块、个人中心存储板块集中在一个平台，让游客下载卡戳网，解决一切，实现“卡戳有你，游园伴侣”的宗旨，完成了思维模式的又一次转变与升级。

四 内容模式求变

卡戳网客户端平台在内容上实现了由 VR + AR 体验模式向 6 +1 培育模式的转变，到“游园 + 商城 + 变现 + 创收 + 我的”一揽子解决游客需求的进一步转变。原始想法是通过 VR，利用手机终端，让游客可以与展馆中艺术品和创作者互动，把艺术家赋予作品的生命与灵魂传递给大众，建立互联网线上 3D 艺术馆，重在让游客上线体验 VR 与 AR 的技术魅力，追求的是高大上；现在的内容，按照共建、共享、共赢的原则，转向 6 +1 模式，即由景区、游客、卡戳共同创建 6 类视频内容和 1 类文字内容，景区、艺术家在后台，游客在前台，以自由撰稿、摄录、上传、点评的互动模式，数据共享，培育游客对文化、艺术、投资的兴趣。

6 +1 培育模式将充分调动视频的优势，用户可以即时看到品类视频、产品 AR、景区四季、名家动态、名家真言、溯源防伪和景区故事，使网站更加适应现代快阅读、图阅读、视频阅读、音频阅读的趋势，并具有了更强的展示性、互动性和参与性，把景区文化带回家，把中华文化传承下去。

内容升级是卡戳网发展的必然，6 +1 培育模式已难以适应更广泛的系统需求，“游园 + 商城 + 变现 + 创收 + 我的”内容模式已在 2019 年 5 月完成，呈现在游客面前。在产品 + 服务上下功夫，在内容上下功夫，在平台林立的时代，内容为王变为黏性的需求、文旅的需求，卡戳网必须随之转变。游园智慧导览、景区文化智说、商家服务预览、景区文化转化、数据信息消费等内容的多维度、多角度展示，仍只是这个转变的过程之一。卡戳网的内容升级，就是围绕文化产品，为游客服务升级，就是品牌战略的不断升级和实施。

五 科技模式求变

进入 2018 年的卡戳网进一步求变，以更广阔的视野、更灵活的思维、更切实的步子，进入了系统科研的新阶段。大数据、区块链、人工智能等前沿技术的全面介入，使卡戳网的科技探求不断取得突破，科技助力文化正在变为现实。

卡戳网对区块链存证技术的应用，已从比特币底层技术升级到 EOS 技术，更加契合文化艺术品生产与交易的存证、加密、上链，形成 ID，可更加便捷地为投资用户提供真假、贵贱的依据。私链、联盟链建立，为 2019 年公链的快速发展提供了基础，随着 21 家底层联盟、超级节点的搭建，将很快形成社会的共识，公链形成指日可待。

变证件识别为人脸识别、骨骼识别。卡戳网在景区入口安装智能闸机系统、脸部识别系统，与手机捆绑验证，实现基础数据搜集自动化、存证生成自动化。2019 年卡戳网各景区内将可实现 10 秒钟无障碍通行，且人、证、手机、面孔一站式入网，同时，游客可免费浏览卡戳网为景点故事制作的文化 IP 视频，享受文化熏陶，又迅速形成有效数据。目前，卡戳网已形成了才源共享、App、微商城、购票系统、闸机系统的整合模式。

大数据系统，变单向积累为双向积累。卡戳网以用户表、产品表、行为表、定价表为基础的数据编码已经初具规模，在游园、商城、变现、创收、我的中心预设了几千个大数据收集埋点。Bingxi9ngcheng 标准的数字化，将文旅产业数字化。卡戳网大数据收集将以网站和大众用户双向点击、填写、记录的方式实现快速积累。大数据分析模块也开始建立。卡戳大数据平台进入良性发展阶段，并为区块链形成打下了坚实的基础。

六　运营重心求变

进入 2018 年，卡戳网继续求变，开发重心由原来的平台开发为重点，转向了产品开发、服务开发，由运营重心转向销售重心。

市场，由各大景区组织游客自动完成；渠道，卡戳网于线下开发建设了包含儒、释、道三家文化和花客、香客等构成的景区文化展馆，线上对应的是景区 6 + 1 文化商城、App + 微商城。平台集内容、互动、电商于一体的基本功能，又升级到游园、商城、变现、创收、我的等综合服务功能，重心已转向景区文化产品及服务的开发。按照全域文化向特色文化转变、简单文字向复杂纹饰转变的路径，已形成系列化、材质化、实用化、价格全覆盖的产品系统。目前景区一字文化、符号文化、纹饰文化、形制文化都已应用到茶具、餐具、酒具、咖啡具、手机壳、优盘等实用器当中，有手工、有批量。

有产品，必须有服务，从登录卡戳网购票、游园、寻花、戏水、登山、访道，到吃住行游娱购，卡戳网在尽全力整合景区内外商家，为广大游客提供服务。

产品销售层面，正在构建立体销售系统。传统的互联网二级分销模式、微信营销模式，子公司合资、合作模式，景区、协会、导游合作分层模式都在启动，大客户营销、传统会销、网络推广也都在补充启动之中。各展馆销售格局、各景区子公司建立、导游激励机制和合作模式渐趋成熟，形成了体验产品和非体验产品两大系列、共计 1000 余个品种的产品开发，线下产品销售最高的单馆，每日销售额超过了 1 万元，单日最高营业额达到了 3 万余元。

变单一研发为专利与著作权申报并举。卡戳网在致力于产品研发的同时，注重知识产权和著作权的保护，从起步伊始，就把专利保护放在重要位置。既尊重别人的著作权，也重视自己的创造性，把独创性、新颖性放在第一位，创意形成就申报著作权和专利，积累自己的原发性产品，保护自己的智慧成果和创意价值。目前已经有几十种创意设计产品进入了专利申报和著作权保护程序。

变自身驱动为全媒体驱动。卡戳网作为中国亚洲经济发展协会文化艺术金融委员会会长单位，于 2018 年 6 月成功组织全国 600 余名艺术家相聚蓬莱，召开首届文化艺术研究员大会，确立了“科技推动文化、金融助力艺术”的宗旨，在全国艺术界掀起了一轮“诗与远方”的热潮，十余家媒体现场报道，新华网、人民网、中国网、光明网、腾讯、搜狐、网易、《中国文化报》等 30 多家全国各大媒体都刊发了报道。

G.20
三生文化深耕新文创产业发展的路径和思考

安　琛*

摘　要： 近年来，国家越来越重视加大对新文创产业政策和资金的扶持力度，更加注重新文创产业在地域经济和城市发展中的重要作用。长春市三生文化传媒有限公司作为一家多年从事新文创经营业务的专业公司，深谙市场动向，紧贴时代脉搏，全方位致力于文化创意产业的发展，积累了丰富的运营管理经验与市场实战经验。

关键词： 三生文化　新文创产业　发展路径

文化创意产业（Cultural and Creative Industries）是一种在经济全球化背景下产生的以创造力为核心的新兴产业，强调一种主体文化或文化因素依靠个人（团队）通过技术、创意和产业化的方式开发、营销知识产权的行业。长春市三生文化传媒有限公司作为一家起于影视而不止于影视的新业态创意营销公司，目前业务涵盖电影、网剧、艺人、创意订制融媒体、3D 全息投影等多个方面。公司秉承“态度决定专业，专业成就未来”的企业精神，以创新的思维、独特的视角、精湛的技术和优质的服务赢得市场，使新文创产业成为经济增长的新动能。凭借对时尚的前瞻洞悉和对市场的准确把控，在运营实践中，逐步造就了一支视角独特、技术精湛、思路新颖、反应迅速

* 安琛，长春市三生文化传媒有限公司董事长。

的专业精英团队。为有效占领市场，大胆打破传统模式，结合前沿营销理念将科技的程式在各个领域中融通与传送，在确保项目准确高效达成的同时，极大地提升了品牌价值。

一 新文创产业发展的实践

三生源于道生一，一生二，二生三，三生万物，分别体现了文化、传承、修行三个层面，同时也意味着生生不息、传承不止。

（一）影视拍摄及后期制作

长春市三生文化传媒有限公司在影视拍摄及后期制作方面取得了不俗的成绩：曾获大连国际电影节最佳剧情、短片摄影，剪辑、后期特效合成院线电影《大闹天宫》，参与制作院线电影《鲛珠传》，参与奥迪 SQ5《冰雪竞速》、捷豹 XJ《操控》、英国 TOP GEAR 团队广告拍摄，是新浪汽车频道指定合作单位，拍摄电影《心花路放》《一路惊喜》宣传片，拍摄尚雯婕、娄艺潇、张亮个人宣传片，拍摄王铮亮《时间都去哪了》宣传片。

（二）大数据的挖掘与应用

公司通过对大数据的挖掘与应用，以及专业的人工智能优化，为智慧旅游、智慧城市的发展提供了有力的数据依据及精准的宣发渠道，特别在大数据的采集、分析、管理和应用方面也取得了一次又一次的突破。

1. 产品历程

2016 年：1 月，大数据投放系统 DSP 平台成立；4 月，DSP 升级为 RSP 系统，RSP 正式上线；5 月，RSP 系统升级，完成全网数据库和统一上线，从而实现有效的媒体渠道对接；11 月，RSP 系统的迭代，更大程度上保障了客户投放系统的监测效果。

2017 年：4 月，融媒流量优化管理系统上线，实现有效流量优选，让投放至转化全线可视化，产生最大效果；6 月，融媒 DTS 数据追踪系统上线，保证数据透明与安全，实现流量数据和线上转化数据打通；7 月，融媒分析系统上线，通过洞察访客行为、建立人群模型，甄别流量价值，指导前端投放。

2018 年：3 月，融媒 DTS 系统迭代，新增加 PC 端登录、用户中心和在线充值等模块；5 月，融媒广效、品效、优效、博视四大产品上线。

2. 突出亮点

2018 年，三生融媒形成以“DMAP 数据管理应用平台”为核心的产品体系。

建立 RSP 效果服务平台。广告投放系统涵盖全网投放资源、人群数据匹配，可完成广告主精准投放需求、效果需求等。

建立 DMAP 数据管理应用平台。数据追踪平台对广告投放数据进行全方位追踪，实时采集数据，作用于广告主的投放效果反馈、投放优化策略等行为。数据管理系统投放数据汇集数据池，从不同维度对数据进行分析，主要作用于管理投放后的所有数据，包括 CRM 客源数据管理。

建立数据应用系统。筛选有效数据进行二次营销，对所有客源数据再次应用管理，主要作用于企业的客源维护与再次营销行为，为企业主提供从策略、投放到数据管理、数据再应用的数据资产全链服务。从创意到媒体，不管是推广方案，还是营销全案，融媒均可依据企业客户需求，出具创意策划及媒体方案。

（三）融媒体的应用

由于传统媒体犹如“秋风扫落叶”般的陨落，以及电视媒体、户外媒体的萎缩，加之网络媒体投放不精准的先天不足的实际情况，企业用户对投放广告宣传很迷茫和无所适从。三生公司融媒体新业态的出现，从真正意义上为企业解决了痛点。公司建立融媒数据安全机制，保护沉淀数据均为企业客户私有，拒绝第三方企业擅自利用。融媒启用数据安全机制，维护企业客户数据机密，拒绝参与与第三方数据交易、竞品客户数据二次利用等行为，保障企业客户数据私有化。

区别普通投放媒体，融媒互动通过数据管理与应用，将数据资产变为企业客户可利用的价值资源，促进实现利润营收。从投放广告开始，逐步实现数据采集，继而深层次挖掘数据资产价值，助攻数据变现。

旅游类案例：吉林六鼎山旅游。

投放时间：2018 年 2 月 11 ~ 13 日。

投放地域：沈阳市、哈尔滨市、牡丹江市、长春市、吉林市、延吉市。

投放形式：PC，包括弹窗、画中画、横幅等；App，包括弹窗、Banner 等；优质视频资源，包括暂停、开屏等。

投放资源：PC + 移动，融媒 RSP 全网资源。

投放背景：融媒互动与吉林六鼎山文化旅游区达成全年投放计划，在不同节点通过对部分地域的投放，吸引观光旅游客。

总体曝光量：842281。

总体点击量：10191。

点击率：1.21%。

公司在创意策划上也给客户提供了更多的选择，真正做到了投放可视化、数据资产化。

图 1　三生公司部分合作客户

（四）3D 全息投影的创新应用

公司还致力于 3D 全息投影与文旅景区演出的结合，将民俗文化和舞美、声光电、影音结合，主打剧情的场景体验，凝练文旅的价值，形成独特文化 IP 的实景山水旅游演艺新形式。

采用了声光电火等技术手段，强烈视觉对比的服装、道具，充分展示了人与自然融为一体的震撼景观，颠覆了人们的传统观念，创作出了山水实景旅游演艺的新形式，是一种全新概念的实景旅游演艺剧目。这种集唯一性、规模性、艺术性、民族性、地域性特色为一体的演艺，给游客以视觉上的冲击、听觉上的惊喜和感觉上的满足。

文化和旅游的融合让诗与远方真正地走到了一起，为三生这种创意型的文化传媒公司提供了新的机遇和挑战。

创新剧目《八极拳·民族魂》、3D 多媒体剧《满清传说》及大型冰雪交响乐汇《冰雪唱给世界听》，从剧本到布景道具、演员编排、推广宣发均独立完成。

通过将各种成像技术融入舞美影像制作中，将声、光、电、影、音整合为震撼的舞台视听综合呈现，让影像变得立体逼真、可触可感。

真正打破舞台时空局限，运用全球领先的智慧光影技术，借助 3D 全息投影，再现物体真实的三维动态画面，立体的空中幻象让观众和表演者产生互动，打造出令人震撼的演出效果。

通过为城市旅游者量身定制，以华丽的视觉效果，世界级的音乐享受，诗意般的意象，冰雪交融的梦幻场景，壮观的冰雪实景画面，不可复制的舞台效果，东南西北四向而设的观众席，高科技的舞台设置等，使观众产生强烈的共鸣。运营项目的品牌核心，意在打造中国“唯一的城市冰雪实景演出”这一极具差异化的品牌形象。

二　新文创原创作品的价值定位

（一）符合主流媒体的价值定位

主流媒体的主要作用是宣传正能量，树立正确的价值观，这就需要内容一定要积极向上，能对全国的观众起到健康向上的引导作用。

（二）树立本土文化自信

随着国家颁布的禁韩令，对西方文化过度宣传的打击，国内亟须树立一批本土的偶像，来树立我们自己的文化自信心，让广大的青少年不是认识到世界上不是只有日韩明星，我们本土的明星一样可以做到星光灿烂。

（三）标签是传统艺术

打破传统曲艺没人听的断言，打破只有中老年人才喜欢曲艺的传统，让曲艺文化后继有人。未来的文化创意产业发展的重心主要取决于营销推广，利用新媒体、新技术将文化创意真正转化为生产力。

（四）营销不再是直白的广告

在新媒体时代，营销不再是直白的产品广告，而是一种通过多媒体手段传播的情感信息。信息传播不再像传统报刊、电视有地域性，通过互联网，旅游目的地可以快速地向全球推送信息，信息传播不再受区域和国界限制。

三　企业发展所面临的问题

（一）缺乏政策的有力扶持及相应的鼓励措施

其他地区近年来就文化产业出台了一系列相关的政策和措施，如由政府牵头，建立文化产业发展基金，同时在投融资、税收、进出口、人才培训等方面对创意产业的发展予以适当的优惠或政策扶持等，而吉林省目前还缺乏一个全面、系统的政策支持体系来推动创意产业的发展。

（二）文创类产业园区发展不够

吉林省文创类产业园区在扶持中小企业孵化的过程中，尤其在重点领域部分，如影视、演艺、动漫游戏、网络文化、艺术品交易、出版、创意设计、文化装备等产业板块，没有切实可行的优惠政策支持体系，大多数园区从租金到资源平台的搭建并不完善，各类资质证明文件办理流程烦琐，影视及广告类别税收无优惠政策，也没有相应的鼓励措施，企业成本支出过高，企业生存举步维艰。

（三）融资渠道不畅

文化产业的发展和成熟，需要丰盈充裕的资金储备。但是，由于创意生产机制和产品利润回流方式的特殊性，以及文化载体化产品的非保值性，从而导致文化产业的高风险性。中小企业很难通过正常渠道融资，从而制约了文化创意产业的发展。67%的创意企业依靠自有资金发展，24.7%的企业靠自有资金和银行贷款共同发展，51%的企业存在1000万~5000万元的资金需求，20%的企业资金需求在5000万元以上。

四　新文创产业的市场路径

新媒体在参与和打造文化旅游特色项目中，可以发挥全媒体营销、全要素推广的优势，从单纯的报道者转向旅游文化产业的参与者。

在产业链延伸方面，大型会务会展执行、推介活动策划、旅游网络舆情检测分析、全媒体产品集成等，都可以作为传媒产业链条的延伸。

运用“融媒+线下体验”形式展示吉林文化旅游的独特魅力，从所在地媒介到互联网媒体的呼应，深刻利用所在地媒介影响力，深度营造有沟通力的场景，多屏互动，更有效地提升城市影响力。

精准投放+创意活动，直击目标人群：政策引领，新媒体转型促发展；贴近用户，特色主题+趣味创意；活动井喷，大众参与+口碑传播。

地方旅游实景演出在内容上要突出地域文化特色，目标群体定位为游客，这样一方面可以实现盈利收入，另一方面可作为地方旅游推广的一个重要活动和载体，甚至形成一个品牌，以营销+品质打动观众。

形成拉动就业—品牌效应—吸引投资—股份升值的产业链条，有效拉动地区经济，达到文化与旅游的相互促进，协调发展。开辟旅游产业新的经济增长模式，带动当地相关产业的发展。抢占旅游市场，从而带动所在地的经济良性联动发展，为做大做强本地文化产业、富民强省作出贡献。

五　案例探索

长春市三生文化传媒有限公司以优秀的创编导演团队、高科技体验性极强的舞美设计、全网精准大数据融媒体为依托，筹备长津体验类文旅真人秀系列 Vlog《情暖长津·一曲倾城》。

Vlog 是一种视频形式，可以有两种定义：一种是“video log—视频日志”，另一种是“video of log—日志视频”。其区别在于前一种定义的重心是日志，本质上和文字日记、图片日记是一个形式，是用视频的形式承载日志的内容；而后一种定义则是更在意视频，日志内容为视频服务，Vlog 只是众多风格视频中的一款形式，以日常记录为内容的视频。Vlog 多为记录作者的个人日常生活，主题非常广泛，可以是参加大型活动的记录，也可以是日常生活琐事的集合。对于全球范围内的“95 后”甚至“00 后”来说，Vlog 已经逐渐成为他们记录生活、表达个性最为主要的方式。

《情暖长津·一曲倾城》通过 Vlog 记录的形式，让长津两地的曲艺传承人带领观众来一场长津传统文化之旅。20 世纪 50 年代天津的很多演员先后到了吉林，他们为吉林的曲艺发展作出了毕生的贡献，几十年来，天津、吉林也不断地进行艺术交流。《情暖长津·一曲倾城》希望用更为年轻、流行的 Vlog 短视频记录长津两地的风土人情、曲艺文化，让更多的年轻人对国风产生进一步的认识。时代的更迭，文化的碰撞，将中国优秀传统文化与青年流行文化进行融合，找到优秀传统文化更合适的表达方式。

此文创项目基于以下考量：一是未来追求人文关怀和中国式精神内涵的节目必将成为文化发展的主流，所以传统文化也需要不断开拓新领域和新视角以突破困局。二是通过记录生活的方式，让年轻人关注或爱上中国优秀传统文化，实现传播正向价值观的重要目标；同时，以“传承”为切入口，在充分响应来自社会和主管部门号召的同时，把正能量、主流价值观和优秀传统文化融入视频内容之中，成为新青年文化的引领者。三是只有坚持市场化运作，才能促使演员在自身业务上下功夫，提高自身能力，推出精品节目，这样曲艺才能更好地传承，也必须认识到当前推动民族曲艺发展的紧迫性。随着人民生活方式的转变、城市化步伐的加快以及外来文化的冲击，曲艺遗产面临流失的困境，许多曲种后继乏人、濒临失传，传承保护工作迫在眉睫。

G.21

文旅融合背景下鼎润文化的创新发展和转型实践

徐　毳*

摘　要： 鼎润文化从最初的经营工艺美术品，到创意研发以非遗为主体的地域特色文化旅游产品，再到规划建设非遗活态传承体验中心项目，发展文化体验为主体的特色产业，鼎润文化的创新发展和转型实践，是对吉林地域特色文化的深刻认知和不懈坚守，是对文化创意、文旅融合产业方向的科学判断和精准把握，对全省文化创意产业发展具有一定的借鉴意义。

关键词： 鼎润文化　文旅融合　文化体验　非遗体验

一　鼎润文化的发展历程

前郭县鼎润文化民族事业发展有限公司在国家大力发展文化产业的背景下，依托先进的理念、优秀的文化、和谐的团队、科学的管理、创新的产品，实现了历史性跨越，走出了一条特色化、产业化创新发展之路，成为东北知名、吉林最大、松原首家以“非遗”为研发重点的特色文化企业。

企业创立之初，鼎润文化就主打“民族牌”，依托前郭县成吉思汗文化园规划建设了前郭县鼎润文化非遗展览中心，该项目是文化园唯一一个文化类

* 徐毳，前郭县鼎润文化民族事业发展有限公司总经理。

项目，现已成为松原市唯一以非遗项目及非遗衍生品为主体的民族特色文化展示基地。鼎润文化将“文化体验”提升到优先发展的位置，以“非遗+”为主体，创建并实施了“非遗+”一体化解决方案，在吉林省率先规划建设了以“非遗体验”为主体的前郭县鼎润文化非遗活态传承体验中心，创建了松原市青年创业园和松原市鼎润文化创意产业园，并成功入选吉林省文化产业示范园区行列。鼎润文化实施“品牌战略”，在原有“郭尔罗斯、查干花、冰湖腾鱼、泥林、辽金文化、鼎润文化”等自主文创品牌的基础上，创建了“松原礼物”体系，填补了松原没有地域特色文创产品的空白，累计获得各级各类奖项100多项，成为松原带得走的品牌形象。2016年与省市文化旅游部门合作，研发吉林冰雪文创旅游商品，创建了以“吉林冰娃、吉林雪娃”为主题的吉林冰雪品牌形象并在第二届吉林雪博会上以“吉娃的家”为主题进行了展出，受到了省领导的充分肯定。在第三届雪博会上，鼎润文化以查干湖鱼皮画等渔猎文化为主题，创建知名品牌，进入了文旅融合发展的新阶段。

基于对文化产业、旅游产业的深刻思考，鼎润文化紧紧把握文旅融合产业发展悦动的脉搏，将非遗文化、民族文化、历史文化等地域特色文化资源进行深度整合，作为创新研发文化旅游商品、实现文旅融合的突破点，从而将文化特色、市场需求和文化传播紧密地结合在一起，进而实现产业业态、产业内容、产业功能的创新发展。从吉林省文化旅游商品产业发展的现实基础和发展实践看，一是要深入挖掘商品的文化特色。这种特色是在吉林省独有的，或具有代表性的，或在一定程度上具有域外排他性的，比如鼎润文化依托前郭尔罗斯蒙古族自治县这一吉林省唯一的蒙古族自治县，深入挖掘蒙古族文化特色，用好用活前郭县十大国家级非遗项目创新研发文化旅游商品。再如依托享誉海内外的查干湖深入挖掘渔猎文化，创意研发查干湖鱼皮画及鱼皮饰品，查干湖鱼皮制作技艺已入选吉林省非物质文化遗产名录。二是要准确把握商品的市场需求。这种需求是面对游客等消费群体的，有利于满足购的需求，提升购的品质。比如鼎润文化依托吉林冰雪特色创意研发以吉林冰娃、吉林雪娃为代表的吉林冰雪文化旅游商品，因具冰雪特色和吉林文化内涵而成为各大博览会、展销会和景区销售的品牌商品。三是要完美融入商品的体验功能。这种体验源于文化旅游商品的创意研发和生产过程，这不仅仅是内容和形式的转变，它已经从单一的“购”的要素上升到一种新型的文化旅游业态，并以文化旅游项目和文化旅游产业的形式而独立存在。比如，鼎润文化规划建设的非遗活态传承体验中心项目，将创意研发和生产的全过程展示在游客面前，通过互动体验将游客融入其中，使之成为一个文化体验和旅游项目。鼎润文化的创新与实践，也必将成为吉林文化旅游商品行业创新发展的关键所在、趋势所在。

二　鼎润文化的发展思路

鼎润文化按照“着眼长远、精心部署，统筹协调、分类推进，因地制宜、突出品牌”的发展原则，将统筹规划建设吉林（前郭）非遗创意产业园，有效承接吉林省非物质文化遗产展示、展演、排练、传习功能，搭建吉林省以“郭尔罗斯”文化为代表的非物质文化遗产展示、交流、营销、传承平台，打造深受社会好评和大众认可的标志性文化地标和特色文化旅游目的地，以丰富的特色文化元素、文化活动和具有创意性的文化产品，传承与弘扬优秀的非物质文化遗产，培育和建设一个高端文化创意产业综合体。

一是创建吉林省非物质文化遗产“活态化”研发中心。有效整合省内外优秀的非物质文化遗产资源，积极吸纳、引进和培育高端研发人才，组建资深研发团队。与各大专院校、科研机构、行业协会、创意团队建立良好的战略合作关系，形成产学研综合研发体系。通过组织开展国内、省际非物质文化遗产项目活态化研发大赛、优秀案例征集等活动，将研发的领域延伸到域外乃至全国，建立吉林省乃至全国最为丰富的非遗衍生品研发名录，使之成为国内非物质文化遗产活态化传承研发的第一品牌。

二是创建吉林省非物质文化遗产“活态化”生产中心。组建与非遗项目相对应的生产企业，引进域外优秀生产企业先进的技术设备和管理模式进行产品生产，满足市场需求。根据市场和客户需求，承接域外非遗项目和文化产品的生产加工，争当行业排头兵，掌握行业话语权，使之成为吉林省最知名的非物质文化遗产“活态化”生产中心。

三是创建吉林省非物质文化遗产“活态化”展示中心。规划建设中国最大的非物质文化遗产活态传承展览馆，通过声光电等多种形式对松原域内所有非遗项目进行系统展示，由非遗传承人现场进行活态化传承，以增强展示的观赏性和吸引力。同时，将省内外优秀的非遗项目吸纳其中，丰富非遗种类，扩大展示的覆盖面和影响力。规划建设非遗展演剧场，对非遗项目进行原汁原味展演，进行二次加工创新演出，编排经典剧目进行精品展演，以提高展示的文化内涵。

四是创建吉林省非物质文化遗产产业化创业孵化中心。立足创新创业，将以全产业链的形式融入非物质文化遗产项目研发、生产、销售以及对外文化交流的全过程，使更多的非遗传承人、工美爱好者、社会有识之士领办创办企业，使更多的社会资本和人才进入非遗产业领域，使更多的企业提升文化内涵，实现转型发展。特别是“互联网+非遗”战略的实施，将使园区的非物质文化遗产产业化创业孵化中心功能更加突出。

五是创建吉林省特色文化旅游目的地。针对“吃住行游购娱”各方面精心设计，深层开发。在“吃”的方面，园区将以蒙餐为主体，全方位展示蒙古族餐饮特色。在“住”的方面，园区将规划建设郭尔罗斯客栈，以蒙古族文化装饰，使游客在体验中品民族风韵，领当代时尚。在“行”的方面，突出地域化和特色化，根据游客需求提供一站式出行服务，满足游客需求。在“游”的方面，依托不同游客来源，突出活态体验，精心设计不同的旅游产品和线路，开展特色文化体验游。在“购”的方面，园区内丰富的非物质文化遗产项目活态化衍生品、文化旅游产品以及高端的导购与服务团队，将确保游客可以带走的都是高品质的文化产品。在“娱”的方面，园区内的非遗展演剧场或室外文化广场，将定期上演独具地域特色的非遗项目或综艺节目，有效提升“娱”的品质和内涵。

三　鼎润文化的示范作用

鼎润文化在吉林省率先创建并实现了以地域特色文化为主体的文化旅游

商品的创意研发、生产、推广和活态体验一体化方案，建立了独具鼎润文化特色和广播示范引领的发展体系，为吉林文化旅游商品产业的发展提供了鼎润方案，贡献了鼎润智慧，对做好文旅融合时代背景下吉林文化产业的发展具有积极的示范和引领作用。

（一）内容创新的示范引领作用

一是实现非遗项目由传统的单一申报向培育和申报相结合转变的示范引领作用。鼎润文化在推进企业发展的过程中，注重对地域特色文化的挖掘和保护，以企业为主体，先后培育了郭尔罗斯布艺、查干湖鱼皮制作技艺、锡伯族刺绣、锡伯族冰车、纸翻花、叶贴画等十余项县级以上非遗项目。其中，锡伯族刺绣、锡伯族冰车、纸翻花、叶贴画入选松原市非遗项目名录，郭尔罗斯布艺、查干湖鱼皮制作技艺入选吉林省非遗项目名录。企业多名员工成为各级各类非遗项目的传承人。

二是实现非遗项目由传统的申报保护向生产性深度研发保护传承转变的示范引领作用。鼎润文化聚集域内丰富的非遗资源，重点研发文创旅游产品。依托国家级非遗项目“博舞”，开发了萨满服饰、萨满图腾、拨浪鼓、萨满舞剪纸、书签等产品；依托国家级非遗项目“马头琴制作技艺”，开发了马头琴及马头琴模型、纯银马头琴摆件、马头琴 U 盘、马头琴笔筒等衍生品；依托省级非遗项目“郭尔罗斯布艺”，开发了郭尔罗斯娃娃、牛仔动物玩偶系列等生活用品系列；依托省级非遗项目“查干湖鱼皮制作技艺”，开发了查干湖鱼皮画和鱼皮饰品百余款。以此为核心，建立了“郭尔罗斯礼物”“松原礼物”“吉林冰雪礼物”体系，实现了地域特色文化品牌化保护与传承。

三是实现非遗项目由静态保护向活态传承保护转变的示范引领作用。依托非遗项目规划建设了鼎润文化非遗展览中心、鼎润文化非遗活态传承体验中心两大建设项目，成立了鼎润文化新时代传习所，以此为依托，突出中小学和幼儿园这一群体，策划举办了“让非遗动起来”大型儿童互动情景体验综艺项目，利用周末、寒暑假等节假日时间，组织蒙幼、松江小学的孩子、老师和家长走进鼎润文化，每期50人，与鼎润文化员工和非遗传承人一起制作风筝、皮绳编手链、做衍纸、彩绘拨浪鼓等活动，培养孩子的动手能力；参观非遗展览中心，开展非遗项目及非遗知识专题讲解，普及推广松原优秀的地域文化，实现了中华民族优秀传统文化的传承和弘扬。

（二）技术创新的示范引领作用

一是在全面开展质量管理体系认证方面的示范引领作用。2015年马头琴、鱼皮画的生产和服务通过了GB/TI9001－2008idtISO9001：2008质量管理体系认证；2016年“郭尔罗”马头琴及模型系列产品、民族手工艺品、蒙古族服饰等研发、生产和销售通过了ISO9001：2015质量管理体系认证。

二是在申请外观专利方面的示范引领作用。马头琴盒、工艺品马头琴天歌、工艺品冰湖腾鱼、工艺品可汗的宫帐、四胡琴盒申请了外观专利。

二是在实施产品著作权保护认证方面的示范引领作用。为巴图与赛罕妹妹牵手在草原娃娃、蒙古族历史名人雕塑、马头琴路灯、胖头鱼家族申请了著作权保护。

四是在自主研发注册商标品牌方面的示范引领作用。先后完成了“冰湖腾鱼”品牌商标4类50余种产品、“郭尔罗斯”品牌商标12类100余种产品、“查干花”品牌商标3类40余种产品、“泥林”品牌商标6类70余种产品、“鼎润文化”品牌商标1类20余种产品、“辽金文化”品牌商标4类60余种产品的商标注册工作。“冰湖腾鱼”鱼皮画商标品牌、“郭尔罗”马头琴商标品牌分别被授予吉林省名牌。

（三）模式创新的示范引领作用

一是在创建“非遗＋一体化”建设模式方面的示范引领作用。该体系以“非遗＋”为核心，将“非遗＋展演＋手作＋酒吧＋餐饮＋会展＋旅游商品＋儿童教育＋图书＋商务＋创客”进行了深度融合，实现了企业和项目的创新发展。比如，“非遗＋体验”概念的“非遗＋手工艺”即非遗手作项目，通过产学研合作，对马头琴等蒙古族传统非遗项目进行科学保护和有效开发，可进行马头琴非遗工艺和文化情景的展示，非遗传承人现场制作观摩，传承人讲解工艺特点，消费者亲手互动体验学习制作工艺，消费者将自己制作的马头琴产品带走或直接购买成品的马头琴产品。通过这种形式，促进传统非遗技艺进入生活，非遗产品进入市场，使静态的非遗项目实现活态化传承。

二是在创建“共享共建共赢”发展模式方面的示范引领作用。鼎润文化牢固树立“不为我所有，但为我所用”的新型人才发展观，与西安昭泰文化集团进行战略合作，共同开发“松原礼物”；与四川美术学院合作，以课题的形式对松原本地文化进行深入研究，成立鼎润文化文创产品研发中心和川美手工艺实践基地。

（四）业态创新的示范引领作用

一是在具有战略合作的产品创意设计与研发方面的示范引领作用。与省内外院校和科研机构、知名品牌等进行合作，引进先进的创意设计人才和团队，针对不同文化审美习惯，设计创新能力强、时代特色鲜明、适合市场需求的高端文化旅游产品和文化旅游项目，从根本上提升产品和项目的档次与定位，扩大产品和项目的增值空间，增加产品和项目在同类产品和项目中的竞争力。

二是在具有品牌战略的产品制作与生产方面的示范引领作用。企业将品牌战略贯穿于产品制作、项目实施的全过程，通过精湛的技艺和科学的策划，打造具有完全知识产权的自身品牌产品和项目，使之与众不同，实现产品和项目的差异化，从而达到溢价的目的，进而通过知名产品和品牌项目，提升企业的品牌价值。

三是在具有多重渠道的产品和项目推广营销方面的示范引领作用。企业将通过市场营销机构开拓广泛的产品分销渠道，主要包括高端定制渠道，如高端礼品、产品等；互联网＋渠道，如电子商务、形象授权等；合作渠道，如与知名品牌合作、产品出口等。通过多渠道的营销方式和手段，扩大产品和项目的社会知名度和品牌影响力。

四是在具有地域特色的文化旅游产业方面的示范引领作用。企业所规划建设的体验中心项目将成为地域文化的一个亮点，为吉林乃至全国的非遗文化风情旅游提供了丰富的旅游资源。针对游客的不同需求可以设计不同的旅游线路，开发多种精品旅游产品。在充分利用场馆和周边设施的基础上，提高项目的影响力，创建有影响力的旅游品牌。

G.22

莲花岛文旅融合发展研究

张　婷*

摘　要： 当前，文化产业全面进入快速发展的战略机遇期，面对新时代、新要求、新机遇和新使命，莲花岛深入贯彻“宜融则融，能融尽融；以文促旅，以旅彰文”的融合理念，切实把握文化发展态势，深入探索文化产业发展模式，为新时代吉林全面振兴、全方位振兴做出努力。

关键词： 莲花岛　文化产业　文旅融合　体验消费

一　莲花岛的发展之路

（一）科学定位和合理规划，实现省内错位发展

莲花岛影视休闲文化园，作为吉林省内唯一一家民营企业的文化产业示范园区，先定位、后策划、再规划，提出可以立足现实，又能体现出针对性和可操作性的实施方案，努力把握全面协调发展要求，对文化产业和企业统筹规划，合理布局，梯次推进，均衡拓展，最大限度地发挥园区的整体功能。按照“不求大，但求精”的理念，高水准、高起点、高标准地搞好文化产业园区的总体规划，严格按照土地利用总体规划和城市建设总体规划的要求，充分考虑园区所在地域的地理特点、基础状况、资源禀赋和发展规模

* 张婷，长春莲花岛影视文化有限公司总经理。

等因素，力争使文化产业园区和市中心实现最大限度的交汇和融合，形成优势互补、分工协作、资源共享、互惠共赢的都市文化圈。

在文旅融合的新时代和新观念影响下，莲花岛倡导旅游文化的活化思维，通过主题特色体现独特景观和独特产品体验，体现内在独特的文化价值，打造一个核心主题，以多样化、多层次产品，满足多元化的市场需求。区别省内国家公园、博物馆、产业园区的发展模式，走差异化路线，打破吉林发展旅游就要有温泉的传统思想，避免重复建设，实现省内文化产业错位发展第一园区。

通过顶层设计，以国家4A级景区为标准，将项目打造成为一个以传播红色文化为基业，体验影视文化为主体，发展文化旅游事业为核心，融合生态观光、红色教育、影视体验、休闲度假、文化旅游、众创空间、拓展训练、商务会议、婚庆服务、运动养生、东北民宿等多功能于一体的大型综合性文化产业示范园区，将成为东北地区“省级文化产业示范园区”和“国家级文化旅游示范区”。

（二）明晰功能定位，做好“演、展、宣、游”资源整合

“读万卷书，行万里路”，文化和旅游从不曾分离，没有文化的旅行只是在走路。莲花岛在创立伊始，就明晰了商旅文发展之道在于跨界融合，在于互动融合，在于讲好文化故事的定位，划分板块，分布打造，以协同发展、互为补充的建园原则，开创了长春市乃至吉林省的文旅产业新模式。

1. 影视板块：影视 IP 为园区旅游插上腾飞翅膀

通过影视场景搭建完成了现代影视作品拍摄区、农村题材影视作品拍摄区（目前《我们村里的人》已经在吉林省电视台播出，其场景和拍摄现场以及故事的主体元素均在莲花岛园区进行拍摄）、民国影视作品拍摄区、抗联影视作品拍摄区四大场景模块，为长春市影视产业的拍摄提供了更大的便利，打破了长春市内没有大型影视拍摄基地的痛点，同时满足了当下游客自己拍摄小视频、微电影自娱自乐的消费形式，为长春市的影视拍摄和体验影视文化创作搭建了一个优质的平台。

2. 红色板块：园区具有社会价值和经济价值的重要板块

通过高度还原的东北抗联的密营、马棚、抗联兵工厂等场所，真实再现了抗联当年艰苦卓绝的抗日生活场景，克服了由于抗联遗迹大多位于深山老林，交通不便、环境不安全等不利因素，极大地方便了更多的党政工作者、百姓、学生等群体接受抗联红色教育，努力在市场主导资源配置环境下，将红色抗联的区域优质资源加以开发和利用，建造了省内唯一以“东北抗日联军第一路军”命名的展览馆，希望游客在游玩的同时，也可以接受东北抗联爱国主义和理想信念教育。

3. 生态板块：园区的配套组成部分

生态板块集生态餐厅、生态采摘、生态种植、生态场景为一体，整合农业种植、餐饮住宿等为一体的生态板块，形成一个完整的文旅园区。

4. 旅游板块：有效促进农村乡村旅游的发展

莲花岛利用现有生态环境和地貌，将一块半荒废土地经过科学的规划、严谨的设计以及借势造景等手段，打造了一个多场景的乡村旅游景区，园林亭榭，湖光山色，每逢夏季配合长春市的消夏节、电影节，莲花岛推出了消夏农民电影晚会，冬季推出了冰天雪地过大年的活动，东北菜、东北风、东北农村年俗等项目，极大地丰富了农村的文化生活。

另外，莲花岛充分发挥东北地域特色优势，实现了产品集聚整合。发挥最具吉林特色的影视文化、冰雪文化、生态文化、红色文化和兼具“冰天雪地”“绿水青山”两种资源，四季分明的全时段旅游特色优势，将生态与人文、传统与现代、历史与文化、抗联与影视、经典与时尚相结合，打造多元产品，实现文旅资源的完全整合，形成点线连接、区块结合的产业发展格局，成为推动全域经济发展的重要引擎和方向，对长春市的影视文化产业和乡村旅游产业以及红色爱国主义教育都进行了有效的资源补充，同时促进了长春市文旅业态的创新和发展模式，做到了“演、展、宣、游”资源的整合和同步发展。

（三）配套城市文化资源，打造产业文化综合体

长春作为电影产业的摇篮，有着电影之城的美誉，典型代表有长春电影

制片厂、长影旧址博物馆、长影世纪城。莲花岛影视休闲文化园作为影视产业的一分子，深度挖掘文化资源，使文化与自然资源有机融合，注重影视文化元素创意设计与衍生开发销售和体验环节，打造了影视互动、影视体验、角色扮演、街头演艺、地域特色鲜明的主题演出等一系列游客喜闻乐见的文娱节目。

为打造文化旅游品牌，重视推广和营销环节，比如建立企业公众号、抖音号、头条号等媒体平台，建设影院、展览厅、影视体验馆等。在文旅融合发展中，莲花岛将不断优化产品、合理配置文化资源，延伸产业链价值，把传统的“门票经济”改为“体验经济”、“服务经济”，把真正的文化体验、文化消费渗透到文旅融合发展的全过程中。

同时，莲花岛也顺应文化休闲娱乐的市场需求，将产业链向与文化消费相关的休闲娱乐产业延伸，引入富有文化创意元素的餐饮、酒店等服务设施，比如莲文化生态餐厅、莲花客栈、莲花村民宿。除此之外，莲花岛崭新地诠释了传统文化，打造民国时期的商业街，融合了杂技、年画剪纸、吹糖人、长春百年老字号店铺、文创产品、酒馆、当铺、书局、东风照相馆、百乐门、绸缎庄、理发店、邮局等民国时期生活场景、非遗民间技艺以及民国时期的典型人物角色。依托吉林省文化企业商会会员单位、非遗传承人、长春高等院校艺术团体、杂技团等，在民国街开展多种非遗项目展演，展示老长春民国风情，打响吉林非遗知名度，提高传承热情，提升游客体验，为园区注入新活力。总而言之，莲花岛影视休闲文化园的设计架构尽量在延伸产业链价值、拓展产业体系、满足市场需求的同时，不断提升市场竞争力。

二　发展中需要注意的问题

一是尊重原生态文化，保护在地生态、建筑及民风民俗，传承本土文化。

二是通过旧村改造，结合当代文化理念对建筑、风貌、景观进行再造，赋予废旧村落以新生。

三是通过对文化资源的深度挖掘与梳理提炼，以创意再生设计形成产品系列与丰富的业态。

四是通过挖掘和开发本土文化 IP，形成高辨识度的品牌形象和代言，通过场景规划与营造，形成主题化、系统化，以体验经济、粉丝经济、授权经济、会展经济等多维度实现商业变现。

五是构建“实景＋虚构”的运营发展模式，以文化 IP 为核心和龙头，通过内容开发、粉丝积累、场景化流量入口、多媒体传播运营与系列衍生开发，实现“文化＋旅游＋产业＋空间载体”四位一体开发模式。

三　莲花岛发展的思路与建议

（一）开发 IP 产品、沉浸体验提升流量，实现自我造血

无论是省内的景区还是文化产业园区，很多文化产品复制与模仿痕迹过重，缺乏原始创新能力支撑，而执行力更多地体现在生产而非创造性转化上，导致产业底部过窄，基础不实。现在文化旅游发展技术人才转移的吸附作用越来越强，在互联网、大数据、智能化的时代，文化消费的体验尤其重要，特别是“80 后”“90 后”“00 后”这个庞大的新型文化消费群体，他们通过互联网、通过 IP，实现文化旅游体验消费，这是一种新型的消费模式，它的成长空间很大，已经在倒逼传统的文化消费做出改变，因此，大力推进文化 IP 和旅游场景的融合发展是莲花岛的工作重点。

文化产业涉及多种行业，目前市场发展和各类活动项目都在努力贴合沉浸式体验的概念内涵，无论它是新时代艺术的代言还是盛行一时的术语，事实证明我们已迎来体验价值新时代。莲花岛影视休闲文化园也在为了迎接新体验价值时代的到来做准备，结合地域历史文化传统、民风民俗、虚实结合、动静结合，运用新技术，中西、古今融合，对产品进行创造性转化，以实景沉浸演出的形式来进行流量优化，体现文化内涵。如“民国风云”实景演艺，通过流量驱动文化产业的发展，让沉浸式体验就在休闲放松的旅游时光开启，也为园区的夜晚经济提供了一个良好的营收方式，真正体现莲花岛文化产业园区在吉林省文旅中的核心支撑价值。

（二）加强文化人才队伍建设

莲花岛内部设立艺术图，广泛培育员工和当地热爱表演的农民，加强对东北抗联讲解员、管理人员培训，全面提高人员素质。文化与文化产业发展密切相关的是，对文旅领域的创新创业的重视，充分激活长春年轻人的创新创业活力，吸引优秀团队和人才进行在地化的文化创意产业和旅游服务的创新创业，面对长春各大院校开展校企合作，提供就业和就业实训岗位，提供平台，鼓励大学生实践创新设计。为非遗传承人提供教学机会，培养更多非遗工艺者。

（三）着重打造软实力和环境的营销

现代旅游已开启休闲度假模式，大众化、规范化、没有棱角的东西，已无法张扬人们的个性和喜好，也无法慰藉人们的心灵和创伤。过去我们曾经抛弃的自然的、纯净的物象和环境，因为富有原真性、原生态性，因为契合回归自然、天人合一的生态理念，因为尊重个性价值、人本理念和大自然规律，反而凸显尊贵，恰恰成为高端、时尚、现代的元素。高端、小众游客已在不遗余力地追逐无景区化旅游，渴望一种放意林泉的生活体验，找寻一个不再规规矩矩、整齐划一的环境，一个可以张扬个性、直击内心的空间，其诉求便是差异化、人本化、异质化，甚至是高端化和定制化，而恰恰是这部分旅游者，正在引领市场走向。今天的高端就是明天的中端，今天的小众就是明天的大众。一个企业光有硬实力是不行的，必须还得有软实力，软实力其实更需要硬功夫。因此，对于认清软实力尤为重要，打造环境营销是让游客感受项目是否用心和从客户诉求的角度出发，营销的过程就是一次交往的开始，我们很难预测这其间会遇到什么样的变数，能不能持续持久地赢得客户青睐。产品的精益化源于工匠精神，凝聚这种工匠精神的元素就是企业软实力。想发展，一个人走得很快，一群人走得更远，因此，莲花岛的运营永远都需要优秀人才的加入，共同发展，才有能力跟上趋势与时代的步伐，最终成为赢家。

（四）加大政策支持力度

一是帮助企业梳理项目规划条件和土地政策。随着文旅全产业链布局的不断拓展优化，莲花岛主营业务从单纯影视体验逐步向实景娱乐、衍生品设计生产、红色旅游、文化旅游、田园养生等方向谋划延伸，随之而来的是对土地的需求不断扩大，但按照《土地利用现状分类》（GB/T21010－2017）规定，影视企业没有专门的文化或旅游类建设用地类型，现有的文化产业设施、项目用地基本上参照工业用地或商服用地的标准执行，作为民营企业难以承受较高的土地成本，且无法达到参照类型建设用地标准。要切实保障文旅建设用地需求，改善营商环境，提升审批服务效率，梳理项目规划、土地手续，在土地价格、用地标准、审批流程上进行细化明确，并针对项目备案、审查、审批建立绿色通道。

二是加强文化产业园区基础设施和服务能力建设，提高产业聚集程度。加大财政对基础设施、服务能力和科技创新的支持力度，实现规模化发展。

三是加大吉林省文化产业示范园区扶持力度。建议以莲花岛影视文化园为先导示范，加大人才、财政奖补、发展空间等方面的支持力度。同时，依托基地现有产业集聚优势，从流程化、系统化、专业化入手，延伸拓展产业链，探索开展知识产权、融资等中介服务。

简而言之，在文旅融合背景下，莲花岛要抓住文旅融合发展的新机遇，深入推进文化和旅游在资源和品牌等多方面的融合，同时还应加速文化资源的旅游化开发和文化创意的商业转化，创新发展，不断增强莲花岛的核心竞争力和可持续发展能力。

专 题 篇

Project Articles

G.23

吉林省公共文化机构社会主义核心价值观宣传方式及效果研究*

周笑梅**等

摘 要： 公共文化服务机构是社会主义核心价值观宣传、传播、培育的重要载体和领域。近年来，吉林省公共文化服务体系建设获得了长足发展，多层面、多维度有效承载和推动了社会主义核心价值观的宣传与培育。在吉林省公共文化机构对社会主义核心价值观宣传工作的不懈探索与拓展中，形成了大量宝贵的实践经验，如强化对吉林省公共文化服务机构宣传社会主义核心价值观的引导，提升和创新吉林省公共文化服务机构社会主义核心价值观的直接展示形式，逐步加大对吉林

* 此报告为“吉林省公共文化机构社会主义核心价值观宣传方式及效果研究”课题成果。

** 周笑梅，吉林省社会科学院哲学与文化研究所所长，研究员，研究方向为政治学。

省公共文化服务机构的财政投入，提升吉林省公共文化服务机构现代制度建设中的社会主义核心价值观宣传培育意识等，对于有关工作的进一步推广普及和深入开展，具有重要的示范性和推广性价值及意义。

关键词： 吉林省　公共文化机构　社会主义核心价值观

公共文化服务，是指由政府主导、社会力量参与，以满足公民基本文化需求为主要目的而提供的公共文化设施、文化产品、文化活动以及其他相关服务[①]。当前，我国公共文化服务机构主要包括图书馆、博物馆、文化馆等。自 2017 年 7 月起实施的《中华人民共和国公共文化服务保障法》总则中开宗明义地指出，国家制定该法的重要目的之一是在公共文化服务体系建设中弘扬社会主义核心价值观[②]。因而，公共文化服务机构无疑是社会主义核心价值观宣传、传播、培育的重要载体和领域。

一　吉林省公共文化服务机构社会主义核心价值观宣传成效及经验

近年来，吉林省公共文化服务体系建设获得长足发展，多层面、多维度有效承载和推动了社会主义核心价值观的宣传与培育。在吉林省公共文化机构对社会主义核心价值观宣传工作的不懈探索与拓展中，形成了大量宝贵的实践经验，对于有关工作的进一步推广普及和深入开展，具有重要的示范性和推广性价值及意义。

---

① 《中华人民共和国公共文化服务保障法》，中国人大网，http：//www. npc. gov. cn/npc/xinwen/2016 - 12/25/content_ 2004880. htm。

② 《中华人民共和国公共文化服务保障法》，中国人大网，http：//www. npc. gov. cn/npc/xinwen/2016 - 12/25/content_ 2004880. htm。

（一）吉林省公共文化服务机构对社会主义核心价值观的网络宣传与传播

网络媒体宣传社会主义核心价值观具有重大的传播优势和广泛便捷的影响力、渗透力，移动媒体时代则使这种优势空前放大。截至2017年12月，中国网民规模达7.72亿，普及率达到55.8%，手机网民规模达7.53亿，使用手机上网人群的占比为97.5%，微信城市服务累计用户数达4.17亿[①]。伴随互联网规模不断扩大，模式不断创新，以及移动媒体终端的迅猛发展，公共文化服务的线上化，以及线上线下服务融合成为其发展的重要趋势和基本模式，这种趋势与近年来国家持续推广的公共文化服务数字化发展相融合，使公共文化服务进入了一个全新时代。

公共文化服务机构通过官网、微信公众号、微博公众号，以及其他移动媒体客户端服务，在推广其服务的过程中，直接或间接宣传了社会主义核心价值观。移动终端的广泛使用，使这种传播进一步突破时空限制和单向交流限制，传播范围及影响空前扩大，因而也空前增强了价值观传播与渗透在日常生活中的嵌入度，从而形成更为深入的传播效果。目前，吉林省主要公共文化服务机构都有较成熟的官网和微信及微博公众号，并通过这些网络媒体以直接或间接的方式促进了社会主义核心价值观的传播与宣传。

1. 吉林省图书馆对社会主义核心价值观的网络宣传与传播

近年来，吉林省图书馆注重利用网络平台，开展宣传推广工作，在为读者提供纸质阅读的同时，利用资源优势，开展数字阅读服务，满足不同读者的个性化需求。目前，吉林省图书馆新浪微博粉丝量达7378人，年均发布消息400余条，发布消息总量3672条。微信订阅号用户数达31279人次；2012年11月，在吉林省图书馆联盟基础上建设的“吉林省数字阅读联盟”平台正式开通，并研发了“吉林云图”手机应用客户端，借助移动互联网实现吉林省移动阅读联盟服务。2017年，吉林省图书馆完成吉林云图App

① 中国互联网络信息中心：第41次《中国互联网络发展状况统计报告》。

升级改版工作，升级后的 App 更名为吉林省图书馆，与官网、新浪微博、微信订阅号认证名称统一。用户访问量为 10.45 万次，总使用量 150 万次。

依托官网、App、微博、微信，吉林省图书馆大力开展有利于社会主义核心价值观传播培育的相关服务与活动。2016 年底，吉林省图书馆推出“图说微读·文化吉林”微信阅读服务，“图说微读·文化吉林”服务推送内容既有适合所有读者的，又有针对特定群体的。专栏设置上根据受众群体不同有所区分，如面向中青年读者设置“名著品读”、“读书推荐”、“专题课程”等专栏，面向未成年读者设置“儿童故事”、“听儿歌”、“学英语”等专栏，面向所有读者设置了“名乐金曲”、“美文精句”等专栏，面向领导干部设置“聚焦热点”、“文化动态”、“政策一览”等专栏，面向农民工设置“成长励志”、“致富技能”等专栏。2017 年 9 月，吉林省图书馆举办了全省范围内大型活动“健康生活　悦动吉林——共读不孤读　同城一本书”。2017 年 11 月末，吉林省图书馆推出了“新时代传习所”栏目，邀请名家讲解，线上线下同时向读者深入宣传党的十九大精神，录制了三期专题视频，浏览量达 29314 次；同时，吉林省图书馆借助文化共享工程、数字图书馆工程等文化惠民工程，进而深入促进社会主义核心价值观的广泛传播。吉林省图书馆积极争取文化部全国公共文化发展中心支持，在全省建设文化共享工程基层网点 10777 个，其中省级分中心 1 个，地市级支中心 9 个，县（市、区）级支中心 60 个，乡镇基层服务点 626 个，街道基层服务点 276 个，社区基层服务点 331 个，村基层服务点 9306 个，部队 48 个，学校 85 个，企业 14 个，机关/事业单位 21 个。为充分发挥公共数字文化服务在军民融合方面的积极作用，吉林省图书馆与全国公共文化发展中心策划并同省公安边防总队签署了“吉林省军民融合发展——公共数字文化进边防”战略合作协议，该活动成为全国公共数字文化进军营的示范性项目，一期将建设 60 个示范点、58 个驿站，使部队文化服务形成网络，一方面具有重要的国防意义，另一方面也成为社会主义核心价值观传播的良好渠道与平台。

2. 吉林省博物院对社会主义核心价值观的网络宣传与传播

吉林省博物院立足官网，积极主动适应和融入移动新媒体时代潮流，在开展公共文化服务信息传播的同时，弘扬社会正能量，传播社会主义核心价值观。吉林省博物院依托“一站两微”（官方网站，官方微博、微信公众平台）和优酷视频频道（官方和社教小喇叭）等新媒体传播途径，以图文、视频等多媒体形式发布信息和活动详情，特别是每周发布品牌栏目社会教育活动“奇趣博览大课堂”报名预告、活动剪影等相关活动信息；吉林省博物院实现展览虚拟化，以虚拟化方式完成展览的在线展示功能，先后打造了《黑土军魂——东北抗日联军军史陈列》《李巍画展——一叫千门万户开》《百年老幌》三个数字化展览，观众在虚拟场馆参观、浏览和藏品有关的图像、文献、视频等信息，实现了线上线下共享的功能。通过这些网络媒体和技术手段，吉林省博物院在立足吉林优秀历史文化宣传的同时，始终在相关公共文化服务中渗透和传播社会主义核心价值观。

3. 吉林省群众艺术馆对社会主义核心价值观的网络宣传与传播

近年来，吉林省群众艺术馆按照中宣部印发的相关文件精神，进一步加强社会主义核心价值观的网上传播途径，在提升在场服务能力的同时，突破公共文化服务空间和时间的制约，通过该馆网站、微信平台等方式，发布核心内容，在官方网站首页设立了党建园地板块，微信公众号增加了反馈机制模块。2018 年将建设涵盖文化资讯、培训报名、场馆预订、馆务公开、文化直播、数字展厅、文化品牌、数字期刊、数字资源、文化社团、志愿服务等模块的综合数字化平台，4 月份已开始试运行，还将在数字文化馆建设的基础上建设吉林省公共文化服务云平台，形成全省资源点播，共享直播、活动预约、场馆预定、大数据分析等五大核心功能，与国家公共文化服务云平台对接，直接面向市县区基层文化馆提供公共文化云服务，广泛传播社会主义核心价值观，营造良好的舆论环境。

4. 长春市图书馆对社会主义核心价值观的网络宣传和传播

近年来，长春市图书馆始终重视通过网络媒体传递优质公共文化服务及产品，传播渗透社会主义核心价值观，弘扬社会正能量。长春市图书馆门户网站为长春市数字图书馆，它始终以该市历史文脉和文化特色为根基，收集地方传统文化及东北亚城市特色文化资源，提供文献、信息、知识、展览等多样化服务，以展示城市文化特质、传承城市文化个性、丰富城市文化内涵、促进对外文化交流为己任，以倡导全民阅读为路径，支持终身教育，建设书香社会。为公众提供自主学习和独立研究的空间、信息资源、设备和服务，促进公民素质提升和社会文明进步。搭建公众之间及公众与图书馆资源、社会公益性群体、政府组织间的互动交流平台，广泛、深入地参与和影响公众文化生活，促进文化资源流动和知识、信息的交流，提高公众日常生活中的文化品质。

长春市图书馆手机移动客户端自 2011 年末开通以来，依托集成的海量信息资源与云服务共享体系，为移动终端读者提供了资源搜索与获取、自助借阅管理和信息服务定制的“一站式”移动阅读服务。2013 年 1 月到 2017 年 4 月，累计点击量超过 4468 万次，月平均点击量达 86 万次；读者累计登录 100 余万次，月平均近 2 万次，取得了良好的服务实效。移动图书馆通过与该数字图书馆网站集成实现电子资源的一站式检索与全文移动阅读，并通过共享云服务实现馆外资源联合检索与文献传递服务，其中包含的数字资源如电子图书 280 万册包库，中文期刊元数据 8660 万篇，中文报纸元数据 12350 万篇，外文期刊元数据 18523 万篇，学位论文元数据 416 万篇，外文学位论文 124 万篇。推进全民阅读，提升民众数字素养，创建图书馆虚实结合的服务新空间，完成全市图书馆服务中心资源发现门户、资源聚合平台集成网络建设，实施各类机构、资源类型、资源主题的共建共享，提供多元化、泛在化、数字化的便民惠民服务，建设以人为本、精细服务的城市图书馆，传承历史文化，维系民族精神，滋养社会主义精神文明建设，传播中华优秀传统文化内涵和社会主义核心价值观。

长春市图书馆微信公众平台自 2013 年 7 月上线以来，定时向用户推送信息、传达资讯、分享美文。经过近 4 年多发展，已经成为覆盖广泛、用户庞大的公益性微信服务平台，累计关注人数近 5 万人，推送阅读近 2000 余次，总阅读量超 200 万次，累计阅读人数超 10 万人，在全国的图书馆微信公众平台中占据领先位置。长春市图书馆微信公众平台始终以弘扬社会正能量，倡导公众积极价值观为根本，深入推广文明和谐、自由平等理念。如

“纪念汪国真‘既然选择了远方，便只顾风雨兼程’”“关于第九届茅盾文学奖，也许这里有你不知道的秘密”等经典的阅读内容，弘扬民族文化，增强爱国情怀，获得了读者的广泛好评。2015 年 9 月，举办了中秋“文化大集”系列活动，首次引入了一站式文化体验的概念，集科技展示、传统文化、快乐学习于一体，通过手绘地图、展板海报等方式，吸引了众多读者参与。自创立以来，长春市图书馆微信公众号致力于引领健康的富有时代性的阅读风尚，并以其公众号的影响力更好地宣传先进的文化和思想，宣传社会主义核心价值观。

5. 长春市群众艺术馆社会主义核心价值观的网络宣传和传播

长春市群众艺术馆于 2012 年创建官网。几年来，通过网站加大对社会主义核心价值观的宣传，年上传活动信息 100 条以上。微信公众号 2014 年运行以来，已成功开展了“指尖上的英雄”校园手机摄影大赛、校园达人秀、“我想对你说”微信征文大赛、“千家万福”全家福公益拍等活动以及各类活动预告、公益培训报名等工作，同时有意识地加强了有关服务及活动中的社会主义核心价值观宣传及传播。

（二）吉林省公共文化服务机构在服务及活动开展中的社会主义核心价值观宣传与传播

公共文化服务的宗旨在于以公益方式实现公民基本文化权益，其公共性体现为个人文化与公共文化的适度融合，个人文化消费需求在公共文化秩序下，以丰富多样的形式得到合理满足。而公共文化秩序的实质在于公共价值观的培育与发展，在这种核心价值的引领下，政府以公共决策、公共财政等公共行政方式实现对公共文化利益的公共服务。因此，公共文化产品及服务在内容形式上的特殊性，决定了它必然是遵循社会主义核心价值观的文化创造与生产，这些产品的生成与繁荣必定需要社会主义核心价值观所提供的精神内核，社会主义核心价值观的引领决定着其发展的内在逻辑与整体水平。同时，公共文化服务产品又以其公共性、公益性与其服务方式的艺术化、生活化的有机结合，有效促进了社会主义核心价值观由上而下的传播与渗透，并在国家与社会的多元互动中，强化了社会成员对社会主义核心价值观的内在认同，更有效地增强了文化与核心价值观的凝聚力、向心力、亲和力。

1. 直接在服务空间展示社会主义核心价值观

党的十八大召开之后，吉林省图书馆将“富强、民主、文明、和谐、自由、平等、公正、法治、爱国、敬业、诚信、友善”这 24 个字展示在总服务台，第一时间向到馆读者进行社会主义核心价值观宣传；党的十九大召开之后，吉林省图书馆设立了“新时代传习所——十九大报告”图书专架等特色文献阅览专区，以促进习近平系列思想及社会主义核心价值观更有效地通过公共图书的形式传播。

2. 通过基本产品供给渗透社会主义核心价值观

文化兴则国运兴，文化强则民族强。长春市图书馆是中华优秀传统文化的弘扬者，遴选中华传统文化中最具代表性的经典，萃取精华，努力为广大读者提供立足学术、面向大众的古代典籍，其中包括《周易》《尚书》《诗经》《论语》《孟子》《老子》《庄子》《管子》《孙子兵法》《史记》等；同时又是中国先进文化的传播者，如《读・党史》第 10 辑《走近西柏坡》，记述了 1947 年 7 月 ~1949 年 3 月中共中央在西柏坡不足两年的时间里在政治、军事、经济、文化和民主建国等方面取得的突出成就。积极传播党的先进思想和文化，例如党的十九大专题、深化改革、从严治党、创新驱动、“一带一路”和精准扶贫等，让广大公众关心国家大事，了解国家大事，培养民族自豪感，弘扬社会主义核心价值观。

3. 通过文化讲坛及宣讲传递社会主义核心价值观

吉林省图书馆公益讲座始于 1995 年，每年举办 50 余期，目前已举办 1200 余期。多年来，吉林省图书馆联合省内众多文化机构及资源，持续打造公共文化服务品牌——文化吉林讲坛。所开展的公益讲座不断拓展思路，充实内容，不断关注国家重大改革及政策贯彻、社会热点及地域文化，不断推出新的讲座思路和方式，打造出具有吉林特色的公益讲座新模式。《文化吉林讲坛》每周日下午一点半准时开坛授课，每年举办 50 余期，内容涉及政治、经济、历史、文化、社会生活等多个方面，《奠定中国共产党思想路线的经典之作——毛泽东与〈实践论〉和〈矛盾论〉》《东北抗联精神及时代价值》《抗日战争与中华民族》《当前经济形势及热点问题》《探解李清照的十大谜团》《从传统文化看现代人的心态》《〈吉林工匠〉与吉林文化》《阅读，书香社会的基石》《书法学习中的正确知见》《对身心和谐的理性思考》《〈红楼梦〉让人类“不忘初心”》《关于中国画传统的笔墨表现》《〈松花江放船歌〉感怀》等讲座，深受广大市民的喜爱，也深刻承载和渗透了社会主义核心价值观的传播与培育。

吉林省博物院近年来制定了博物院“走出去”战略，将阵地展览制作成流动图片展，送进学校、部队、社区、企事业单位及基层，进一步广泛宣讲抗联英雄事迹等历史与文化。以品牌青少年教育活动“奇趣博览大课堂”和“优秀传统文化传承创新活动进校园”、“黑土地上不屈的忠魂”高校讲座为主，通过寓教于乐的方式，将博物馆教育更好地与学校教育相融合，不死板，更活泼，更容易接受。2013 年以来，吉林省博物院先后与空军航空大学、吉林大学、长春师范大学、长春大学、长春建筑学院等十所大学签订了“共建爱国主义教育基地”协议书。吉林省博物院依托“爱国主义教育基地”，结合传统节日，开展主题活动，发挥博物馆的教育功能。2018 年，吉林省博物院将《赤子丹心——黄大年同志先进事迹展》送进孟家社区，《烈·火——东北抗联英雄人物专题展》与其一并在通榆县墨宝园展出；《学习雷锋好榜样》图片展送进北京师范大学长春附属学校。这些宣讲使凝聚在历史与文化深层的社会主义核心价值观得到更广泛和生动的传播及宣传。

长春市图书馆“城市热读”讲座自 1996 年创办以来，至今共举办 700 余场，受众达 23 万余人次，荣获长春市“终身学习品牌”、全国“终身学习品牌项目”等殊荣。自 2008 年起，长春市图书馆先后与吉林省中医药学会、吉林省社会科学界联合会、长春市规划局合作推出“中医大讲堂”“关东文化讲坛”“长春城市规划大讲堂”等系列讲座，主题贴近民生，内容切合民意，得到广大市民的喜爱，获得了社会的一致好评。充分发挥公共图书馆在社会科学普及方面的重要作用，始终将社会科学普及作为工作中的重点，通过各种形式来向社会公众推广，弘扬民族文化，增强对国家的认同感和爱国情怀。

4. 通过展览展示渗透社会主义核心价值观

吉林省主要公共文化服务机构都注重在展览展示中传播和渗透社会主义核心价值观，并通过线上线下展览的结合运行更充分地扩大传播效应。

博物馆教育是一种独具特色的教育类型。它以人类和自然最直接的物质见证为依托，通过科学的诠释、形象的展示、多重教育方法的运用，向观众提供积极向上的信息、知识和体验，从而达到帮助观众养成高尚文化艺术情趣、塑造正确的人生观，宣传和传播社会主义核心价值观的目的。吉林省博物院自2010年以来，在文化大发展、大繁荣的背景下，在博物馆免费开放的政策支持下，以主题展览为载体和平台，弘扬爱国主义和社会主义核心价值观，共举办精品陈列展览150多个，尤以具有民族精神的革命题材展览为主要内容特色。2015年12月吉林省博物院整体迁入新院以来，举办了《历史的丰碑——黄埔军校校史展》《黑土军魂——东北抗日联军军史陈列》《烈·火——东北抗联英雄人物专题展》《省直机关迎接党的十九大优异成绩展》《赤子丹心——黄大年同志先进事迹展》等展览，围绕爱国主义教育，弘扬传承民族精神，以历史和榜样的力量，深度渗透社会主义核心价值观的内在灵魂与精神。其中，《黑土军魂——东北抗日联军军史陈列》展览荣获全国博物馆陈列展览十大精品奖。为迎接党的十九大胜利召开推出的《省直机关迎接党的十九大优异成绩展》以及弘扬黄大年同志为国家教育事业奉献终身的精神信念推出的《赤子丹心——黄大年同志先进事迹展》深受参观者一致好评。每年7~8月，吉林省博物院还将部分展览和教育活动送到乡镇和农村，提高基层历史文化修养，以更好地帮助更广泛的人群特别是基层群众培养正确的历史观和价值观。

吉林省图书馆充分利用平台优势，全面整合社会资源，合理优化配置，积极采取自主、联合等方式与图书馆界及相关社会团体联合办展，共同举办内容丰富的展览活动。吉林省图书馆年举办展览20余场，《纪念中国人民抗日战争暨世界反法西斯战争胜利70周年图片展》、《白山黑水抗联魂——

弘扬伟大东北抗联精神专题图片展》、《丝路万里千年》图片资料展等，深度渗透了对社会主义核心价值观的宣传和传播。

5. 通过文化惠民活动传递社会主义核心价值观内在凝聚力

吉林省群众艺术馆开展了形式多样，充满正能量，省、市、县、乡四级联动的文化惠民活动。2017 年，吉林省群众艺术馆举办了吉林省百姓春晚走进大美辽源文艺晚会，“健康生活，律动吉林”、全省“非物质文化遗产”专场文艺演出，“欢庆十九大、筑梦新时代”第四届吉林省农民文化节专场文艺演出，以及“喜迎十九大　唱响新生活”百首“中国梦”主题歌曲文艺演出活动。同时，吉林省群众艺术馆举行了吉林省第十届“长白之声”合唱节、“吉林省第二十五届艺术系列大赛”、全国京剧“和平杯”小票友大赛、全国“滨海杯”评剧“新苗”小票友大赛、吉林省首届少儿票友戏曲优秀剧目展演、吉林省第 3 届诗文朗诵大赛等丰富多彩的文艺赛事、展演活动。

2017 年，长春市群众艺术馆通过多种形式，在全市各广场、社区、公园以及馆内剧场，为广大市民群众开展民生演出活动。截至目前，广场演出 192 场次，剧场精品演出 65 场。广场演出主要包括 2017 长春市广场休闲演出季、2017 长春市群众艺术团舞蹈大赛、消夏艺术周等。剧场演出主要包括“春芽”晚会、“金秋合唱节”、市残联专场演出等，还包括“高雅艺术服务百姓”，如国家艺术基金资助项目吉剧《罗密欧与朱丽叶》以及爵士乐艺术周等演出。

呼唤和培育群众的传统文化认同感、家庭观念，是群艺馆培育和践行社会主义核心价值观的特色之一。市群艺馆经过多年的发展，已经形成了一定的口碑影响力，即便在节假日，群众参与热情依然高涨。在 2017 年两节期间，组织开展了慰问演出、文化庙会活动、2017 长春市元宵节秧歌大赛、新春音乐会等 18 场演出活动，同时开展了“千家万福公益拍”“家风墨宝进万家”启动仪式暨中国家风展等活动。2017 年 1 月 25 日，在群艺馆大厅举行了“家风墨宝进万家”启动仪式暨中国家风展。在此期间，为预约群众免费书写并赠送家风书法作品 360 幅。通过丰富多彩的活动内容和灵活多样的活动形式，在春节期间为百姓奉献了一个热烈、喜庆，满载关东传统和民俗民韵的文化盛会。

吉林省不同级别群众艺术馆通过这些文化惠民活动，扩大群众参与面，弘扬了主旋律，丰富了百姓生活，提升了群众的文化艺术修养，使群众在增强幸福感和自豪感的同时，体会社会主义核心价值观的亲和力和凝聚力。

与艺术活动结合的文化公益活动是使大众于身心感受中体悟社会主义核心价值观的良好形式。吉林省图书馆于2014年底与吉林艺术学院、吉林人民广播电台三家单位正式签约，推出图书与音乐相结合的吉林省公共文化交流推广平台，利用这一平台，策划举办音乐鉴赏、美术设计、新媒体、动漫等丰富多彩的文化活动，提升综合素质。三年来，吉林省图书馆与吉林新闻综合广播、《新文化报》、省音乐家协会等机构合作，联合组织了“文化吉林·我与中华古籍”古典乐曲演奏会、北京大学原创话剧《早安，妈妈》、第三届“社区好声音”歌唱大赛总决赛暨颁奖晚会、第十四届“感动吉林”2016年度人物颁奖典礼、第四届吉林省市民文化节大型公益演出、庆祝中国共产党成立96周年吉林省青少年大型文艺汇演等20余项，成为全省市民文化节和农民文化节的重要内容，通过健康向上的公共文化服务公益活动，以艺术化、生活化的生动形式，展现社会主义核心价值观的内在力量。

（三）吉林省公共文化服务机构行业培训建设中的社会主义核心价值观宣传与传播

对全省基层公共图书馆进行业务辅导培训是吉林省图书馆工作的重要组成部分，每年组织开展下基层业务指导、在线解答咨询、协调基层馆到省馆相关部门实地学习，组织举办馆长培训班，开展馆员业务培训及竞赛，扶持市州馆开展业务培训等。2013年以来，通过微信、QQ等现代手段开展辅导工作，对基层进行指导、解答咨询、提供科学参考和合理化建议等，开展基层业务辅导和培训40余次。协调各部门面向基层图书馆组织业务培训25次，累计为全省培训2000多名业务骨干。在相关行业培训工作中，吉林省图书馆引导深入学习贯彻《公共文化服务保障法》《公共图书馆法》，同时注意从中渗透和传播社会主义核心价值观，加强不同级别图书馆专业工作人员对社会主义核心价值观的内化认同，以及在实践中的全程贯彻。

吉林省博物院作为吉林省博物馆协会的重要会员单位，负责多项省博协的重点工作开展。其中，通过行业培训手段，提高各会员单位的工作水平和能力，更是重点中的重点。自2016年以来，吉林省博物院通过省博协这一平台开展行业培训，组织、联络省内外文博界同仁，主办、承办多场业务培训班，内容涵盖博物馆管理、陈列展览研究、新时代博物馆应用技术普及等多个方面。如在2016年承办“中国博物馆馆际间协作策展交流论坛暨吉林省博物馆协会2016年度展览培训”，2017年举办“吉林省博物馆展览（文物）数字化保护项目联络员培训班”，每年举办“全省博物馆馆长培训班”等。这些培训活动的开展，都在深层宣传贯彻了社会主义核心价值观，旨在通过培训，与先进单位和个人切磋琢磨，在为社会主义文化大发展大繁荣的探索道路上共同提高。

近年来，吉林省群众艺术馆编写了一批培训教材，利用多渠道传播正能量，使服务水平有了较大提升。这些教材不仅在省级培训中被使用，而且也在基层培训中广泛使用。省馆还组织专家到基层调研，对培训科目和内容根据反馈进行调整。同时，吉林省选聘了一批实践经验丰富、理论水平较高的党政领导干部、文化行政部门和公共文化机构管理人员、高校和科研机构专家学者担任培训教师。先后有文化部专家、上海社科院、东北师范大学、吉林大学等20多家单位的教授、专家、学者150多人次担任省馆授课教师。同时，还有计划、分步骤组织省馆人员、各级文化馆人员到高校和上级培训部门学习，在提高全省师资队伍的理论水平和业务能力的同时，贯彻和推进了社会主义核心价值观的宣传和教育工作。

长春市图书馆为进行行业协调、指导与合作，推进图书馆事业快速发展，开展长春市图书馆学会工作，促进地区图书馆的学术研究与交流；积极加入全国及地方性的图书馆联盟组织。如先后加入十五城市公共图书馆工作研讨会、全国联合参考咨询与文献传递网、吉林省图书馆联盟、中国国家数字图书馆成员馆等，增进交流合作，促进共建共享；积极开展社会合作，整合社会资源，广泛吸纳社会志愿者、义工及政府机构、文化机构、学校、企事业单位等社会团体，共同参与图书馆建设，年均300多场读者活动正是汇聚了全社会优秀文化资源共同参与得以完成的。例如，“城市热读”讲座主讲嘉宾资源库已有500余位文化学者，“长图雅音”艺术沙龙的合作单位有20余家。通过以上举措，长春市图书馆不断加强自身公共文化服务水平，扩大社会主义核心价值观宣传范围。

为推进长春市公共文化服务体系建设，提高基层群众文化队伍骨干的艺术水平和文化修养，长春市群众艺术馆先后在双阳、德惠、榆树、九台、农安等开展了多期基层群众艺术团文艺骨干、各文化站、文化大院骨干公益培训活动，培训近3万人次。此外，长春市群众艺术馆同时启动了针对贫困村艺术骨干的“精准扶贫”公益培训，计划用三年的时间，对全地区149个贫困村的每村至少2名文艺骨干进行培训。目前，已经在双阳、榆树完成50个贫困村的培训任务，培训了100名文艺骨干，2400人次。在培训服务及相关精准文化扶贫活动的开展中，长春市群众艺术馆注重对社会主义核心价值观的宣传渗透，以社会主义核心价值观为引领，使相关培训工作及公共文化服务深入落实和开展。

（四）吉林省公共文化服务机构法人治理结构改革中的社会主义核心价值观宣传与传播

社会主义核心价值观总体上内含了一系列现代国家的治理理念，规定了国家政治、经济、文化制度的根本原则，以及现代国家治理格局的基本框架，即国家、企业组织、社会组织及公民个人多元主体共同参与的现代治理模式的建构原则和运行目标。在公共文化服务领域，社会主义核心价值观所指向的，则是公共文化服务体系建设的社会化多元主体参与所承载的国家文化治理理念与治理模式转型。公共文化服务体系建设过程是深入推进文化行政体制和文化事业单位管理体制改革的过程，其核心原则在于进一步推动政企、政事、政社分开，政府部门由“办文化”向“管文化”转变，向现代公共服务型政府转变，核心目标在于形成政府、市场、社会多元主体，多层面共同参与的公共文化服务参与机制及共同治理模式①。

当前公共文化服务机构法人治理结构构建已被纳入国家《公共文化服务保障法》《公共图书馆法》，这表明，一方面，相关的制度与法治建设被置于十分重要的位置，公共文化服务政策体系与法律体系逐步形成并不断完善；另一方面，公共文化服务治理中各参与主体的权利、义务关系在探索中逐渐清晰和趋于成熟，公正、民主、法治、文明、和谐等社会主义核心价值观统摄下的政府、市场、社会多元主体的协同运行机制逐步发展完善，现代价值理念逐渐深入人心，文化领域的法治建设、有序民主参与等得到有效推进。因而，公共文化服务机构法人治理结构建设的过程，成为深刻的社会主义核心价值观深层传播与培育的过程。

近年来，吉林省主要公共文化服务机构的法人治理结构改革在积极有序地推进中，尽管由于吉林省整体文化及制度资源环境，以及公共文化服务机构自身条件所限，各单位进程不一，但总体上都在做出积极充分的准备和努力，并在这一过程中始终注重对社会主义核心价值观的深层传播与贯彻。

2015 年 11 月，长春市图书馆理事会成立并通过了《长春市图书馆章程》及四个配套制度和《长春市图书馆服务规范》（讨论稿）。理事会还就图书馆读者活动的开展、品牌打造、地方文献征集、特藏文献保护开发等问题提出了建议。此后，理事会按照《长春市图书馆章程》规定的职责行使决策和监督权力，正式开展工作。运行理事会制度实现了图书馆开门办馆，体现了公共图书馆的公益属性，拓宽了工作思路，促进了社会沟通，进而为百姓提供优质、高效、公平的公共文化服务，基本形成了政府宏观管理、图书馆自主办事业、社会力量积极参与的办馆格局。长春市图书馆理事会制度运行良好，法人治理改革工作取得初步成效。法人治理结构的试点单位强化图书馆的公益属性，加强政府监管和社会监督。以决策、执行和监督三权相对分离、相互制约、相互促进的办馆模式，在 2017 年底，完成图书馆、博

① 周笑梅：《以社会主义核心价值观引领公共文化服务体系建设》，《光明日报》2015 年 7 月 26 日，第 7 版。

物馆法人治理结构改革试点，逐步构建以公益目标为导向、内部激励机制完善、外部监管制度健全的规范合理的现代管理体制和运行机制，实现决策、管理、监督的科学化、民主化，公共服务保障的制度化、规范化，提高公共文化服务效能。

自2015年起，长春市群众艺术馆被选为吉林省法人治理结构建设试点单位。两年多以来，持续推进法人治理结构建设，坚持“放权、吸纳、规范”原则，突出“扩大有序参与、推进信息公开、加强议事协商、强化服务监督”四个重点，充分发挥理事会决策、监督职能，实行理事会季审议制度。确立了以推进公共文化参与式服务为核心的法人治理结构模式的理念和特色，达成了赋予民众公共文化单位业务管理的决策权，赋予民众公共文化服务内容的选择权，赋予民众公共文化活动的参与权，赋予民众公共文化服务效能的评价权。通过实施法人治理结构建设，更多的优秀社会团体、人士加入市群艺馆的公共文化服务中。这一过程本身深层传播和宣传了社会主义核心价值观，促进了社会主义核心价值观的培育。

（五）吉林省公共文化服务机构特殊人群服务及贫困地区服务中的社会主义核心价值观宣传与传播

公共文化服务均等性体现于普惠与特惠的结合。自“十二五”以来，对于特殊人群的关怀与关照，对于老少边穷地区的倾斜与扶持，就是国家公共文化服务发展战略的重要原则。国家《公共文化服务保障法》规定：各级人民政府应当根据未成年人、老年人、残疾人和流动人口等群体的特点与需求，提供相应的公共文化服务；国家扶助革命老区、民族地区、边疆地区、贫困地区的公共文化服务，促进公共文化服务均衡协调发展。这在根本上体现了公平、正义、和谐等社会主义核心价值观的精神内涵。

吉林省图书馆针对少年儿童的文化需求，开设了“青青草网站”，并在此基础上筹划“青青草”系列活动。“青青草网站”坚持“以人为本，德育为先”的服务理念，以公益性、互动性、知识性为特点，吸引了家长和孩子的参与，以灵活性、直观性让青少年活动与网络相结合。网站建立之后，依托网站开展的书法、绘画、摄影展、校园 flash 大赛、原创作品大赛等青少年活动不仅给青少年提供了展示才华的平台，也彰显了“青青草网站”价值观影响力，使针对青少年的价值观培育渗透在日常学习与生活之中，成为生活本身。

吉林省图书馆历来注重在场所服务中发挥社会教育职能，关注弱势群体，设立了农民工阅读专区，成立了吉林省少年儿童图书馆暨农民工子女阅读基地，依托这个基地，通过实地调查，了解农民工子女的需求，并通过招募大学生志愿者及社会志愿者有针对性地开展活动。自 2011 年以来，吉林省图书馆每年组织一次农民工子女书画精品展，展览由吉林省文化厅、吉林省教育厅、共青团吉林省委员会主办，吉林省图书馆、吉林省中小学德育工作办公室承办，组织在全省农民工子女密集的学校进行作品征集，每届收到作品上千幅，获奖作品不仅结集成册，还在吉林省图书馆展厅、吉林省图书馆青青草网站等多种平台进行展出。此外，吉林省图书馆还在有图书需求的偏远地区的农民工子弟校建立学生书房 67 所，配送图书，并定期回访更新，倾听学校以及农民工子女的反馈意见，总结经验，以便更好地为农民工子女服务。同时，还邀请著名儿童文学作家于德北、芷涵，轮椅作家李子燕等老师走进农民工子弟校，开展“作家进校园”活动，为农民工子女进行阅读指导，开展励志类讲座，反响突出，在时间的推移中彰显了社会主义核心价值观的影响力。2018 年，吉林省图书馆将持续开展此项活动，为省内贫困村赠送讲座及光盘。

吉林省图书馆于 2016 年在安图县启动“扶贫大讲堂”，2017 年在全省进行巡讲，覆盖汪清县、图们市、龙井市、和龙市、长白县、柳河县、大安市、镇赉县、洮南市、通榆县 10 个市（县），并为全省 1493 个贫困村配赠讲座光盘，进一步推进文化精准扶贫工作。

吉林省博物院以关爱特殊人群为贯穿始终的工作原则。近年来，吉林省博物院与吉林省孤儿学校、长春市福利院、长春市残疾人协会、长春大学特殊教育学院等单位共建了合作关系，长期帮助孤儿、聋哑人、农民工子女等特殊人群，结合吉林省博物院相关活动和展览开展“爱在省博”系列活动；

2013年以来与长春大学特殊教育学院开展的“爱在省博——手语课堂”，开办公益讲座60余期，开创全国首个聋哑人手语讲解，使得更多的特殊人群走进博物馆，参观展览，了解历史。2014年与长春东光学校合作，开展“爱在省博——关爱农民工子女”活动，吉林省博物院邀请学生们每年不定时走进博物馆，近距离感受历史的魅力，并参与到吉林省博物院精品社教活动中，寓教于乐。2016年开始与吉林省孤儿学校和长春市残联合作，将精品流动展览、社教活动送到特殊人群身边，不仅开展了“爱在省博——传承传统技艺　体验关东风情活动”，并将“爱在省博”的良好影响传播得更深更远；吉林省博物院还开展了“小小讲解员”活动，以从中激发孩子们对博物馆的热情为基本出发点，在每个孩子心中埋下了一颗博物馆的种子，拓展孩子们对博物馆的兴趣爱好，为孩子们提供更广阔的成长平台；通过多层面、多种方式的社会公益活动，吉林省博物院努力承担更多的社会责任，以展现公共文化服务的均等性、普惠性，并从中有效推进社会主义核心价值观的宣传传播。

2017年，吉林省群众艺术馆初步尝试与省社会科学界联合会、吉林艺术学院、长春市残疾人福利基金会、长春市经开区市容环卫局四家单位，建立关系，提供彼此合作的重要平台和载体，举办了环卫工人摄影展、残障人士文艺演出等4个活动项目。同时，为了与文化精准扶贫相结合，吉林省群众艺术馆还深入吉林省8个贫困县，为当地农民送书、送演出，丰富了农民的业余文化生活，弘扬了社会主义核心价值观。

长春市图书馆为了提高社会各界对视障人群的关爱与重视，弘扬“奉献、友爱、互助、进步”的志愿者精神，在2016年10月15日“国际盲人节”当天举办“‘让爱传递’视障读者与志愿者互助”活动。10月15日上午来自长春大学特殊教育学院的10余名视障学生们将利用他们的特长在现场为志愿者免费按摩，并向大家讲解有关健康知识，以此回馈一直以来社会对他们的关爱，并用这种方式号召全社会在日常生活中更加关注视障群体。活动当天长春市图书馆还邀请华侨外院20余名志愿者们参加活动。平时这些志愿者利用个人时间开展志愿服务，为社会奉献爱心，当天他们为特殊教育学院的学生开展活动提供相关的志愿服务，同时他们也享受到了特殊教育学院学生的服务，作为爱心的传递者，他们也成为爱心的受益者。长春市图书馆一直坚持开展多种多样的文化助残活动，丰富残疾人的精神世界，培养积极向上的信念，帮助倡导全社会扶残助残的良好风尚，希望通过“‘让爱传递’视障读者与志愿者互助”活动，让更多的人关注视障群体，同时也让社会主义核心价值观、志愿者精神不断发扬光大。

（六）吉林省公共文化服务机构文化志愿者服务开展中的社会主义核心价值观宣传与传播

文化志愿者，是指利用自己的时间、知识、技能等，自愿、无偿为社会或他人提供公益性文化服务的个人[①]。文化志愿者承载了爱国、友善、民主、平等等诸多社会主义核心价值观内涵。文化志愿者在公共文化服务中的参与机制，是深层传播和构建社会主义核心价值观的重要制度安排。

吉林省图书馆为整合志愿者资源，让更多热心公益的有志之士能够来到省图为孩子们提供形式多样的服务，自 2015 年起吉林省图书馆少儿部联合长春新闻广播，成立青青草志愿者联盟，现已收入理工大学图书馆志愿者协会、体育学院绿翔志愿者协会、华侨外国语学院西方语青联春蚕志愿者联合会，以及许多热心公益事业的读者朋友。其中理工大学、华桥外院和体育学院的文化志愿者能够在周末或节假日积极投身阅读室的服务工作，帮助工作人员维持秩序，承担一部分图书上架顺架的工作，得到了广大读者的一致好评。

2017 年 7 月 18 日，由中国古籍保护协会主办，吉林省古籍保护中心承办的“中华古籍普查文化志愿服务行动·吉林行”志愿者培训班在吉林省图书馆开班。来自全省各高校古代文献学、历史学及相关专业的 16 名志愿者以及受援单位的相关工作人员参加了此次培训。此次培训为期三天，对古

---

① 《文化部关于印发〈文化志愿服务管理办法〉的通知》，中央人民政府网，http：//www. gov. cn/gongbao/content/2017/content_ 5189209. htm。

籍基础知识、古籍普查登记平台功能、古籍普查登记平台操作与实践和古籍普查登记目录著录几方面内容进行了系统介绍。7 月 20 日，“2017 年中华古籍普查文化志愿服务行动・吉林行”志愿服务活动正式启动，各受援单位负责人与省古籍保护中心工作人员带领志愿者分赴吉林省社会科学院图书馆、吉林省教育学院图书馆、宽城区图书馆开展了为期一个月的志愿服务。

此外，吉林省图书馆还搭建了小志愿者服务平台。每年寒暑假的“亲子图书管理员”的招募都备受家长和孩子的欢迎。这项活动自 2005 年开展以来，已经成为吉林省图书馆的品牌活动。该活动从岗前培训、上岗实操、日志提交到结业仪式，都有相应的制度和流程。小志愿者们在为读者服务中提高了实践能力和管理能力，培养了社会责任感和使命感。这一志愿服务平台，既为孩子参与社会实践提供了机会，也让更多读者能够感受到志愿服务的社会影响力，在多维度促进了社会主义核心价值观的传播培育。

吉林省博物院形成了自建院以来积累的 2916 人的文院志愿者团队，总计服务时长达 1 万余小时，服务观众 132 万余人次。自 2012 年以来，吉林省博物院与吉林省多所高校及中学举行了共建志愿者服务与社会实践基地签约活动。每年的年末，吉林省博物院都会对该年度在志愿者服务工作中涌现出的优秀团体和个人进行表彰，并颁发该年度的“十佳志愿者”、“最佳志愿服务团体”和“十佳小小讲解员”等奖项。吉林省博物院招募志愿者从事观众咨询、讲解服务、辅助讲解、帮助儿童安全完成活动、志愿者报刊以及网络公众号设计和编辑等工作。志愿者的招募提升了博物馆的公众服务质量，让有限的工作人员发挥更大的作用，拓展观众受益面，让更多的人了解博物馆，走进博物馆，折射出了博物馆本身的内在精神，也集中反映了当代雷锋精神和社会主义核心价值观。

吉林省群众艺术馆文化志愿者团队成立于 2014 年，现有注册志愿者 160 人，通过近几年的努力，文化志愿者的队伍形成了“有组织、有制度、有队伍、有内容、有活动”的“五有”文化志愿服务活动格局，不仅吸引了社会上有艺术特长人员的参与，为服务增加了新鲜血液，而且拓宽了文化服务社会的渠道，加大了社会主义核心价值观的宣传力度。持续组织开展以

"'邻里守望　文化暖心'我们在一起"为主题的文化志愿服务活动，先后深入农村、部队、校园、福利院等地，分别与环卫工人、残障人士，孕妇准妈妈、监狱服刑人员、强制戒毒人员、留守儿童、孤寡老人、部队军人、学校学生等特殊群体，按需提供文化志愿服务活动，开展了"庆七一颂党恩文化志愿者赴长春兴业监狱文艺演出"、"携手环卫工人共度新年音乐会"和走进边境"文化志愿服务集安边境行文艺演出"等文化志愿服务活动，社会反响良好。其中，走进贫困县"文化志愿服务走进大安——月亮湖水库之夏"奏响了当地30多年没有过文艺演出的音乐。三年来，组织文化志愿服务活动52次，服务人数8000多人次，参与文化志愿服务的志愿者900多人次，服务时间近1000个小时，社会效益良好，得到群众的欢迎和认可。

近年来，长春市图书馆依托社会志愿者服务团体解决人手不足问题。长春市图书馆书刊借阅中心面临的最大问题是人员紧缺，为了有效解决读者接待和大量的文献整理人手不足问题，长春市图书馆联系社会志愿者团体，帮助剔除旧文献万余册，整理光盘百余张。长春大学特殊教育学校学生还主动帮助图书馆打印盲文目录3本。2015年后，长春市图书馆志愿者服务工作步入正轨，参与者十分踊跃，收效良好，学生们较好地完成了过刊回溯建库数据的录入、过刊装订整理、过期图书下架整理、报纸库过期报纸整理及帮助完成了专利公报的下架打捆工作。来长春市图书馆进行志愿服务的单位主要有吉林省志愿者协会、省华桥外国语学院、吉林大学阳光志愿者协会、吉林大学附属实验中学、东北师范大学附属中学、汽车厂六中等，进行集体性志愿服务共计40次，参与人次687人次。另外，还有利用假期参与志愿者服务的学生和社会人士，累计108人次，全年累计服务时长2972小时。文化志愿服务以行动诠释了社会主义核心价值观的真实内涵。

长春市群众艺术馆以理事会成员为核心，以馆办艺术团为基础，成立了志愿者协会，形成了志愿者服务工作新局面。群艺馆还发起成立长春市群众文化志愿者协会，目前，已完成长春市群众文化志愿者协会的组建工作，包括机构设立、运行机制建立及相关审批手续等。目前，市文化志愿者已达3万余人，群艺馆在册有4000余人。其中既有专业院团的表演艺术家、社区艺术团的文艺骨干，也有专业技术人员、文艺爱好者，更有一大批年轻大学生。市群众艺术馆在多方面创造条件，切实发挥文化志愿者在公共文化服务中的积极作用，提高志愿者在公共文化活动中的参与度，不断提升志愿者的服务水平和服务能力，在行动中共同传播和培育社会主义核心价值观。

（七）吉林省公共文化服务机构地域文化传承中的社会主义核心价值观宣传与传播

地域文化以具体化、具象化、生活化的形成，往往以地域民族特色、民间特色、民俗特色为基础，更为生动深刻地、立体地承载和呈现着一个社会的传统及现代价值观，因此公共文化服务机构通过相关公共服务对地域文化的传承，同样在深层承载了社会主义核心价值观的传播与培育。

吉林省图书馆重视地方特色文化资源建设，所建设的地方特色文化资源主要包括：其一，红色系列，即吉林省红色历史文化，从中国共产党成立，到抗日战争时期（也就是伪满洲国时期），再到解放战争时期，直到新中国建设和改革开放。其包括历史事件，介绍吉林省革命历史发展进程中有重大影响的历史事件；红色旅游，吉林革命历史遗迹形成的旅游景点；红色文艺，吉林革命历史发展过程中产生的红色歌曲、诗歌、革命故事和其他形式的文艺作品；革命人物，不仅包括在吉林革命历史进程中涌现出的英勇模范和重要历史人物，如杨靖宇等，还包括经历了抗日战争、解放战争、抗美援朝等时期，目前在世的老革命。红色系列资源包括 50 集系列文化专题片及 216 位吉林省老革命访谈。其二，民俗系列。相关吉林民俗文化内容丰富，包括民间民风、民间节日、民间艺术、饮食文化、地方特产、民间服饰、民族习俗、民间民居、手工艺及收藏、民族礼仪、民间祭祀、民间传说等内容。民俗系列资源包括剪纸、农民画、浪木根雕、冰雪、松花石、东北三宝、百年手艺、故事吉林等系列专题片。其三，少数民族系列。中国朝鲜族文化资源包括其概述、民俗、艺术、文学、人物等 110 集系列文化专题片，还有 3126 种、总时长 1658 小时的朝鲜语视频资源。其四，历史文化系列，真实记录、展现吉林省的各历史文化成就，揭开历史背后的故事，科普相关知识，如电影文化、汽车文化、吉林访古等系列专题片。

吉林省图书馆举办的“大美吉林”——全省工艺美术精品展、“我们的文字”——非物质文化遗产中的文字传承展、吉林省残疾人书画摄影艺术展、“人人关注消防，共建平安社会”——吉林省消防知识展、马孔德木雕展、吉林省农民工子女书画精品展、吉林省集安摄影展、伪满时期日本在东北的金融掠夺展、东丰农民画展、“民国时期文献保护计划”图片展等展览深受读者喜爱，每天吸引大批读者驻足观看。2017 年 9 月 28 日，吉林省典籍博物馆正式开放，其中包含珍贵的“地方文献　乡土记忆”。此外，吉林省图书馆扎实开展古籍普查工作，并高度注重其研究、整理和出版工作，从 2013 年开始珍贵文献的影印、整理、出版工作，其中与吉林历史与文化相关的主要有《吉林省图书馆藏名人手札》《打牲乌拉志典全书》《长白山江岗志略》《长白山灵迹全影》《长白汇征录》《香余诗钞》《吉林三杰文史资料选编》《伪满时期文学作品丛书》等，为吉林地域文化精神与价值观的传承做了宝贵的积淀，同时，也以地域文化承载了社会主义核心价值观的传播、渗透与涵养。

吉林省博物院现有文物藏品 12 万余件，其中一级文物 295 件、二级文物 3379 件、三级文物 14280 件、其他文物近 10 万件，始自远古，及至现代，精华荟萃，内涵丰富。其中高句丽、渤海国、辽金时期的文物以及中国历代书法绘画、东北抗日联军文物在全国占有重要地位。另外，中国历代陶瓷器、萨满民俗文物品也有一定的收藏。重要的文物有清中国一统舆地全图、淮军阵图、吉林省全图，吉林青年团印发的反对二十一条传单，辽宁民众自卫军使用的电台，陈正人给彭真的《对当前东北及其周围形势的认识和我们的方针的建议》手稿等。习近平总书记曾强调，文物承载灿烂文明，传承历史文化，维系民族精神，是老祖宗留给我们的宝贵遗产，是加强社会主义精神文明建设的深厚滋养。依托文物，立足文物背后的中华优秀传统文化涵养社会主义核心价值观成为吉林省博物院的优势所在。

2015 年 12 月，吉林省博物院整体迁入新院以来，常设展览有《吉林故事——吉林省非物质文化遗产展》《白山松水的记忆——吉林省历史文化陈列》《瓷苑掇英——吉林省博物院藏精品陶瓷展》《历史的丰碑——黄埔军校校史展》《黑土军魂——东北抗日联军军史陈列》等，临时展览有《古风神韵——走进神秘的萨满世界》《旗装雅韵——吉林省博物院藏清代满族服饰展》《清风徐来——吉林省博物院院藏成扇精品展》等，为以地域文化传承精神价值，弘扬社会主义核心价值观培育了良好的公共教育空间。

长春市群艺馆每年完成非遗项目近10项的挖掘，近年出版的百年长春系列丛书有《最温暖的珍藏》、《长春老地名》（上、下册）、《东北秧歌路》（上、下册），弘扬、传承优秀传统文化，获得各界好评。同时长春市群众艺术馆还先后开展了“感受非遗魅力·传承优秀传统文化”长春市非遗宣传专场演出，省级非遗项目赵家古筝艺术传承音乐会，“董氏草编”进校园传习活动，“关氏满族剪纸”项目进社区传习活动，“高山流水”走近普通百姓，“非遗”情愫涌动青春校园——“非遗”讲座走进长春师范大学，《董丛仁草编技艺》传承人董丛仁走进高校等活动。在传播传承吉林文化的同时，深层渗透了社会主义核心价值观的内在理念。

二　吉林省公共文化服务机构社会主义核心价值观宣传的不足及困境

当前，吉林省公共文化服务机构社会主义核心价值观宣传取得了较好成果和一些宝贵经验，但在一定程度上，相关工作也存在一些难点和不足，对于有关工作经验及其进一步提升的路径和空间，都需要系统分析总结，以便为宏观决策和实践层面的不断完善提供理论支持。

（一）对社会主义核心价值观宣传的系统规划、明确部署不足

总体来看，吉林省主要公共文化服务机构在工作中全面贯彻了中央及地方层面对于社会主义核心价值观的宣传培育的相关要求，其多层面、多维度的持续努力，有长期、深远的效果和广泛的影响力，但对该项工作多数机构仍缺乏系统明确的规划和部署。

（二）对社会主义核心价值观的直接展示空间安排和展示形式有待探索

吉林省公共文化服务机构对社会主义核心价值观 24 字在场馆空间和网络空间的直接展示仍显不足，当然，这方面也存在一定的客观局限和困境，从场馆空间和网络空间看，图书馆、博物馆较重学术氛围，文化馆较重休闲娱乐氛围。直接对社会主义核心价值观 24 字做字面展示，可能略显生硬和氛围的不协调。这也说明对社会主义核心价值观的字面展示形式需要进一步探索和创新。

（三）支撑社会主义核心价值观宣传的软硬件环境有待提升

近年来伴随着国家对公共文化服务体系建设财政支持力度的加大，吉林省主要公共文化服务机构基础设施、公共文化服务产品供给水平，以及公共文化服务数字化水平都有明显提升。但从全省来看，仍存在较大局限。而社会主义核心价值观的宣传、渗透与培育无疑是需要软硬件环境支持的。文化土壤的丰厚度决定着文化生态未来生长的繁茂度与和谐度。成本投入是需要在地方财政的未来规划中及早做打算的。公共文化服务承担着重要的公民教育职责，而公共教育决定着未来公共文化空间的健康发展，未来公共文化生态的健康繁衍，是地域文化也是国家文化当中最为重要的软实力。

（四）制度建设中的社会主义核心价值观传播构建意识有待加强和拓展

当前，公共文化机构面临着一系列新的制度建构，国家有关改革政策及法律在近年密集出台，主要涉及公共文化服务标准化、公共文化服务机构法人治理结构改革、图书馆文化馆总分馆制的推广普及、公共文化服务产品数字化的普及、文化志愿者体系建设、公共文化服务体系专家库建设，公共文化服务社会参与等。

由于地域经济和社会发展条件所限，吉林省公共文化服务机构对于法人治理结构等现代文化制度安排与社会主义核心价值观传播建构的深刻意义，尚未形成深刻认识。因此，经由制度建设的社会主义核心价值观传播与培育的效果，在相当程度上也尚未完全释放出来。

（五）公共文化服务机构社会主义核心价值观宣传培育中青年参与不足

当前公共文化服务特别是文化馆领域的使用者老年化问题应当引起重视。公共文化服务的首要原则是普惠与均等。当国家与政府为全社会所提供的休闲文化空间成为老年人专属时，这的确在一定程度上映射了一个国家的老龄化时代的来临，但是青年人口对这一空间的漠然也的确是值得研究思考的。这对于文化馆体系的包容性和活跃度，无疑是一个问号。诚然，这一问题应当在改革开放以来，社会文化空间的空前拓展，而青年有了更多政府提供的公共文化服务机构之外的休闲场所或文化空间这一前提下被看待；但同时，这一问题长久以来的存在，也应当作为一部分挣扎于生存底线的社会底层青年迷茫与迷失的深层原因之一来省思。青年，是社会的中坚和未来，与青年有关的问题应当被给予更多重视。

（六）在社会主义核心价值观宣传培育中与民间文化力量的协同仍显不足

以民间文化力量中的民间身心修养共修群体为例，主要包括瑜伽、茶道、禅修、身心疗愈等。当前，全国范围内民间身心修养文化共修群体活力日渐绽放，他们多数具备良好的社会责任感，对文化公益事业有觉悟、有热情。吉林省作为一个文化底蕴较深厚的省份，在这方面的民间文化资源是较为丰厚的，但公共文化服务机构对于他们的了解和认识还不充分，对于在与他们协同合作中促进社会主义核心价值观的宣传培育的意义尚认识不足，也更缺乏实践建构。

（七）公共文化服务机构行业培训中对于社会主义核心价值观的宣传渗透意识有待提升

吉林省公共文化服务机构有关行业培训开展规范、系统，形成了良好的模式和运作机制。但在行业培训过程中，对于公共文化服务与社会主义核心价值观极为密切的内在关系，其认识有待进一步明晰与提升，以使社会主义核心价值观的宣传成为在公共文化服务机构行业培训中贯穿始终的精神内核，进而更有效地使公共文化服务的价值落到实处。

（八）对于吉林省地域文化精神与社会主义核心价值观吻合内涵应加强挖掘与提炼

吉林省公共文化服务机构不同程度地，以不同方式承担着地域文化传承职能。地域文化资源以文化的特殊样式渗透承载着社会主义核心价值观的基本内涵及要素。对于这种内在关系的挖掘与提炼，直接影响着社会主义核心价值观的宣传传播效果。对于吉林省这方面的有关文化资源还有待深入系统的研究。

（九）对社会主义核心价值观宣传效果缺乏一定技术手段下的测评

对于社会主义核心价值观的宣传效果，尚缺乏一定范围内以不同形式展开的定量考察、监督与测评。

三　加强吉林省公共文化服务机构社会主义核心价值观宣传的对策建议

（一）强化对吉林省公共文化服务机构宣传社会主义核心价值观的引导

建议有关管理部门强化对吉林省公共文化服务机构宣传社会主义核心价

值观的具体引导。社会主义核心价值观的宣传不只是字面的展示，也不只是直接的灌输，它还在于通过公共文化服务产品本身对社会主义核心价值观的间接渗透；它也在于通过对个体内在的现代文化生活与社会公共文化生活的有意识的引导和建构，而使社会主义核心价值观成为生命内在与日常生活的常态；它更在于公共文化服务体系建设过程中通过现代文化治理制度以及社会治理制度的建构，而使社会主义核心价值观落地生根。在这样的视野下，尚需要公共文化服务机构开阔视野，拓展对社会主义核心价值观宣传维度和深远意义的认识，从而及早有意识地做出系统明确的宣传规划和相关工作部署。

（二）提升和创新吉林省公共文化服务机构社会主义核心价值观直接展示形式

如何使社会主义核心价值观的直接展示恰当地融入环境，的确是对宣传设计的一项挑战。停留于口号式的宣传在任何环境下都容易引起受众反感，同时，社会主义核心价值观以 12 个词、24 个字呈现，字数及元素较多，如何使其宣传设计合乎现代视觉艺术原则，同时又能融入公共文化服务机构独特的环境与氛围，这是值得公共文化机构与专业设计人员，以及公众共同探索和寻求的。而在此之先，需要的是共同的认知与认同的形成，因为不是发自内心与灵魂的设计，注定不可能是好的设计。当下在户外空间，一些对社会主义核心价值观的宣传设计中最糟糕的是让人感觉“文革”式的标语口号回来了。

（三）逐步加大对吉林省公共文化服务机构的财政投入

根据对近年各省及国家相关文化统计数据的观察，吉林省公共文化服务机构基础设施水平，以及相关公共文化服务规模、效能，在全国比较中处于中游偏下，有些指标甚至低于东三省中的其他两省。同时，吉林省贫困地区脱贫任务在全国也相对较重，文化脱贫的压力同样较大，这是“十三五”期间吉林省必须面对的难题和任务。公共文化服务在基础设施、产品供给和数字化发展等多层面都是比较烧钱的事，这是客观事实，吉林省无法与上海、江浙相比。但如不给予充分重视和改善，其结果只能是我们与发达地区差距的进一步拉大。而不可回避的是，“十三五”期间，公共文化服务数字化、智慧化在发达地区和欠发达地区所拉开的鸿沟，将使地方之间在软硬实力上的已有差距空前拉大。同时，互联网时代、移动媒体时代，公众对于文化产品的选择，在相当程度上轻而易举地跳过了地域的局限。在这样的发展趋势和未来局面下，欠发达地域公共文化服务机构将面临空前挑战。没有厚重宽阔的文化软硬实力，在触及价值观传播与培育这一主题时，难免会有不同程度的艰难和尴尬。

（四）提升吉林省公共文化服务机构现代制度建设中的社会主义核心价值观宣传培育意识

现代国家现代治理体系建设与社会主义核心价值观建构，在本质上是二位一体。离开了社会主义核心价值观所内含的精神基点及内核的引领，不可能实现现代国家治理体系建设。公共文化服务机构的现代制度安排与社会主义核心价值观培育之间的关系，同样是一体两面。因此，地方领导层及地方公共文化机构应当更深刻认识现代制度建设与社会主义核心价值观宣传培育的内在关系，以使制度获得恰当的精神内核，使价值观凭借制度建设落地扎根。

（五）提升吉林省公共文化服务机构社会主义核心价值观宣传培育中的青年因素

提升公共文化服务机构社会主义核心价值观宣传培育中的青年因素的前提是，提升公共文化服务机构对于青年的亲和力。在基础设施设计、产品供给、服务参与等多层面研究青年文化需求特点，以提高公共文化服务空间对于青年的吸引力、凝聚力。在这方面，长春市群艺馆对于青年喜爱的瑜伽、舞蹈等课程的引入是值得借鉴的，该课程的引入吸引了更多青年的加入。

（六）加强吉林省公共文化机构在社会主义核心价值观宣传培育中与民间文化力量的协同

仍以民间身心共修群体为例，瑜伽、禅修、茶道等内含着深刻的传统价值观文化，与社会主义核心价值观有高度的内在契合性，而其发展正蓬勃兴起，公共文化服务机构应借鉴其发展经验，并摸索与之在服务产品提供及社会公益活动上，建立互动协同机制，这对于社会主义核心价值观的传播、渗透与培育具有积极的放大效应。

（七）提升吉林省公共文化服务机构行业培训中传播社会主义核心价值观的自觉意识

在吉林省公共文化服务机构行业培训中，对于公共文化服务与社会主义核心价值观的关系，进行系统深入的剖析，特别是在对基层文化机构培训中，深入解析国家公共文化服务体系建设的有关政策，以及国家《公共文化服务保障法》《公共图书馆法》等法律法规与社会主义核心价值观的内在逻辑关系，以推进基层公共文化服务更深入有效地贯彻社会主义核心价值观的内涵指引。

（八）系统探索挖掘吉林地域文化精神与社会主义核心价值观的内在关系

吉林省的历史文化、地域文化、民族文化、民俗文化，以及红色文化、工业文化等，内含着丰富深厚的文化精神，这些地域文化精神也在相当程度上与社会主义核心价值观的内涵吻合，对于这些吻合因素需要系统地探索、研究、挖掘和提炼，并应用于相关展示和文化服务及活动的解说及引导，以使地域文化传承中的社会主义核心价值观因素，更直接地让公众了解、理解和认识。

（九）建立社会主义核心价值观宣传效果的信息反馈机制

建立社会主义核心价值观宣传效果的信息反馈机制，通过定期对吉林省公共文化服务机构不同受众人群的问卷、访谈、座谈、网络信息互动等形式，加强对社会主义核心价值观宣传效果的掌握，以不断调整和完善相关工作策略。

G.24
吉林省民间传统文化传播状况的调查与建议

刘 辉　刘 举　隋滨竹*

摘　要： 近年来，我国高度重视以儒学为主体的中国传统文化的作用。吉林省长期以来对于地方特色文化重视有余，对儒家文化重视不足，使得吉林省的儒学研究和传播与中原、江南地区相较，明显薄弱，不适应当前形势发展。可喜的是，吉林省民间传统文化传播呈日渐活跃趋势，成为传统文化传播的一支生力军。在学习宣传传统文化的同时，起到了传播正能量的积极作用。但民间的力量毕竟有限，同时民间儒学传播也存在诸多问题，吉林省应该自上而下提高对儒家传统文化的重视程度，加大对民间儒学普及的扶持和监管力度。

关键词： 吉林省　民间儒学　地方特色文化　传统文化

中国人的独特精神世界建基于中国独特的文化，也就是以儒家文化为主体的中国传统文化。近年来，我国高度重视中国传统文化的作用。吉林省也一直强调要高度重视中国传统文化，但总体看来对地方特色文化重视有余，对中国传统文化的主体——儒家文化重视不足。自古以来，吉林地区一直是

---

* 刘辉，吉林省社会科学院马克思主义研究所研究员，研究方向为中国哲学与中国文化；刘举，宁波大学马克思主义学院副教授，研究方向为西方马克思主义；隋滨竹，吉林省社会科学院哲学与文化研究所研究实习员，研究方向为中国传统文化。

多民族聚居地区，以儒家文化为主体的中国传统文化历史积淀先天不足，因为经济等多重原因对儒家文化重视又不够，使得吉林省的儒学研究与传播的整体效果与氛围，与中原、江南地区相较，明显薄弱，不适应当前形势发展。

近年来伴随着国学热、传统文化热的持续升温，吉林省民间传统文化传播呈日渐活跃趋势，成为传统文化传播的一支生力军。一些传统文化学习班在学习宣传传统文化的同时，起到了传播正能量的积极作用，同时也存在诸多问题，需要政府加大扶持和监管力度。

吉林省民间传统文化传播的状况究竟如何？民众对中国传统文化的认同和认知情况如何？民间团体的组织运作模式、传播方式和宣传内容如何？可以做哪些改善？带着这样的问题，我们在吉林省部分民众之间进行了调查研究。

我们采取了网络问卷调查为主、参与体验式调查和一对一访谈为辅的调研形式。共收回问卷4798份，其中有效问卷3531份。就地区分布而言，长春市区979人，长春外县191人，吉林省其他地区1952人，外来人口409人。就年龄结构而言，18~20岁263人，21~29岁1119人，30~39岁1161人，40~49岁655人，50~59岁256人，60~69岁63人，70岁以上14人。就学历结构而言，小学229人，初中860人，高中、中专、技校1254人，大学1024人，研究生以上164人。就职业而言，学生124人，公务员、事业单位379人，企业587人，银行160人，教育311人，医疗115人，私营企业438人，工人466人，农民308人，其他373人，无业270人。针对以上人群，我们就传统文化的认知程度、认同程度、学习方法和途径、学习效果、对传统文化宣传教育的意见建议等展开问卷调查，并做出比较分析。

一 吉林省民间传统文化传播现状

（一）吉林民众对中国传统文化的认同度比较高，大多数能够辩证科学地看待中国传统文化

关于“你对传统文化的态度”一题，我们设定可以多选。其中54.72%的人认为传统文化有精华，也有糟粕，必须区别对待，37.67%的人认为现

代人对传统文化有很多误解，认为过时了，不适应时代发展要求的人占12.32%，不关心和不感兴趣的人占12.91%（见图1）。

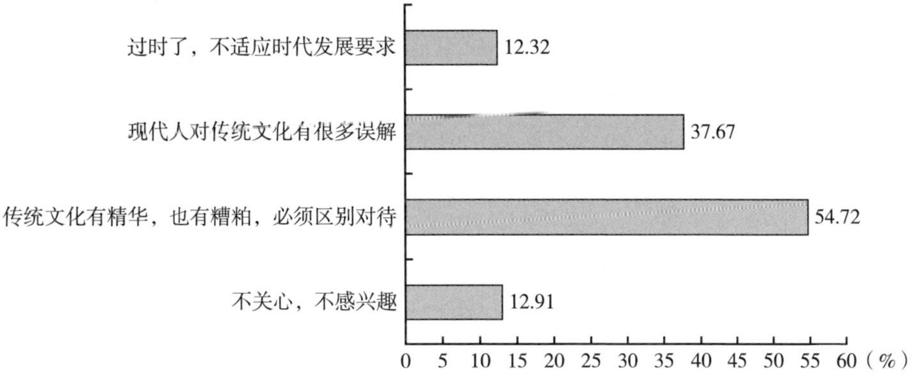

图1 受访者对传统文化的态度（可多选）（N=3531）

我们通过对吉林民众学习传统文化目的的考察，也可看出吉林民众对传统文化的认同度是比较高的。吉林民众学习传统文化以提升个人修养、改正个人缺点为目标的占53.27%，试图了解传统文化知识的占45.09%，希望改善人际关系及促进家庭和谐的占33.08%，为了满足兴趣爱好的占28.18%，仅有一小部分人（占5.47%）是被迫学习传统文化知识的（见图2）。

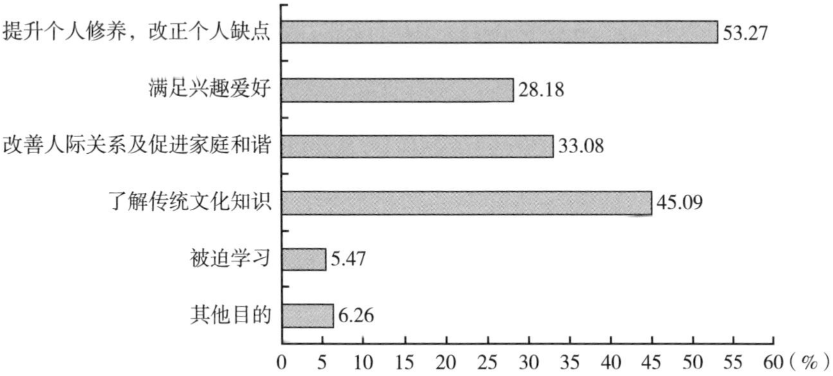

图2 受访者学习传统文化的目的（可多选）（N=3531）

如果说主动学习了解传统文化，其目的可能是满足个人愿望，包括提升个人修养、了解传统文化知识、改善人际关系及促进家庭和谐、满足兴趣爱好，那么主动参与传统文化教育或宣传，则内含有传统文化的传承意识和责任担当，是对传统文化认同度在较高层面的体现。调查显示，吉林民众有66.21%的人选择愿意去做传统文化义工或进行传统文化宣传活动，仅有10.62%的人选择不愿意，还有23.17%的人选择不知道，看情况，以上数据进一步证明了吉林民众对中国传统文化的认同度是比较高的（见图3）。

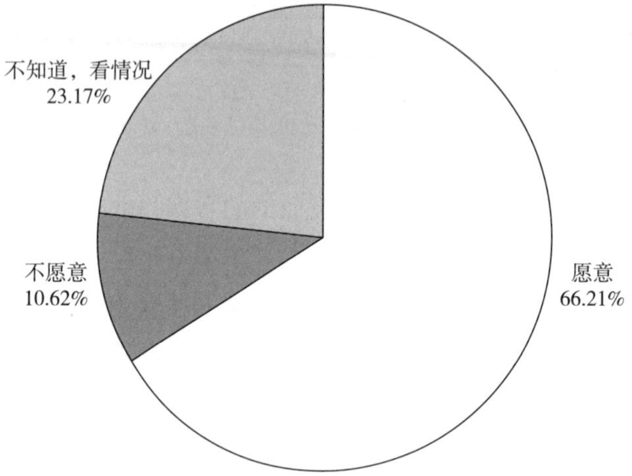

图3　受访者对“如果有机会，您愿不愿来做传统文化义工或进行传统文化宣传活动”问题的看法（$N=3531$）

（二）吉林民众对中国传统文化的认知程度一般，对中国传统文化有初步的了解与认知

从传统文化经典了解和阅读情况看，了解和简单阅读过《弟子规》的人最多，占41.26%，了解和简单阅读过《论语》的人占33.98%，《大学》占15.92%，《孝经》占15.77%，《孟子》占12.06%，《中庸》占8.24%。值得注意的是，有23.28%的人对选项中的传统经典（《论语》《弟子规》

《孝经》《孟子》《中庸》）都不了解，但也有5.32%的人对传统经典的了解超出以上选项内容（见图4）。

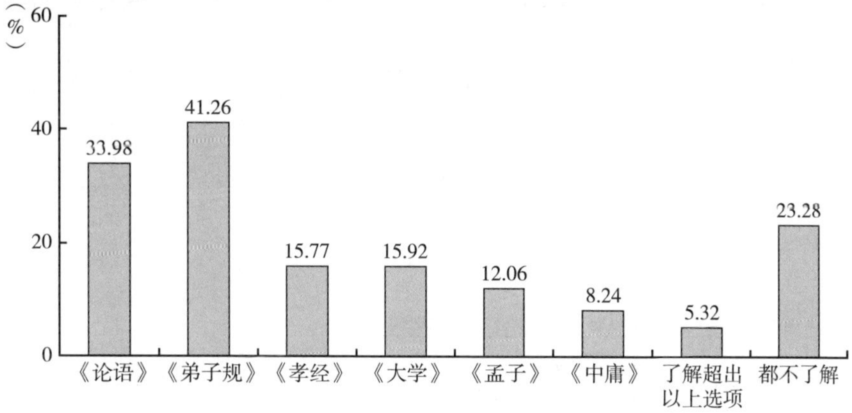

图4　受访者对传统经典的了解和阅读情况（可多选）（$N=3531$）

就具体内容而言，人们对实用性的文化比较感兴趣，比如传统美食、服饰、建筑占36.56%，传统艺术及民间工艺占35.09%，中医养生占35.60%。从非物质文化看，人们对诗词、歌赋、小说的兴趣（28.55%）要远远高于诸子百家的经典著作和思想（13.82%），也高于传统礼仪及道德规范（26.08%）、孝道等家庭传统伦理关系（20.14%）、传统节日（15.94%）的兴趣（见图5）。

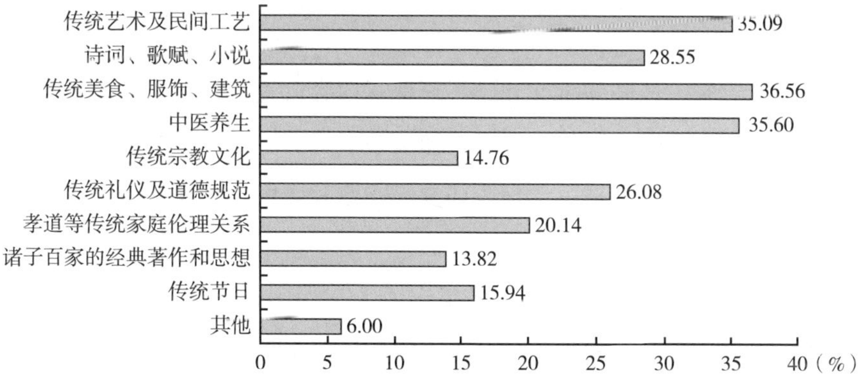

图5　受访者对传统文化的兴趣侧重点（可多选）（$N=3531$）

从大众对传统观念的认知程度来看，百善孝为先占26.34%，仁者爱人占21.38%，谦虚恭谨占15.11%，天人合一占11.32%，中庸之道占11.24%，和而不同、有教无类传统理念熟知程度相对较差，仅占7.49%和7.12%（见图6）。

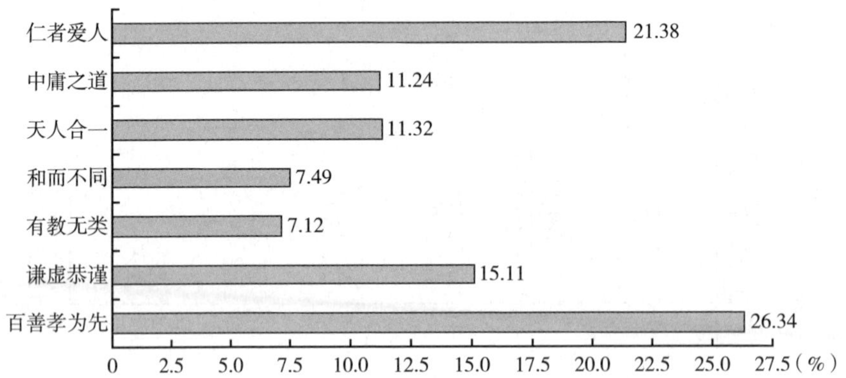

图6　受访者对传统观念的认知情况（可多选）（$N=3531$）

（三）民间传统文化普及班受到民众的欢迎，对传播正能量、提升民众人生境界、道德修养起到积极作用，但是受众面有限

从民众对政府组织和民间组织开展的传统文化学习班的态度来看，虽然选择各具特色的占了35.80%，但相对比较而言，更倾向于民间组织的各种传统文化学习班（占35.09%），喜欢政府组织的传统文化讲堂的只占了18.49%（见图7）。

在民众看来，民间传统文化学习班课程内容设置丰富生动，互动参与性强，亲切而令人感动。我们在一对一访谈中了解到，一些公益性学习班全部免费的公益特色给他们留下了深刻印象，志愿者谦卑、恭谨的服务态度也使他们十分震撼。

从传统文化学习班的效果反馈情况看，在参加过学习班的2111人中，仅有431人选择了没有发生改变选项，522人选择了改变不明显，大部分人都认为通过学习传统文化，自己的人生态度、道德修养、人际关系获得了改

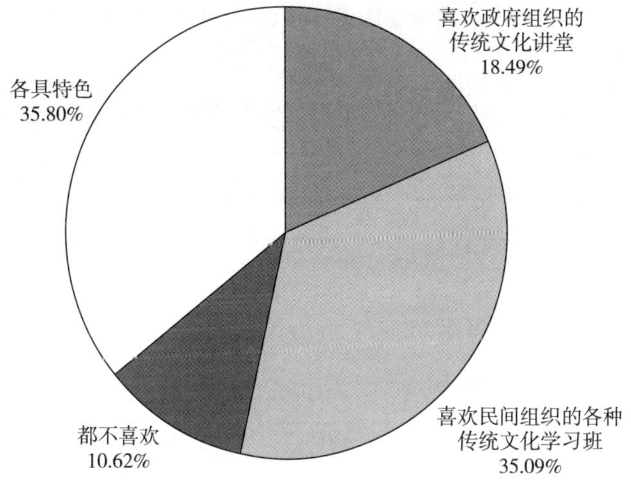

图7　受访者对传统文化学习班的态度（可多选）（$N=3531$）

善和提升。其中认为人生、生活态度发生改变的869人，家庭、人际关系改善的623人，道德修养提升的663人（见图8）。

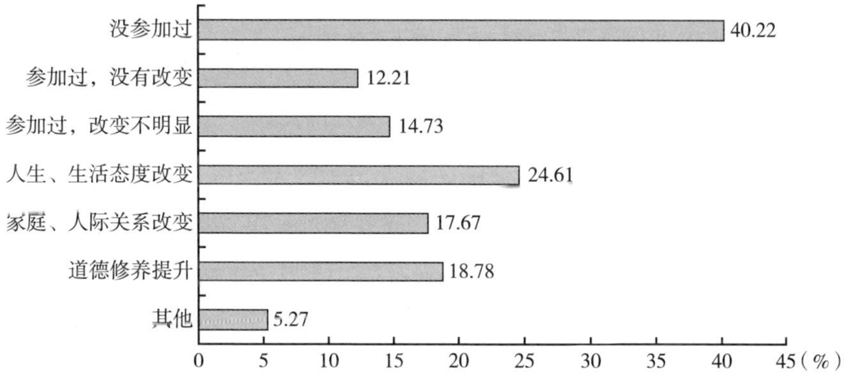

图8　受访者对传统文化学习班学习效果的反馈情况（可多选）（$N=3531$）

关于获取传统文化知识的渠道，调查结果显示，人们主要是通过书籍、报纸、杂志（占48.17%）来实现的，网络途径比重占45.17%，广播、电视途径占40.53%。而通过讲座和学习班等渠道获取传统文化知识的则相对有限，仅占15.66%，这说明民间传统文化学习班虽然相对受到欢迎，但是受众面也十分有限（见图9）。

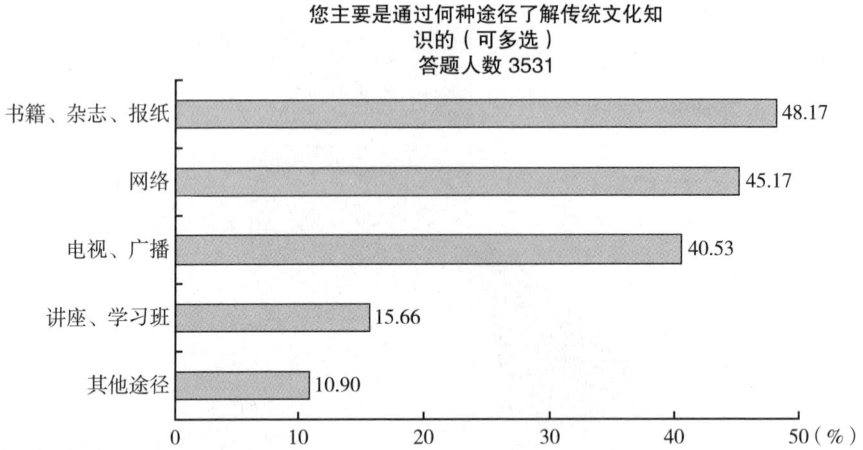

图 9　受访者获取传统文化知识的渠道（可多选）（N=3531）

二　吉林省民间文化传播存在的主要问题

（一）吉林省民众中国传统文化整体素养不高，民众对传统文化认知的深入程度和准确程度都有待提高

吉林省民众对中国传统文化的认同度虽然比较高，但是比照认知度衡量，这种认同是有水分、有所保留的。调查显示，54.72%的吉林民众认为传统文化有精华，也有糟粕，必须区别对待，表现出了对待传统文化科学辩证的理性态度。但是在此54.72%共1932人中，有近20%的人对选项中的传统经典（《论语》《弟子规》《孝经》《孟子》《中庸》）基本没有了解。儒家经典“四书”中，只有对《论语》的了解程度比较高，其他都很低。就具体内容而言，吉林民众对实用性文化的兴趣远远超过非物质性传统文化。从对传统观念的认知程度来看，“百善孝为先”这样直接反映实践的观念认知度最高，对“仁者爱人”的了解虽然占21.38%，但是通过访谈我们了解到，民众所知仅限字面理解，而对天人合一、中庸之道、和而不同、有教无类方面的了解更是千差万别，有些甚至是错误的理解。因此吉林民众对

中国传统文化的认同有一部分是基于一种惯性思维、纯粹的感性认识，是对传统文化缺乏足够了解和准确认知基础上的认同，理性认知不足，这在一定程度上影响了民众对传统文化的认同度的纯粹性，也决定了吉林民众整体传统文化素养不高。

（二）民间传统文化传播存在过于形式化的表现，在一定程度上形成部分民众对传统文化的误解和反感

一些传统文化学习班工作人员频繁行90°鞠躬礼，态度过分谦卑，令学员无所适从；为倡导节约，食物掉地上脏了，义工甚至捡起不加任何处理当场吃掉，以致有些新学员被吓到，也令旁观者产生不必要的误解和反感。有些学习班到公共场所活动，旁若无人，大声诵经，完全不顾及是否打扰公共秩序，使人感到他们不是在自我修炼，而是在做给外人看。传统文化的宣传要符合时代要求，与现代文明相契合，传统礼仪文明落实于当代社会还应使人感到舒适、得体，方能达到预期效果。

（三）官方举办的传统文化宣传接地气不足，群众认可度不高，投入不大，产出更小

有35.80%的民众肯定了官办与民办的传统文化学习班各具特色。官办学习班的优势在于比较正规，可以请一些学术名家，但是相比较而言，民众却更加认可民间自发组织的学习。调查显示，36.76%的民众认为官办的参与度不高，25.09%的民众认为官办的内容不丰富，不接地气，25.06%的民众认为政府和民间合作不足，16.0%的民众认为宣传读本不够好。基于以上原因，造成了官办学习班成效不明显的结果。

（四）民间自发组织的传统文化学习宣传活动存在一定的迷信、个人崇拜和伪国学成分

个别传统文化学习班组织者个人水平学养有限，却以大师自居，谬解传统文化。为维护个人权威，以营造学习净土为名，实则将学习班打造成与精

英文化隔绝的“禁土”、组织者的“自留地”，严重阻碍了学习班的发展，也使得那些对传统文化充满热爱和期望的学员，失去真正领略传统文化精髓的机会，而只能以偏概全，一叶障目，在一定程度上影响了吉林民众传统文化素养的整体提升。

三　吉林省民间文化传播的对策与建议

（一）提高认识，对儒家传统文化的传播和普及给予充分重视

吉林省儒家传统文化传播和普及相对滞后，吉林民众儒家传统文化素养整体不高，吉林省尚未形成浓厚的儒家传统文化氛围，主观原因在于吉林省长期以来对于地方特色文化重视有余，对中国传统文化的主体——儒家文化重视不足。当然，地域文化是中国传统文化的一部分，更是吉林省的宝贵文化资源和重要的经济增长点，但儒家文化毕竟是中国传统文化的主流，应该在全国各地也包括吉林省得到应有的传承和发展。如果说地域文化是特色和优势，那么儒家文化是衡量一个地区文化底蕴深厚程度的重要标志。建议吉林省在政府层面加大儒家文化研究、普及的扶持力度。贵州是欠发达省，但贵阳孔学堂兴办得有声有色，引得八方学者及来客，极大地提高了贵州的知名度，有效带动了贵州的经济发展。建议吉林省考虑比照贵阳孔学堂的范例，在省社科规划项目、专项资金支持方面给予一定的政策倾斜。

（二）有效利用现有设施，打造更多的吉林省传统文化传播基地

近年来，吉林省“国学大讲堂”和文庙的传统文化普及活动开展得有声有色。尤其是长春文庙，作为东北文庙的代表连续十一年举办了祭孔大典，引起世人关注。目前，长春文庙已成为吉林省弘扬中华传统文化、对外展示文化形象的重要窗口。在吉林省这样的传统文化传播基地还不够多，一些现有的设施还未充分有效发挥作用，比如长春德苑，作为弘扬中华民族传统文化、宣传展示社会主义核心价值观的文化教育公园，以园林为载体，以“德”

教为主题，应拓展思维，着力打造成为文人雅士、市民娱乐的文化场所和传统文化展示园地，提供餐饮、学术交流等一条龙服务，成为长春的一道风景线。

（三）鼓励在相关行业和公共场所规划设计中融入传统文化创意元素，营造传统文化传播氛围

我们的传统文化传播既要重视显性教育，也要重视潜移默化的隐性教育，比如在城市整体规划和公共场所设计中注重彰显以儒家文化为主体的传统文化理念和色彩，包括“天人合一”“天行健君子以自强不息，地势坤君子以厚德载物”“仁者爱人”“和而不同”等，春风化雨，润物无声，自然达到入芝兰之室久而自芳的效果。

（四）对民间传统文化传播组织扶持与监管相结合

民间儒学有着非常强的切己感和现实关怀，对百姓的影响远比正统的学理思想和精英文化大得多。民间儒学靠民间传播。我们应发挥民营企业家的积极作用，加大扶持力度，鼓励和扶持民间传统文化传播组织的发展和壮大。与此同时，还应密切关注其发展状态，给予必要的指导，加强对民间传统文化传播组织的规范和监管。

（五）鼓励和支持专家学者深入民间

专家学者是传统文化良性传播的智力支持和技术保障，儒学的生命力在民间，专家学者深入民间，致力于民间儒学推广普及，对于儒学时代化、大众化，实现儒学创新也将起到积极作用。建议政府对专家学者做民间儒学调研给予必要的立项和财政支持。

G.25

吉林省少数民族濒危语言满语文保护与传承研究

朱立春*

摘　要： 满语本身就是满族文化的一个重要组成部分，过去的百年间，由于历史、政治、文化和经济等原因，满语已处于一种濒危的状态，拯救满语具有一定的现实意义。本文通过对吉林省、黑龙江省等地满语文应用情况进行实地调研，深入研究满语文现存状况，提出加强满语传承应用的建议，即明确满语文的标准，加强满语教学与研究，解决好满语文专业的学生就业问题，加强满语文的普及工作和宣传推广。

关键词： 吉林省　满语文　满语书法

一　满语文的现状

满语文属于阿尔泰语系中的满—通古斯语族。1599 年在清太祖努尔哈赤期间创制，1635 年皇太极加以改制形成了新满文，沿用至今。吉林省是满族的重要发祥地之一，是满族先民生息繁衍的摇篮，也是满学研究和满语文传承的重要领域。

满语文不但是满族文化不可替代的载体，而且满语文本身就是满族文化

* 朱立春，吉林省社会科学院民族所所长，研究员，研究方向为民族学、非遗民俗学。

的一个重要组成部分，过去的百年间，由于历史的、政治的、经济的原因，已处于一种濒危的状态。澳大利亚阿德莱德大学语言学及濒危中心主席、著名语言学家诸葛漫教授认为：“语言学问题具有多面性，语言与人们的身心发展、文化自主及思想独立有着直接关联。”诸葛教授还提出，衡量定性濒危语言，激发原住民传承意愿，编纂濒危语言词典，倡导民族的语言权利以及口传史在语言传承中的积极作用等，是拯救濒危语言的当务之急。

通过调研发现，目前满语文状况有如下特点。

第一，从新中国成立初期，最先在北大抽调四名学生进入中央民族大学学习满语文，彼四人目前仅王庆丰先生在世；其后又先后在中央民族大学开设过多起满语文班；再后，在穆烨俊先生的努力下成立了黑龙江大学满语研究所的满语文研究机构；近年来众多高校也都先后开设了满语文专业或满语文课程。这些努力为我国的满语文研究教学事业培养提供了一些满语文人才，也为档案翻译、古籍整理提供了必要的人才，人才队伍梯队建设取得了初步的成效，可以说基本上满足了满语文研究的一般性需要。

第二，以满族群众为主体的对于满语文的抢救保护活动在过去几十年也从来没有停止过，尤其是21世纪以来，随着互联网的普及，满语文的民间拯救工作成绩显著，各地纷纷开设满语文教学点、教学班、学习小组等，一些有为青年通过自身努力取得了相关的学位进入了教育系统，协助地方政府在民族自治地方开设了满语文课程，为满语文的传承作出了不容忽视的贡献。

第三，黑龙江省仍有众多的满语母语人的存在，且年龄组成比以往的调研报告所提供的数据要低得多，所谓的满语文“母语者不足百人，且年龄都八十多”也是不符合事实的。

第四，各地中小学，特别是民族学校在校本课程中陆续开设了满语文选修课，为在青年一代中培养对满语文的兴趣做了积极的努力。还有如马旭东等一批满族青年的努力，满语文的数字化也取得了阶段性成果，基于

unicode 标准的满语文输入软件能够很好地与主流的 windows 和 office 办公系统兼容，可以满足一般性的日常办公、教学、科研需求，可以说满语文已经奔驰在信息高速公路之上了。

二　满语传承的必要性和意义

清朝将近 300 年的历史长河中，满语不但是满族文化不可替代的载体，而且满语本身就是满族文化的一个重要组成部分。过去的百年间，由于历史、政治、文化和经济等原因，满语已处于一种濒危的状态，拯救满语具有一定的必要性和现实意义。

首先，满族对东北边疆的开发建设曾经作出了重大贡献，满语与东北民族边疆史、东北的方国属国地方政权有着密切关系，对于东北历史形成与发展脉络、重大历史问题的廓清、满语的传承保护，有助于我们从民族发展史和语言考古方面提供重要的学理依据。

其次，长白山是满族的重要发祥地，满族属于长白山的土著民族，满语的传承发展是北方民族与长白山渊源关系的有力佐证。语言是一种历史文化的化石，我们要有未雨绸缪的意识，这一点对于我们国家的领土主权完整和边疆文化的阐释权具有重要意义。

最后，满语是清代三百年来的“国语”，在当时是具有先进性、代表性的，是满族优秀文化的重要载体，失去了满语，我们与上一个历史年代的文脉便也断了接续。满语的传承保护对于清史的编写和研究、清代文献典籍的整理和应用都具有重要的意义和价值。

三　吉林省满语传承及满语人才的现状

自新中国成立以来，吉林省一直十分重视满语人才的培养和使用。在满族口传文学——满族说部的出版整理，古老的萨满史诗、神话和神谕的挖掘整理，满族谱牒搜集研究等方面涌现出了一批代表性学者，例如国际著名满族文化学者富育光、满语言专家刘厚生、满族历史专家张璇如、满族说部传承人赵东升、东北二人转专家王兆一，以及已故的著名民族音乐专家石光伟等，他们都是精通满语的学者专家，能够熟练应用满族语言深入研究和弘扬东北民族地域文化，在满语教学、档案翻译、古籍整理、民间民族文化抢救调查和人才队伍培养方面做出了极大成就。吉林省部分高校和科研机构，如东北师大、长春师大、吉林师大、吉林省社科院等近年来始终坚持开展满语教学和着眼于满语文化的抢救传承工作。但是，目前吉林省满语传承与应用也面临着很多严峻的亟待解决的问题，而且这些问题已经制约了满语的传承和应用。

一是高端满语人才面临青黄不接的危机。上述满语专家大都已是耄耋之年，许多传承满语的项目都已被列入濒危的非物质文化遗产名录之中。二是满语人才应用前景堪忧，无法满足地方民族文化发展的要求。我们的一些文博、档案和研究机构满语高端人才极度匮乏，比如，吉林省档案馆的满语文献档案存量在国内居第三，可是近年来却没有一个能够通晓满语的人才，大量文献资料只能闲置，他们面向社会广纳人才，又在公务员招考中招聘精通满语的人才，结果报考者竟然为零，这足以说明培养满语高端人才的工作已经迫在眉睫。

高度重视满语的传承与应用工作。应该以抢救民族文化，保护非物质文化遗产和建设美丽精神家园的高度来认识满语的传承、保护和应用，尤其是满语是吉林省的地域文化特色，是过去一个时代文明的标志，也是全国上千万满族同胞的精神家园和守望，数百年来满语承载了太多的历史文化信息，如果在我们手中消亡断续，那便无法向历史和未来交代。

同时，我们开展满语人才的培养要兼顾到培养目标和社会导向作用。满语作为一种已经退出历史舞台的文化遗存，我们不应逆历史潮流而动，我们也不可能把满语恢复到交际语言和主流语言的程度，在社会民间的满语教学和中小学的满语教学中，要加以正确引导和规范。满族文化已经融入了中华文化的大潮流之中，作为语言同样也是不可逆的，只能是在特定的文化传承和研究领域来加以弘扬和应用。

四　关于满语传承存在的问题

一是从满语文标准来看，存在概念、标准模糊问题。由于新中国成立后满语文发展的特殊历程，使得满语文教学与科研中存在着概念模糊、标准模糊的问题，在实际教学中经常会将锡伯语文拿来作为满语文的一种标准，这是极度错误和不专业的，我们无法想象将英语文的标准拿来作为德语文的一种标准，虽然英语文也发展自德语文，二者有着极近的亲缘关系。这种做法，在民间教学甚至某些科研院校有愈演愈烈之势，究其原因主要是对东北现存的满语文情况的田野调查做得不够，进而在实际工作中迷失了方向，有病乱投医。

二是从就业角度看，满语文专业学生就业难问题日益突出。一方面，由于满语文本身属于冷僻专业，这使得学生毕业后的就业面较窄，出路较少，为学生和学校带来了很大的难题，解决不好这个问题，将直接影响到学科发展，进而影响到满语文的发展；另一方面，一些单位如省档案馆、省博物馆却苦于没有合格的满语人才，这种现象耐人寻味。

三是从目前的政策来看，缺乏对学生和家长学习满语文热情起到引导作用的政策倾斜，比如，满语高考加分、满语文试卷等。现阶段，参与满语文教学的学生和家长更多的是从民族感情、民族情怀的角度出发，长此以往，难以坚持，政策上没有体现出对学习满语文的学生的扶持。

四是从数字化、信息化上来看，已有成果的转化不利，缺乏必要的扶持。现阶段虽然满语文的数字化、信息化取得了初步成绩，但是基层人员了解较少，推广不力，成果难以转化为教学推动力；对于已有成果的整理发布和后期研发，缺乏必要的资金支持和政策倾斜。

五　关于满语书写形式的历史与价值

语言是一种历史文化的化石，如果丧失了满语文的传承，我们在满族与东北边疆史、满族与长白山的历史渊源、东北的方国属国（地方政权）问题上将会处于非常被动的地位，就会在这些问题上失掉学理上、语言考古上和民族学方面的有力支撑。

（一）满语书法的分布与价值

我国传统满文书法主要分布于满族聚居的辽吉黑地区，当代则以吉林省为中心辐射黑龙江、辽宁乃至关内各清代八旗驻防地，如广州、荆州、西安、呼和浩特等地。

满文书法（笔忒赫伦）作为中国书法之一，有着巨大的历史文化价值和实用价值。满文书法是清代一切满文写本的载体，与清代政治经济文化息息相关。作为中国书法大家庭的一员，满文书法极大地丰富了中国书法的种类和形式。更重要的是，作为满语文的具体视觉载体，满文书法还承载着广大满族群众的民族感情。与汉文书法不同的是，今天广大的满语文的学习者仍保留了日常手写记录生活的习惯，仍执着于在四时八节以满文书法书写贺卡、拜帖、楹联。因此，满文书法不但作为一种艺术形式得以流传日广，其作为一种书写技艺仍发挥着极大的实用价值

（二）满语书法的特征

一是题材极具民族特征。作品题材主要以历代满族圣人、先贤语录，历朝实录、圣训，满语文佛经、诗词歌赋、优秀散文为主，兼及优秀汉文经典满语译本，如四书五经等。二是书体多元。若以汉文书法书体类比，满文也存在楷书、行书、隶书、草书、篆书等多种书体，其中篆书有 32 种，形体规范、优美端庄，历史上多用于印玺的制作，今天除用于印章制作外还用于书法作品的书写，成为满文书法中极具代表性的一种形式。三是布局独特。上下行文，从左向右换行，左上为上款，右下为下款。合璧作品，则满汉文各自起笔，于中间落款。四是用印灵活。与汉文书法类似，讲究用单不用双，印文应为各类满文篆字，亦可使用女真文印章，引首章、腰脚（角）章还可使用图像印，形式多样活泼，不拘一格。

（三）满语书法的主要形式

满文书法分为硬笔与软笔两大类，目前以软笔为主。满文书法以毛笔、宣纸为创作载体，以线条的粗细、墨色的焦淡、结构的疏密对比为审美情趣的一种视觉艺术形式。其主要传统书体有楷、行、草、篆四大类，每类内又可细分若干小类，如篆字可再分 32 体。另外有赫图体等新发展书体。

（四）满语书法的历史源流

满文书法发端于后金时期，伴随着老满文的创制，满文书法便已诞生，随着新满文的改革、清王朝的建立，满文书法日渐走向成熟，至乾隆初年，满文书法已成为满族文人必备的基本技能，更成为翻译科科场考察的重要指标。

清乾隆初年，关内满族文化日渐衰微，满文书法也走向没落。但是，从乾隆九年（1744 年）起，陆续分三批共计 3000 余户北京闲散旗人移居到今黑龙江省拉林、阿城地区，建立了 32 个京旗满族屯落。这部分成边屯垦将士中的文化人，将清代最鼎盛时期的满族文化带到了白山黑水间，满文书法也再一次回到了故乡，在这 32 个旗屯的官学与私塾中传承、延续不绝。

（五）满语书法的传承状况

满文书法的传承以师徒相承、父子相继、族内传承为主，伴随满语文教学进行，依附于传统清代满语文教学体系而传承。

乾隆九年（1744 年）八月二十八日，八旗闲散人丁由北京顺天府宛平县草帽胡同迁居吉林将军所辖五常拉林（今黑龙江省五常市拉林镇），建屯立旗，“出则为兵，入则为民，有事征调，无事耕猎”。随同带来的还有清代传统满语文教学体系及书法技艺，传承不绝。

目前可考第一代，庆三爷（姓名不传），男，生卒年不详，系第二代传承人裕克莫·光远之舅父，满族，今黑龙江省五常市人，其师承不详，当地学堂满语文师傅。其一生都在五常当地开设私塾、教授满语文及其书法、培养翻译人才直至1956年。

第二代裕克莫·光远（师父：庆三爷），男，生年不详，于2007年仙逝，满族，黑龙江省拉林镇人，自幼师承第一代传承人、其舅父庆三爷，依据清代传统教学法学习满语文及其书法。曾旅居日本多年，于2005年回到哈尔滨开班收徒，教授满语文及其书法。

第三代王硕（师父：裕克莫·光远），男，1983年生于沈阳，满族，22岁起跟随第二代传承人裕克莫·光远依据清代传统教学法学习满语文及其书法。后在长春、白山、哈尔滨、沈阳、北京等地推广其满文书法，广收弟子，创制满文书法赫图体。广泛吸收其他各民族书法的精华，推动了满文书法进入了新的发展阶段。

第四代以刘冠群（师父：王硕），男，1988年出生；杨赫（师父：王硕），男，1993年出生；邹晓文（师父：王硕），男，1988年出生；赵阔（师父：王硕），男，1995年出生；王琳霞（师父：王硕），女，1973出生；瓜尔佳·世旺（师父：王硕），男，1987年出生等为核心的第四代传承群活跃于吉林省及周边省市。第四代传承群体又将满文书法带到了全国各地乃至海外。

六 吉林省加强满语传承应用的建议

（一）明确满语文的标准

明确满语文的标准其实更多的是一种对科研成果的转化，中央民族大学的关辛秋教授对于满语文的标准，尤其是满语文的语音研究成果发表多年，得到了国内外满学家的认可，应将其成果用于指导吉林省的满语文科研与教学实践。

（二）加强满语教学与研究

在省属高校设置专门的满语文专业，将满语文研究从其他的学科剥离开。在省内高校设立专门的满语文专业，对于已有满语文专业的，应根据实际情况予以调整，不再将满语文研究作为其他学科研究的基础和辅助，确立满语文研究的主体地位，组织专家编写听说优先的满语文教材，在这方面可以参考日本语专业，大连外国语学院日语系的齐膺军博士对此有相当的研究。也可以借鉴黑龙江大学满语研究所的经验，合理设置满语本科专业。在省属高校重点设置专门的满语专业，将满语教学研究从其他的学科附属地位中剥离出来。确立满语教学研究的主体地位，组织专家编写全省统一的满语文教材和编纂标准的满语文词典。黑大满语所从 1983 年建所，稳步推进，以满语学历教育为抓手，从本科到硕士再到博士，规范办学，侧重高端人才培养，以满语为主，兼顾人类学、历史学、民族学、语言学的内容，扩大就业出口。与此同时，他们还争取到了每年财政拨款 30 万元，创办了一本满语学术期刊。

（三）解决好满语文专业的学生就业问题

长期以来满语文专业学生的就业是一个老大难问题，之所以就业难正是由于长期以来将满语文作为其他学科的从属和附庸，学生就业主要是科研院所、档案部门。因此，要解决好这个问题，一是可以采取与用人单位签约的办法，实行订单培养；二是可以借鉴中央民族大学在少数民族语文专业设置方面的先进经验，在本省高校开设外语满语翻译专业，考虑到满语从形态上与日语更接近，建议在有条件的院校设置日本语满语翻译专业，该专业的毕业生就业途径较多。首先，毕业后可以进一步考取硕士研究生进行深造，对大多数学生来说考研的最大障碍是外语，而日本语满语翻译专业的本科毕业生日语应达到专业四级以上，外语不再是障碍，可以轻松考取如中央民族大学这样的 985、211 院校；其次，由于有外语的优势，完全可以前往日本深造，日本一直处于世界满学研究的前沿；最后，虽然满语文专业相对冷僻，就业也有一定困难，但日语专业就业前景一直不错，该专业学生完全可以利用自身专业的日语优势来就业。

（四）加强满语文的普及工作

组织真正有基层教学经验的专家来编写全省统一的满语文教材和编纂标准的满语文词典。对于全省统一的满语文教材编写者的选择，教学经验比专家名头或者学术成果更重要，建议选取有多年中小学满语文教学经验且有中小学满语文教材编写经验的青年学者参与。

通过立法来解决课时短的问题。目前制约中小学满语文教学时长的原因主要是统一的教学要求使得个别中小学想要延长授课时长也不现实，因此应推动民族自治地方甚至省人大通过相关法规，保证满语文教学时长，只有将满语文的授课时长达到4～5课时/周，满语文才有意义，

针对教师水平参差不齐问题，可两条腿走路。一方面，在现有师资基础上优先选派年轻的，最好是外语专业的教师到东北师范大学、长春师范大学、吉林师范大学等有满语文师资培训经验的院校进行脱产培训，通过考试来把关，满语文教师必须持证上岗，上岗后应坚持进行定期培训；另一方面，在省内师范院校设立满语文师范专业，教育是一项极其专业的工作，不是会满语就可以做满语教师，正如不是会说汉语就可以做汉语文教师一样。

通过政策倾斜，引导学生和家长积极主动参与到满语文拯救中来。将满语文成绩纳入各级升学考试的考核体系中来，将满语文考试纳入本省的高考考核中来，参照本省汉语文授课加授朝鲜语的学生及蒙授（乙类）的高考考核方法。

（五）加强满语文的宣传推广

应大力推广已有数字化、信息化成果。一方面，应该尽快将数字化、信息化科研成果转化为对满语文发展的推动力，尤其是要向基层工作人员推广；另一方面，应该给予专项资金支持，用于发表已有成果和后期字体研发。

积极引导媒体，使其为满语文发展助推。引导媒体对满语文在本省的发

展给予正面报道，宣传吉林省在满语文发展中已取得的成果，让社会各界认识到保护传承发展满语文的重要性，在全社会营造人人关注满语文、人人关心满语文的良好氛围。

鼓励企业界特别是满族企业家投资设立满语文发展基金会，为扶持和奖掖从事满语文教学和学习的师生提供有力的保证。

G.26

满族说部中的“文化符号”

杨春风*

摘　要： 满族及其先民最有代表性的文化符号应该是渔猎和动物。在满族说部中，随处可见渔猎文化及其派生出的对各种动物的依赖、崇拜和利用，以及人与动物间水乳交融般的亲密感情；其神话中，“动物神”在与恶神“耶鲁里”的战争中发挥了不可替代的重要作用；生产生活中，动物充斥于衣食住行、歌舞娱乐等生活的方方面面，甚至战争方式都以动物为主，驯兽才能更是选取人才的重要方面。“是民族的，才是世界的”，越是具有鲜明的特色的文化，越是能吸引游客的注意。我们在旅游文化中要注意发掘这种文化符号，打造具有独特东北风格和吉林特色的旅游文化，促进吉林省旅游业的发展。

关键词： 满族　说部　文化符号　动物神

文化符号是一个企业、一个地域、一个民族或一个国家独特文化的抽象体现，是文化内涵的重要载体。对于不同的民族来说，往往具有属于自己民族的独特的文化符号。对于世代生活于白山黑水中的满族先民来说，最有代表性的文化符号应该是渔猎和动物。在满族说部中，随处可见渔猎文化及其派生出的对各种动物的依赖、崇拜和利用，及其与动物间水乳交融般的亲密感情。一是在满族说部神话、史诗中，“动物神”具有非常重要的作用，各

---

* 杨春风，吉林省社会科学院文学所所长，研究员，研究方向为东北文学文化。

种兽类不但在与恶神“耶鲁里”的战争中发挥了不可替代的重要作用，而且人与动物之间还经历了一个从人兽同源、人兽交合到人兽分离的过程。二是在满族说部各类作品中，动物充斥于衣食住行、歌舞娱乐等生活的方方面面，甚至战争方式都以动物为主，驯兽才能更是选取人才的重要方面。

一　满族说部中的“动物神”与渔猎文化特色

（一）《天宫大战》中战胜恶神“耶鲁里”的主要功臣：“动物神”

在《天宫大战》中，除恶神耶鲁里等极少数恶神外，多数都是带有英雄色彩的女神形象，大体上分为三类：一是自然物女神，二是动植物女神，三是具有分工性质和抽象意义的女神，分别代表了满族先民对自然物的崇拜、动植物的崇拜，以及崇尚力与美的理念。这几类女神中，最有代表性也最有满族独特特色的，正是“动物神”。在《天宫大战》中动物女神共有以下几个。

一是九色花翅大嘴巨鸭，她是阿布卡赫赫的侍女。当阿布卡赫赫被耶鲁里困在冰水中时，九色花翅大嘴巨鸭把阿布卡赫赫从囚困的冰水中背上蓝天，躲过了灾难。但是冰海盖住了天穹，蔽盖了大地。大嘴巨鸭口喷烈火，把冰天给啄个洞又啄个洞，一连气儿啄了千千万万个洞，从此才出现了日月星光，才有了光明温暖。可是，耶鲁里的冰雪老也化不完，大嘴巨鸭的嘴，先是又尖又宽、又厚又长的，像钻镐，就因为救援阿布卡赫赫，凿冰不息，大地有了光明，可从此以后鸭嘴却让冰凌巨块给挤压成又扁又圆的了，双爪也给挤压成三片叶形了。

二是白腹号鸟，她是阿布卡赫赫的侍女，为了让阿布卡赫赫吃石补身，白腹号鸟飞往东海采衔九纹石，勤快辛劳，日夜不停。回程时，总要在九叉神树上歇脚。

三是护眼女神，即者固鲁女神、刺猬神。者固鲁女神身披能藏魂魄的光针，帮助阿布卡三姊妹生育万物，付给灵魂。她身上的光彩，全是日月光芒织成的，锋利无比，可使万物万魔双目失明，黯然失色。守护日月，使其日夜光照宇宙，送暖大地。她们身上都有光衫慈魂。者固鲁女神总是披着刺眼的光衫，这是阿布卡赫赫赋予她的万神神威，万神的能耐和品德都汇集到了她的身上，能攻能守，能进能退，能隐能显，能扩能缩，能滚能行，威勇无敌。在耶鲁里化身白鹅潜入阿布卡赫赫的花园，捉住阿布卡赫赫之时，者固鲁女神在都凯女神的帮助下，变成芍丹乌西哈，芍药花神，光芒四射。恶魔们争抢着摘白花，这时白花突然变成千条万条光箭，直射耶鲁里眼睛，疼得耶鲁里闭目打滚，吼叫震天，捂着九头逃回地穴之中。

四是兴克里女神，即鼠神，满语古语尊称为乌西哈布鲁古大神。阿布卡赫赫身上搓落出泥生出的，能在黑暗里钻行，迎接和引导太阳的光芒，照进暗夜，这便是永世迎日的鼠星神祇，迎日女神，三耳六眼的灵兽。阿布卡赫赫担心黎明前黑暗里耶鲁里仍偷袭捣乱，就把身边三耳六眼的灵兽派了出去，永远横卧在苍天之中，头北尾南，横跨中天，总是极目远望高天，寻找耶鲁里的踪影，一直到太阳的光芒照彻寰宇，星光隐灭，辛勤而忠于职守的迎日灵兽才从天中消逝。

五是西离妈妈母神，即鱼母神，后变成鲤鱼拐子星。当耶鲁里化被三百女神追赶，化成小小曲蛇，藏进了泥水里，三九天上的鱼母神，见其情景追进水里，变成个机灵敏捷的小鲤鱼拐子，找到了耶鲁里，从泥里咬住了耶鲁里化形的小蚯蚓的尾巴，蚯蚓身子一缩，掀起大浪泥沙，搅浑了清水，鱼母神松口，耶鲁里化阵恶风又逃之夭夭。因找到恶魔耶鲁里有功，便成为宇宙中的鱼星辰，日夜还在天海边追寻着恶魔耶鲁里。

六是都凯女神。都凯女神原是阿布卡赫赫的守门女神，因贪玩耶鲁里的独角穿行地下，中了耶鲁里的诡计，被赶出天系，变成蚯蚓。都凯女神为了能回到阿布卡赫赫身边，便竭力帮助护眼女神，把深深的地层钻出洞眼，使暖光透进，使她能够随时幻化成各种香花异草。护眼女神后来能变成芍丹乌西哈，使耶鲁里上当，救了阿布卡赫赫，就有都凯女神的功劳。阿布卡赫赫怜爱都凯女神，允许她可以自生自育，不论冬夏永远不死，常存于地下。蚯蚓又称小蟒神，可以辅助与导引萨满探查地下的府洞与魂魄。

七是霍洛浑、霍洛昆二女神，为阿布卡赫赫的侍女，后化为鸣虫。当耶鲁里吐黑风恶水时，阿布卡赫赫派身边的霍洛浑和霍洛昆两个女神详察动静，她俩只见寰宇动晃，天石颓塌，地陷涌泉，回去报告阿布卡赫赫已经来不及了，便放开喉咙大声唱乌春①。两个女神边唱边携手舞蹈，在颓石浪尖上唱，在恶风凄雨中跳。歌舞迷住了耶鲁里，竟忘记了施展神威，闭目睡了过去。等他突然猛醒时，阿布卡赫赫已经率百兽百禽围袭过来。耶鲁里双手一摁，竟将两个女神碾成血粉。后来血粉干润在树草之上，小小的粉粒化成万千鸣虫，体小而其声高亢，声振数里可闻。而且声调有嬉戏、忧思、欢庆、报警、探询等不同韵味，显露其死亡被害前，仍不服耶鲁里的欺凌，代代年年，叽叽鸣唱，为世人警世颂歌。

八是鹰女神。在《天宫大战》中，鹰女神极为重要，她不仅哺育了第一个萨满，而且更具有人类始祖神的意味。空际的大鹰星本由卧多赫赫用绳索系住左脚，命它协助德登女神守护天穹的。因为耶鲁里扯断了鹰的神索，鹰星在天空中变幻最大，其星羽突闪突现，阿布卡赫赫便命她哺育了世上第一个通晓神界、兽界、灵界、魂界的智者——大萨满。

在《天宫大战》中，鼠神、鱼神、刺猬神、鹰神等动物神占有重要地位，显然与满族先民的以渔猎游牧为主的生活方式有关，也同满族先民们世代信仰的萨满教万物有灵观念有关。在满族先民的神话《天宫大战》中，何以会信仰万物有灵，何以会崇拜这么多动物神呢?

首先是要学习动物之长，学会适应自然的规律，以便在充满凶险的大自然中生存。满族先民自然崇拜和动物崇拜的心理原因，就是要取媚于自然界，以便学习并掌握自然界的运行规律，向动物界各种动物学习模仿，以适应生存的需要。所以萨满教所崇拜的所有动物神祇，各族虽不尽相同，但大致有一个普遍的规律，就是“崇勇不崇弱，崇凶不崇温，崇壮不崇小，崇捷不崇痴”②，所以熊、鹰、虎等凶猛动物很受推崇。除此以外，又素喜推崇有特技、特能、特体、特声的动物，如鼠能钻地、乌能飞翔、刺猬有浑身

① 乌春，满语，歌的意思。

② 富育光:《萨满论》，辽宁人民出版社，2000，第91页。

长刺，喜鹊、鸣虫的叫声分外好听等，这些奇异的技能在原始人类的想象中，都是人类应该学习并利用来御敌的好技能，满族先世世代祖居冬窨夏巢，特别喜欢半地穴式的房舍，可以避风取暖。地下常有沼气，因鼠有灵敏的毒气预感反应，所以满族人敬老鼠，不伤鼠神，鱼、鸟、鹿等同样有强烈的信息感应能力，满族先民在与这些动物接触的过程中不断地通过观察这些动物和自然物，来提高自身的辨识灾难和抵抗灾难的能力，因而各种动物不但是人的食物来源，也是他们的老师和崇拜对象。所以在《天宫大战》中，对鼠、刺猬、飞鸟等格外崇拜，将其奉为阿布卡赫赫身边才能卓著的侍者。

此外，满族先民崇拜动物神，还与人们的赎罪心理，以及担心动物报复的心理有关。萨满教只信守朴实无华又切合实际的生活哲理，为生存而猎，为生存而罟，食肉饮血寝皮，是自古以来依靠渔猎经济生存的北方诸民族天经地义的事。因为在靠天吃饭的原始先民生活中，不吃动物是难以生存的，萨满神词中有数不胜数的“血祭礼”“食肉礼”“燔烤礼”等神歌。而且萨满神词中有众多祈求宇宙、自然界众神庇佑、能打到许多猎物以求饱腹的神歌，甚至不少民族还有求请虎神、鹰神、蟒神，使族人围猎满载而归。凶猛的虎、豹、野猪等动物，虽然是氏族所崇拜的神，但也照样围捕、食肉寝皮。萨满与族众祭拜它们，是为了求其魂魄不要因吃它们同类而记仇，加害族人。萨满的祝祭内容、形式、地点、赞辞以及神系的各方神祇名讳，其观念实质不是为了其他什么要求，而是为了全氏族成员生存——衣食之利，并为此根本目的而保持永久的顺利与安宁。

在《天宫大战》中，当阿布卡赫赫遭遇危机之时，往往是动物神一显身手，不惜牺牲生命来拯救，反映出渔猎社会中动物的重要作用，以及万物形成有机整体、互相关联的观念。在三百女神的体系中最多的是动物女神，往往是恶神欺负阿布卡赫赫等女神，多亏了有各具特长的动物神用自己的本领和特长战胜恶神拯救阿布卡赫赫。阿布卡赫赫最终战胜耶鲁里，更是依靠了百兽百禽百虫等各献出了一招神技。这种英雄故事模式，一方面反映出满族先民不惧神威，不怕牺牲，自强不息，为生灵造福，英勇同命运抗争的决心和勇气，另一方面也反映出满族先民作为一个以渔猎为主要生产方式的民族，存在着对动物的深切感情和无限依赖。满族先民以渔猎为生，动物对他们的生存来说起到至关重要、不可或缺的重要作用。他们食其肉、寝其皮，以动物之骨为武器、工具，以动物之齿牙为饰物，以狗拉雪橇或驯鹿为其交通工具，用狗来传信，甚至训练狗兵、鹰兵、虎兵，使之成为部落战争的重要手段。不仅如此，在他们心目中，动物们都具有常人难以企及的奇异才能，有神奇的、神秘的人类所没有的力量。例如，满族人不伤麻雀，尊称其为魂雀，因为麻雀对农村草舍是否有火险隐患及烟害最为敏感，成为古代先民最忠实的信息传报者。鱼、鸟、鹿、狍以及虎、豹、猞猁、熊、鼠等，都同样有强烈的信息感应能力。因而满族先民视动物为神，把动物神与天神联手对抗恶魔耶鲁里作为其神话的非常重要的组成部分也就是顺理成章的了。

（二）从人兽同源、人兽交合到人兽分离

在《天宫大战》中，我们看到，有各种各样的动物神发挥着各自的专长，在对抗恶神耶鲁里的斗争中起着至关重要的作用。在附录六则神话故事中，这种人与动物的关系有了进一步的发展，变成人与动物有亲缘关系，是一母所生的兄弟。在《附录一：佛赫妈妈和乌申阔玛发》中描写佛赫妈妈与乌申阔结合后，没几年工夫，生了四男四女。这四个孩子分别代表了人类、鸟类、兽类、爬行动物类，也就是说，人与鸟类、兽类、爬行动物类都是一母所生的兄弟。这四类生物不仅是一母所生的亲兄弟，而且在后世的繁衍过程中还彼此通婚。文中写道："人类的繁殖没有动物快。人和人配婚以后生儿育女很不容易，阿布卡赫赫就和四对兄妹商量，施行人和动物通婚。这才出现了第三代怪神恩都哩——人面豹身的恩都哩、鹰头人身的额多哩妈妈、通身是鳞的突忽烈玛发，人头鱼身蛇尾的松阿里恩都哩。"①

当然，不只是满族先民，在人类的原始时代的神话传说中，都不同程度地存在着人兽结合、半人半神的阶段，如中原神话中的人类始祖伏羲与女娲

① 富育光讲述、刑文礼整理《天宫大战　西林安班玛发》，吉林人民出版社，2009，第 78 ~ 82 页。

都是人首蛇身的，保留了一点原始图腾崇拜时代文化观念的影子，可惜语焉不详，不似满族先民的神话中这样具体和明显。现代科学的发展证明了地球上的一切生物，包括水生和陆生的生物都是由单细胞生物经漫长的时间进化而来的，因而严格说来，人与动物都是同根同源的。因而满族先民的这种人兽同源的观念在今天看来，也是有一定进步意义的，相信人兽同源、亲如兄弟的观念，对于保护自然环境、珍惜动物生命是有积极意义的。

在附录所包含的六篇神话中，神赋予人类与动物各自不同的天赋禀性，同时人与动物又一起接受神的恩惠、教诲和指导，从而掌握了各自不同的谋生技能。文中写道：“阿布卡赫赫启发第一对孩子的智慧，教他们弓箭和骑射的本领；教第二对孩子飞腾方法和通递消息的能力；教第三对孩子穿山越岭和互相搏斗之术；第四对孩子没手没足，教他们入地之功和医治病症之术。”[①] 这些文字反映了处于原始社会时期的满族先民对动物朴素的认识，他们不仅视动物为兄弟，而且尊重并学习各种动物的本领，取其所长，补己之短，在同艰苦的环境的斗争中，不断充实和发展自己各方面的生存本领。

《附录四：阿布卡赫赫创造天地人》中，在洪水消灭了上一劫的几乎所有生物之后，动物神扮演了十分重要的作用，在他们的保护下，上一劫的神才能生存下来，并且通过这些神保存下一劫生物的灵魂和种子。如刺猬神僧格恩都哩保护了佛托妈妈，佛托妈妈则用乳汁喂养了成千上万的神的灵魂；一棵大榆树保护了海兰妈妈，而海兰妈妈保存着上一劫的所有树种；在一只大鹰的保护下，安车骨妈妈得以生存，而安车骨妈妈会制造天上的飞禽；一只水獭用自己的气息保护了海伦妈妈，而海伦妈妈又复活了江里的鱼虾等生物；一只长角的白虎保护了赛音妈妈，而赛音妈妈又以石罐保存了上一劫兽类动物的灵魂，而阿布卡赫赫到来后，这些动物都因此得以复活……从这些故事情节中，我们可以看到动物与人与神是互相依存、亲密无间、密不可分的，动物同时扮演着神的徒弟和保护者的双重角色，仿佛是共生共栖的关系，在彼此亲密无间的合作中，和谐融洽地生活在一起。

---

① 富育光讲述、刑文礼整理《天宫大战　西林安班玛发》，吉林人民出版社，2009，第80页。

满族先民神话中，这种人兽同源、人兽交合的观念，以及人、神、动物密不可分的情节的产生，同他们以渔猎为主的生活方式不无关系。从满族说部其他故事中，我们也能看到，满族先民对动物的依赖性极强，动物已经成为其生活中不可或缺的组成部分，几乎每一方面都离不开动物，他们食动物之肉、衣动物之皮，以动物之骨占卜佩饰，以动物之血祭祀，甚至驯养狗、鹰、虎、熊等动物作为通信、运输的工具，或者氏族间战争的武器和法宝，连预测灾害也要用到动物的灵性。这样，他们自然把动物作为自己非常亲近的一部分来看待，在征服动物、利用动物为自己服务的同时，又要真诚乞求动物的谅解与合作，乞求动物神对他们的支持与保佑。

（三）快捷的出行方式和畜牧业的发展

满族先民们在长期的渔猎生活中，畜牧业得到很大的发展，满族先民们掌握了非凡的驯兽技能，使得所驯养的动物在生活各方面都发挥了举足轻重的作用。如在《乌布西奔妈妈》中，有些部落的驯狗业非常发达，狗不但给族人看家护院，而且成为祭祀、交通、征战的工具，族人视之如子，已经成为生活中不可缺少的一部分。人与狗已经达到亲密无间、合而为一的地步，“待犬如子，懂人情，通人语，与人同席枕”。在交通工具方面，他们不但有独特的“狗棚车”，快捷便利，“人呼犬嚣，驶若快风”；冬季还有滑雪鞋、滑雪板，能在“雪中飞如闪电”。此外，狗在紧急状态下，可以充当信使的作用，如书中写道，“突发天花魔蹂躏西邻，彻沐肯大玛发跑狗传信，求助乌布西奔”①。

当然，当时的畜牧业不可能只有驯狗一项，其他方面也都达到了很高的程度。如在瘟疫流行时，乌布西奔命人驱赶狗车、鹿车、马车、牛车，带病者分路，远离家门，可见当时已经有包括狗、鹿、马、牛在内的各种牲畜，作为交通的工具。尤其是驯马业发展很快，使这个马背上的民族有了自由远行的神力。懂得驯马骑马对于女真人来说是一件大事，极大地改善了交通运

① 鲁连坤讲述、富育光译注整理《乌布西奔妈妈》，吉林人民出版社，2007，第98页。

输条件，使得“道路不再遥远，雪路不再难行，沟壑不再难越，溪涧不再难跨”，“人可以像雄鹰一样，翱翔在堪扎阿林的千山万水之间，自由自在，任意驰骋”①。

在《东海沉冤录》中记载了元末明初东海女真人的独特出行方式。因为这一时期的东海女真人多居住在深山密林之中，为了在高山密林中穿行，他们多驯养马鹿作为出行工具。马鹿善穿林越涧，能上山，行动迅速，比马灵巧，体魄健壮于梅花鹿，其驮载能力亦远远超之，非常方便快捷，特别适于山区骑用，故而东海女真野人的一些部落户户驯养马鹿。这些马鹿都是从一捕来就在家中驯养的，它们已经跟人相当熟了，一吹口哨便会跑来，可以乘坐。马鹿生性喜啃地上的碱，爱吃盐，只要给它一点儿盐，它就跟你亲近。唯怕生疏的人，见生人立刻跑走，越喊越逃得快。

（四）独特的战争方式和比“武”选才制度

在《恩切布库》中，恩切布库女神知道人才对于部落发展的重要性，只有“多选些能人，艾曼有了圣贤，才会步步登高，才会更加富强”。所以在她的提议和组织下，举办了堪扎阿林第一个选“山音赊夫”② 的盛会。然而，恩切布库时代，遴选人才并不是像中原那样考文才、比武功，而是更多地考驯兽技能，因为那时的部落战争大多不靠武功，而是靠驯养野兽充当猛将。很可能因年代的久远，历史人物已经被神话，这种比武似乎更像是半人半神的萨满表演，而不像后世的骑马射箭的竞技，参加者多是女氏族首领，比赛的神通更类似驯兽表演。

在《恩切布库》中，有以鹰为图腾的氏族，能驯化并召唤成千上万的雄鹰；有以虎为图腾的氏族，其首领能召来上百只猛虎为其效力；有以水为图腾的氏族，能引水收水，还能召来水獭和龟鳖。此外，还有以小蝴蝶、小蚂蚱、小蝈蝈、小蛐蛐为图腾的小氏族。这些氏族虽然小，也都各有其无法

---

① 富育光讲述、王慧新整理《恩切布库》，吉林人民出版社，2009，第142～143页。

② 山音赊夫，满语，好师父之意。

替代的作用，“能够通风报信、能够驱除瘟疫、能够预见灾害、能够治疗疾病”。

当遇到灾难或是部落战争时，各氏族族众各显其能，利用各自驯养的动物，同心协力对付恶魔耶鲁里。文中描写，当恶魔耶鲁里巧施阴谋诡计，把族众困在山谷中时，夹昆妈妈化成千百只雄鹰，飞翔而下，抓走在水中挣扎的族众们，塔思哈（虎）妈妈能瞬间召来数不清的吊睛黄毛大虎，驮走在水中狂叫的族众，木克（水）妈妈召来千万只水獭和龟鳖，驮走在水中挣扎的族众们，恩切布库女神用自己变成的火珠，追烧着耶鲁里。可见渔猎民族在原始社会初期有着不同于其他民族的特点，就是巧妙地驯化动物，利用动物来作为战争的武器。

在满族说部中，随处可见动物在部落战争中发挥不可或缺的重要作用。如在《乌布西奔妈妈》中，古德罕进攻黄獐子部落时，凶猛顽强、听话迅捷的“狗军”发挥了至关重要的作用。狗不但可以听命攻敌，而且一听到鸣金之声就迅速退回，可进可退，收放自如，可见当时的驯狗技术达到了一定程度，可以将之视为一支强大精锐的军队了。相比动物来说，真正的武器在战争中的作用就显得微小许多。如在制服九尾貂部落的战争中，只提了水、火、鹰、虎，而未提及任何武器，在对五毒蝎魔窟的战争中，对武器也只是一笔带过，起到至关重要作用的仍是各种动物，“火焚、鹰啄、虎食、狂涛，恩切布库妈妈又请来土拨鼠、刺猬、蝼蛄、蚂蚁、蚯蚓……众精灵打洞，将狂涛、巨火引入五毒蝎居住的洞窟之中”①。可见，驯养的动物对于战争来说是多么重要，这就难怪何以从《天宫大战》以来的满族神话中，动物神在同耶鲁里的战争中起到至关重要的作用，这其实是满族先民生活的生动写照。满族说部的英雄传奇和历史故事中，这种靠动物名将打仗的倾向表现得也很明显，如历史故事《东海窝集传》中，都利用虎、熊、狗、鹰等动物频繁地用于战争，并在战争中发挥极大的作用。这正是东海女真人不同于其他民族的一个独特的突出的特点。

---

① 富育光讲述、王慧新整理《恩切布库》，吉林人民出版社，2009，第106～107页。

二　满族说部中的“文化符号”在旅游经济上的应用

怎样才能最大限度地发挥吉林历史文化的特色，让历史文化遗产满族说部在吉林省旅游经济中发挥其应有的作用呢？笔者认为，可以从以下几点着手。

首先，可以把满族说部中的某些神话拍成动画片或其他形式的影片。满族说部中的某些神话所宣扬的文化精神，在现代的社会中仍然是有一定的积极意义的。如《天宫大战》中，一些动物神为了战胜恶神耶鲁里，保护天母阿布卡赫赫，保护人类赖以生存的家园，不惜牺牲生命，情节非常感人，其精神内涵与社会主义社会的集体主义精神也是相契合的。如霍洛浑、霍洛昆二女神，为救阿布卡赫赫，吸引恶神耶鲁里注意，放开喉咙大声唱乌春，边唱边携手舞蹈，最后竟然被耶鲁里碾成血粉，化成万千鸣虫，仍不服耶鲁里的欺凌，代代年年，叽叽鸣唱，为世人警世颂歌。再如拖亚拉哈女神（火神）私盗阿布卡恩都力的心中神火临凡，怕神火熄灭，便把神火吞进肚里，嫌两脚太慢，便以手为足助驰。天长日久，被神火烧成虎目、虎耳、豹头、豹须、獾身、鹰爪、猞猁尾的一只怪兽。这样的故事还有很多，如果能用生动有趣的形式把它们表现出来，相信定能吸引不少观众，同时对宣扬满族先民自强不息、顽强勇敢的民族精神也是有益的。

其次，可以举行一些满族说部片段的展演，以说书的形式把情节感人、引人入胜的满族说部作品表演出来。据笔者所知，满族说部传承人富育光先生的弟子、评书表演艺术家安紫波先生已经学会了不少满族说部作品，可以用评书的形式为游客表演。但现在还仅限在某些学术会议上为满族说部研究的专家们表演，如果能让他多培养些这方面的人才，让他本人或是弟子在某些旅游景点，为观众展演具有满族特色的满族说部作品，相信能吸引不少观众。

再次，如前所述，满族是个能歌善舞的民族，满族说部中记载了大量满族传统舞蹈，传统歌谣、唱词也不少。如果能把这些舞蹈请专业人士加以还原或再创造，相信不仅是继承和发展满族的传统文化，展现吉林省少数民族文化遗产的文化魅力，更能吸引无数游客的目光，促进吉林省旅游经济的发展。

最后，满族说部中的渔猎文化虽然不能还原，不能让游客去猎杀动物，但某些文化元素是可以复制还原的，如满族说部中的饮食文化、服饰文化、出行方式文化等。满族先民有其独特的饮食文化，如喜欢来客人或重大仪式时举行篝火宴、篝火晚会、篝火前的拜月祭祀活动、婚礼、迎客礼等，都可以应用到旅游文化中；还可以开一些满族特色的小吃店、饭店等，以满族传统美食来招待客人。

满族先民的独特服饰文化，也是可以用在旅游文化上的。现在说起满族的传统服饰，大多数人都以为只是旗袍、木底鞋等，其实旗袍只是在清军入关后才流行起来的，已经司空见惯，不太能吸引游客了。在更远时期的满族先民的传统服饰，是妈妈环、猪皮为饰、文身等，以及女萨满的绚丽多彩的神服等，还有赫哲族独特的鱼皮衣，用桦树皮做的桦皮帽、桦皮篓、桦皮饰品等，这些文化元素如果能通过各种渠道展演出来，一定更能吸引游客，更具独特的吉林省文化特色。

在出行方式和娱乐方式上，满族先民传统的狗拉雪橇、跑狗传信，可以作为冬季的旅游项目开发一下；还有娱乐项目珍珠球，也是满族所特有的，完全可以还原并加以利用。

G.27

高句丽墓葬遗迹的现状与资源开发

华　阳*

摘　要： 随着高句丽政权与中原政权之间的战争，势力范围的不断扩大，高句丽文化与周边其他文化间的交流变得频繁，通过对外来文化的吸收、融合，最终形成独具特色的高句丽文化，留下了数不清的高句丽遗迹，这些都是人类的宝贵财富，为我们了解高句丽发生、发展到繁荣、衰落的过程提供了丰富的资料来源。

关键词： 高句丽　墓葬遗迹　资源开发

高句丽遗留下来多类的遗迹，包括城址、宫殿址、祭祀址等，其中墓葬遗址是最常见的，也是数量最大、分布最广的一类遗址。吉林省内发现的高句丽墓葬数量可达上万座，其中有将近一半为积石墓；辽宁省境内发现的高句丽墓葬有近千座，积石墓是主要类型；朝鲜境内的平安南道、黄海南道也发现了数量可观的高句丽墓葬。

一　吉林省高句丽墓葬的现状

高句丽墓葬按照地表外部修筑材料不同可分为积石墓、封土墓两大类。根据外部和内部修筑方法不同，积石墓可分为无坛石圹墓、无坛石墓

---

* 华阳，吉林省社会科学院高句丽研究中心研究员，研究方向为高句丽专门史。

室、方坛石圹墓、方坛石墓室、方坛阶梯石圹墓、方坛阶梯石墓室；封土墓基本为封土石墓室，它们分别代表了高句丽不同时期、不同身份的墓葬特点。

吉林省内发现的高句丽墓葬主要集中在集安地区，共发现墓群 71 处，墓葬数量约一万多座，其中有一半的墓葬为积石墓，其余为封土墓。高句丽积石墓的位置，多位于地势较高之处，而封土墓则更多分布于地势平坦之处。积石墓多数情况下会依地势高低自上而下成纵行排列，墓墓相连，每行长达几十米，甚至上百米。

集安发现的墓葬中最为重要的是大型的王陵墓葬，现有五座王陵已经得到学术界的公认，即将军坟、太王陵、千秋墓、西大墓和临江墓。其中保存最为完整的是将军坟，它位于城东北 4.5 千米处的龙山脚下，北依龙山，南是一片开阔向阳的坡地，地势较高，视野开阔。将军坟属于石坟类，是典型的高句丽大型方坛阶梯积石室墓，墓高 12.4 米，墓底边长 31.58 米，墓基面积约 960 平方米，顶面积约 270 平方米。其外缘用精琢的花岗岩石条垒砌，内以河卵石充填，共用 1100 余块巨型石条。陵墓由七层阶坛组成，墓底部用大石条铺垫基础，范围从墓底向外宽出约 4 米，而且在地势较低的墓南角还修有排渗水的涵洞。其上为七级阶坛，第一级为 4 层石条堆砌，其中最大石条长 5.7 米、宽 1.12 米、厚 1.1 米。第一级以上六级每级则由 3 层石条砌筑。每一级阶坛最底下的两层石条边缘均凿有宽 7～8 厘米的凸棱，上层石条在砌筑时则以下缘顶住凸棱逐层内收，这样就可以有效地防止石条移动错位。另外，阶坛的内部也是用石材充填铺砌，在石材之上皆凿出凹槽，以承上一级阶坛的底层石条，用以防止上一级阶坛基础移位，这些做法都极大地增加了陵墓的稳固性。陵墓的四面各置 3 块倚护的巨石，现存 11 块，其中最小的重 15 吨。

将军坟在第三级上起筑墓室，墓道口设在五级中央，墓室平面呈正方形，每边长 5 米，高 5.5 米，四壁各有 6 层石条砌筑，墓顶用一整块巨石板覆盖，石板平面有 60 余平方米，重 50 余吨。墓室内有两座长方形石棺床，一大一小。墓葬顶石的石条上有 20 多个圆孔，等距离排列，又曾发现过瓦当和板瓦残片，因而推测墓上原建有享堂。在将军坟的后面，有一排陪坟，原有 4 座，现仅存 1 座，形制与将军坟相似，只是规模要小许多。

就建筑规模而言，将军坟比太王陵、千秋墓都要小，但因保存完好，且构筑严谨，技艺精良，雄伟壮观，因而被誉为“东方金字塔”。

太王陵位于集安市区东北 4 千米处，保存较好的地方显示，底层阶梯是用六层石条砌筑，墓葬的每一面都有五块巨大的护坟石，墓葬上部已经坍塌，墓室内发现有两座石椁；千秋墓的损坏情况更为严重，从整座墓葬外观看，几乎像是一座小山似的石堆，仅在东南角尚保存有三级阶梯，顶部的墓室已经不存在；西大墓外部东南角上保留七层石条砌筑的阶梯，而墓葬中间则被严重毁坏，看不到墓室了；临江墓已经难以看出本来面目，阶梯、墓顶、墓室都难寻其踪。

除了高等级墓葬，最为宝贵的就是洞沟古墓群，其位于集安城外，墓群范围东起太王乡上解放村，西到麻线乡安子沟，北依禹山北麓山城村，南临鸭绿江，东西长约 20 千米，南北宽约 3 千米。就是在这一条带状平原上，分布着数以万计的古墓，其中绝大多数为高句丽时期的墓葬，也有少量的渤海国时期墓葬。

为了便于保护管理，文物部门将墓群按照分布划为下解放、禹山下、山城下、万宝汀、七星山、麻线沟 6 个墓区。下解放墓区位于整个墓群的最东端，原有墓葬 51 座，其中包括著名的冉牟墓。禹山下墓区东起土口子领，西至通沟河，北依禹山，南临鸭绿江，有墓葬 3904 座，是最大的一个墓区。该区发现了很多重要的墓葬，有将军坟、太王陵、角觝墓、舞踊墓、四神墓、五盔坟等。万宝汀墓区位于山城子山城西南，七星山东麓，共分布有墓葬 1516 座。七星山墓区位于七星山南坡，计有墓葬 1708 座。麻线沟墓区紧邻七星山墓区，位于七星山西麓直到麻线沟河的两岸，共有墓葬 2539 座，仅次于禹山墓区，成为洞沟古墓群中的第二大墓区，区中的重要墓葬有千秋墓、西大墓河麻线沟一号壁画墓。

洞沟古墓群是一处极重要的古代文化遗存，它早在明清之际就为世人所知。还在 20 世纪 30 年代时，一些日本学者就对洞沟古墓群的少数墓葬进行了著录和测绘，并发表了一批报告和著作。洞沟古墓群范围之广、墓葬种类之多、数目之大、内涵之丰富为国内外所罕见，因而早在1961年我国政府就将其列为国家重点保护文物。

壁画墓也是高句丽墓葬中的宝贵财富，绘制方法一般是先在石壁上抹一层白灰，然后在灰上作画。壁画内容分为反映墓主人居室生活、出行、狩猎、战争场面和莲花、王字云纹、环纹图案，以及日月星云、四神、珍禽异兽等几大类题材。

居室生活中的墓主人夫妇宴饮图位置固定在主室后壁，而进食、角觝、舞蹈活动和仓廪设施多绘于主室左壁或左耳室，但在主室右壁或右耳室也可以见到。而出行、狩猎、鞍马、马厩、甲骑、战斗、攻城、斩俘等内容，基本多绘于墓室右壁或右耳室及主室左壁或左耳室。有的墓室四壁通绘排列有序的莲花、王字云纹、环纹图案，应该是模仿织锦壁衣的装饰。

佛教传入高句丽以后，绘画内容中增添了与佛教相关的题材，如莲花，种类有花蕾、侧视莲花、正视莲花、带叶茎莲花和莲花化生多种。与佛教内容相关的还有飞天、拜佛图像。

四神像一般是以面朝墓门为准按方位分别绘于主室的顶部、四壁上部或四壁，东为青龙，西为白虎，南为朱雀，北为玄武，它们象征着镇守四方的方位神。主室四隅和梁枋分别绘有怪兽、缠龙等形象。有一些还喜欢在墓室内绘影作木结构，绘制的方法有简有繁，还饰以不同的花纹。象征天空的墓室顶部，则多绘以日月星云，有的还绘以莲花、盘龙和各种珍禽异兽、伎乐仙人、传说故事等。

墓道、甬道和前后室通道的两侧，墓门正、背面以及墓室前壁，多绘有与守卫相关的伏犬、蹲狮或卫士，有的还绘与日常生活有关的侍女形象。

壁画墓中重要的墓葬有四神墓，四壁上绘的四神构图严谨，笔力豪放，线条遒劲简练，色调热烈明朗。辅以满壁飞云星辰，动静结合，技艺高超。而长川一号墓壁画布局严谨，内容丰富，造型生动，图案华美，以极其广阔的视野展现了100多个人物形象，逼真地反映了高句丽社会生活风貌和浓重的佛教气息。其中北壁是壁画内容最丰富的一部分，大致可分为上下两部分。上部绘百戏伎乐的画面，下部绘山林围猎的画面。

高句丽壁画的内容非常丰富，以特殊的形式记录了东北少数民族的文化，因而被誉为“东亚的艺术宝库”，是我们了解高句丽的历史、文化、风俗的宝贵资料。

除了以上的墓葬遗迹外，还有一个重要的遗物不可忽略，那就是好太王碑。它是高句丽长寿王为纪念父亲好太王一生功绩所刻立的石碑，有“海东第一碑”的美誉。好太王碑系由一整块天然的角砾凝灰岩石柱略加修琢而成，为不规则方柱形。碑高 6. 39 米，碑底以花岗岩巨石为座，长 3. 35 米，宽 2. 7 米，为不规则长方形。碑文自东南面开始，四面环刻，每面文字皆横竖成行，一般每行四十一个字，共四十四行，计一千七百七十五字。碑文整体布局严谨，镌刻方正，字体端正，笔画工整，颇具章法。

好太王碑记述的内容分为三个部分，第一部分记述了高句丽政权的创始传说，然后简述了好太王的生平；第二部分记述了好太王一生的攻伐业绩，如伐百济、救新罗、败倭寇、征东夫余等，这是碑文的主要部分；第三部分记述了好太王陵守墓人烟户的来源和数目。

好太王碑是中华民族碑刻艺术宝库中不可多得的珍品，其碑文则是研究高句丽政权形成和历史发展的极为重要的资料。它自立碑之日开始直至高句丽灭亡之前，一直都得到了很好的祭扫和保护，但是高句丽灭亡之后，该碑就无人照看，独立于荒野，历经风吹雨打，淹没在杂林蔓草之中。清光绪三年（1877 年），怀仁县书启关月山在荒草中发现了它，之后当地居民奉县令之命去除碑上的苔藓，使用了火烧的方法，致使好太王碑被烧裂，这是该碑发现后首次遭到人为的破坏。后来当地居民为利益的驱使，开始以拓碑为业，由于这些人不懂历史，亦不懂得用科学的方法捶拓，给古碑造成了无法弥补的损失。民国时随着好太王碑文拓本的广泛流传以及研究的深入，好太王碑的价值和重要性逐渐被人们所认识，由集安各界集资修建了好太王碑碑亭。新中国成立后，国家对这一国宝级文物十分重视，把它列为全国第一批重点文物保护对象，国家和地方政府拨专款对其进行了维修，历经磨难的好太王碑终于迎来了太平盛世，以崭新的面貌呈现于世人。

二　高句丽墓葬遗迹的特点

由于墓葬遗迹的特殊性，使其与其他遗迹相比，具备一些本身独有的特点。

一是完整性。墓葬建筑会形成一个相对封闭的空间，对这一空间内的物品产生保护作用，这样空间内的物品就会保持原来的面貌。因此墓葬内出土的随葬品保持完整的概率要大一些，随葬品中的种类比较繁多，有生活用具、生产用具、武器、车马具和装饰品等，这些物品可以帮助我们了解当时社会的生产与生活各种情况，是不可多得的实物资料，正是由于墓葬这种封闭空间的特性，可以得到非常完整的资料。

二是丰富性。高句丽人民热衷于厚葬，凡是生活中可以见到的物品都可以拿来陪葬，所谓“厚葬，金银财币，尽于送死”，正是这个习惯，我们有幸在高句丽的墓葬中发现了大量的、丰富的随葬器物，包括陶瓷器和金属器，甚至还有大量的金器和鎏金器。这些丰富的实物资料可遇而不可求，正是我们了解高句丽社会文化发展、经济发展的最佳资料。

三是直观性。对于高句丽的情况，我们只能通过有限的文字记载和出土器物来了解和推测，非常具有难度，但墓葬中的壁画在一定程度上解决了这个难题。壁画是当时人所绘制，反映的自然是当时社会的真实情况，包括如何出行、如何饮酒、如何娱乐等，当时人的衣食住行无一不反映在壁画中，直观易懂，真实而又细致。

四是补充性。关于高句丽的文献资料非常少，有些记载还出现错漏的情况，由于时间久远，难以辨识。但立于好太王墓前的好太王碑就是宝贵的文字资料，上面的内容是当时人所记载，具有非常高的可信度，对于历史事件的叙述也多能保持原始状况，是对文献不足的有力补充，是了解高句丽的又一个宝贵的、直观的资料。

三　墓葬资源的开发与利用

高句丽墓葬资源已经进行了一定程度的开发，游客可以进入墓葬内部参观，亲眼看到当时高句丽的王陵外观如何、内部的布置是什么样子、棺椁的形制，最为吸引人的当然是墓室四壁绘制的精美壁画，颜色艳丽，人物众多，内容丰富，使游人留恋不已。正因为如此，壁画资源不可避免地遭到一定程度的破坏，自然界的水、风、微生物、空气都是破坏壁画的元凶。相关部门也注意到了这一点，并采取有效的措施积极补救，比如限制参观人数、轮流开放墓葬、请专业人员对壁画进行补救等。

既然墓葬资源的特点显示其是不可多得的宝贵资源，所以应该进行更加深入的开发和利用，让它活起来、动起来，同时也要注意有效地保护它，使其得到可持续的发展与利用。

第一，活起来。高句丽墓葬中除了宝贵的壁画外，还出土有很多的随葬品，这也是墓葬资源的一部分，也要重视对它们的开发与利用。这些物品已经被放置到博物馆内展出，但游客看到的只是正面展出的物品，知道它出自哪里，这远远不够，还可以让游客有更加深入的了解方式。可将一些重要的、具有代表性的物品的出土的原址进行缩小仿建，即物品原来出自墓葬，就按比例缩建一座墓葬的原型，将物品（或仿制品）放置到原来的出土位置，墓葬内部的原本布局也不变，同时精确地展示出来，让游客一眼就可以看清所有的情况，好像古代的墓葬就活在自己眼前，比讲解更为直观、清楚。

第二，动起来。高句丽壁画资源无疑是最为丰富和精彩的，游客进入墓葬内部参观固然可以看到原始的壁画遗迹，但是对壁画的伤害也是毋庸置疑的。可以将完整的、内容丰富的壁画资料刻录下来，经过后期整理加工，按照一定的顺序和内容做成放映的短片，在墙上滚动放映，如同壁画中的人物在行走，既可以使游客身临其境，又可以让游客印象深刻，不失为一个好的办法。

第三，转起来。博物馆中展出的随葬品都是正面面向游客，虽然正面是物品最为精致的部位，但是终究没有使游客看到物品的全貌。可以利用现代的先进技术，例如 3D 成像等，将一些特别具有代表性的物品全方位地、立体地展示在游客眼前，游客只需动动手指，就可以看到物品的所有地方甚至内部，这样完整的观看会让游客新奇又满足。

总之，高句丽的墓葬资源是非常宝贵的物质遗产，我们应该也必须展示在世人的面前，使大家感受到高句丽人民的智慧与勤劳，以及创造的不可磨灭的文化。同时墓葬资源具有不可逆的特性，失去就很难还原，所以还需要合理开发利用，走可持续发展的绿色道路。

皮书起源

“皮书”起源于十七、十八世纪的英国，主要指官方或社会组织正式发表的重要文件或报告，多以“白皮书”命名。在中国，“皮书”这一概念被社会广泛接受，并被成功运作、发展成为一种全新的出版形态，则源于中国社会科学院社会科学文献出版社。

皮书定义

皮书是对中国与世界发展状况和热点问题进行年度监测，以专业的角度、专家的视野和实证研究方法，针对某一领域或区域现状与发展态势展开分析和预测，具备原创性、实证性、专业性、连续性、前沿性、时效性等特点的公开出版物，由一系列权威研究报告组成。

皮书作者

皮书系列的作者以中国社会科学院、著名高校、地方社会科学院的研究人员为主，多为国内一流研究机构的权威专家学者，他们的看法和观点代表了学界对中国与世界的现实和未来最高水平的解读与分析。

皮书荣誉

皮书系列已成为社会科学文献出版社的著名图书品牌和中国社会科学院的知名学术品牌。2016 年，皮书系列正式列入“十三五”国家重点出版规划项目；2013~2019 年，重点皮书列入中国社会科学院承担的国家哲学社会科学创新工程项目；2019 年，64 种院外皮书使用“中国社会科学院创新工程学术出版项目”标识。

中国皮书网

（网址：www.pishu.cn）

发布皮书研创资讯，传播皮书精彩内容
引领皮书出版潮流，打造皮书服务平台

栏目设置

关于皮书：何谓皮书、皮书分类、皮书大事记、皮书荣誉、
皮书出版第一人、皮书编辑部

最新资讯：通知公告、新闻动态、媒体聚焦、网站专题、视频直播、下载专区

皮书研创：皮书规范、皮书选题、皮书出版、皮书研究、研创团队

皮书评奖评价：指标体系、皮书评价、皮书评奖

互动专区：皮书说、社科数托邦、皮书微博、留言板

所获荣誉

2008 年、2011 年，中国皮书网均在全国新闻出版业网站荣誉评选中获得“最具商业价值网站”称号；

2012 年,获得“出版业网站百强”称号。

网库合一

2014 年，中国皮书网与皮书数据库端口合一，实现资源共享。

S 基本子库
UB DATABASE

中国社会发展数据库（下设 12 个子库）

全面整合国内外中国社会发展研究成果，汇聚独家统计数据、深度分析报告，涉及社会、人口、政治、教育、法律等 12 个领域，为了解中国社会发展动态、跟踪社会核心热点、分析社会发展趋势提供一站式资源搜索和数据分析与挖掘服务。

中国经济发展数据库（下设 12 个子库）

基于"皮书系列"中涉及中国经济发展的研究资料构建，内容涵盖宏观经济、农业经济、工业经济、产业经济等 12 个重点经济领域，为实时掌控经济运行态势、把握经济发展规律、洞察经济形势、进行经济决策提供参考和依据。

中国行业发展数据库（下设 17 个子库）

以中国国民经济行业分类为依据，覆盖金融业、旅游、医疗卫生、交通运输、能源矿产等 100 多个行业，跟踪分析国民经济相关行业市场运行状况和政策导向，汇集行业发展前沿资讯，为投资、从业及各种经济决策提供理论基础和实践指导。

中国区域发展数据库（下设 6 个子库）

对中国特定区域内的经济、社会、文化等领域现状与发展情况进行深度分析和预测，研究层级至县及县以下行政区，涉及地区、区域经济体、城市、农村等不同维度。为地方经济社会宏观态势研究、发展经验研究、案例分析提供数据服务。

中国文化传媒数据库（下设 18 个子库）

汇聚文化传媒领域专家观点、热点资讯，梳理国内外中国文化发展相关学术研究成果、一手统计数据，涵盖文化产业、新闻传播、电影娱乐、文学艺术、群众文化等 18 个重点研究领域。为文化传媒研究提供相关数据、研究报告和综合分析服务。

世界经济与国际关系数据库（下设 6 个子库）

立足"皮书系列"世界经济、国际关系相关学术资源，整合世界经济、国际政治、世界文化与科技、全球性问题、国际组织与国际法、区域研究 6 大领域研究成果，为世界经济与国际关系研究提供全方位数据分析，为决策和形势研判提供参考。

法律声明